Werner Lips

Zypern – der Süden

„Schön und verrucht wie eine Göttin"
Der griechische König Agapenor bei seiner Visite auf Zypern über die Insel

Impressum

Werner Lips
Zypern – der Süden

erschienen im
REISE KNOW-HOW Verlag Peter Rump GmbH
Osnabrücker Str. 79, 33649 Bielefeld

© Peter Rump 2004, 2007, 2009
4., neu bearbeitete und komplett aktualisierte Auflage 2012

Alle Rechte vorbehalten.

Gestaltung
   Umschlag: G. Pawlak, P. Rump (Layout); M. Luck (Realisierung)
   Inhalt: G. Pawlak (Layout); M. Luck (Realisierung)
   Karten: Th. Buri; der Verlag
   Fotos: der Autor
   Titelfoto: www.fotolia.de © Tom Bayer

Lektorat: M. Luck

Druck und Bindung: Wilhelm & Adam, Heusenstamm

ISBN 978-3-8317-2183-2
Printed in Germany

Dieses Buch ist erhältlich in jeder Buchhandlung Deutschlands,
der Schweiz, Österreichs, Belgiens und der Niederlande. Bitte
informieren Sie Ihren Buchhändler über folgende Bezugsadressen:

Deutschland
   Prolit GmbH, Postfach 9, D-35461 Fernwald (Annerod) sowie alle Barsortimente
Schweiz
   AVA Verlagsauslieferung AG, Postfach 27, CH-8910 Affoltern
Österreich
   Mohr Morawa Buchvertrieb GmbH, Sulzengasse 2, A-1230 Wien
Niederlande, Belgien
   Willems Adventure, www.willemsadventure.nl

Wer im Buchhandel trotzdem kein Glück hat, bekommt unsere Bücher auch über den
Büchershop im Internet: www.reise-know-how.de

*Wir freuen uns über Kritik, Kommentare und Verbesserungsvorschläge,
gern auch per E-Mail an info@reise-know-how.de.*

zyp_00c Foto: wl

Werner Lips

*Zypern –
der Süden*

REISE KNOW-HOW im Internet

Vorwort

Zypern – der südliche Landesteil – ist seit 1. Mai 2004 Vollmitglied der Europäischen Union und somit **Europas touristisch, wirtschaftlich und politisch östlichster Vorposten im Mittelmeer.** Die Schnittpunktlage zwischen drei Kontinenten (Afrika, Asien, Europa) verwickelte das kleine Land wiederholt in Konflikte zwischen den umliegenden Großmächten, trug aber auch zu einer unvergleichlichen **kulturellen Vielfalt** auf allen Ebenen bei. Von steinzeitlichen Rundhaussiedlungen über ägyptische Peristylgräber, römische antike Stätten und zahllose byzantinische Kirchen bis hin zu fränkischen Festungen und osmanischen Moscheen ist ein Spektrum geboten, das seinesgleichen sucht. Gleichzeitig garantiert die Insellage, begleitet von hervorragenden Witterungsbedingungen, **Badespaß** von Mai bis November an zahlreichen Sandstränden und einsamen Felsbuchten. Wer vorwiegend abendliche **Unterhaltung** sucht, findet in Agia Napa die große Amüsement-Hochburg Europas, und wem die Hitze der Küste zu arg wird, durchstreift das Bergland mit zahllosen auf der Liste des UNESCO-Weltkulturerbes stehenden **Kirchen und Klöstern** oder erfährt im erfrischenden Hochland auf Kurz- und Langstreckenwanderungen hautnahe **Naturerlebnisse.**

Nicht vergessen werden darf die beschauliche **Gemütlichkeit** des Landes und seiner freundlichen Bewohner, die maßgeblich zu einem unvergesslichen Urlaubserlebnis in einem der sichersten Reiseländer Europas beiträgt – gute Reise!

Mit dieser Auflage hat das Kapitel zu **Nordzypern** eine Aufwertung erfahren, denn u.a. dank der zusätzlich geöffneten Grenzübergänge sind Ausflüge in den türkischen Nordteil der Insel leichter geworden – und auch dort gibt es viel zu entdecken und zu erleben!

Werner Lips

Viele Leserzuschriften trugen zur Verbesserung und Aktualisierung dieser Auflage bei. Mein **herzlicher Dank** für besonders hilfreiche Zuschriften richtet sich an: G. Soballa, O. Poettering, T. Anlauf, S. Probst, M. Eckhardt, K.-H. Wolters, R. Weiss, B. Altner, Dr. Soballa, B. Gschöpf, S. Hartmann, J. Kley, F. Hornischer, C. Wesch, Dr. Schuhmacher, I. Jung-Kocak, C. Binder, M. Hartz, Dr. P. Schmutte, B. & M. Berbig, W. Vogel, K. Althoetmar, G. & T. Barmentloc, D. Jochems & C. Scholze, T. Rathmann und W. Müller.

Benutzerhinweise

Dieses Handbuch soll all denjenigen eine Anregung und Hilfe sein, die individuell – sei es per Leihfahrzeug oder mit öffentlichen Verkehrsmitteln – den Süden Zyperns (als Tagesausflug auch den Nordteil) bereisen, und zwar sowohl bei der Vorbereitung wie auch bei der Durchführung vor Ort. Im Kapitel Praktische Reisetipps A–Z wird allen Fragen, die im Zuge der Reisevorplanung auftreten, Rechnung getragen. Die Abschnitte Land und Natur, Geschichte und Politik, Wirtschaft und Umwelt sowie Mensch und Gesellschaft führen in Hintergründe, Interessantes und Wissenswertes zum Urlaubsziel Zypern ein. Die Ortsbeschreibungen schließlich bilden die wichtigste Hilfestellung für den Reisenden vor Ort mit Hinweisen zu Sehenswürdigkeiten, Verkehrsanbindungen sowie Unterkunfts- und Verpflegungstipps. Ein kleines Glossar im Anhang sowie ein umfangreiches Sach- und Ortsregister runden den Band ab.

Erste Informationen zur Reiseplanung

Wer nicht an einen bestimmten Ort von vornherein gebunden sein wird – sei es durch Vorabbuchung oder über Bekannte organisiertes Quartier – sollte sich unbedingt vor der Buchung/Auswahl des konkreten Urlaubsortes zumindest grob darüber informieren, auf was es vor Ort eigentlich ankommt. Dinge wie Art der Reise, Verkehrsmittel, Standort oder Programm vor Ort sind zu klären, eine gute Vorbereitung wird so zum Schlüssel für einen optimalen Urlaub. Zudem können die Reisebürofachkräfte noch so nett wirken, sie wollen in erster Linie die Reise verkaufen und kennen die tatsächlichen Verhältnisse vor Ort meistens nur oberflächlich und nicht annähernd so gut wie der vielleicht schon besser informierte Kunde. Ähnlich urteilt auch die bekannte „Stiftung Warentest", wonach nur 10% aller Reisebüros Kundenwünsche zufrieden stellend erfüllen – ein wenig Eigeninitiative kann daher einem Gelingen der Reise nur zuträglich sein.

Zypern bietet auf überschaubarer Fläche eine große Vielfalt für die unterschiedlichsten Interessen – vom Strandurlaub mit aktivem Nachtleben über Wanderungen im Mittelgebirge, abgelegene

Klöster und Kirchen bis hin zu klassisch-antiken Sehenswürdigkeiten. Als Voraborientierung hier eine steckbriefartige **Charakteristik zu den wichtigsten Örtlichkeiten Zyperns** als Urlaubsstandort, nicht in Bezug auf die Sehenswürdigkeiten vor Ort:

Lefkosia/ Nicosia
Quirlige Hauptstadt mit zahlreichen Museen und Sehenswürdigkeiten; Grenzübergang zum Nordteil; sehr gute Verkehrsanbindungen; keine Bademöglichkeiten; hauptsächlich Tagesbesucher.

Agia Napa
Hochburg für Nachtaktive; einer der beliebtesten Disco-Orte Europas – nichts für ältere Semester, obgleich viele gute Strände locken.

Protaras
Bei mitteleuropäischen Pauschalreisenden zunehmend beliebter Standort mit guten Sandstränden und weitreichender touristischer Infrastruktur.

Larnaka
Internationaler Flughafen; recht zentral für Inseltouren; gute Verkehrsanbindung; nette Innenstadt, touristische Bereiche überwiegend weit außerhalb gelegen; Stadtstrand.

Lemesos
Wenig attraktive zentrale Geschäfts- und Hafenstadt, gute Einkaufsmöglichkeiten; mäßige Bademöglichkeiten und zersiedelte, touristisch entwickelte Bereiche am Ortsrand; kaum Flair, als Standort nur für Backpacker interessant (Bus); guter Ausgangspunkt für Bergtouren (eigenes Fahrzeug vorausgesetzt).

Pissouri
Gute Lage für Ausflüge und Besichtigungen (mit eigenem Fahrzeug) aller Art; klein, überschaubar, sehr beliebt als kleiner Küstenstandort mit Hinterlandflair.

Pafos
Hochburg der antiken Stätten; sehr gute touristische Infrastruktur, kleinstädtischer Charakter; mäßige Verkehrsanbindung; gute Strände etwas außerhalb.

Polis/ Latchi
Landschaftlich schönster Teil (Akamas-Halbinsel); relativ ruhig, beschaulich; vom Zentrum Polis (toller Sandstrand) Richtung Latchi punktuell touristisch entwickelt, Richtung Osten (Argaka) noch Geheimtipp; mäßige Anbindungen.

Noch ein Wort zur Reiseart: Aufgrund der trotz EU-Mitgliedschaft immer noch sehr hohen Kosten eines „Nur-Fluges" nach Zypern bringt es kaum Kostenvorteile, die Reise selbst zu organisieren – Pauschalreiseanbieter liegen oft bei Flug inklusive Unterkunft günstiger als ein regulärer Nur-Flug. Von vorab organisierten Ferienwohnungen und ganz wenigen Ausnahmen abgesehen sind zudem die Kosten für selbst gesuchte Unterkünfte vor Ort sehr hoch. Hinzu kommt noch das Problem des öffentlichen Nahverkehrs, der sehr viele Sehenswürdigkeiten und Orte selten oder gar nicht anfährt (Mietwagen erforderlich), sodass Zypern unter dem Strich kein klassisches Backpacker-Ziel sein kann.

Inhalt

Praktische Reisetipps A–Z

(Unter Mitarbeit von *E. H. M. Gilissen*)

Land und Natur

Geschichte und Politik

Das Land im Überblick

- **Fläche:** 5364 km² (mit Nordzypern 9251 km²)
- **Einwohner:** ca. 780.000 (Gesamtzypern 1.050.000)
- **Hauptstadt:** Lefkosia (Nicosia)
- **Reisedokumente:** gültiger Personalausweis (EU-Bürger und Schweizer); Reisepass, falls Tagesausflug in den Norden geplant ist.
- **Verwaltungsgliederung:** 4 Bezirke im Südteil, 2 im Nordteil
- **Amtssprachen:** Neugriechisch und Türkisch; Englisch überall weit verbreitet
- **Nationalfeiertag:** 1. Oktober
- **Währung:** im Südteil Euro, in Nordzypern Türkisches Pfund: 1 Türkisches Pfund/Neue Türkische Lira (YTL) = 100 Kurus (Krs.)
- **Zeitzone:** MEZ + 1 Stunde

Wirtschaft und Umwelt

Mensch und Gesellschaft

Distrikt Ammochostos (Famagusta)

zyp_00d Foto: wf

Karten

In den Kopfzeilen wird auf die jeweils passende Karte verwiesen.

Zypern: Umschlag vorn
Lefkosia (Nicosia)/Lefkoşa: Umschlag hinten

Exkurse

Lefkosia und Lefkoşa

Tagesausflüge nach Nordzypern

Anhang

Praktische Reisetipps A–Z

An- und Abreise

Linienflüge   Direktverbindungen aus dem deutschsprachigen Raum nach Larnaka, etwas seltener nach Pafos, bestehen mit **Cyprus Airways** von Frankfurt, Wien und Zürich, mit **Lufthansa** von Frankfurt und mit **Austrian Airlines** von Wien. Daneben gibt es eine ganze Reihe von **Umsteigeverbindungen** nach Larnaka oder Pafos, die zwar billiger sein können als die Nonstop-Flüge, bei denen man aber auch eine längere Flugdauer einkalkulieren muss. Die Flugzeit, z.B. von Frankfurt direkt nach Larnaka, beträgt knapp vier Stunden.

Flugpreise und -anbieter   Ein Economy-Ticket für einen Direktflug mit Lufthansa von Frankfurt nach Larnaka und zurück bekommt man je nach Jahreszeit und Aufenthaltsdauer **ab etwa 150 €** (einschl. aller Steuern, Gebühren und Entgelte). Am teuersten sind Flüge in der Hauptsaison, also an Ostern, Pfingsten und in den Sommerferien – dann sind die Preise besonders hoch und betragen 350–500 €. Wer sich erst im letzten Augenblick für einen Flug nach Zypern entscheidet oder gern pokert, kann Ausschau nach Last-Minute-Angeboten halten, die von einigen Airlines und Reiseveranstaltern mit deutlicher Ermäßigung ab etwa 14 Tage vor Abflug angeboten werden, wenn noch Plätze zu füllen sind.

Ordentliche Preise findet man etwa bei www.expedia.de und anderen Internetportalen sowie bei folgenden Airlines und Last-Minute-Anbietern:

- **Air Berlin,** www.airberlin.com. Von vielen deutschsprachigen Flughäfen nach Larnaka und Pafos.
- **Condor,** www.condor.com. Von vielen deutschen Flughäfen nach Larnaka und Pafos.
- **Cyprus Airways,** www.cyprusair.com. Nationale Gesellschaft Südzyperns, die allerdings schon mehrfach von Insolvenz bedroht war.
- **Transavia,** www.transavia.com. Von Amsterdam nach Larnaka und Pafos.

- **5 vor Flug,** www.5vorflug.de
- **Lastminute.com,** www.lastminute.de
- **L'Tur,** www.ltur.com
- **www.restplatzboerse.at**
- Für kurzfristige Flug- oder Pauschalreisebuchung lohnt auch ein Blick auf **www.restplatzshop.de.**

Bild auf den Seiten zuvor: Waterworld in Agia Napa

Praktische Reisetipps A–Z

Ankunft Pafos

Der **internationale Flughafen** von Pafos ist klein und wenig betriebsam. In der Ankunftshalle gibt es eine Wechselstube (auch EC-Automat) sowie eine kleine Information mit Karten- und Prospektmaterial. Am Ausgang geht man links zu den Hotelzubringer-Bussen und zum Stadtbus 612 nach Pafos/Hafen (Sommer 7.30–0.30 Uhr, Winter nur 11.30–20.30 Uhr, jeweils stündlich), rechts zu den Minibussen und Taxis nach Pafos und Polis (teuer, nach Pafos mindestens 25 €).

Ankunft Larnaka

In der Ankunftshalle auf **Zyperns größtem Flughafen** erwartet den Reisenden wenig mehr als Bahnhofsflair. Mehrere EC-Automaten, eine Wechselstube, ein Schalter der Touristeninformation (TI) sowie ein kleiner Duty Free Shop verkürzen die ohnehin sehr

Kleines „Flug-Know-how"

Nicht vergessen: Ohne einen **gültigen Reisepass** oder **Personalausweis** kommt man nicht an Bord!

Bei innereuropäischen Flügen muss man spätestens **eine Stunde vor Abflug** am Schalter der Fluggesellschaft **einchecken**. Viele Airlines neigen zum Überbuchen, d.h. sie buchen mehr Passagiere ein, als Sitze im Flugzeug vorhanden sind, und wer zuletzt kommt, hat möglicherweise das Nachsehen.

In der Economy Class darf man in der Regel nur **Gepäck bis zu 20 kg pro Person** einchecken (steht auf dem Flugticket) und zusätzlich ein Handgepäckstück von 7 kg in die Kabine mitnehmen, welches eine Größe von 55x40x23 cm nicht überschreiten darf. In der Business Class sind es meist 30 kg pro Person und zwei Handgepäckstücke, die insgesamt nicht mehr als 12 kg wiegen dürfen. Man sollte sich beim Kauf des Tickets über die Bestimmungen der Airline informieren.

Flüssigkeiten oder vergleichbare Gegenstände in ähnlicher Konsistenz (z.B. Getränke, Gels, Sprays, Shampoos, Cremes, Zahnpasta, Suppen) darf man nur noch in der Höchstmenge von jeweils 0,1 Liter als Handgepäck mit ins Flugzeug nehmen. Die Flüssigkeiten müssen in einem durchsichtigen, wiederverschließbaren Plastikbeutel transportiert werden, der maximal einen Liter Fassungsvermögen hat. Da sich diese Regelungen jedoch ändern können, sollte man sich beim Reisebüro oder der Fluggesellschaft nach den derzeit gültigen Regelungen erkundigen.

Aus Sicherheitsgründen dürfen **Taschenmesser, Nagelfeilen, Scheren** und Ähnliches nicht mehr im Handgepäck untergebracht werden. Diese Gegenstände sollte man unbedingt im aufzugebenden Gepäck verstauen, sonst werden sie bei der Sicherheitskontrolle einfach weggeworfen. Darüber hinaus gilt, dass Feuerwerkskörper, leicht entzündliche Gase und Flüssigkeiten (in Sprühdosen, Campinggasflaschen, Benzinfeuerzeugen etc.) nichts im Passagiergepäck zu suchen haben.

Buchtipp – Praxis-Ratgeber (REISE KNOW-HOW Verlag):
● Erich Witschi, **Clever buchen – besser fliegen**

kurze Wartezeit auf das Gepäck. Durch einen Gang mit Autovermietern und Empfangsbereich für Pauschalreisende erreicht man den großen Busplatz. Stadtbus siehe Larnaka-Kapitel, Direktbusse fahren von hier tgl. 15 x nach Lemesos und nach Nicosia (7 €).

Ausrüstung und Bekleidung

Von persönlicher Bekleidung und gegebenenfalls individuellen Sportgeräten/-zubehör abgesehen braucht man sich keine allzu großen Gedanken machen: In Zypern bekommt man im Grunde alles, was es auch in heimischen Geschäften und Supermärkten zu erwerben gibt – abgesehen vielleicht von speziellen individuellen Bedürfnissen wie Optiker-Bedarf oder besonderen Medikamenten; persönliche Medikamente und eine individuelle Reiseapotheke stellt man ohnehin besser zu Hause zusammen.

Die Ausrüstung für eine Reise nach Zypern hängt von mehreren Faktoren ab: der **Reisezeit** (kühler oder wärmer, siehe Klima), dem **Ziel** (überwiegend Stadt, Strand oder Bergland?), dem **Zweck** (Business, Strand, Wandertour usw.), der **Art** (Rucksack, Camping, Hotel) sowie **Personenzahl** (Kinder!) auf der Reise. Grundsätzlich gilt: so wenig wie möglich mitnehmen, bei Bedarf kann nahezu alles unterwegs nachgekauft werden.

Richtige Kleidung

Ein Wort zur Kleidungsetikette: Wie in Mitteleuropa auch versteht es sich von selbst, in städtischen Museen, guten Restaurants, Casinos usw. angemessene Bekleidung zu tragen (möglichst „züchtig"), während an den Stränden, in Touristenorten und auf Wanderungen lockere Freizeitkleidung niemanden befremdet. Für offizielle Anlässe oder Geschäftsreisen sind Kostüm bzw. Anzug und Krawatte unverzichtbar; ansonsten aber nimmt man es im heißen Zypern eher locker.

Eine Besonderheit gilt es in Kirchen und Klöstern zu beachten: Diese dürfen nur in langen Hosen (bei Frauen teilweise Rockzwang!) sowie Schulter bedeckenden Oberteilen besucht werden. Da Kloster- und Kirchbesuche ein unverzichtbarer Bestandteil einer Reise auf Zypern sind, empfiehlt sich vielleicht die Anschaffung einer leichten Reißverschlusshose (abnehmbare Beinteile), womit man sich unterwegs jederzeit „hoffähig" machen kann.

Außerhalb des Hochsommers kann es in Höhenlagen kühl sein – für Wanderungen/Ausflüge empfiehlt sich dann zumindest eine **leichte Jacke** oder ein **Sweatshirt**.

Ob Koffer, Tragetasche oder Rucksack mitgenommen wird, hängt natürlich von den persönlichen Vorlieben ab. Wer einen Leihwagen bucht, sollte jedoch wissen, dass die kleinen Klassen kaum Kofferraumkapazität besitzen, was bei manch überraschtem Besitzer sperriger Koffer nach der Ankunft schon ausgesprochen tragikomische, „Mr.-Bean-reife" Anfälle irgendwo zwischen Wut und Verzweiflung hervorgerufen hat ...

Askas – typisches Dorf im Bergland

Ein- und Ausreisebestimmungen

Personal-ausweis   Staatsbürger der EU-Länder und der Schweiz benötigen für die Einreise in den Süden der Republik Zypern (EU-Vollmitglied seit 1. Mai 2004) lediglich einen **gültigen Personalausweis** oder **Reisepass,** für einen Aufenthalt bis zu drei Monaten ist **kein Visum** erforderlich. Da Nordzypern zumindest formaljuristisch zur EU zählt, genügt theoretisch auch der Personalausweis für Ausflüge in den Norden der Insel, es empfiehlt sich jedoch unbedingt ein mindestens **6 Monate gültiger Reisepass.** Dieser empfiehlt sich eigentlich grundsätzlich, da die Anforderungen einiger Fluggesellschaften bezüglich der Reisedokumente von den EU-Vorgaben abweichen können.

Kinder unter 16 Jahren benötigen einen **Kinderausweis,** der ab 12 Jahren mit Lichtbild versehen sein muss. Sie können aber auch im Pass der Eltern eingetragen werden. Besondere Impfungen sind nicht vorgeschrieben.

In Deutschland, Österreich oder der Schweiz lebende Staatsbürger von Nicht-EU-Staaten müssen grundsätzlich ein **Visum** bei der entsprechenden Botschaft der Republik Zypern beantragen:

- **In Deutschland:** Wallstraße 27, 10179 Berlin, Tel. 030 3086830.
- **In Österreich:** Parkring 20, 1010 Wien, Tel. 015130630 und 5130631.
- **In der Schweiz:** keine Vertretung, zuständig ist die Botschaft in Rom: 5. Stock, scala A, int. 10, Via ludovisi 35, 00187 Rom, Tel. 003906 8088365 oder 003906 8088367.

Länger als 3 Monate   Deutsche, Österreicher und Schweizer, die länger als 3 Monate auf Zypern bleiben wollen, benötigen die **Aufenthaltsgenehmigung** des Innenministeriums der Republik Zypern. Ein jährliches Einkommen von ca. 7000 € für eine allein stehende Person bzw. von ca. 11.000 € für ein Paar muss nachgewiesen werden. Auskünfte erteilt das *Chief Immigration Office,* Government Complex Building, Tel. 22305458, Lefkosia (Nicosia).

Zollfreimengen

Trotz des vereinfachten Warenverkehrs zwischen den Schengen-Staaten gibt es in allen EU- und EFTA-Mitgliedstaaten weiterhin nationale Ein-, Aus- oder Durchfuhrbeschränkungen, z.B. für Tiere,

Pflanzen, Waffen, starke Medikamente, Drogen (auch für Cannabis-Besitz und -handel).

Praktische Reisetipps A–Z

Freimengen innerhalb EU-Ländern

- **Alkohol** (für Personen über 17 Jahre): 90 l Wein (davon max. 60 l Schaumwein) oder 110 l Bier oder 10 l Spirituosen über 22 Vol.-% oder 20 l unter Vol.-% oder eine anteilige Zusammenstellung dieser Waren.
- **Tabakwaren** (für Personen über 17 Jahre): 800 Zigaretten oder 400 Zigarillos oder 200 Zigarren oder 1 kg Tabak oder eine anteilige Zusammenstellung dieser Waren.
- **Anderes:** 10 kg Kaffee und 20 Liter Kraftstoff im Benzinkanister.

Freimengen für Reisende aus der Schweiz

- **Tabakwaren** (für Personen ab 17 Jahren): 200 Zigaretten oder 100 Zigarillos oder 50 Zigarren oder 250 g Tabak oder eine anteilige Zusammenstellung dieser Waren.
- **Alkohol** (für Personen ab 17 Jahren): 1 l Spirituosen (über 22 Vol.-%) oder 2 l Spirituosen (unter 22 Vol.-%) oder eine anteilige Zusammenstellung dieser Waren und 4 l nicht-schäumende Weine und 16 l Bier.
- **Andere Waren:** 10 Liter Kraftstoff im Benzinkanister; für See- und Flugreisende bis zu einem Warenwert von insgesamt 430 €, über Land Reisende 300 €, alle Reisende unter 15 Jahren 175 € (bzw. 150 € in Österreich).

Freimengen bei Rückkehr in die Schweiz

- **Alkohol** (für Personen ab 17 Jahren): 2 l bis 15 Vol.-% und 1 l über 15 Vol.-%.
- **Tabakwaren** (für Personen ab 17 Jahren): 200 Zigaretten oder 50 Zigarren oder 250 g Schnitttabak oder eine anteilige Zusammenstellung dieser Waren, und 200 Stück Zigarettenpapier.
- **Anderes:** neu angeschaffte Waren für den Privatgebrauch bis zu einem Gesamtwert von 300 SFr. Bei Nahrungsmitteln gibt es innerhalb dieser Wertfreigrenze auch Mengenbeschränkungen.

Nähere Informationen

- **Deutschland:** www.zoll.de oder beim Zoll-Infocenter, Tel. 069 46997600.
- **Österreich:** www.bmf.gv.at oder beim Zollamt Klagenfurt Villach, Tel. 01 51433 564053.
- **Schweiz:** www.ezv.admin.ch oder bei der Zollkreisdirektion in Basel, Tel. 061 2871111.

Für die **Rückreise von Nordzypern in EU-Gebiet** gelten 135 € als Höchstgrenze für persönliche Mitbringsel, dabei 40 Zigaretten und 1 l Spirituosen. Bei Ausflügen nach Nordzypern wird bei der Rückeinreise in den Süden teilweise sehr gründlich kontrolliert!

Hinweis: Da sich die **Einreisebedingungen kurzfristig ändern** können, raten wir, sich kurz vor Abreise beim jeweiligen Auswärtigen Amt (www.auswaertiges-amt.de / www.bmaa.gv.at / www.dfae.admin.ch) oder der entsprechenden Botschaft zu informieren.

Einkäufe und Souvenirs

„Die schönsten Mitbringsel sind und bleiben die Erinnerungen", heißt es in einem Sprichwort. Auch wenn regionale Spezialitäten – von einigen kulinarischen abgesehen – auf Zypern eher selten sind, so findet man doch nicht nur geistige, sondern auch materielle Souvenirs. An erster Stelle stehen Weine und Liköre, aber auch Stickereien („Lefkaritika", s. Lefkara), Webarbeiten, Töpferwaren, Lederwaren, Körbe, Kupferwaren, Gold- und Silberschmuck. Die staatlichen **„Cyprus Handicraft Centre"** in Lefkosia, Lemesos, Larnaka und Pafos bieten einen guten Überblick hierzu.

Allerdings muss angemerkt werden, dass es sich – von den Spirituosen abgesehen – meist um ziemlich touristische Souvenirs handelt, die beim jüngeren Reisenden allenfalls die Euphorie eines Ernst-Mosch-Konzertes hervorrufen werden. Neben einigen wirklich originellen Genussmitteln (s. Essen und Trinken) dürften daher eher die Lederwaren der Boutiquen (importiert aus Indien) oder zypriotisch-griechische Musik-CDs (Läden, Stände) den Geschmack treffen. Etwas teurer, dafür aber meist unique, sind Aquarelle lokaler Künstler (Leiki Geitonia/Lefkosia oder Agia Napa/am Kloster). Gut auch machen sich Badetücher, Gewürze oder der beliebte zypriotische Bienenhonig.

Einkaufen in Zypern ist für ausländische Besucher einfach, man kann sich bestens auf Englisch verständigen. Die Preise sind überall **Festpreise,** nur auf den Märkten und in Antiquitätengeschäften kann bzw. sollte man handeln.

Elektrizität

Adapter nötig

Die Stromspannung auf Zypern beträgt **220–240 V bei 60 Hz,** die Steckdosen entsprechen der britischen Norm (drei Schlitze), weshalb ein Weltreiseadapter oder die vor Ort (Supermärkte, Hotelrezeption) erhältlichen Adapter vonnöten sind. Hotels und Apartments verfügen zudem meist über 110-V-Steckdosen für Elektrogeräte.

Soudsoukos – eine zypriotische Mandelspezialität

Essen und Trinken

Frühstück

Am einfachsten im Hotel

Der Zypern-Besucher, der kein Frühstück im Hotel gebucht hat, wird sich oftmals vergeblich nach öffentlichen Frühstücksmöglichkeiten umsehen. Zwar gibt es in Bars/Restaurants schon in den Morgenstunden einen Espresso oder Milchkaffee, doch belegte Brötchen, Sandwiches oder Gebäck werden nicht oder nur selten serviert. Der Zypriot frühstückt nämlich für gewöhnlich nur schnell ein Teilchen vom Bäcker auf dem Weg zur Arbeit, auch haben nur wenige Touristen echten Frühstücksbedarf außer Haus (Frühstücksbuffet im Hotel inklusive, Apartment mit Kochstelle o.Ä.) – eine Ausnahme bilden die großen Vergnügungszentren, deren Gastronomie das Dilemma des Spätaufstehers erkannte und dem mitgenommenen Nachtschwärmer bis in die Nachmittagsstunden hinein Katerfrühstück mit Schinken, Ei, Bohnen, Würstchen etc., meist „english breakfast" genannt, kredenzt. Selbstverpfleger werden in nahezu allen Minimärkten auch Brot, Brötchen, Eier usw. finden oder können noch frischer in den örtlichen **Bäckereien** (ab 6 Uhr) einkaufen. Daneben werden auch diverse süße Sachen gebacken.

Mittag- und Abendessen

Haupt-mahlzeiten Wegen des eher knappen Frühstücks bilden Mittag- und Abendessen in Zypern etwa gleichwertige Hauptmahlzeiten, zu denen warm gegessen wird. Das Mittagessen wird in den Restaurants von ca. **12–14 Uhr,** das Abendessen von ca. **19–23 Uhr** serviert (Hotels ca. 19–21 Uhr), wobei 21 Uhr als Richtzeit in den Touristengebieten gilt.

Zu einem guten Urlaub gehört auch ein gutes Essen – und davon gibt es in Zypern reichlich. Die zypriotische Küche erweist sich als Mischung griechischer, nahöstlicher und nordafrikanischer Einflüsse, ist aber deutlich griechisch geprägt. Allerdings: Da die eindeutige **Mehrzahl der Restaurants** vom Tourismus lebt, sind die Küchen dementsprechend **international ausgerichtet.** So findet man neben „Beauf Stroganoff" etwa „Wienerle an Kartöffelchen" oder „Plumpudding Yorkshire Style" – über die Authentizität des Geschmacks soll damit allerdings nichts gesagt sein! Energische Proteste seitens der Kundschaft angesichts solcher kulinarischer Gipfelstürme führten denn auch in den vergangenen Jahren zu einer allgemeinen Wiederentdeckung griechisch-zypriotischer Gerichte auch in den touristischen Regionen, sodass die folgenden Gerichte zumindest teilweise auf den Speisekarten zu finden sein sollten:

Suppen Suppen **(sopa)** werden, wenn überhaupt, als besondere Vorspeise bei festlichen Anlässen gegessen; auf Speisekarten findet man daher allenfalls „psarosopa" (Fischsuppe) oder „sopa avgolemno" (Hühnerbrühe mit Ei und Limonensaft).

Salate Salate **(salates)** sind zahl- und umfangreich. Am bekanntesten ist der griechische Bauernsalat *(choriatiki)* mit Tomaten, Oliven, Schafskäse und Gurken. Auch Auberginen- *(melindsanosalata)* und Kartoffelsalat *(patatasalata)* sind weit verbreitet.

Vorspeisen Von den Vorspeisen **(orektika)** sind sicherlich die gefüllten Weinblätter *(dolmades),* Schafskäse gegrillt *(feta)* und Tzaziki *(talattouri)* am bekanntesten. Probieren sollte man auch *halloumi* (fester Ziegenkäse, bevorzugt gegrillt), Schinken *(lountza* oder *chiromeri),* winzige Bratfische *(marides)* oder Pilze *(manitaria).* Dazu gibt es Fladenbrot *(pitta)* mit Sesamsoße *(tachini)* oder *humous,* eine Soße aus Kichererbsen, Sesam, Olivenöl und Zitrone.

Haupt-gerichte

Zu den beliebtesten Hauptgerichten, die auch über die Landesgrenzen hinaus bekannt geworden sind, gehören zweifelsohne *moussakas* (Auberginenauflauf mit Hackfleisch und Bechamelsauce), *souflakia* (Schaschlikart, meist Lamm) und *kleftiko* (ofengebackenes Lammfleisch, gut gemacht eine absolute Delikatesse!).

Daneben findet man auf den Karten auch oft *paidakia* (Lammkotlets), *keftedes* (gebratene Hackfleischbällchen), *afelia* (Schweinefleisch in Rotwein eingelegt, mit Koriander zubereitet), *stifado* (Rindfleisch mit Zwiebeln, im Tontopf gekocht heißt es *tavas*), *pastisio* (ursprünglich ein „Resteauflauf" mit Nudeln, Kartoffeln und Hackfleisch), *sheftalia* (Fleischröllchen mit Minze, gewöhnungsbedürftig!) oder *arni me fassolia* (Lammfleisch mit Bohnen).

Fisch

Aufgrund der Insellage Zyperns dürfen natürlich auch Fischgerichte auf keiner guten Karte – zumindest an der Küste – fehlen. Es wäre allerdings verfehlt, von einem „Fischmekka" zu sprechen, zu sehr sind die Gewässer abgefischt worden, entsprechend hoch die Preise! Der lokale Fischfang spielt in nur sehr bescheidenem Umfang eine Rolle; angeboten werden je nach Saison Thunfisch *(tonno)*, Barsch *(barbounia)*, Oktopus *(oktapodi,* frittiert: *kalamari)*, Garnelen *(garides)* sowie aus Binnengewässerzucht Forellen *(pestrofa)*. Fischgerichte sollte man am besten in speziellen Fischlokalen *(psarotaberna)* genießen.

Beilagen

Wichtigste Beilagen sind Kartoffeln *(patates)* und Reis *(risi)*, oft ergänzt oder ersetzt durch Pommes.

Meze

Eine Sonderrolle nimmt das traditionelle Meze ein, welches entweder in „normalen" Restaurants oder aber in speziellen „Meze-Houses" serviert wird. Wer sich selbst einen (kulinarischen) Gefallen tun möchte, sollte zumindest einmal während seiner Reise an einem Meze-Essen teilnehmen. Es besteht je nach Art aus **12 bis 30 (!) Einzelgerichten** – allesamt ein Miniaturabbild der gesamten zypriotischen Küche. Je nach Art und Umfang kostet ein echtes Meze-Essen ab 12–15 € pro Peson, ist jeden Cent wert und wird etwa in den folgenden „Schichten" serviert: zunächst Salat mit Fladenbrot und Dips (Saucen); es folgen Omelettes, Pilzgericht, gegrillter Ziegenkäse und Schinken; in der dritten Runde werden Kalamari und gefüllte Weinblätter kredenzt, ehe in der fünften Runde allmählich die Hauptspeisen (*Souflaki*, gegrilltes Huhn, Lammkoteletts etc.) nebst Beilagen kaum noch Platz im beängstigend beanspruchten Magen finden. Von den Nachspeisen (Obst der Saison, Backwaren) nascht man allenfalls noch etwas …

Desserts Desserts sind in Zypern sündhaft süß (Kalorienbomben!) wie z.B. *baklavas* (in Blätterteig mit Zimt gebackene Mandeln, mit Honig übergossen), *lokoumades* (krapfenähnliche, fettgebackene Bällchen mit Puderzucker oder Honig), *daktyla* (löffelbiskuitartiges gefülltes Gebäck), *skamali* (Mandelkuchen aus Griesteig) oder *glyko* (eingelegte Früchte). Auch Eiscreme ist beliebt.

Soud- Eine zypernspezifische Besonderheit unter den Süßwaren ist *soud-*
soukos *soukos,* **eingedickter Traubensirup mit Nüssen oder Mandeln,** zu meterlangen Schnüren gerollt und zum Trocknen aufgehängt. Diese wurstähnliche Spezialität wird in der Marathasa-Region, der Heimat der Nuss- und Mandelbäume, hergestellt und auf Jahrmärkten und Märkten bzw. in Souvenirgeschäften vertrieben.

Der Augenblick der Rechnung

Um die Rechnung bittet man den Kellner mit den Worten „**parakalo, na piroso**" (bezahlen, bitte), wobei den meisten Touristen das englische „the bill, please" leichter über die Zunge geht. Das Personal spricht zumeist Englisch.

Der Kellner bringt dann ein kleines Tablett mit der Rechnung; man kann nun die genaue Summe oder den mit einen Trinkgeld aufgerundeten Betrag auf dem Tablett hinterlegen und sich ohne weiteres entfernen. Hat der Gast nur große Scheine (oder bleibt einfach sitzen), wird der Kellner das Wechselgeld bringen und das Tablett erneut (in Erwartung eines Trinkgeldes) stehen lassen. Als Trinkgeld kann man 5% geben, muss man aber nicht, da bereits 10% „service charge" in den Preisen inbegriffen sind.

Selbstversorgung

Mini- und (Essens-)waren des täglichen Bedarfs findet man in den örtlichen
Super- Minimärkten (meist ab 7 Uhr geöffnet). Wie bei uns ist es natürlich
märkte günstiger, in den größeren Supermärkten einzukaufen (Orfanidis, Chris Cash & Carry). Einige bieten zudem ein reichhaltiges Angebot an Broten, frischem Fisch/Muscheln sowie eine Fleischtheke mit Geflügel und eine Käsetheke. Achtung: Viele Minimärkte, „Tante-Emma-Läden" u.ä. bezeichnen sich unabhängig von ihrer

Größe gerne als „Supermarket", um (touristische) Laufkundschaft anzuziehen. Diese sind jedoch recht teuer, vor allem im Getränkebereich. Auf echte Supermärkte für Selbstversorger wird in den Stadtplänen der Ortsbeschreibungen so weit als möglich hingewiesen.

Obst- und Gemüse-märkte Auch Obst- und Gemüsemärkte bieten sich für einen Einkauf an; im Angebot sind Gewürze aller Art, Frischwaren der Saison, Honig, eingelegte Früchte, allerlei Spezialitäten u.v.m.

Sonstiges

Snacks Natürlich haben sich in Zypern inzwischen auch alle namhaften **Fast-Food-Ketten** niedergelassen, insbesondere die Pizza-Ketten sind mit ihren „All-you-can-eat"-Angeboten oftmals die günstigste Möglichkeit, auswärts zu essen.

Auch der **Kebab** erfreut sich weit verbreiteter Beliebtheit und fehlt auf keinem Fest, wird aber etwas anders als „beim Türken" in Mitteleuropa zubereitet: Das Fleisch wird in relativ großen Stücken auf dem Spieß gegrillt, dann mit Tomaten, etwas Salat und sehr mildem Tzaziki im Fladenbrot gegessen.

Kafenion Eines jener Missverständnisse, dem der oberflächliche Besucher Zyperns erliegt, dürfte der Besuch eines „Kafenion" in der Annahme sein, es handele sich dabei um ein Café. Mitnichten. Das echte Kafenion, welches in jedem Dorf zu finden und nur an dem griechischen Schriftzug (Καφενιον) zu erkennen ist, besuchen fast ausnahmslos **nur einheimische Männer,** um dort einen Kaffee, Schnaps oder Bier zu trinken – oder um eifrig Karten und Brettspiele zu spielen; Speisen gibt es hier eher selten. Das zypriotische Kafenion darf man getrost als echte „traditionelle Kultur" bezeichnen, wo die Männer unter sich sind, Ernteprobleme besprechen oder über Gott und die Welt diskutieren. Eines wird dem Besucher jedoch sofort auffallen: die Gemütlichkeit im Kafenion – alles geht deutlich langsamer und gemächlicher als „draußen".

Cafés Eine Café-Kultur wie in Mitteleuropa sucht man auf Zypern vergebens; allerdings erhält man in Restaurants Kaffee und Kuchen aller Art. Die Zyprioten lieben Kuchen – je süßer, desto besser –, und den Kaffee trinkt man entweder als Milchkaffee, Espresso oder (und hier muss man politisch korrekt sagen) „arabischen" Kaffee.

Erfrischungsgetränke

Das Angebot an Erfrischungsgetränken in Gaststätten und Geschäften entspricht dem in Mitteleuropa, einschließlich Mineralwasser. Zusätzlich wird kohlensäurefreies Wasser in Plastikflaschen und -containern angeboten. Alle Getränke, auch Softdrinks, sind relativ teuer; das günstigste kühle Getränk ist – frische Milch! Der Liter kostet etwa 1 € – wer kein Milchtrinker ist, kann es auf Zypern vielleicht noch werden ...

Bier

Beim Bier kommt es nur selten zu Engpässen; so gab es nach dem verlorenen Champions-League-Finale von Manchester United gegen den FC Barcelona im Frühsommer 2011 am nächsten Tag in den (zahlreichen) britischen Kneipen von Agia Napa keinen Tropfen mehr ...! Die häufigsten Marken sind *Keo* und *Carlsberg,* die beide in Zypern gebraut werden, letzteres in Lizenz. Importbiere sind deutlich teurer und in größeren Supermärkten sowie in Bars und Restaurants erhältlich.

Wein und Spirituosen

Eine dominierende Stellung nimmt der Weinanbau ein, wenngleich die Qualität nicht unbedingt mit den mitteleuropäischen Spitzenweinen verglichen werden kann. Der **Weinanbau** wird auf Zypern vermutlich **schon über 4000 Jahre** betrieben, das Ergebnis mundete selbst entlegenen Kulturen wie den ägyptischen Pharaonen, König *Salomon,* den alten Römern und später auch den Kreuzrittern. Man kann teilweise sogar lesen, berühmte Weine wie Madeira, Masala und auch der ungarische Tokajer entstammten den bis vor wenigen Jahrzehnten ausschließlich angebauten beiden zypriotischen Rebsorten **Mavro** (rot) und **Xynisteri** (weiß). Erst in den 60er Jahren des 20. Jh. wurden weitere Rebsorten importiert und mit Erfolg angebaut, sodass heute die gesamte Palette an guten Weinen aus zypriotischer Produktion in den Regalen der Supermärkte steht. Allerdings wird der Markt heute von den „big 4" (Keo, Etko, Sodap und Loel), den größten Weinkeltereien des Landes, dominiert. Daneben existieren noch Klosterkeltereien und kleine lokale Keltereien in den Anbaugebieten, die kostenlose Weinproben auch für Touristen anbieten. Interessierte finden besondere Weinrouten als Download unter der Adresse www.wpc.org.cy/downloads/WineRoadsEN.pdf.

Eine Sonderrolle kommt dem berühmten **Commandaria** zu, einer von Johannitern während ihres zypriotischen Intermezzos forciert angebauten Sorte; noch heute zeugt der Name der Region nördlich von Lemesos („Commandaria" = Verwaltungseinheit des

Das Geheimnis der Filfar-Rezeptur

„Es war einmal ..." könnte die (wahre!) Lebensgeschichte des **Takis Philippou** beginnen. Geboren im frühen 20. Jh. arbeitete er in den 40er Jahren für die Briten in einer Kaserne in Famagusta (griech. *Ammochostos,* türk. *Gazimağusa*) als eine Art Soldatenkonditor und kochte Marmeladen. Er erinnerte sich während dieser Zeit an seine Großmutter, die einen **Orangenlikör** nach einem von Mönchen mündlich überlieferten Rezept herstellte, welches vermutlich bis in die Johanniterzeit zurückreicht. Und da er beim Kochen der typisch englischen Orangenmarmelade viel mit diesen Früchten zu tun hatte, probierte er es selbst einfach einmal aus – und wurde zunächst zur Lachnummer der britischen Offiziere.

Erst nach unzähligen Versuchen gelang es ihm, eine passable Mischung zu finden, und da er seine Vorgehensweise notiert hatte, gab es nun sogar ein Rezept. Die Briten liebten sein Getränk so sehr (insbesondere die verblichene Queen-Mum im fernen Buckingham-Palace!), dass Philippou sich ermutigt fühlte, nach dem Zweiten Weltkrieg eine kleine Destillationsanlage zu eröffnen. Mit steigendem Erfolg musste er sich registrieren lassen und einen Namen eintragen – er entschied sich für **„Fil Fab",** die Abkürzung für „Philippou Fabrique". Dem Handelsbeamten unterlief jedoch ein Schreibfehler, sodass „Filfar" daraus wurde, was indes besser klang und beibehalten wurde. 1974 baute Takis Philippou im Alter von 65 Jahren eine kleine Fabrik in Famagusta, doch nur zwei Monate nach ihrer Eröffnung verlor er sie an die türkischen Invasionstruppen. Er floh nach Lemesos und destillierte Filfar nur noch für seine Verwandten und Freunde.

Wie der Zufall so spielt, begegnete Philippou bald darauf dem Touristikexperten *Demos Aristidou,* der in Kanada studiert hatte und von dortigen kanadischen Lehrern nach dem bekanntesten Exportgut Zyperns gefragt worden war. Auf seine (Aristidous) Antwort, das sei der Commandaria-Wein, hätten die Lehrer erwidert, der Orangenlikör Filfar sei in Nordamerika weit bekannter! So bewegte Aristidou Takis Philippou zum **Verkauf des Rezeptes** und begann bald mit der fabrikmäßigen Produktion des berühmten Likörs. Die Rezeptur wird bis heute geheim gehalten, bekannt ist lediglich, dass 18 Orangen zweier Sorten sowie drei zypriotische Kräuter enthalten sind.

Johanniter-Ordens) davon. Es handelt sich dabei um einen schweren, süßlichen Dessertwein, dessen Trauben an den Südhängen des Troodos angebaut, nach der späten Ernte zusätzlich sonnengetrocknet werden, um den Zuckergehalt zu erhöhen, und deren Wein schließlich mindestens für drei Jahre in Eichenholzfässern gelagert wird.

Besondere Erwähnung bei den „härteren" Getränken verdient der nationale Longdrink **„Brandy sour",** ein auf Zypern (z.B. bei Keo in Lemesos) produzierter Branntwein, der mit Limonensaft, Soda und Eis getrunken wird. Als weitere Spezialität wäre der Orangenlikör **Filfar** zu nennen, der nach einem fast verloren gegangenen Rezept des *Takis Philippou* (siehe Exkurs „Das Geheimnis der Filfar-Rezeptur") in Lemesos gebrannt wird.

Tipp: Verkehrsgünstig am Zentrum von Lemesos (siehe dort) liegt die **Keo-Brauerei und -Kelterei;** täglich um 10 Uhr wird eine kostenlose **Führung** angeboten, wobei diejenige zur Bier-, Ouzo- und Weinherstellung 30 Min. dauert, die anschließende Probe mit allem, was hergestellt wird, eine Stunde (kein Kaufzwang) nach dem Motto „all you can drink" (Keo plc, 1 Franklin Roosevelt Avenue, 3602 Lemesos, Tel. 00357 25 853100, Fax 25 573429).

Feste und Feiertage

Feiertage An den folgenden nationalen Feiertagen sind Geschäfte und Banken geschlossen, fahren keine Busse und nehmen auch Museen, antike Stätten und Restaurants eine Ruhepause:

- **1. Januar** (Neujahr)
- **6. Januar** (Taufe Christi)
- **25. März** (Unabhängigkeitstag)
- **1. April** (Beginn des Widerstandes gegen die Briten)
- **Ostern** (Achtung: jeweils am Sonntag nach dem ersten Vollmond nach Frühlingsanfang/21. März)
- **1. Mai** (Tag der Arbeit)
- **Pfingsten**/Kataklysmos (50 Tage nach Ostern)
- **15. August** (Mariä Himmelfahrt)
- **1. Oktober** (Tag der Republik)
- **28. Oktober** (griechischer Nationalfeiertag *Ochi*)
- **24. bis 26. Dezember** (Weihnachten)
- **31. Dezember** (Silvester)

Ostern Höchster und **wichtigster Feiertag** ist das Osterfest, wobei von Donnerstag vor Ostern bis zum Dienstag danach alle Behörden, Banken usw. geschlossen haben, Busse fahren keine! Am Karfreitag begibt sich die Gemeinde gegen 23 Uhr zur Kirche, wo bis ca. 10 Min. vor Mitternacht die Liturgie gelesen wird. Anschließend geht der Pope mit seinen Messdienern unter Glockengeläut einmal um die Kirche herum, um dann von einem Podest aus den Ostersegen zu verkünden. Der Pope entzündet eine heilige Kerze, an der die Besucher mitgebrachte Kerzen anzünden, gleichzeitig werden Feuerwerk, Wunderkerzen, Knallfrösche u.Ä. entfacht. Gegen 1 Uhr zerstreut sich die Menge, um daheim gemäß Tradition eine klare Lammbrühe zu genießen – das Osterlamm wird erst an den folgenden Tagen gebraten. In vielen kleineren Orten finden Samstag und Sonntag Festspiele statt (Beispiel siehe Neo Chorio).

Pfingsten   Pfingsten fällt am Pfingstmontag mit dem nur auf Zypern begangenen **Kataklysmus-Fest** zusammen, an dem der Errettung Noahs aus der Sintflut mit Bootsparaden gedacht wird. Heute werden in den größeren Städten Kataklysmus-Feste mit kulturellen Aufführungen, Tänzen und jahrmarktähnlichen Verkaufsständen abgehalten.

Weihnachten   Auch Weihnachten wird auf Zypern ausgiebig gefeiert, ähnlich wie bei uns hauptsächlich im Familienkreis.

Lokale Feste   Neben den landesweiten Feiertagen gibt es eine Reihe bedeutender und höchst unterschiedlicher lokaler Festivitäten:

- **24. Januar** – Neofytos-Fest (am Kloster) zu Ehren des Einsiedlermönches
- **2. Februar** – Mariens Tempelgang
am Kloster Chrysorrogiatissa (siehe Pano Panagia)
- **1 Woche vor Ostersonntag** – Lazarusfest in Larnaka
- **Mitte Mai** – Anthestiria-Fest, Blumenfest
mit Wagenparaden in Lemesos, Larnaka und Pafos
- **Juni** – Shakespeare-Festival mit Aufführungen im antiken Theater
- **Juni bis November** – Rythms of Light, abendliche kulturelle Tänze und Darbietungen in Pafos (mittwochs am Ausgrabungsgelände) und Kourion (Dienstag, Donnerstag und Freitag)
- **Juli** – Lemesos Summer Event (diverse Folkloreprogramme), Larnaka-Kulturfestival (Tanz, Theater und Musik)
- **14. August** – Mariä Himmelfahrt mit Jahrmarkt bei allen größeren Klöstern
- **August** – Stroumpi-Weinfest
- **14. September** – Heiligkreuzfest in Omodos und Stavrovouni
- **Anfang bis Mitte September** – Lemesos-Weinfest
- **Mitte September** – Agia Napa-Kulturfest mit klassischen Stücken und Musik
- **1. Oktober** – Unabhängigkeitsparade in Lefkosia
- **4. Oktober** – Kalopanagiotis-Markt (s. Marathasa-Region)

Film und Foto

Normale Negativ- und Diafilme sind in Zypern in den Fachgeschäften größerer Ortschaften, Souvenirläden, aber auch in Lebensmittelgeschäften und in Supermärkten zu leicht höheren Preisen als zu Hause erhältlich; am besten bringt man einen vernünftigen Vorrat an Filmmaterial mit. Die Filmentwicklung vor Ort lohnt aus Zeit- und Kostengründen nicht. Digitalspeicher sind in Fachgeschäften der größeren Städte erhältlich, Speicherkarten sind allerdings je nach Typ 10–30% teurer als in Deutschland.

Fotografiert werden darf eigentlich alles, wobei aber die meisten Museen, Kirchen und Klöster ein prinzipielles Film- und Fotoverbot zum Schutz lichtempfindlicher Kunstwerke (bzw. zum Ankurbeln des Dia-/Postkartenverkaufs) erlassen haben. Auch entlang der Green-Line und bei militärischen Anlagen (insbesondere den britischen) wird auf großen Schildern auf zusätzliche Fotografierverbote aufmerksam gemacht. Beim Ablichten von Menschen sollte man höflicherweise um Erlaubnis fragen, wobei dann manch menschliches Motiv ein kleines Trinkgeld erwartet.

Geld und Finanzen

Zypern gehört seit Januar 2008 zur **Eurozone,** gängige **Devisen** (US-$, SFr usw.) und **Reiseschecks** können **in Wechselstuben und Banken** gewechselt werden (1 SFr = 0,79 €, 1 € = 1,22 SFr/Stand Dez. 2011), wobei Banken den minimal besseren Wechselkurs bieten, die privaten Wechselstuben der Touristenorte – oft in Geschäfte, Souvenirläden o.Ä. integriert – dagegen bis in den späten Abend hinein oder auch an Wochenenden/Feiertagen geöffnet haben. Preise erscheinen übrigens manchmal absurd „krumm" (Taxi 57 Ct./km, Milch 86 Ct. usw.), was noch immer auf die Euro-Umstellung zurückzuführen ist.

Reisekasse Nun ist Zypern, was Diebstähle anbelangt, längst nicht so ein heißes Pflaster wie etwa Südfrankreich oder Spanien, dennoch sollte man nicht nur Bargeld mit sich führen. Unabhängig von der Währung empfiehlt sich primär der Einsatz der **Maestro-(EC-)Karte** mit PIN-Nummer an den überall in Zypern weit verbreiteten Geldautomaten (ATM) der Banken, wo pro Transaktion meist bis zu 200 € abgehoben werden können.

Praktische Reisetipps A–Z

Alternativ kann man **American Express Traveller Cheques** bei der Hausbank in Euro gegen eine Gebühr von 1% Aufpreis erwerben und diese dann bei Banken in Zypern einlösen.

Gängige **Kreditkarten** (AmEx, VISA, MasterCard, Eurocard, Diners) treffen auf breite Akzeptanz zur Rechnungsbegleichung, sind aber auch zur Miete eines Wagens usw. unentbehrlich (an Tankstellen vorher fragen!).

Kosten

Teures Reiseziel

Zypern ist beileibe kein „Billigland", die allgemeinen Lebenshaltungskosten liegen deutlich höher als in Mitteleuropa. Überteuerte Touristenpreise werden für die derzeitige Besucherflaute vorrangig verantwortlich gemacht und auch in der Presse kontrovers diskutiert. Der über Jahre hinweg überzogene Wechselkurs, der in die Euro-Anbindung „hinübergerettet" wurde, trägt das Seine dazu bei, dass fast überall das Doppelte als in der Heimat zu zahlen ist, selbst beim Einkauf in großen Supermärkten!

Auch **Hotel- und Restaurantpreise** passen sich diesem hohen Niveau an, sodass diejenigen noch am besten fahren, die im Rahmen einer Pauschalreise Frühstück und Abendessen mitbuchen (HP). Busfahrten und Eintrittspreise (Aquaparks ausgenommen) sind dagegen relativ günstig und reißen keine größeren Löcher in die Reisekasse.

Typische Preise sind etwa 1 € für Kurzstreckenbusse, 3,80–5 € für ein Bier (Restaurant), Mittagsmenüs 12–18 € (mittlere Restaurantkategorie), Abendessen in einer typischen Taverne 22–30 € (inkl. Getränk).

Trinkgeld

Restaurantbedienungen usw. erwarten ein Trinkgeld von ca. 5% der Rechnung, Taxifahrern kann man 2 € zusätzlich geben, falls Gepäck einzuladen ist, bei guter Zimmerreinigung können 10 € pro Woche (am besten am Urlaubsanfang) in die Hand gedrückt werden.

Agios Varnavas – eine der beiden Fünfkuppelkirchen auf Zypern

Gesundheit und Hygiene

Zypern bereitet in gesundheitlicher Hinsicht kaum Kopfzerbrechen, allenfalls in den heißen Sommermonaten sollte man die extrem intensive Sonneneinstrahlung und alle damit einhergehenden Risiken (Sonnenbrand, Flüssigkeitsverlust usw.) beachten. Das Trinkwasser kommt überwiegend aus den Reservoirs im Landesinneren bzw. aus Entsalzungsanlagen und kann unbedenklich getrunken werden, ist aber teilweise gechlort. Es empfiehlt sich daher der Genuss abgekochten Wassers. Die Lebensmittel in den Geschäften und Supermärkten entsprechen „mitteleuropäischem Standard", wobei das in Zeiten von Schweinepest, BSE-, EHEC- und Tierfutterskandalen beileibe kein Qualitätssiegel ist!

Medizinische Grundversorgung

Im zypriotischen Gesundheitswesen garantiert der Staat eine Grundversorgung, die mittlerweile 100% der Bevölkerung zugänglich ist. Auch Reisende mit der **europäischen Krankenversicherungskarte (EHIC)** bzw. Ersatzbescheinigung (bei der jeweiligen Kasse erhältlich) haben in Notfällen Anspruch auf Behandlung. Unabhängig davon empfiehlt sich unbedingt der Abschluss einer **Auslandsreise-Krankenversicherung** für die nicht abgedeckten Kosten wie Rücktransport, Versorgung in nicht-staatlichen Kliniken usw.

zyp_043 Foto: wl

Wer als **Gehbehinderter** eine Zypernreise plant, findet auf den Internetseiten www.paraquip.com.cy, www.ca-tourist-apts.com.cy, www.ca-taxis.com, www.paraquip.com.cy und www.evas-apart ments.com/wheels_on_water.htm einschlägige Tipps und Organisationsmöglichkeiten.

Ärzte
Die ärztliche Versorgung im Notfall auf der Insel ist gut. Die vorwiegend in Europa ausgebildeten Ärzte sprechen meist fließend Englisch, manchmal auch Deutsch. Man kann jederzeit über die Hotelrezeption einen praktischen Arzt rufen lassen, der für den Hotelbesuch ca. 50 € berechnet.

Auskünfte über die Dienst habenden Ärzte/Zahnärzte erteilen die folgenden **Direktnummern:** Lefkosia 1422, Lemesos 1425, Larnaka 1424, Pafos 1426 und Agia Napa/Paralimni 1423.

Apotheken
Apotheken heißen **Farmakio** (Φαρμακιο), sind in allen größeren Orten Zyperns anzutreffen und haben meist von 9–13 und 15–19 Uhr (Montag bis Freitag, Samstag nur am Vormittag) geöffnet. Außerhalb dieser Zeiten wird auf die Dienst habenden Notdienst-Apotheken verwiesen (siehe auch „Notfall").

Infos
- www.crm.de
- www.fit-for-travel.de

Informationsstellen

In Europa

Es werden eine ganze Reihe an **Faltblättern** und **Broschüren** zu einzelnen Themen bzw. Regionen angeboten, für Individualreisende werden vor allem die recht ordentlichen **Kartensätze** zu Troodos, Pafos, Polis, Lemesos, Larnaka, Lefkosia und Agia Napa/Protaras/Paralimni von Interesse sein. Für touristische Anfragen und Handelsinformationen wendet man sich an die Fremdenverkehrszentrale Zypern (Cyprus Tourism Organisation):

Fremden-verkehrs-zentralen
- **In Deutschland:**
Zeil 127, 60313 Frankfurt, Tel. 069 251919, Fax 069 250288, info@cto-fra.de; Wallstr. 27, 10179 Berlin, Tel. 030 23457590, Fax 030 23457592, cto_berlin@t-online.de.

- **In Österreich:**
Parkring 20, 1010 Wien, Tel. 01 5131870, Fax 01 5131872, office@zyperntourismus.at.
- **In der Schweiz:**
Gottfried-Keller-Straße 7, 8001 Zürich, Tel. 044 2623303, Fax 044 2512417, ctozurich@bluewin.ch.

In Zypern

- **Cyprus Tourism Organisation** (CTO, Zentrale), Leof. Lemesou 19, CY-2112 Lefkosia, Tel. 22691100, www.visitcyprus.com.

In Ortschaften

- **Lefkosia:** Aristokyprou 11 (Laiki Geitonia), Tel. 22674264.
- **Lemesos:** Spyrou Araouzou Str. 115, Tel. 25362756, und Lemesos Hafen, Tel. 25571868.
- **Larnaka:** Vasileos Pavlou Square, Tel. 24654322, und im Internationalen Flughafen, Tel. 24643576/7 (geöffnet 8.15–23 Uhr).
- **Pafos:** im Internationalen Flughafen, Tel. 26422833, sowie in der Altstadt in der Poseidonos 63a, Tel. 26930521.
- **Polis:** Vasileos Stasiokou Str. 2, Tel. 26322468.
- **Agia Napa:** Leoforos Kyrou Nerou 12, Tel. 23721796.
- **Paralimni – Protaras:** Leoforos Protara, Kavo Greko 356, Tel. 23832865.
- **Platres:** Tel. 25421316.

In den großen Städten bieten die Touristen-Informationsstellen kostenlose geführte **Rundgänge** durch die Zentren an (teilweise mehrmals wöchentlich, siehe Ortsbeschreibungen).

Info-Hefte Daneben sei auf einige interessante Hefte hingewiesen: **„The Cyprus Crocodile Guide"** publiziert ein kleines Heftchen für britische Aussiedler, welches Bestimmungen, Tipps für Übersiedler nach Zypern, neueste Restaurantempfehlungen, aber auch Ausflüge und Veranstaltungen umfasst – recht nützlich und kostenlos in den TI-Stellen erhältlich (leider nicht immer auf Lager).

Auch die beiden offiziellen Hefte **„Nicosia this month"** und **„Lemesos this month",** publiziert und kostenlos verteilt von der jeweiligen TI, bieten eine Fülle an aktuellen Veranstaltungshinweisen und kurzfristig interessanten Tipps aller Art.

Infos im Internet

Es gibt eine wahre Informationsflut im Internet zum Thema Zypern. Die folgenden Internetseiten sind nur eine kleine Auswahl, mit deren Hilfe man sich mühelos weiterverlinken kann und von der Online-Flugbuchung bis zur bebilderten Unterkunftsvermittlung alles finden kann, was das Reiseherz begehrt.

Praktische Reisetipps A–Z

zyp_046 Foto: wl

Info-Seiten zu Zypern

●**www.visitcyprus.cy** ist die offizielle Informationsseite des zypriotischen Fremdenverkehrsamtes.

●**www.zyperninfos.de** bietet einen guten allgemeinen Überblick einschließlich einiger interessanter Last-Minute-Links.

●Zum Norden Zyperns informiert **www.holidayinnorthcyprus.com.**

●Eine Tauchschule informiert unter **www.dive-in.com.cy** zu Tauchspots im Raum Pafos. Weitere Infoseiten wären u.a. **www.divepit.com** oder **www.her biesdiving.com.**

●**www.emantravel.com** bietet einen Überblick zu den Busverbindungen auf Zypern zwischen den größeren Orten sowie zu den besonders wichtigen Kurzstreckenbussen um Agia Napa.

●**www.zypernbike.de,** für Radler und Mountainbiker, anfangs Exoten, inzwischen etabliert und wichtigster Radurlaubsanbieter für Zypern. Bieten auch Aktiv- und Wanderreisen an.

●Wer sich vorab um eine Unterkunft bemühen möchte, sei zudem auf die Seiten **www.unterkunft.de** und **www.domizilguide.de** verwiesen. Komplette und vergleichsweise preiswerte Pauschalreisen (Flug mit/ohne Unterkunft, mit/ohne Mietwagen) findet man unter http://buchung.ab-in-den-urlaub.de und www.expedia.de, die auch sehr attraktive Preise bieten, je näher der Reisetermin rückt.

Internet-zugang unterwegs   Natürlich kann man auch von Zypern aus sein Mail-Postfach leeren oder rasche Nachrichten preiswert versenden. Die aktuellen **Internet-Cafés** sind in den Ortsbeschreibungen mit aufgeführt.

Kinder auf der Reise

Man kann sicherlich nicht sagen, Zypern sei für Reisen mit Kindern ungeeignet. Zahlreiche (überschaubare!) Sandstrände und einige empfehlenswerte Erlebnisbäder (siehe Sport und Aktivitäten) bieten auch den kleinen Gästen Badespaß pur. Abwechslung ohne „historische Überlastung" des nach Bewegung dürstenden Nachwuchses ist also garantiert. Sicherlich sind landestypische Besonderheiten (kaum Bürgersteige, ungewohnter Linksverkehr usw.) stets mit gewissen Risiken verbunden, doch darf Zypern als sicher und relativ gefahrenfrei für Reisen mit Kindern bezeichnet werden. Allenfalls das ungewohnte Klima verdient besondere Aufmerksamkeit. Vor Sonnenbrand schützt man sich und die Kinder mit wasserfester Sonnencreme sowie Sonnenhut.

Wer sich **mit Kleinkindern** auf die Reise begeben will und eine entsprechend geeignete **Pauschalreise** sucht, sollte Kontakt zu Bambino-Tours aufnehmen: Ockershäuser Schulgasse 31, 35037 Marburg, Tel. 06421 931000, Fax 931001, www.bambino-tours.de.

An Säuglings-/Babynahrung sind in Drogerien und Supermärkten (vor allem bei *Orfanidis* und *Chris Cash n' Carry*) die Marken Milupa und Miltina (Importname für Humana), an Höschenwindeln Dodotis/Depot (Importbezeichnung für Pampers) und an Pflegeartikeln Penaten und Fissan erhältlich.

Medien

Zeitungen   Von den Zeitungen dürfte vor allem die englischsprachige Tageszeitung **Cyprus Mail** von Interesse sein, die ausführlich über Innen- und Außenpolitik berichtet. Die Wochenzeitung **Cyprus Weekly** (englisch) geht deutlich mehr in die Tiefe und widmet sich auch unangenehmen Themen wie Luftverschmutzung in Lefkosia oder Misswirtschaft der Regierung. Alle anderen englischsprachigen Blätter kommen aus England (*Sun, Mirror* usw.), von den deutschsprachigen Zeitungen kommt in größeren Orten mit etwa zwei Tagen Verspätung die Bild-Zeitung in den Handel.

Fernsehen Im Fernsehen können zahlreiche Sender auch aus Deutschland empfangen werden, die wichtigsten lokalen Sender mit Filmen im Original sind CYBC 1 und 2 (hier auch Nachrichten in Englisch) sowie Sigma, Mega und Antenna. Auch CNN und BBC sind überall zu empfangen.

Radio Der Rundfunksender Radio Napa (FM 106.3) sendet von 6 bis 24 Uhr meist fetzige Musik, auf FM 107.6 sendet der britische Militärrundfunk (Pop). Die griechisch-zypriotischen Sender BFBS 1 (FM 89.7, 99.6 und 92.1) und BFBS 2 (FM 91.7, 85.3 und 81.9) senden gemischt griechisch-englischsprachiges Programm. Als echter Multi-Kulti-Sender mit Programmen in Armenisch, Türkisch, Griechisch und Englisch hat sich CyBC (FM 91.1, 92.4) etabliert und lohnt das Zuhören schon allein wegen der musikalischen Vielfalt.

Mietwagen

Links-
verkehr **Wichtig:** In Zypern als ehemaliger britischer Kolonie wird links gefahren (gilt auch für den Nordteil), außerdem sollte man sich bei Bedarf beim Vermieter vorab erkundigen, ob er Fahrten in den türkischen Norden gestattet!

Viele Besucher Zyperns werden für Ausflüge ins Hinterland und vor allem zu weniger frequentierten Strandabschnitten einen Leihwagen nutzen wollen. Die Buchung kann entweder bereits **vor der Reise, am Flughafen oder erst am Zielort** bei örtlichen Reisebüros (siehe Ortsbeschreibungen) geschehen. Die vorherige Organisation eines Fahrzeugs über hiesige Reisebüros ist meist die teuerste, da diese mit namhaften Vermietern wie Sixt, Avis, Hertz usw. zusammenarbeiten. Übergabe und Rückgabe am Flughafen (Pafos oder Larnaka) ist problemlos möglich, sodass kein zusätzlicher Transfer anfallen würde.

Tipp für
Pauschal-
urlauber Da fast alle Verleiher bei vororganisierter Reservierung eine kostenlose Hotelzustellung des Wagens anbieten, empfiehlt sich für Pauschalreisende, als Reservierungsdatum erst den Tag nach der Ankunft und für die Rückgabe einen Tag vor dem Rückflug anzugeben – der Flughafentransfer zur Unterkunft ist im Pauschalreisepreis ohnehin inbegriffen, und am Abend der Ankunft sollte man nicht unbedingt nach langer Anreise gleich auf unbekannte

Praktische Reisetipps A–Z

Entfernungstabelle (Distanzen in km)	Lefkosia	Larnaka	Lemesos	Agia Napa	Pafos	Polis	Troodos
Lefkosia	–	51	86	88	163	205	77
Larnaka	51	–	69	37	146	160	123
Lemesos	86	69	–	123	77	106	46
Agia Napa	88	37	123	–	182	197	160
Pafos	163	146	77	182	–	42	120
Polis	205	160	106	197	42	–	104
Troodos	77	123	46	160	120	104	–

Strecken gehen; zudem spart man die Mietkosten für zwei Tage und hat bei Familien auch im Kleinwagen keine Gepäcksorgen!

Mietpreise Der Richtpreis für einen Kleinwagen bei Selbstorganisation **für eine Woche in der Hauptsaison** liegt bei **250–300 €** (Versicherung inklusive außer Reifen, Frontscheibe und Ölwanne), in der Nebensaison schon ab 160 € pro Woche. Auch Mopeds/Scooter werden angeboten, allerdings nicht am Flughafen. Hier liegt der Wochenpreis bei etwa 100 € und reduziert sich je nach Modell in der Nebensaison bis auf 50–60 € pro Woche.

Mietvoraussetzungen Voraussetzungen sind ein **Führerschein**, ein **Mindestalter von 21 Jahren** (Höchstalter 65) sowie eine **Fahrpraxis von mindestens einem Jahr.** Gesondert wird vor Ort die erste Tankfüllung berechnet (abgegeben wird dann leer), wofür sich wie auch für die Kaution eine Kreditkarte anbietet.

Miete vor Ort Natürlich kann man auch erst vor Ort **in den touristischen Zentren** (siehe Ortsbeschreibungen) von einem der zahllosen Kleinanbieter einen Wagen mieten – es scheint derzeit ein Überangebot an Fahrzeugen zumindest außerhalb der Hauptreisezeiten zu bestehen. Die Preise beginnen dort schon bei ca. 25 € pro Tag. Auch die Hotels arbeiten sehr oft mit solchen Verleihstellen zusammen und bieten die Vermittlung eines fahrbaren Untersatzes an der Rezeption an. Es gibt auch eine spezielle Internetseite (www.cypruscarrental.com), auf der rund 40 verschiedene Firmen verlinkt sind und direkt für eine Preisanfrage aufgerufen werden können.

An beiden **Flughäfen** sind etliche Verleihstellen vertreten und man sollte auch kurz entschlossen oder ohne vorherige Reservierung direkt am Flughafen etwas finden können. Die Preise variieren je nach Anbieter (Kette oder „no-name"), Fahrzeuggröße und Saison erheblich, ein Tagespreis ist deutlich höher als bei Wochenmieten.

Tipp: Drei Personen ohne Sondergepäck (Golf, Tauchen) kommen bei Wagenübernahme am Flughafen gerade noch mit der kleinsten Wagengröße (Opel Corsa o.Ä.) hin, wenn auf sperrige Koffer verzichtet wird; ansonsten empfiehlt sich die Anmietung eines größeren Modells.

Flughafen Larnaka
- **Petsas & Sons,** Tel. 24643350, Fax 24643285, www.petsas.com
- **Thames Rent a Car,** Tel. 24643044, Fax 24657977, www.thames.com.cy
- **Astra Self Drive Cars,** Tel. 24643203, www.astracarrentals.com

Flughafen Pafos
- **Champion Rental,** Tel. 26911242, Fax 2691137, www.championrental.com
- **Paforentals,** Tel. 26947058, Fax 26938090, www.paforentals.com
- **G.S.P. Rentals,** Tel. 26938093, Fax 26222018, www.gspcarhire.com
- **A & G Rent a Car,** Tel. 26944164, www.agrentacar.com
- Gute Preise bietet auch die sehr zuverlässige, international arbeitende Firma **Economy Car-Rental,** deren örtliche Partner an beide Flughäfen anliefern. Buchungen und Anfragen unter www.economycarrentals.com.

Auch **Räder** können vorab organisiert werden, etwa unter:
- **www.cyprus-villages.com** (Cyprus Villages Bike Center), Pauschalreisen und Leihräder.
- **www.alliathonvillage.com** (Aliathon Bike Centre), Aktivurlaubs-Village mit zahlreichen Einrichtungen.
- **www.zypernbike.de** (ZypernBike Aldiana)

Kabarett/Revue im Club Carnivale (Agia Napa)

Nachtleben und Unterhaltung

Es wäre weit gefehlt zu glauben, Zypern sei stimmungsmäßig ein zweites Mallorca. Umgekehrt wird aber auch jeder nach seinen eigenen Vorlieben etwas Passendes finden.

Im Hinterland

Grundsätzlich müssen in Bezug auf Abendunterhaltung drei vollkommen unterschiedliche Bereiche betrachtet werden. Zunächst bieten die nicht-touristischen Orte und Kleinstädte im Hinterland, also jene ohne Wohnanlagen und Hotels, aber mit der Möglichkeit der Privatunterkunft/Ferien auf dem Land o.Ä., schlicht und ergreifend – nichts! Dort gibt es vielleicht das eine oder andere Kafenion, doch werden zeitig die Bürgersteige hochgeklappt, schließlich wohnt hier der nicht im Tourismus tätige Teil der Bevölkerung, der bei Sonnenaufgang Felder bestellt und Tiere versorgt oder bereits zum Fischen in See gestochen ist.

zyp_053 Foto: wf

Praktische Reisetipps A–Z

Touristen-orte   In den „erschlossenen" Orten und Vororten entlang der Küste, wo praktisch jeder vom Tourismus lebt, besteht ein dementsprechend breit gefächertes Angebot an Schänken und Restaurants. Hier versuchen die lokalen Autoritäten in der Hauptsaison zusätzlich attraktive Unterhaltungsprogramme (Freilichtkonzerte, Wettbewerbe u.Ä.) anzubieten, die Gastronomie entwickelt oft erst nach 20 Uhr ihr Hauptgeschäft, die reinen Bars und Trinkhallen kommen erst ab 21 oder 22 Uhr in Schwung und locken mit Fußballübertragungen, Live-Musik und Ähnlichem mehr. Dennoch hält sich der Lärm in erträglichen Grenzen, das Ganze nimmt sich eher gemäßigt aus und könnte unter der Überschrift „gediegenes Flanieren mit spätabendlicher Einkehr" zusammengefasst werden.

Agia Napa   Schließlich kommen die „Highlights", wo sich der entsprechend aufgelegte Strandurlauber etwa folgendem Tagesablauf hingibt: Frühstück um 15 Uhr (frühestens!), das erste Bier um 16 Uhr, irgendwann Einnahme des unheiligen Abendmahls in Flüssigform, abschließend der Discobesuch bis kurz vor Sonnenaufgang. In dieser Hinsicht am meisten los ist in Agia Napa (siehe dort). Kaum ein anderer Strandort in Europa kann da mithalten, geschweige denn Pafos (uriger), Lemesos (städtischer) oder Protaras und Maa (gediegener)!

Notfall

Notrufe   Die allgemeine Notrufnummer für Erste Hilfe, Feuerwehr und Polizei lautet **112,** der Apotheken-Nachtruf hat die Nummer **192.** Wichtig bei Notfällen im Bergland ist die Leitstellennummer **1407.**

Verlust von „Plastik-karten"   Bei Verlust oder Diebstahl der Kredit- oder Maestro-(EC-)Karte sollte man diese umgehend sperren lassen. Für deutsche Maestro-(EC-) und Kreditkarten gibt es die einheitliche **Sperrnummer 0049 116116** und im Ausland 0049 30 40504050. Für österreichische und schweizerische Karten gelten:

- **Maestro-(EC-)Karte,** (A)-Tel. 0043 1 2048800; (CH)-Tel. 0041 44 2712230, UBS: 0041 848 888601, Crédit Suisse: 0041 800 800488.
- **MasterCard/VISA,** internationale Tel. 001 636 7227111
- **American Express,** (A)-Tel. 0049 69 9797 1000; (CH)-Tel. 0041 44 6596333.
- **Diners Club,** (A)-Tel. 0043 1 501350; (CH)-Tel. 0041 58 7508080.

Geldnot Wer dringend eine größere Summe ins Ausland überweisen lassen muss, kann sich über **Western Union** gegen Gebühr Geld schicken lassen. Für den Transfer muss man die Person, welche das Geld schicken soll, vorab benachrichtigen. Diese muss dann bei einer *Western Union* Vertretung (in Deutschland u.a. bei der *Postbank*) ein entsprechendes Formular ausfüllen und den Code der Transaktion telefonisch oder anderweitig übermitteln. Mit dem Code und dem Reisepass geht man zu einer beliebigen Vertretung von *Western Union* in Zypern (siehe Telefonbuch oder unter www.westernunion.com), wo das Geld nach Ausfüllen eines Formulares binnen Minuten ausgezahlt wird.

Ausweis- Wird der Reisepass oder Personalausweis im Ausland gestohlen, **verlust/** muss man dies bei der örtlichen Polizei melden (Tipp: Kopie anfer- **dringender** tigen, getrennt aufbewahren und mitführen). Darüber hinaus sollte **Notfall** man sich an die nächste diplomatische Auslandsvertretung seines Landes wenden, damit man einen Ersatz-Reiseausweis zur Rückkehr ausgestellt bekommt (ohne kommt man nicht an Bord eines Flugzeuges!).

Auch in **dringenden Notfällen,** z.B. medizinischer oder rechtlicher Art, Vermisstensuche, Hilfe bei Todesfällen, Häftlingsbetreuung o.Ä. sind die Auslandsvertretungen auf Zypern bemüht vermittelnd zu helfen.

- **Deutsche Botschaft:** 10, Nikitaras Street, Nicosia, Tel. 22451145.
- **Deutsches Honorarkonsulat:** 21, Archbishop Kyprianos Street, Limassol, Tel. 25820920.
- **Österreichische Botschaft:** 34, Dimosthenous Severi Avenue, 1. Stock, Büro 101, Nicosia, Tel. 22410151.
- **Schweizerische Botschaft:** 46, Themistocles Dervis Street (Medcon Tower, 6. Stock), Nicosia, Tel. 22466800.

Öffentliche Verkehrsmittel

Ganz allgemein gesagt passen sich Tempo und Frequenz der öffentlichen Verkehrsmittel dem eher gemächlichen Leben im Hinterland an. Der Busverkehr ist vielfach auf Dorfbewohner abgestimmt, die am frühen Morgen in die Kreisstadt zum Markt wollen und schon gegen Mittag zurückfahren. Nachmittags oder abends fahren die Busse selten und sind nur bedingt für eine touristische Erschließung der Insel geeignet. Für den Besuch abgelegener

Strände und vor allem das Bergland, wo ein Busverkehr schon rein physikalisch manchmal schwer möglich scheint, empfiehlt sich ebenso die Anmietung eines Fahrzeuges wie für eine Vielzahl an Ausflügen. Wer genug Zeit hat, kann jedoch auch über die organisierten Touren sowie per Bus (eine Bahn gibt es nicht) zumindest einen Großteil Zyperns einigermaßen erschöpfend erschließen.

Verkehrsprobleme mitteleuropäischer Ballungsgebiete sind auf Zypern – von begrenzten „Stauphasen" während des Berufsverkehrs in den Großstädten abgesehen – weitgehend unbekannt.

Busse

Mit der **Privatisierung** der Busgesellschaften entstand eine Vielzahl kleiner Unternehmen, die jeweils winzige Ausschnitte, teilweise auch nur bestimmte Routen bedienen. Da ausschließlich Rentabilitätsbestrebungen der privaten Busunternehmer im Vordergrund stehen, geraten immer mehr Orte ins verkehrstechnische Abseits.

Das System der öffentlichen Busse wurde dreigeteilt in **Stadtbusse** (engl.: *urban*), **Regionalbusse** (*rural*) und **Inter-City-Busse** (*transurban*). Die Stadtbusse bedienen die Großstädte sowie die unmittelbar vorgelagerten Randgebiete; Regionalbusse fahren die (größeren) Dörfer im Umland der jeweiligen Großstadt an, Inter-City-Busse verkehren nur zwischen den Hauptorten Zyperns. In den Ortsbeschreibungen wird auf die jeweiligen Anbindungsmöglichkeiten hingewiesen. Die **Preise** sind moderat bei 12–15 Ct. pro Kilometer (Richtpreis) je nach Distanz. Es gibt Tages-, Wochen-, Monats- und Jahreskarten sowohl für den Intercity- als auch für den Regionalverkehr (oder kombiniert); zu Details, Preisen und Streckennetz siehe unter www.emantravel.com und www.intercity-buses.com.

Sammeltaxis (shared taxi)

Auch nach der jüngsten „Sammeltaxireform", wonach alle Kleinunternehmen in einer Auffanggesellschaft zusammengefasst wurden, bleibt das System für Außenstehende oft undurchschaubar. Es handelt sich bei Sammeltaxis nicht um reguläre Taxen, sondern in den meisten Fällen um **Großlimousinen**/**Kleinbusse** mit 4–7 Passagierplätzen. Die grundsätzliche Gliederung *rural/urban/transurban* wie beim Bus gilt auch hier und bringt einige (gesetzliche) **Besonderheiten** mit sich.

So dürfen **Inter-City-Sammeltaxis** (*transurban shared taxi*) nicht zwischen Stadt und Flughafen oder Stadt und Dorf verkehren und auch nicht an Feiertagen fahren. Sie stellen eine Mischung aus re-

Praktische Reisetipps A–Z

gelmäßiger Buslinie (verkehren von 6–17 Uhr alle halbe Stunde) und Taxi (vom Hotel anrufen, kostenlose Abholung) ausschließlich zwischen den Großstädten dar. Die **Richtpreise** liegen zwischen 9 € (Lefkosia – Larnaka) und 25 € (Lefkosia – Pafos) pro Person, sonntags 10% Aufschlag). Am besten bestellt man ein Sammeltaxi über die Hotelrezeption oder selbst unter Tel. 22730888 in Lefkosia (Nicosia), 25364114 (Lemesos), 24661010 (Larnaka) oder 269 33181 (Pafos).

Regional-Sammeltaxis *(rural shared taxi)* fahren rund um die Uhr und dürfen nur von bzw. nach ihrem Heimatort bestellt werden; eine Fahrt zum (vom) Hafen/Flughafen ist möglich, sofern vorab reserviert wurde. Je nach Tageszeit liegen die **Preise** bei 55–80 Ct. pro Kilometer. Man bucht über die Hotelrezeption bzw. fragt den Wohnungsvermieter bei der Übernahme nach der Telefonnummer für den jeweiligen Ort der Mietwohnung.

Stadttaxis (urban taxi) Stadttaxis entsprechen unseren Taxis, stehen an markanten Plätzen der Innenstädte und kosten 3,80 € Grundgebühr plus 65 Ct. pro Kilometer (nachts 4,30 €/74 Ct.). Sie fahren nur innerhalb der Stadtgebiete und müssen mit **Taxameter** ausgestattet sein – stets darauf achten, dass dieses auch eingeschaltet wird, sonst lieber aussteigen und ein anderes Taxi nehmen!

Privattaxis (private taxi) Privattaxis sehen wie Stadttaxis aus, fahren jedoch **ohne Taxameter zu Festpreisen** (75–90 Ct. pro Kilometer) und können von jedem Ort zu jedem anderen fahren. Einige Richtpreise pro Person: Larnaka-Flughafen – Agia Napa 45 €, Pafos-Flughafen – Polis 40 €, Paralimni – Lefkosia 60 €.

Öffnungszeiten

Keine generelle Regelung Als erste sind meist die Marktverkäufer und Bäcker wach, sie bieten ihre Waren je nach Örtlichkeit schon ab 6/7 Uhr feil. Andere **Geschäfte** öffnen ihre Pforten werktags 9–13 und 15–19 Uhr (am Samstag nur vormittags), wobei allerdings in den Touristenzentren keine echten Schlusszeiten herrschen – oft haben die Läden bis 22 Uhr oder noch länger geöffnet. Wichtig für Selbstversorger sind die großen **Supermärkte** (Orfanidis, Chris Cash & Carry), die meist etwas außerhalb des Ortes liegen und täglich 8–22 Uhr geöffnet haben. **Banken** öffnen den Kontor montags bis freitags

8.30–15 Uhr, mit Geldkarte für Automatenabhebungen ist man an keine Zeiten gebunden. **Postämter** haben nur vormittags, Hauptpostämter auch einmal wöchentlich am Nachmittag geöffnet. **Museen, Burgen und Freizeitparks** öffnen durchgehend 10–17 oder 18 Uhr, wobei Museen meist montags und feiertags geschlossen bleiben.

Ämter und Behörden sind in der Winterperiode (Sept. bis Juni) montags bis freitags 7.30–14.30 Uhr, donnerstags zusätzlich 15–18 Uhr geöffnet; in der Sommerperiode (Juli/August) montags bis freitags 7.30–14.30 Uhr.

Organisierte Ausflüge, Touren, Reisebüros

Travel and Tour Agencys

In allen „erschlossenen" Orten Zyperns haben sich kleine Travel and Tour Agencys niedergelassen, die in unterschiedlichsten Formen von Eintrittskarten zu Aquaparks und Veranstaltungen über Jeep-Exkursionen und Ausflüge bis zu Minikreuzfahrten (Israel/Ägypten) alles anbieten, was an Unternehmungen möglich ist. In derartigen „Reisebüros" bucht man weniger Fernreisen als vielmehr **Tagestouren und Ausflüge aller Art.** Einige bieten darüber hinaus auch Leihfahrzeuge oder Unterkunftsvermittlung an. Für den praktischen Nutzen vor Ort sind die wichtigsten Agenturen in den Ortsbeschreibungen aufgeführt.

Post und Telefon

Post

Postämter haben i.d.R. nur Montag bis Freitag 7.30–13.30 Uhr, Donnerstag auch 15–18 Uhr geöffnet. Nur wenige Postämter der Großstädte bieten zusätzlich einen Nachmittagsservice an. Da Briefmarken auch in Lebensmittel- und Zeitschriftenläden erhältlich sind, gibt es nicht mehr in jedem kleinen Ort eine eigene Postfiliale, sondern oftmals nur noch Briefkästen mit Briefmarkenautomaten (englischsprachig).

Die **Postzustellung ins Ausland** erfolgt auf dem Luftweg via Airmail mit einer Laufzeit von etwa 9–12 Tagen; das Porto für Luftpostbriefe bis 20 g und für Postkarten beträgt derzeit 43 Ct., ein 50g-Brief kostet 85 Ct.

Telefon   Die **internationale Vorwahl** von Zypern lautet **00357,** dann muss die achtstellige Rufnummer komplett gewählt werden, da vor wenigen Jahren die (sonst übliche) erste „0" der Vorwahl durch eine „2" ersetzt wurde und heute nicht mehr als Vorwahl erkennbar ist. Innerhalb Zyperns ist stets die achtstellige Rufnummer zu wählen.

Von Zypern nach Österreich wählt man 0043, in die Schweiz 0041, nach Deutschland 0049 vor. Bei Gesprächen aus Zypern ist dann die erste „0" der Ortskennzahl (Vorwahl) wegzulassen.

Handyempfang besteht überall in Zypern mittels der beiden Anbieter *Areeba* (GSM 900/1800 MHZ und 3G 2100) und *Vodafone* (GSM 900/ 1800 MHz). Interessant für EU-Bürger: die Kosten wurden mittels einer EU-Verordnung auf maximal 58 Ct für ausgehende und 28,5 Ct für eingehende Gespräche festgelegt. Nicht zu vergessen sind die **passiven Kosten,** wenn man von zu Hause angerufen wird (Mailbox und Rufumleitung abstellen!). Der Anrufer zahlt nur die Gebühr ins heimische Mobilnetz, die teure Rufweiterleitung ins Ausland zahlt der Empfänger. Preiswerter ist es, sich auf **SMS** zu beschränken, der Empfang ist in der Regel kostenfrei.

Falls das Mobiltelefon **SIM-lock-frei** ist (keine Sperrung anderer Provider vorhanden ist) und man innerhalb Zyperns viele Gespräche führen muss, kann man sich eine örtliche **Prepaid-SIM-Karte** besorgen. Derzeit ist die „So-Easy" Prepaid- Karte recht günstig, sie kostet ab 15 € und reicht für tägliche Kurzgespräche in die Heimat während des Urlaubs völlig aus.

Telefonkarten für öffentliche Telefone gibt es zu 5 € oder 10 € (Minimärkte, Souvenirgeschäfte), es wird das Kartenguthaben angezeigt und abgezogen. Die günstigsten Zeiten liegen zwischen 20 Uhr abends und 7 Uhr morgens sowie am Wochenende. Inlandsgespräche kosten tagsüber 12 Ct. für 3 Minuten, Auslandsgespräche (EU und Schweiz) etwa 30 Ct./Minute.

Die allgemeinen **Notrufnummern** stehen im Kapitel Notfall.

Buchtipp – Praxis-Ratgeber (REISE KNOW-HOW Verlag):
● Volker Heinrich
Handy global – mit dem Handy im Ausland

Sicherheit

Auf echte Gefahren für Leib und Leben wird man auf Zypern nur höchst selten treffen, und wenn, dann dürfte in vielen Fällen ein eigenes Verschulden die Ursache sein. Hierzu zählen etwa leichtsinniges Schwimmen bei hohen Wellen bzw. gefährlicher Strömung, oft in Verbindung mit Alkohol und zu viel Sonne. Gleiches gilt für den Straßenverkehr, wo viele Ausländer meinen, das Alkohollimit gelte nicht für sie!

Kriminalität

Die Kriminalität (Taschendiebstahl) ist erfreulicherweise **sehr gering.** Dennoch lasse man stets Vorsicht walten und nehme nur wenig Geld mit an den Strand. Gepäck sollte man nicht unbeaufsichtigt lassen, Geld im Brust- oder Hüftgurt verstauen und auch das Handschuhfach vom (Leih-)Wagen demonstrativ leer und geöffnet lassen. Wie bei Unfällen sollte man bei Wagenaufbruch unbedingt einen Polizeibericht für die Versicherung anfertigen lassen.

Allein reisende Frauen

Allein reisende Frauen werden feststellen, dass Zypern bei weitem nicht so schlimm ist wie sonstige südländische Reiseziele. Zwar mag man gelegentlich auf die eine oder andere plumpe „Anmache" stoßen, Handgreiflichkeiten oder echte Übergriffe und Vergehen kommen jedoch höchst selten vor. Man ist sich in Nikosia der lebenswichtigen wirtschaftlichen Bedeutung des Tourismus für Zypern sehr wohl bewusst und lässt die Polizei entsprechend pflichtbewusst Streifendienste und Patrouillen versehen.

Praktische Reisetipps A–Z

Sport und Aktivitäten

Zypern bietet eine breite Angebotspalette an sportlichen Betätigungsfeldern für jeden Geschmack, die kleine und große Aktivurlauber gleichermaßen ansprechen. Aufgrund der Insellage dominieren dabei Wassersportarten, wohingegen Indoor- und Laufsportarten eine untergeordnete Rolle spielen. Nüchtern betrachtet ist das Meer der Hauptgrund, weshalb sich die meisten Reisenden nach Zypern aufmachen. Selbstredend stehen daher Strandbesuche – ob zum Faulenzen oder zur sportlichen Betätigung – beinahe täglich auf dem Urlaubsprogramm.

Strände Von kleineren Sandbuchten über ausgedehnte lange Sandstrände bis hin zu Kiesabschnitten mit kristallklarem Wasser bietet Zypern Badefreuden aller Art; alle wichtigen, auch nicht im Mittelpunkt des touristischen Interesses stehenden Strände werden in den jeweiligen Ortsbeschreibungen aufgeführt.

Der gepflegte Protaras Beach

Nacktbaden/FKK ist im konservativen Zypern verpönt, wenngleich „Oben-ohne" in den touristischen Gebieten zunehmend toleriert wird.

An den teilweise von Rettungsschwimmern bewachten Hauptstränden wird **Wassersport** aller Art angeboten (Banane/4 bis 8 Leute sitzen auf einer großen gelben Gummizigarre, die wie Wasserski gezogen wird, Parasailing, Wasserscooter, Surfbretter etc.), Sonnenschirme und Liegen werden vermietet, Kioske und Strandlokale sorgen für das leibliche Wohl. Zudem unterliegen die wichtigsten Küstenabschnitte einer permanenten Qualitätskontrolle durch die Behörden, was für saubere Strände und Gewässer sorgt. In einem EU-Qualitätsvergleich der Badegewässer lag Zypern hinter Griechenland bei knapp 100% – Deutschland und Frankreich teilten sich übrigens den letzten Platz für die schlechteste Wasserqualität (mitteleuropäischer „Standard")!

Guter Sonnenschutz mit hohem Lichtschutzfaktor ist vor allem für Kleinkinder unerlässlich, und wer die ruhigeren Küstengebiete der Akamas-Halbinsel oder die weniger frequentierten Strände der Südküste besucht, sollte wegen der Bodenbeschaffenheit (Fels, Kies) Badeschuhe mitbringen.

Bootssport Es gibt auf der Insel mehrere Häfen für private Boote und Yachten – die beiden Marinas in Larnaka und Lemesos verfügen über moderne Reparatur- und Versorgungsanlagen für Benzin, Diesel, Strom, Trinkwasser, Duschen und Reinigung.

● **Larnaka Marina:** Lage 340° 55' N 300° 38' E; Anlegeplätze: 450; Larnaka Marina betreibt rund um die Uhr einen Marine VHF Service. Empfang CH 16, Sendung CH 8. Tel. 24653110 bis 13, Telex 4500 CYTMAR, Fax 24624110, Larnaka.marina@cytanet.com.cy.

● **Lemesos St. Raphael Marina:** Lage 340° 42' N 330° 11' E östlich der Stadt; Anlegeplätze: 227; Tel. 25636100, Fax 25329208; raphael@spidernet.com.cy.

Buchtipps:
Zu sportlichen Betätigungen und aktiver Freizeitgestaltung bietet REISE KNOW-HOW eine Reihe von Praxis-Ratgebern an, z.B.:

● Klaus Becker, **Tauchen in warmen Gewässern**
● Wilfried Krusekopf, **Yachtsegeln**

Praktische Reisetipps A–Z

Wind-surfen

Trotz der Insellage und zahlreicher Strandresorts spielt der Surfsport auf Zypern im Vergleich zu anderen Mittelmeerregionen eine eher untergeordnete Rolle. Stetige, aber nur leichte Winde während der warmen Jahreszeit machen Zypern vor allem **für Anfänger** interessant. So ist Zypern sicherlich kein schlechtes Pflaster, wenn man sich erstmals auf ein Brett wagen möchte, viele Verleihstellen (siehe Ortsbeschreibungen) bieten daher neben der Ausrüstung auch Surfkurse an.

Tauchen

Der Tauchsport auf Zypern ist kein Massensport wie etwa an der Adria oder am rotem Meer. Trotz vergleichsweise geringer Vielfalt in Unterwasserflora und -fauna haben sich dennoch etliche **Tauchbasen in den großen Touristenzentren** etabliert, wobei Wracktauchgänge und Tauchgänge im Südwesten (Felsküste) am beliebtesten sind. Zahlreiche Basen (siehe Ortsbeschreibungen) bieten geführte Tauchgänge (Land oder Boot), Leihausrüstung, Flaschenfüllung sowie teilweise auch Tauchkurse für Anfänger und Fortgeschrittene an. Hier ein paar **Richtpreise** für Tauchgänge und Equipment:

- **Flaschenfüllung:** ab 10 €.
- **Weste, Automat:** jeweils 8–10 €.
- **6er Tauchpaket:** 160–200 Euro (eigene Ausrüstung, nur Blei und Flasche); 280 € (volle Leihausrüstung).
- **10er Tauchpaket:** 300–350 € (rund 450 € bei Leihausrüstung).
- **Bootsausfahrten** werden meist gesondert (ca. 5 € pro Tauchgang) berechnet, ebenso **Nichttaucher** auf dem Boot (i.d.R. 20 €).
- **Grundkurs** (Anfängertauchschein inkl. Leihausrüstung) ab ca. 500 €.

Für den Fall eines Tauchunfalls steht eine **Dekompressionskammer** im Spital von Larnaka (Tel. 24630300), im absoluten Notfall hilft auch die Deko-Kammer des British Military Hospital in Akrotiri, dessen Rettungsdienst über die UN (Tel. 22464000) angefordert werden kann.

Schnor-cheln

Auch Schnorchelenthusiasten sollten an ihre eigene ABC-Ausrüstung (Brille/Flossen/Schnorchel) denken, jedoch lassen sich fehlende Teile auch problemlos auf Zypern erstehen. Grundsätzlich gilt: Es gibt umso mehr zu sehen, je weniger Sandboden man vorfindet; dies bedeutet, dass etliche kleine Buchten – und hier zunehmend nach Westen/Nordwest (Akamas-Halbinsel) – für Schnorchelfreunde die besseren Ansatzpunkte bieten.

Golf

Bedingt sicherlich auch durch die starken britischen Einflüsse wurde der „stille Sport" auf den Parcours in Zypern eine der beliebtesten Freizeitbeschäftigungen. Für Kenner ist Zypern angesichts meist malerisch gelegener, sehr gepflegter Plätze bei gleichzeitigem Bilderbuchwetter ein Golfer-Geheimtipp.

● **Aphrodite Hills** (Secret Valley) wurde von *C.B. Robinson* als 18-Loch-Platz (6.232 m, Par 71) entworfen und bietet neben einer malerisch gelegenen Anlage zusätzliche Trainingsflächen, zwei fest angestellte Golfprofis sowie umfangreiches Leihequipment. Tel. 26818700, Fax 26818701, reservations@ aphroditehillsgolf.com.cy, Greenfee 120 €.
● **Tsada Golf Club** liegt auf erfrischenden 550 Höhenmetern wenige Kilometer nördlich von Pafos und wurde von *Donald Steel* angelegt (6,60 m, Par 72). Gepflegte Gesamtanlage mit Trainingsareal, Tennisplatz und Schwimmbad. Tel. 26642774, Fax 26642776, golfers2@cytanet.com.cy, Greenfee 130 €.

Die Clubs bieten neben den **Standardtarifen** auch die unterschiedlichsten **Sondertarife,** die sich selbstredend jederzeit ändern können, sowie **Schnupper- und Anfängerkurse. Leihausrüstungen** sind zwar erhältlich, für alle Plätze sind jedoch Soft-Spikes erforderlich und es empfiehlt sich die Mitnahme eigener.

Selbstverständlich kann eine komplette **Golfreise** vorab organisiert werden – sehr sinnvoll, wenn man nur wenig Zeit (meist eine Woche oder verlängerte Wochenenden) zur Verfügung hat. Spezialisiert hat sich auf Golfreisen u.a. der bekannte Reiseveranstalter TUI, dessen Spezialkatalog „Golf & Green" in einschlägigen Reisebüros erhältlich ist. Einsteiger sollten das Spezialreisebüro Golf Tours St. Andrews in München (Tel. 089 7487974-0, Fax 74879746, www.golftour.de kontaktieren), das Golfreisen und Clubmitgliedschaften auch in niedrigeren Preisklassen arrangiert.

Radfahren

Auf den Nebenstraßen der Küste ist das Radeln, zumindest außerhalb der Sommermonate, recht angenehm – allerdings kann Zypern sicherlich nicht als Mutterland des Radfahrens betrachtet werden. Zunächst einmal darf man sich nicht der Hoffnung hingeben, es gäbe ausgewiesene Radwege. Dann hat sich auch der Radfahrer der Verkehrsregel anzupassen, dass der motorisierte Verkehrsteilnehmer stets Vorfahrt hat, was in der Tat manchmal sehr gewöhnungsbedürftig ist (erst recht bei Linksverkehr!). Und schließlich sind die Straßenoberflächen gerade auf den Nebenstrecken in einem, gelinde gesagt, teilweise sehr holprigen Zustand. Ein reiner Radurlaub in Zypern ist daher nicht unbedingt etwas für Ungeübte.

Die meisten Fluggesellschaften bieten mittlerweile den Fahrradtransport gegen ein Entgelt von rund 50 € an, aber auch vor Ort, insbesondere im Raum Protaras/Agia Napa, können Touren gebucht und Mountainbikes gemietet werden (siehe Ortsbeschreibungen). Für die Routenplanung empfiehlt sich die Lektüre der von der Fremdenverkehrszentrale (kostenlos) herausgegebenen **Broschüre „Fahrradtouren auf Zypern",** die neben allgemeinen Hinweisen und Kurzbeschreibungen vor allem detaillierte Reliefkarten beinhaltet (Download unter www.scribd.com/doc/ 47076014/Cyprus-Cycling-Routes). Es ist mittlerweile auch problemlos möglich, mit dem Rad zum Tagesbesuch über Lefkosia in den Nordteil einzureisen, was interessante Optionen eröffnet. Größere grenzüberschreitende Touren sind unter http://cycle acrosscyprus.wordpress.com beschrieben, allgemeine Infos siehe unter www.zypernbike.de.

Konzentration beim Putten

**Freizeit-
parks**

Eine durchaus interessante und keinesfalls langweilige Angelegenheit sind die diversen **Erlebnisparks und -bäder** in Zypern. Alle berühren das nahe liegende Thema „Wasser", gehen aber bei der inhaltlichen Umsetzung recht unterschiedliche Wege. Alle verlangen zudem einen recht stolzen Eintrittspreis, den sich eine Familie mit Kindern auch nicht jeden Tag leisten kann. Die insgesamt vier Anlagen unterscheiden sich jedoch preislich wie qualitativ erheblich voneinander. Während **Protaras** kaum über ein erweitertes (überteuertes) Freibad hinausgeht, bieten die Wasserparks von **Lemesos** und **Pafos** deutlich mehr. Die Krönung ist sicherlich **Water-World in Agia Napa,** mit spektakulären Hochgeschwindigkeitsrutschen, aber auch einer phänomenalen Kinderlandschaft sicherlich einer der Spitzenparks in Europa (s. Agia Napa), www.waterworldwaterpark.com.

Wandern

Nicht nur während der extrem warmen Sommermonate, vor allem auch im Frühjahr und im Herbst bieten mehrere gute Wandergebiete die Möglichkeiten zu kürzeren und längeren interessanten Wanderungen unterschiedlicher Schwierigkeitsgrade. Zwar gibt es in der Fremdenverkehrszentrale eine Kurzbroschüre für die allgemeine Orientierung, sie lässt jedoch bezüglich Genauigkeit und Streckenbeschreibung zu wünschen übrig. Die wichtigsten **Wandergebiete** liegen auf der Akamas-Halbinsel, im Macharias-Wald sowie im Troodos-Gebirge, und man sollte während eines Zypern-Urlaubs zumindest eines dieser Gebiete einmal besuchen. Von wenigen Ausnahmen abgesehen ist für die Anfahrt zum jeweiligen Ausgangspunkt ein eigenes Transportmittel (Moped, Pkw) notwendig, mit Hilfe der ausführlichen Routenbeschreibungen in den Ortsbeschreibungen sollte man dann ohne weitere Spezialkarten gut zurechtkommen.

Festes Schuhwerk und ausreichend Flüssigkeitszufuhr sind ebenso unerlässlich wie zumindest ein warmes Oberteil; außerhalb des Hochsommers kann es im Bergland auf knapp 2000 Höhenmetern empfindlich kühl sein, bis Ostern sind Schneereste an den Nordhängen des Troodos keine Seltenheit!

Angeln

Trotz des vergleichsweise geringen Fischreichtums gehören Küsten- und Binnenangeln inzwischen zu den liebsten Freizeitbeschäftigungen der Zyprioten. Auch für Touristen bedarf das reine Küstenangeln keiner besonderen Genehmigung. Wer dagegen an den **Binnengewässern** Forellen und Karpfen angeln möchte, muss eine gebührenpflichtige **Genehmigung** (25 €) vorweisen, die direkt vor Ort bei einer der folgenden **Fishing-Administration-Stellen** beantragt werden kann:

- ●**Pafos,** am alten Hafen, Tel. 26240268
- ●**Lemesos,** am alten Hafen, Tel. 25330470
- ●**Larnaka,** Av. Piale Pasha (Fischerhafen), Tel. 24630294
- ●Für die Organisation vorab empfiehlt sich die Kontaktaufnahme bei der **Cyprus Anglers Society,** P.O. Box 725, Paralimni, Tel. 23723725, www.window soncyprus.com/cyprus.

Praktische Reisetipps A–Z

Winter-sport

Es dürfte nur für die wenigsten Reisenden in Betracht kommen und vermutlich auch ein wenig erstaunen, aber auf Zypern kann man sogar dem Skisport (alpin) frönen. Zumindest **von Januar bis Mitte März** sind die Höhenlagen des Troodos von einer geschlossenen Schneedecke bedeckt, sodass mit Hilfe österreichischer Spezialisten an den Nordhängen des Olympos vier von der Cyprus Ski Club Federation betriebene Lifte gebaut wurden. Die Tageskarte kostet 26 €, die Nachmittagskarte (ab 13 Uhr) 18 €. Ausrüstungen können komplett für 250 € pro Tag gemietet werden.

- ●Auskünfte zur Organisation auch von Skikursen erteilt die **Cyprus Ski Club Federation,** P.O. Box, Lefkosia, Tel. 226 75340, www.skicyprus.com.

Reiten

Trotz der langjährigen britischen Kolonialgeschichte fand der Reitsport auf Zypern nur eine sehr begrenzte Anhängerschaft, und auch die meisten Urlauber ziehen zweistellige Pferdestärken vor. Auch Reitsportarten wie Pferdepolo oder Pferderennen konnten sich auf Zypern nicht durchsetzen, wobei sicherlich auch das Klima eine Rolle gespielt hat.

Reiterhöfe mit Ausritten oder Reiterferien finden sich entlang der Südküste und auf der Akamas-Halbinsel (siehe Ortsbeschreibungen), www.windowsoncyprus.com/cyprus_riding _holidays. Alternative Anbieter werben unter www.unicorntrails.com oder www.farandride.com.

Bungee-Jumping

Dieser auf Zypern noch recht junge Nervenkitzel hat sein absolutes Zentrum **in Agia Napa** gefunden, wo gleich mehrere Krananlagen am Meer auch „Ersttäter" in ihren Bann ziehen. Die Kräne stehen unmittelbar am Ufer und schwenken über das Meer, was dem Thrill jedoch keinen Abbruch tut. Ähnliches kann man im Luna Park von Agia Napa erleben, wo „Sling-Shoot" einen an Gummiseilen zwischen zwei hohen Kränen befestigten Doppelsitz in den Nachthimmel befördert. Neu ist auch die Anlage „Skycoaster", wo man in Bauchlage an einem Gummiseil aufgehängt den freien Fall trainieren kann (siehe Agia Napa).

Tennis   Tennisfreunde können in Zypern auf einem der über 50 registrierten Plätze trainieren. Neben den **Clubs** (Infos über die Cyprus Tennis Federation, P.O. Box 23931, Lefkosia, Tel. 22666822) bieten auch zahlreiche **Hotels** ihre Plätze für Gäste und Nichtgäste an (ca. 7 €/Stunde, Ausrüstungsverleih möglich). Meist wird in den frühen Morgenstunden oder am Abend gespielt, fast alle Anlagen verfügen inzwischen über Flutlicht.

Zypern-   Wer große Lust hat bzw. (semi-)professionell Sport treibt, mag sich
Rallye und   für den Pafos-Marathon (Anfang März) mit unterschiedlichen
Pafos-   Gruppierungen (voll, halb, 10 km) oder die im Juni im Bergland
Marathon   stattfindende dreitägige Zypern-Rallye mit internationaler hochkarätiger Besetzung (u.a. der mehrfache Rallye-Weltmeister *Makinen*) interessieren.

●Informationen unter www.spidernetpafosmarathon.com bzw. über die **Cyprus Automobile Association** in Lefkosia, Tel. 22313233, Fax 22313482, www.cyprus.aa.org.

Zuschauer-   Von den Zuschauersportarten nimmt **Fußball** als aus dem „Mut-
sportarten   terland des Fußballs" übernommener Importschlager die Spitzenstellung ein. Die Spitzenclubs aus Larnaka und Lefkosia nehmen auch regelmäßig an europäischen Wettbewerben teil, wenn auch die Erstrunde meist Endstation bleibt. Daneben gilt das Hauptinteresse der Nationalmannschaft, die in EM- und WM- Qualifikationsspielen keineswegs nur als Punktelieferant auftritt und schon für manche kleine Überraschung sorgte. Alle wichtigen Spiele werden im neuen Nationalstadion von Lefkosia (an der Autobahn) ausgetragen. In diesem Zusammenhang sei auch vermerkt, dass Fußballtoto einen festen Platz im Leben der Zyprioten einnimmt.

Neben dem Fußball ist **Tennis** die bedeutendste Zuschauersportart; eine jährlich neu erscheinende Turnier- und Veranstaltungsliste kann über den oben genannten Tennisdachverband angefordert werden.

Die Wettleidenschaft der Briten brachte auch den **Pferderennsport** nach Zypern, der Nicosia Race Club (Tel. 22782727, Fax 22775690, www.windowsoncyprus.com) ist für die einzige Galopprennbahn der Insel in Lefkosia verantwortlich.

Sprache

Englisch ist Zweitsprache

In der Republik Zypern wird **Griechisch,** im besetzten Norden **Türkisch** gesprochen, jedoch ist das Englische auf beiden Seiten der „Green Line" als Handels- und Touristiksprache quasi eine Zweitsprache, nicht zuletzt bedingt auch durch die britische Kolonialvergangenheit. So sind auf Zypern keine Kenntnisse der Landessprachen vonnöten: Zum einen scheinen in den Sommermonaten ebenso viele Touristen wie Einheimische auf Zypern zu leben, zum zweiten wird allerorts ein aufgrund der dominierenden Präsenz britischer Touristen sehr gutes Englisch gesprochen – das gilt für Tankstellen und Lebensmittelgeschäfte ebenso wie für den Arztbesuch im Notfall.

Eine sowohl in den Webpräsentationen als auch vor Ort zunehmend bedeutsame Sprache wurde in den letzten Jahren das **Russische** – nicht nur für zahlreiche russischsprachige Touristen entwickelte sich insbesondere der griechische Teil der Insel zum beliebten Reiseziel, auch Großinvestoren kommen immer öfter aus den Nachfolgestaaten der ehemaligen UdSSR.

Schreibweisen

Auch Straßenschilder, Wegweiser und Ortsbezeichnungen sind stets zweisprachig gehalten, sodass keine Kenntnis der griechischen Buchstaben notwendig ist – aber: Die Schreibweise der direkt übertragenen griechischen Bezeichnungen ist **selten einheitlich,** sodass manchmal etwas Fantasie erforderlich sein kann, um einen Straßennamen zu identifizieren. So wird beispielsweise in den Stadtplänen der TI eine (lateinisch) „Agiou Antoniou"-Straße zu sehen sein, buchstabengetreu aus dem Griechischen übertragen. Diesen Begriff gibt es in der Stadt aber nur auf Griechisch, tatsächlich steht in lateinischer Schrift die englische Bezeichnung „St. Anthony Street" auf den Schildern. Es kann sehr hilfreich sein,

Kauderwelsch-Sprachführer

sind übersichtlich, praktisch und alltagsorientiert – die idealen Begleiter für Ihren Urlaub (alle Bände von REISE KNOW-HOW, Bielefeld)!
- **Englisch – Wort für Wort**
- **Griechisch – Wort für Wort**
- **British Slang**

sich das Wörtchen „Agios/Agia" (Heilig/-e, Sankt/Santa) zu merken, da es in zahlreichen geografischen Bezeichnungen vorkommt. Dann lasse man im eigentlichen Namen die Endung „ou" weg und schon ergibt sich die entsprechende Bezeichnung (Antoni-ou = Anthony).

Transskription Verwirrend wird es auch bei der uneinheitlichen Transskription der **griechischen Buchstaben:** ein griechisches „f" kann in der Umschrift zu f, u oder p werden, ein griechisches „v" liest man mal als v, als w oder als b.

Ortsnamen Besonders bunt geht es bei einigen Ortsnamen zu: In der englischsprachigen zypriotischen Presse sowie in Publikationen werden meist die alten englischen Ortsnamen verwendet (z.B. Nicosia, Famagusta), auf den Straßenschildern jedoch die griechische Bezeichnung in lateinischer Schrift (Lefkosia, Ammochostos). Am schlimmsten sieht es bei (engl.) Famagusta aus, welches griechisch Ammochostos heißt, türkisch dagegen unter der Bezeichnung Gazimağusa, Magosa, Magusa oder Gusa zu finden ist. Bei den einzelnen Ortsbeschreibungen in diesem Buch wird auf Abweichungen jeweils gesondert hingewiesen.

Uhrzeit

+ 1 Stunde Zypern ist der mitteleuropäischen Zeit **MEZ** (bzw. Sommerzeit MESZ) jeweils um eine Stunde voraus.

Unterkunft

Kaum Billigunterkünfte Ähnlich wie bei den Flugpreisen, wo echte Schnäppchen die Ausnahme bilden, sind Billigunterkünfte auf Zypern eher Mangelware, von wenigen städtischen Ausnahmen (Lefkosia, Lemesos) abgesehen. Hauptursache hierfür ist die Tatsache, dass Zypern als Reiseland traditionell die **mittlere und gehobene Klientel** anspricht, die sich entweder für die antiken Stätten oder das wilde (aber nicht stillose) Nachtleben von Agia Napa interessiert. Wer einen klassischen „Backpacker-Urlaub" plant, kann sich immerhin mit Jugendherbergen und Campingplätzen „durchschlagen".

Insgesamt ist das Unterkunftsangebot breit gefächert und wird stetig erweitert, preislich liegt es hauptsächlich im mittleren Preissegment und höher. Praktisch alle Hotels, Apartmentanlagen und Landhäuser sind bei der Tourismuszentrale registriert und müssen ihre Preisgestaltung sowie eine 1- bis 5-Sterne-Klassifizierung genehmigen lassen. Die Dienststellen der Cyprus Tourist Organisation (CTO) geben jährlich das Buch **„Guide to Hotels and other Tourist Establishments"** mit neuesten Preisen und Kontaktadressen heraus, mit deren Hilfe auch eine Voraborganisation auf eigene Faust möglich ist. Wegen des harten Wettbewerbs in der Touristik-Branche und den relativ hohen „Nur-Flug"-Preisen nach Zypern sind jedoch kaum Preisvorteile gegenüber Pauschalarrangements möglich. Die Preise beinhalten alle Steuern, wobei grundsätzlich ein **Saisonpreis** (April bis Oktober) sowie ein **Nebensaisonpreis** (außer Weihnachten) mit bis zu 50% Nachlass gilt.

Hotels

An der Küste

Hotelunterkünfte finden sich hauptsächlich in den Urlaubszentren entlang der Küste und werden vorwiegend von Pauschalreisenden belegt. Dabei liegen ältere und günstigere Häuser mehr in den Ortszentren, die Mehrzahl neuerer Anlagen wurde außerhalb des Ortskerns, teilweise auch in Alleinlage gebaut. Vor der Auswahl sollte man sich daher einen Überblick verschaffen, wo das gewählte Haus liegt, um nicht mehrere Kilometer vom eigentlichen Urlaubsort abgeschnitten zu sein. Die wichtigsten Partnerhotels der großen Reiseveranstalter sind in den Ortsbeschreibungen und Stadtplänen aufgeführt und dienen auch als wichtige Orientierungshilfe vor Ort.

Hinweis: Sofern in den Unterkunftshinweisen der Ortsbeschreibungen auf **Pauschalpreise** großer Reiseveranstalter hingewiesen wird, versteht sich die Preisangabe „pauschal" wie üblich als „Flug inklusive".

Preise und Ausstattung

Die qualitative **Ausstattung** gemäß der Sterne-Klassifizierung entspricht im Wesentlichen jener in Mitteleuropa, wobei natürlich auch die Lage für die Preisgestaltung eine Rolle spielt. 3-Sterne-Hotels (vor allem in Agia Napa) gehen zunehmend dazu über, die (einst vorhandene) Minibar aus den Zimmern zu entfernen, um das Geschäft an der Hotelbar während der heißen Jahreszeit zu beleben.

Wichtig für Preisangaben ist es zu wissen, dass die Tourismusbehörde Zyperns jährlich von den Hotels beantragte Höchstpreise, die das Hotel (egal wann in der Saison) maximal zu berechnen gedenkt, genehmigen muss. Diese Maximalpreise (sind bei den Unterkunftshinweisen der Ortsbeschreibungen hier im Buch angegeben) müssen unter Angabe von EZ oder DZ, mit oder ohne Frühstück, aber inklusive Steuern als **Endpreis** für den Reisenden sichtbar in der Rezeption hängen. Auf diesen Preis kann man bei persönlicher Buchung/Anfrage je nach Saison und manchmal auch je nach Sprache (und natürlich Hotelauslastung) erhebliche Nachlässe von 25% und mehr erhalten.

Im Zuge der **Wirtschaftskrise 2008/09 und der Griechenland-Krise von 2011,** welche Zyperns Tourismusindustrie nachhaltig trafen, war eine Zweiteilung zu beobachten: Während die Oberklassen (viele 4- und 5-Sterneanlagen) wie gewohnt das zahlungskräftige Publikum anzogen und kräftig die Preise nach oben schraubten (das Preisniveau liegt hier bereits auf dem von London!), blieb vor allem im unteren und mittleren Bereich das Publikum aus (durchschnittlich 30% weniger Belegungen als in den Vorjahren), und die Preise blieben daher relativ stabil, um nicht noch mehr Reisende zu verprellen.

Ferienwohnungen

Mind.
1 Woche

Ferienwohnungen und Apartmentanlagen können im Rahmen einer Pauschalreise, aber auch erst individuell vor Ort gemietet werden, wobei die Mindestmietzeit in der Regel eine Woche beträgt. Die Grundausstattung beinhaltet eine Küchenzeile mit kombiniertem Wohn-/Schlafraum und (mindestens) einem gesonderten Schlafraum sowie Balkon oder Terrasse. Die Wohnungen sind preiswerter als Hotels, werden jedoch nur einmal wöchentlich gereinigt und bieten keine Verpflegung. Vor allem bei Familien wird diese Unterkunftsart immer beliebter, da die Selbstverpflegung günstiger ist als täglich auswärts zu essen und der Kühlschrank für kalte Getränke einen echten (im Sommer unverzichtbaren) Qualitätsfaktor darstellt!

Apartmentanlagen existieren auf Zypern in zwei Formen: als **Aparthotel** in Form eines großen Hotelblocks (meist) mit Restaurant und Hotelbar oder als **Touristensiedlung** mit kleinen zweistöckigen Häusern. Letztere sind deutlich angenehmer als die doch eher sterile Atmosphäre der größeren Wohnsilos.

zyp. 159 Foto: wd

● Allgemeine **lokale Websites** zur Vraborganisation einer Ferienwohnung sind etwa www.petrou.com.cy, www.augusta-cyprus.com, www.cyprusvilla ges.de und (sehr exklusiv!) www.reginasvillas.com, oder aber die deutschsprachigen Seiten www.tui-ferienhaus.de und www.cyprusvillages.de. Für ganz Zypern bietet die Seite www.cyprus-apartments.net ein recht breites Angebot mit günstigeren Preisen als bei Eigenanfrage. Auf den Raum Pafos hat sich www.rentcyprusvillas.com spezialisiert.

Landhäuser

Ruhig und abseits der Zentren

Mit dem steigenden Wunsch vieler Besucher, ruhig und fernab der touristischen Zentren zu wohnen, wurden auch kleinere Dörfer im Hinterland plötzlich attraktiv. So wurden ehemalige Gehöfte umgebaut, Bauernhäuser zu Ferienhäusern umgewandelt oder auch kleine Siedlungen in traditioneller ländlicher Architektur vollkommen neu aus dem Boden gestampft. Wer ruhig und teilweise wirk-

Empfehlenswert – Grecian Beach bei Kap Greko

lich idyllisch wohnen möchte, liegt hier genau richtig, ein eigenes Mietfahrzeug dürfte aber unverzichtbar sein. Qualitativ stehen die Häuser den Ferienwohnungen in der Ausstattung in nichts nach, liegen aber meist deutlich abseits der Zentren und bieten keine Einkaufs- und Unterhaltungsmöglichkeiten. Die meisten Pauschalanbieter haben heute „Urlaub im Landhaus/Ferienwohnung auf dem Lande" im Programm, teilweise sogar mit im Preis enthaltenem Mietwagen.

Die Tourismuszentrale hat auch hier eine deutschsprachige Publikation, **„Agrotourismus – Traditionelle Ferienhäuser",** zur Vorabinformation und Kontaktaufnahme für eigene Arrangements herausgegeben (siehe auch www.cyprusagrotourismcy.com, www.agrotourism.com.cy und www.windowsoncyprus.com/agro tourism_ in_cyprus.htm).

Guest-Houses (Pensionen)

Preiswert In guter britischer Tradition haben sich im unteren Preissegment (ohne offizielle Kategorisierung) „Bed & Breakfast"-Pensionen in einigen wenigen städtischen Zentren gehalten. Sie sind qualitativ sehr einfach (entsprechen 1-Stern-Hotel), bieten meist nicht viel mehr als ein Dach über dem Kopf und sind **vor allem in Lefkosia und Lemesos** zu finden. Die deutschsprachige Website www. studserv.de/jugendherbergen (etwas irreführend) bietet zu 14 Küsten- und Bergorten günstige und vorab buchbare Zimmer in Minihotels/Pensionen.

Room for rent

Wohnen bei Privatleuten Die Zimmervermietung durch Privatleute hat sich in Zypern nie sonderlich weit entwickelt. Hierzu trugen das Reisepublikum bei, welches mehr auf mittlere und gehobenere Unterkünfte abzielt, vielleicht aber auch ein wenig die eher konservative Grundhaltung der Bevölkerung, die eventuelle „Billigurlauber" aus Nordafrika und Nahost nicht so gerne in ihren Privathäusern aufnimmt. Bedeutendste Ausnahme ist das „Sündenbabel" Agia Napa, wo sich die freie Zimmervermietung vor allem bei jüngeren Urlaubern aus Skandinavien und Großbritannien eines wachsenden Zuspruchs erfreut. Die Unterkunftsqualität hängt natürlich stark von der Gastfamilie ab und wird offiziell nicht kategorisiert. Einfache Zimmer mit gemeinsamer Badbenutzung sind **ab 20–30 €** pro Tag erhältlich, bei schöner Lage mit eigenem Bad, Balkon und Frühstück können auch schon einmal 50 € pro DZ fällig werden.

Jugendherbergen

3 Häuser Zumindest theoretisch kann man sich während einer Zypernreise auch auf eine reine Jugendherbergsunterkunft beschränken, wobei die bestehenden drei Häuser jedoch hauptsächlich für heimische Schulklassen und Jugendgruppen gedacht sind. Hat man einen **internationalen Jugendherbergsausweis** aus dem Heimatland, schläft man auch bei den zypriotischen Jugendherbergen, die dem internationalen Jugendherbergsverband (www.hihostels. com) angeschlossen sind, zum günstigeren Tarif, sonst muss man eine Tagesmitgliedschaft erwerben. Hat man noch keine Jahresmitgliedschaft bei den Jugendherbergsverbänden daheim, kostet diese 15–20 € in Deutschland (www.jugendherberge.de), ebenso viel in Österreich (www.oejhv.or.at) und 24–60 SFr in der Schweiz (www.youthostel.ch). Tipp: Kann man auch als Familie beantragen. Die Übernachtung im Mehrbettzimmer mit Gemeinschaftsbad kostet je nach Haus **10–22 €**. Eine **Reservierung** ist unbedingt **ratsam,** insbesondere für Stavros tis Psokas.

- ●**Lefkosia,** Tefkrou 5, Tel. 22674808
- ●**Larnaka,** Nicolaou Rossou 27 (nahe Lazarus-Kirche), Tel. 24621188
- ●**Stavros-tis-Psokas,** unmittelbar bei der Forststation, Tel. 26722338

Campingplätze

Die wenigsten mitteleuropäischen Reisenden kommen zum Campen nach Zypern, die vorhandenen Plätze zielen daher mehr auf Binnentouristen mit Zelt oder Wohnwagen ab. **Freies Zelten** ist offiziell nur auf ausgewiesenen Arealen möglich. Im Bergland wurde in den vergangen Jahren eine ganze Reihe von **Picknickplätzen** mit geschützter Feuerstelle, aber ohne Sanitäranlagen eingerichtet, und dort, wo Zelten erlaubt ist (kostenlos), weisen Schilder ausdrücklich darauf hin.

6 Plätze Die sechs organisierten Campingplätze Zyperns bieten saubere Sanitäranlagen sowie meist ein kleines Restaurant und einen Minimarkt. Pro Person werden ca. 5 €, pro Stellplatz zusätzlich 5 € berechnet.

- **Raum Larnaka: Forest Beach Camping** (ca. 9 km östlich vom Zentrum), Juni bis Oktober, Tel. 24644514, Fax 246 55483.
- **Raum Lemesos: Governor's Beach Camping** (20 km östlich von Lemesos am Governor's Beach), ganzjährig geöffnet, Tel. 25632878, Fax 25632878, 360 Plätze.
- **Raum Pafos: Coral Bay – Maa, Feggari Camping,** das ganze Jahr über geöffnet, Tel. 26621534, gute Busanbindung an Pafos, 47 Stellplätze.
- **Raum Pafos: Geroskipou, Zenon Garden Camping** (ca. 3 km östlich von Pafos), geöffnet April bis Oktober, Tel. 26942277, gute Busanbindung an Pafos, 95 Plätze.
- **Polis: Polis Camping,** geöffnet März bis Oktober, Tel. 26815080, schönster Platz direkt am Strand, ca. 15 Gehminuten zum Zentrum, 200 Plätze.
- **Troodos: Troodos Camping** (2 km Richtung Kakopetria), geöffnet Mai bis Oktober, Tel. 25420205.

Etwas beliebter ist **Camping in Nordzypern,** bei Bedarf organisiert http://cypruscamping.org Trekking- und Campingtouren.

Verkehrsregeln

Links-
verkehr

Das Wichtigste auf Zypern ist, dass links gefahren wird; es gelten die internationalen Verkehrszeichen. Straßenschilder und Wegweiser sind sehr oft griechisch und englisch beschriftet (auf Autobahnen englisch weiß und griechisch gelb). Soweit nicht anders ausgeschildert, gelten innerorts 50 km/h, auf Landstraßen 80 km/h und auf Autobahnen 100 km/h. Die **Promillegrenze** liegt bei **0,5‰,** auf den Vordersitzen müssen Sicherheitsgurte angelegt werden. Kinder unter 5 Jahren dürfen nicht auf die Vordersitze, Kinder zwischen 5 und 10 Jahren nur dann, wenn diese mit speziellen Kindersicherheitsgurten ausgerüstet sind.

Pannen-
hilfe/
Notfall

Zypern als „asiatischer Teil Europas" gehört zumindest momentan noch nicht zu Partnerländern europäischer Automobilclubs; im Pannenfall hat man sich daher an den lokalen Verband **CAA Cyprus Automobile Association** zu wenden (Chr. Mylona 12, CY-2014 Lefkosia, Tel. 22313131, www.cyprus.aa.org). Mietwagenbesitzer wenden sich bei technischen Defekten ohnehin an den Ver-

Praktische Reisetipps A–Z

mieter, von denen die meisten eine 24-Stunden-Notfallnummer bereitstellen. Bei Unfall mit Personen- oder Sachschäden ist zudem die Polizei unter Notruf 112 hinzuzuziehen.

Sehr gutes Straßennetz Zypern verfügt prinzipiell über ein sehr gutes Straßennetz, das ständig erweitert und verbessert wird. **Kostenlose Autobahnen** (ohne Parkplätze und Tankstellen) verbinden Pafos, Lemesos, Larnaka, Lefkosia (Nicosia) und Agia Napa/Protaras, schöner sind natürlich die Landstraßen entlang der Südwestküste und auf der Akamas-Halbinsel. Auch die Straßen im Hinterland sind gut, einige Nebenstraßen und Forstwege – vor allem im Winter – dagegen nur mit Geländewagen befahrbar.

Vor Kurven mit eingeschränkter Sicht, insbesondere im Troodos-Gebirge, ist es üblich zu hupen. Ansonsten kann man sich als Mitteleuropäer durchaus in den Linksverkehr wagen, die Verkehrsdichte ist – vom Berufsverkehr abgesehen – recht gering.

Tankstellen Viele Tankstellen an der Küste und in Lefkosia sind mit automatischen Zapfsäulen für 24-Stunden-Service ausgerüstet (Geldscheinautomat); im Troodos-Gebirge gibt es nur sehr wenige Tankstellen.

Versicherungen

Egal welche Versicherungen man abschließt, hier ein Tipp: Für alle abgeschlossenen Versicherungen sollte man die **Notfallnummern** notieren und mit der **Policenummer** gut aufheben! Bei Eintreten eines Notfalles sollte die Versicherungsgesellschaft sofort telefonisch verständigt werden!

Auslands–Krankenversicherung

Die gesetzlichen Krankenkassen von Deutschland und Österreich garantieren eine Behandlung im akuten Krankheitsfall auch in Zypern, wenn die Versorgung nicht bis nach der Rückkehr warten kann. Als Anspruchsnachweis ist die **Europäische Krankenversicherungskarte** nötig, die man von seiner Krankenkasse erhält.

Im Krankheitsfall besteht ein Anspruch auf ambulante oder stationäre Behandlung bei jedem zugelassenen Arzt und in staatlichen Krankenhäusern. Da jedoch die Leistungen nach den gesetzlichen Vorschriften im Ausland abgerechnet werden, kann man auch gebeten werden, zunächst die **Kosten der Behandlung** selbst zu tragen. Obwohl bestimmte Beträge von der Krankenkas-

zyp_082 Foto: w

se hinterher erstattet werden, kann ein Teil der finanziellen Belastung beim Patienten bleiben und zu Kosten in kaum vorhersagbarem Umfang führen. Deshalb wird der Abschluss einer **privaten Auslandskrankenversicherung** dringend empfohlen. Diese sollte eine zuverlässige Reiserückholversicherung enthalten, denn der Krankenrücktransport wird von den gesetzlichen Krankenkassen nicht übernommen.

Schweizer sollten bei ihrer Krankenversicherungsgesellschaft nachfragen, ob die Auslandsdeckung auch für Zypern inbegriffen ist. Sofern man keine Auslandsdeckung hat, kann man sich kostenlos bei Soliswiss (www.soliswiss.ch) über mögliche Krankenversicherer informieren.

Zur Erstattung der Kosten benötigt man ausführliche **Quittungen** (mit Datum, Namen, Bericht über Art und Umfang der Behandlung, Kosten der Behandlung und Medikamente).

Der Abschluss einer **Jahresversicherung** ist meist kostengünstiger als mehrere Einzelversicherungen. Günstiger ist auch die **Versicherung als Familie** statt als Einzelpersonen. Hier sollte man nur die Definition von „Familie" genau prüfen.

Eingang zu den türkischen Bädern in Lefkoşa

zyp_08.4 Foto: wd

Land und Natur

Geografie

9251 km²   Zypern ist mit einer Fläche von 9251 km² die **drittgrößte Insel im Mittelmeer.** Sie misst bis zu 240 km Länge und 96 km Breite. Als zugleich östlichste und südlichste Mittelmeerinsel liegt Zypern im Schnittpunkt dreier Kontinente und antiker Seewege, die das „Morgenland" mit dem „Abendland" verbinden.

Südzypern   Von der Gesamtfläche liegen 3355 km² im türkisch kontrollierten Norden, die britischen Militärbasen Dhekeleia und Akrotiri (britisches Hoheitsgebiet) nehmen immerhin knapp 250 km² ein, sodass Südzypern lediglich **5646 km²** umfasst.

Troodos-   Wichtigster Großraum abseits der Küste ist das mächtige Troodos-
Gebirge   Gebirge mit dem **1951 m hohen Olympos,** welches mit seinen Ausläufern rund zwei Drittel des südzypriotischen Territoriums bedeckt. Zwischen den Nordostausläufern des Troodos und dem schmalen **Pentadaktylos-Gebirge** Nordzyperns liegt beidseitig der Grenze die fruchtbare **Mesaoria-Ebene,** die das Zentrum der Landwirtschaft bildet und in deren Mitte die geteilte Hauptstadt Lefkosia (Nicosia) liegt. Schiffbare Flüsse gibt es keine, nur wenige Bäche führen überhaupt ganzjährig Wasser.

Bild auf den
Seiten zuvor:
Mesaoria-
Ebene

Klima und Reisezeit

Land und Natur

Milde Winter, heiße Sommer

Zypern hat als Mittelmeerinsel ein mittelmeertypisches Klima, d.h. milde Winter mit einem Wechsel zwischen sonnigen und unbeständigen Witterungsperioden und sonnige, trockene und heiße Sommer. Im Winter wird jedoch hin und wieder die Nähe zum winterkalten Osteuropa spürbar, so dass manchmal selbst in tieferen Lagen neben Nachtfrost auch gelegentlich eine Schneedecke auftreten kann. Das Bergland mit Gipfelhöhen bis fast 2000 m weist je nach Höhe deutlich niedrigere Temperaturen sowie höhere Niederschläge und dichtere Bewölkung auf.

Winter

Von Dezember bis Februar wechseln sich sonnige Phasen und durch Tiefdruckgebiete bedingte Schlechtwetterperioden (starke Bewölkung, Wind und häufig Regen) mit mittleren Tageshöchsttemperaturen um 14–17°C und Tiefsttemperaturen um 5–7°C ab. Der Winter ist in dem ansonsten trockenen Klima die regenreichste Jahreszeit, es regnet im Durchschnitt fast jeden zweiten Tag mit etwa 80 mm Niederschlag im Monatsmittel.

Sommer

Im Hochsommer von Juni bis September ist es sonnig, extrem trocken und **sehr heiß** mit mittleren täglichen Maximumtemperaturen um 35–38°C. Ursache dieser für Mittelmeerverhältnisse hohen Werte ist u.a., dass eine Seebrise fehlt oder nur schwach ausgeprägt ist. An der Küste sind die Temperaturen bei höherer Luftfeuchte etwas niedriger als im Inland.

In den übrigen Monaten findet ein Übergang von den Bedingungen des Winters zu denen des Sommers und umgekehrt statt, wobei im Mai und Oktober eine gewisse Gewitterhäufigkeit im Binnenland festgestellt wurde. Es kann zu dieser Zeit in Lefkosia sintflutartig schütten, an der Küste geht man bei strahlendem Sonnenschein baden.

Kap Greko – die Felder reichen bis ans Meer

Mittlere Maximum- und Minimumtemperaturen in °C

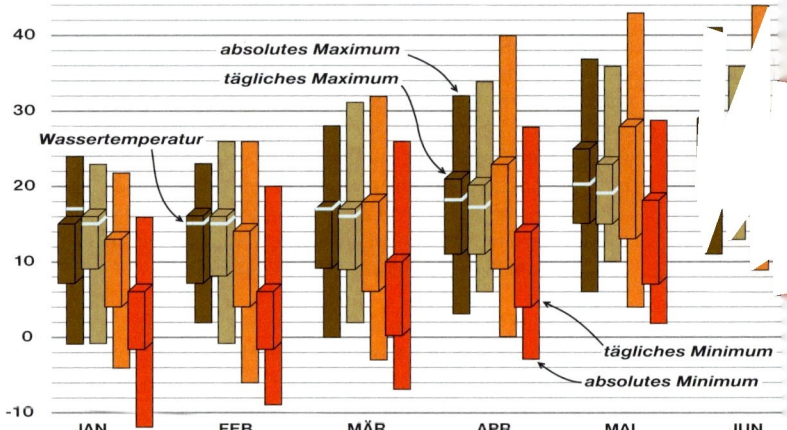

Mittlere Anzahl der Tage mit Niederschlag pro Monat
(Regen >0,1 mm)

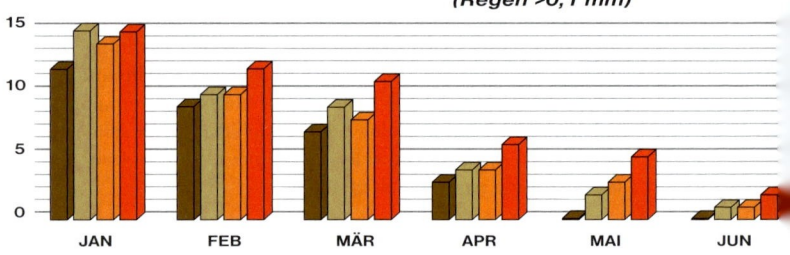

Mittlere relative Feuchte
in Nikosia

☐ um 8.00 Uhr ☐ um 14.00 Uhr

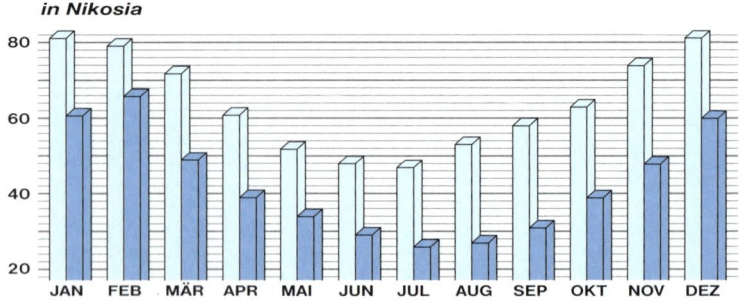

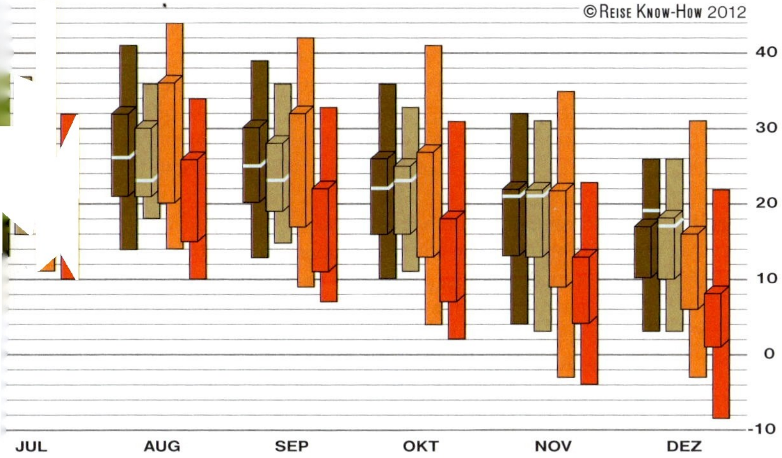
© Reise Know-How 2012
40
30
20
10
0
-10
JUL AUG SEP OKT NOV DEZ

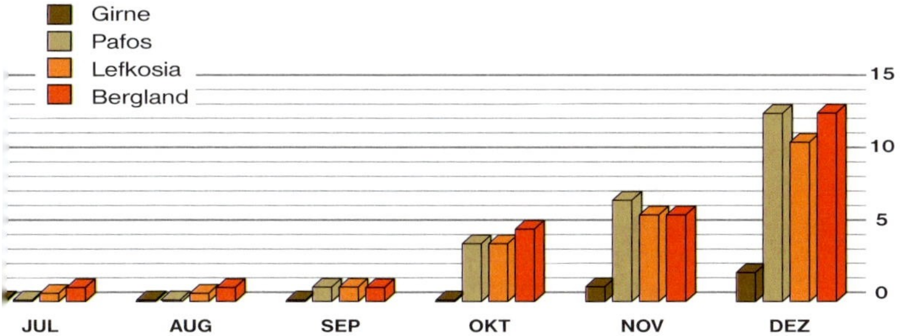
Girne
Pafos
Lefkosia
Bergland
15
10
5
0
JUL AUG SEP OKT NOV DEZ

Sonnenscheinstunden pro Tag
***Windgeschwindigkeit** (% der Zeit über 17 kn)*
in Nikosia

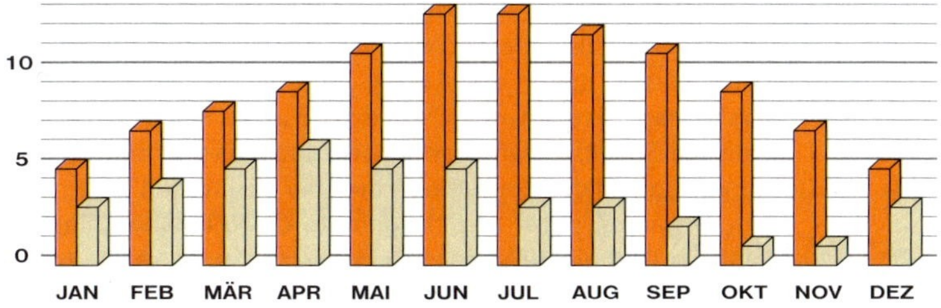
10
5
0
JAN FEB MÄR APR MAI JUN JUL AUG SEP OKT NOV DEZ

In Meeresnähe bleibt die Luft im Sommer trotz intensiver Sonneneinstrahlung feucht, was sich durch vermehrte Schwüle und häufigen Dunst, morgens vereinzelt auch durch Nebel bemerkbar macht. Surfer und Segler wird es freuen, dass **an der Küste** häufige Winde aufkommen. So wehen etwa in Larnaka nachmittags im Juli zu 40% der Zeit Winde von mindestens Stärke 5 (frische Brise), zu 12% der Zeit Stärke 6 (starker Wind, 22 Knoten und mehr).

Reisezeit Zypern kann man durchaus als ganzjähriges Reiseziel bezeichnen, auch wenn man mit offiziellen zypriotischen Statistiken sehr vorsichtig umgehen muss (die Daten der Klimatabelle stammen vom britischen militärischen Wetterdienst auf Zypern und sind weit zuverlässiger). Denn: Die laut Werbung „über 340 Sonnentage" gelten ausgerechnet dann nicht, wenn man außerhalb des Hochsommers vor Ort ist! Und ein Sprung ins kühle Nass empfiehlt sich auch nur von Mai bis November. Für die Urlaubsplanung sind die Zeiten **Mitte Mai bis Mitte Juli** und **Anfang September bis Ende Oktober** das, was man den idealen Zeitraum nennen könnte. Über die Osterferien ist das Wasser trotz angenehmer Temperaturen recht frisch, ab Mitte November muss mit Schlechtwetterperioden gerechnet werden. Im Hochsommer wird es an der Küste und im Landesinneren so heiß, dass man kaum vor die Tür gehen möchte – mithin Gelegenheit für Ausflüge ins kühlere Bergland.

Auch wenn die Sommermonate **Juli/August** trotz der Hitze die absolute **Hauptsaison** sind (gelegentlich sogar mit Engpässen, was Unterkunft oder Leihfahrzeug anbelangt), so ist es doch insgesamt sehr angenehm, dass sich die Reisesaison sehr weit dehnt und Zypern somit fast nie das Bild eines überlaufenen Reisezieles bietet.

Wasser Bis zum Jahre 2001 war der Wasserbedarf auf Zypern tatsächlich nahezu doppelt so hoch wie die Versorgung es ermöglichte; seit der Inbetriebnahme von **Meerwasser-Entsalzungsanlagen** gilt die Nachfrage als gedeckt. Wie eine umfangreiche Studie der Regierung ergab, gehört die Mär, die Touristen seien maßgeblich für Wassermangel verantwortlich, endgültig in das Reich der Fantasie: Lediglich 5% des gesamten Wasserverbrauchs sind mittelbar und unmittelbar auf den Tourismus (einen der wichtigsten Wirtschaftsfaktoren auf Zypern) zurückzuführen. Ca. 60% verschlingt die Feldbewässerung, 19% die zypriotischen Privathaushalte, 6% die Industrie und andere Bereiche.

Tier- und Pflanzenwelt

Säuger Ausrottung und britischer „Jagdsport" haben den Bestand an frei lebenden Säugern in den vergangenen Jahrhunderten gegen Null dezimiert. Einziger Überlebender ist das zum Nationaltier erhobene **Wildschaf (Mufflon)**, welches ebenfalls kurz vor der Ausrottung stand und dessen Bestand durch die Errichtung der Wildgehege Stavros tis Psokas und Platania gesichert wird. Ansonsten dominieren domestizierte Esel, Schafe, Ziegen und Katzen die heimische Tierwelt.

Kleinsäuger wie Wildkaninchen, Wiesel, Eichhörnchen und Füchse sind hauptsächlich in den Waldgebieten des Troodos anzutreffen.

Schlangen Im Bereich der Schlangen und Echsen besteht eine wesentlich größere Chance, auf ein Tier in freier Wildbahn zu treffen, als bei den Säugern. Dabei wird in der Literatur, teilweise aber auch im Land selbst, eine beinahe panische Angst vor Schlangen verbreitet. Nun ist es zwar richtig, dass man auf Zypern während einer Urlaubsreise mit etwas Glück mehr Schlangen sehen kann als in Mitteleuropa im Laufe eines Menschenlebens, doch muss dem sogleich entgegengehalten werden, dass auf der Insel bislang noch nie (!) ein Tourist von einer Giftschlange gebissen wurde. Zudem gibt es auf Zypern nur eine „gefährliche" Schlange, nämlich die tödlich giftige **Levanteviper** (Blunt Nose Viper), die sehr langsam und scheu ist, gut getarnt auf Beute wartet und mit ihrem Gift sparsam umgeht. Sie gehört zu den Vipern, alle anderen zypriotischen Schlangen mit Ausnahme der amphibischen Grasschlange zu den Konstriktoren (Würgeschlangen). Sehr häufig begegnet man der schwarzen, schnellen **Zornnatter** (Whip Snake). Sie ist ungiftig und daher harmlos, aber der natürliche Feind der Levanteviper und lebt endemisch auf Zypern. Des weiteren kommen auf der Insel vor: **Münzotter** (Coin Snake, grau mit braunem Muster), **Wurmschlange** (Worm Snake, nur nachts Eier von Termiten und Ameisen jagend), **Eidechsennatter** (Montpellier Snake, schwach giftig), **Katzenschlange** (Cat Snake, leicht giftig, beide letztgenannte können Menschen wegen tief sitzender Giftzähne nicht gefährden) sowie die vom Aussterben bedrohte, amphibisch lebende **Grasschlange** (Gras Snake). Durch Abholzung und Wiederaufforstung in Monokulturen fehlen den Schlangen die natür-

Land und Natur

lichen Beutetiere des Berglandes, daher rücken sie zunehmend auf die Ebenen vor, wo in Feldern und Obstplantagen Mäuse, Ratten und Vögel vorkommen.

Vögel ⎯⎯⎯ Zypern bietet über 300 Vogelarten eine dauerhafte Heimat, in den Wintermonaten nutzen zudem zahlreiche Zugvögel die Insel als Zwischenstation zwischen Europa und Nordafrika/Nahost. Am bekanntesten sind die am kaspischen Meer beheimateten **Flamingos,** die im Winter an den Salzseen Zyperns (Akrotiri, Larnaka) Station machen.

Dauerhaft findet man in den Bergregionen **Raubvögel** (Falken, Kaiseradler), im Hinterland **Singvögel** (Kohlmeisen, Seidensänger) sowie Rebhühner, Tauben, Schnepfen und Reiher.

Der größte Feind der Vögel ist der Mensch, einerseits durch Abholzung natürlicher Lebensräume, aber auch durch antiquierten „Jagdsport".

Fische ⎯⎯⎯ In Anbetracht des Mangels an ganzjährig Wasser führenden Flüssen oder Seen werden Süßwasserfische (Forelle, Karpfen) ausschließlich gezüchtet. Bedingt durch umfassende Abfischung und die mittlerweile verbotene Dynamitfischerei erweist sich auch die Unterwasserfauna als eher spärlich. Neben Taschenkrebsen und diversen Muscheln (u.a. Venus-, Mies-, Herz-, Dreiecks- und Schwertmuscheln) leben trifft man im östlichen Mittelmeer gelegentlich auf Degenfisch, Schwertfisch, Thunfisch, Tintenfisch und diverse Brassenarten.

Taucher, Schnorchler und Badegäste müssen sich nur vor einem Fisch besonders in Acht nehmen: dem **Petermännchen** (lat. *Trachinus draco*). Der kleine rötliche Fisch gräbt sich so im Sand ein, dass nur Augen und Rückenflosse zu erkennen sind. Seine vordere Rückenflosse ist sehr spitz und mit Giftdrüsen versehen. Bei versehentlichem Auftreten würde der Stachel zwar nicht im Fuß stecken bleiben, durch das gefährliche Gift jedoch heftige Schmerzen verursachen. Zwischenfälle mit Petermännchen sind in Zypern

Harmlosen Echsen begegnet der Wanderer am häufigsten

Land und Natur

zyp_093 Foto: vl

bislang nicht bekannt, im Falle eines Falles empfiehlt sich unbedingt der Gang zum Arzt.

Pflanzen   Knapp 2000 Pflanzenarten, von denen etwa **100 endemisch** sind (d.h. nur auf Zypern vorkommen), verwandeln das Land insbesondere im Frühjahr in ein farbenprächtiges Blütenmeer, wobei dann vor allem Raps, Mohn, Kirsch- und Mandelblüten vorherrschen; markant sind auch die weiten Getreidefelder (Weizen) im Südosten und vor allem in der Mesaoria-Ebene. Während der Sommer mit Ausnahme des immergrünen Berglandes ein eher karges Bild abgibt, blühen mit Einsetzen der Regenmonate im Herbst hauptsächlich Lilien, Krokusse, Narzissen und Anemonen.

Farbliche Akzente setzen je nach Blütezeit außerdem zahlreiche **Nutzpflanzen** wie Zitrusbäume (Orangen, Zitronen) und Bananenstauden (südwestliche Akamas-Halbinsel), Oliven- und Weinplantagen (Südküste und Hinterland) sowie der weit verbreitete Johannisbrotbaum (s. Exkurs).

Land und Natur

Die Besonderheit des Johannisbrotbaumes

Rund um das Mittelmeer, aber auch in subtropischen Gefilden trifft man häufig auf den Johannisbrotbaum *(Ceratonia siliqua)* mit seinen großen schotenartigen Früchten. Die im Reifezustand dunklen Schoten beinhalten süßlich schmeckende Samen und finden Verwendung als Viehfutter, werden aber auch gelegentlich zu Brotmehl oder Bindemittel (Milchspeisen, Speiseeis) verarbeitet. Das Besondere am getrockneten **Samenkorn** des Johannisbrotbaumes ist allerdings etwas ganz anderes, nämlich sein spezifisches Gewicht, welches exakt **1 Karat** (0,2 Gramm) entspricht. Bereits alten Kulturen war dies bekannt, man verwendete beispielsweise in ägyptischer und sumerischer Zeit den Johannisbrotsamen als geeichtes Gewicht für Goldabwiegungen.

Wälder   Einst reich bewaldet, wurde Zypern durch intensive Verwertung (Schiffsbau, Bergbau) unter den diversen Fremdherrschaften bis in die jüngere Vergangenheit drastisch abgeholzt. Den heutigen Wiederaufforstungsbemühungen steht die hohe Waldbrandgefahr während der Sommermonate entgegen, so dass heute nur **rund 20% der Bodenfläche** bewaldet sind. Zusammenhängende Waldbestände sind vor allem im Troodos-Gebirge und dessen Ausläufern zu finden, wobei hauptsächlich **Nadelbäume** (Zypressen, Kiefern, Pinien) vorherrschen.

Macharias Forest (im Hintergrund der Kionia-Gipfel)

Geschichte und Politik

Geschichte

Jungsteinzeit/Bronzezeit

**ca. 8000–
1000 v.Chr.** Spuren erster menschlicher Besiedelung auf Zypern reichen bis in die Jungsteinzeit (rund 8000 v.Chr.) zurück und können heute in den archäologischen Ausgrabungsstätten Sotira, Choirokoitia und Kalavassos besichtigt werden. Es handelte sich um **Siedler aus dem kleinasiatischen Raum** (Syrien bis Mesopotamien), die von Ackerbau und Jagd lebten und kleine grasbedeckte Rundhäuser mit flachem Grasdach bauten. Sie waren vermutlich matriarchalisch organisiert und glaubten an weibliche Gottheiten wie Astarte (**„Choirokoitia-Kultur"**).

Seit etwa 4500 v.Chr. (späte Jungsteinzeit, **„Sotira-Kultur"**) setzte der Handel mit selbst gefertigten Tongefäßen ein, wobei Ägypten und Kleinasien die wichtigsten Handelspartner wurden. Ab 3800 v.Chr. (Beginn der **Kupferzeit**) kamen neue Siedler aus diesem Raum nach Zypern, vornehmlich aus Syrien. Vermutlich begannen sie mit dem Kupferabbau (daher *Kypros,* Kupferinsel), wodurch Zypern im gesamten 2. vorchristlichen Jahrtausend zum größten Kupferexporteur des Altertums wurde. Die dadurch entstehende erste kulturelle wie wirtschaftliche Blüte auf der Insel machte Kition (siehe Larnaka) sowie Erimi (bei Lemesos) zu den wichtigsten Handelsstationen, die diese Bedeutung nie wieder gänzlich verloren. Neben Ägypten und dem Nahen Osten rückte Zypern damit auch erstmals in das Interesse des griechischen Kulturkreises (minoisches Kreta) und setzte teilweise eine **erste Hellenisierung** (ab 1500 v.Chr.) ein. So ersetzte insbesondere die in Grundzügen übernommene kretische Silbenschrift die bis dahin verwendete eigene. Diese Entwicklung setzte sich fort, als mit der großen Zuwanderungswelle der **Achäer** vom griechischen Peloponnes (11. Jh. v.Chr.) griechische Religion und Sprache nach Zypern gebracht wurden. Die Achäer gründeten mehrere Stadtkönigtümer und kontrollierten weite Teile der Insel.

Bild auf den
Seiten zuvor:
Königsgräber
von Pafos

Eisenzeit und Archaische Phase

**um 1050–
58 v.Chr.** Durch die Entdeckung des Eisenerzes außerhalb Zyperns nahm die Bedeutung der Kupferinsel zunächst rapide ab, ehe im 9. vorchristlichen Jh. durch das syrisch-semitische Seehandelsvolk der

Phönizier die Eisengewinnung nach Zypern kam. Die **Phönizier** lösten die Achäer als Führungsschicht ab, brachten unter anderem die erste Buchstabenschrift und erhoben Kition (Larnaka) zum bedeutendsten Stadtkönigtum.

Wichtiger als die Rohstoffe war in der Folgezeit die **strategische Schlüssellage** Zyperns im östlichen Mittelmeerraum, sodass die Insel von den dort herrschenden Großmächten nacheinander besetzt wurde. Zunächst geriet man von 709–663 unter die Tributpflicht der **Assyrer**, ehe nach einer 100 Jahre währenden Unabhängigkeit die **Ägypter** von 560–525 v.Chr. zum ersten Mal die Oberhoheit übernahmen. Von 525–333 folgte das Großreich der **Perser**, dessen Vormachtstellung in Kleinasien mit dem Sieg *Alexanders des Großen* 333/331 (Schlacht bei Issos und Gaugamela) endete und das Zypern ab 331 v.Chr. in die Unabhängigkeit mit Hauptort Salamis (heutiges Nordzypern) entlassen musste. Nach dem Tod *Alexanders* (323) und der Aufteilung seines Reiches unter seinen Nachfolgern *Ptolemaios I.* und *Antigonos* wurde Zypern wegen seiner reichen Holz- und Kupfervorkommen zum Zankapfel der beiden und geriet 294 v.Chr. erneut unter die Kontrolle der Ägypter unter *Ptolemaios I.* Die lokalen Stadtkönigtümer spielten in der Folgezeit kaum noch eine politische Rolle, die Macht ging von einem Gouverneur aus, der die zentralistischen Direktiven aus Alexandria umsetzte. In der inneren Entwicklung in Architektur, Handel und Kultur setzte eine starke, an Alexandria angelehnte **Hellenisierung** ein, Salamis und Pafos wurden bedeutendste Handels- und Kulturstädte. Während der Expansionen der **Ptolemäer** im 2. Jh. v.Chr. unterstützte das aufstrebende Rom diese bei ihren Vorhaben und sollte als Gegenleistung Zypern erhalten. 58 v.Chr., nach der Eroberung Syriens durch Rom, traten die Ptolemäer die Insel schließlich ab. Mehrfache Rückeroberungsversuche scheiterten mit der Seeschlacht bei Actium (Sieg *Octavians* 31 v.Chr.) endgültig.

Römische Epoche

**58 v.Chr.–
395 n.Chr.** Als Provinz des Imperiums wurde Zypern von einem Gouverneur – darunter bekannte Namen wie *Cicero* oder *Cato* – verwaltet und zu Gunsten Roms ausgebeutet. Erst allmählich partizipierte Zypern am Handel Roms mit China und Indien, erhielt eine innere Selbstverwaltung sowie Religions- und Kulturfreiheiten. Im ersten nachchristlichen Jahrhundert entstanden in Pafos und Salamis Tempel,

Thermen und Theater, in Kourion die Arena und das bekannteste antike Bauwerk der Südküste, der Apollo-Tempel. Griechisch blieb die wichtigste Handels- und Verkehrssprache nicht nur auf Zypern, sondern in allen römischen Provinzen des östlichen Mittelmeers.

Etwa zeitgleich mit der Missionsreise der Apostel *Paulus* und *Barnabas* nach Zypern (ab 49 n.Chr.) und der Bekehrung des römischen Prokonsuls *Sergius* setzte die **Christianisierung** Zyperns ein. *Barnabas* erlitt 61 n.Chr. in Salamis den Märtyrertod, worauf u.a. die spätere Forderung nach kirchenrechtlicher Eigenständigkeit Zyperns basieren sollte. Die Ausbreitung des Christentums wurde im 2. Jh. durch die Zwangsaussiedlung aller zypriotischen Juden als Folge eines Judenaufstandes von 115 mit angeblich 200.000 zypriotischen Opfern begünstigt. Mit der Teilung Roms im Jahre 395 fiel Zypern an Byzanz, welches Griechisch zur verbindlichen Amtssprache erhob und das Christentum zur Staatsreligion erklärte.

Byzanz und Araber

395–1192   Kirchenrechtlich unterstand Zypern zunächst dem Patriarchat von Antiochia in Kleinasien, strebte jedoch aufgrund der direkten Bekehrung durch die beiden Apostel *Barnabas* und *Paulus* eine **Autokephalie (Kirchenautonomie)** an, die auf der Synode von Konstantinopel 480 bestätigt wurde. Hierin liegt die Tatsache begründet, dass Zypern (vorerst kirchenpolitisch) einen Erzbischof stellte, der selbstständig Bischöfe ernannte und über Privilegien wie das Tragen eines Szepters verfügte.

Politisch und wirtschaftlich herrschte 300 Jahre lang eine Phase des relativen Friedens und Aufschwungs, ehe im 7. Jh. die Einfälle der aufstrebenden **Araber** einsetzten. Nachdem 636 Palästina und 642 Ägypten gefallen waren, kam im Feldzug von 647–649 an-

Die Grabungen von Choirokoitia

geblich eine Tante *Mohammeds, Chala Sultan,* auf Zypern um. Ihr zu Ehren entstand die pittoreske **Hala Sultan Teke** am Salzsee von Larnaka und wurde zu einem der bedeutendsten moslemischen Heiligtümer weltweit.

Politisch war Zypern in der Folgezeit sowohl Arabern wie Byzantinern gegenüber tributpflichtig und bemühte sich um einen Neutralitätskurs. Jegliche Eigenentwicklung, insbesondere wirtschaftlicher Fortschritt und Wohlstand, waren unter diesen Umständen gehemmt. Erst 965 gelang es **Kaiser Nikephoros Phokas II.** Zy-

Geschichte und Politik

zyp_101 Foto: wl

pern für 200 Jahre aus dem Einflussbereich der Araber zu lösen. Es entstanden die berühmten Schutzburgen Hilarion, Kantara und Buffavento sowie die teilweise spektakulären Bergklöster Macharias, Neofytou, Chrysorrogiatissas und Kykkou. Danach konnte das byzantinische Reich, welches zur Zeit der Kreuzzüge seinen Zenit überschritten hatte, die Abspaltung Zyperns 1185 als „Kaiserreich Zypern" durch den abtrünnigen, den Sultanen wohlwollend neutral gegenüberstehenden byzantinischen **General Isaak Komnenos** nicht verhindern. Dieser erregte jedoch 1191 eher zufällig das Missfallen des Kreuzfahrerheeres von **Richard Löwenherz,** als er dessen Braut *Berengaria* nach ihrer versehentlichen Strandung auf Zypern festzusetzen drohte und den Kreuzfahrerschiffen das Anlegen auf Zypern untersagte. *Richard* eroberte die Insel kurzerhand, ehelichte *Berengaria* in Lemesos und übertrug Zypern vor seinem Weiterzug ins Heilige Land dem Orden der **Tempelritter** für 100.000 Golddinar.

Lusignans und Venezianer

1192–1573 Nach einem Aufstand zogen sich die Templer bereits 1192 gegen Erstattung des Kaufpreises zu Gunsten des fränkischen Hauses der *Lusignans* aus Zypern zurück. Mit päpstlicher Genehmigung erhielten sie die Insel von Kaiser *Heinrich VI.* als Lehen und führten den römisch-katholischen Glauben als verbindliche Religion ein. 1228, auf dem 5. Kreuzzug, stemmte sich Kaiser *Friedrich II.* den Bestrebungen der *Lusignans* nach einem autonomen Königreich entgegen, unterlag jedoch 1233. Zypern wurde zunehmend ein ausgebeuteter Feudalstaat mit erheblichen **Differenzen auf allen Ebenen** (sprachlich, religiös, kulturell) zwischen „lateinischen" Herrschern und „byzantinischen" Untertanen. Abgaben mussten sowohl an den König, den belehnten lokalen Adel wie auch an den Papst geleistet werden. In diese Phase fällt auch die **Zuwanderung armenischer Christen** auf der Flucht vor den Moslems, deren Nachfahren noch heute eine Minderheit auf Zypern bilden.

Nach dem Verlust von Akkon, der letzten Kreuzfahrerburg in Kleinasien während der Kreuzzüge im Jahre 1191, wurde Zypern zum bedeutendsten **Vorposten der christlichen Kreuzfahrer gegen die Moslems,** was durch die Übertragung der Königskrone von Jerusalem an die *Lusignans* unterstrichen wurde – ohne dass diese jedoch Zugriff auf die Heilige Stadt gehabt hätten. Bedingt durch die günstige Lage im Schnittpunkt dreier Kontinente entwickelte sich auch während der Kreuzzüge ein bedeutender **See-handel** auf Zypern, welcher der Führungsschicht erheblichen Wohlstand einbrachte und eine einflussreiche Händlerschicht entstehen ließ. Diese wurde im Laufe der Zeit von Angehörigen der rivalisierenden Handelsstaaten **Venedig** und **Genua** kontrolliert, was 1372 in der Tributpflichtigkeit gegenüber Genua für ein knappes Jahrhundert gipfelte. Auch die ägyptischen **Mamelucken** verpflichteten Zypern ab 1426 zur Tributleistung, was den regierenden *Lusignans* zwar vorerst Titel und Pfründe rettete, die Bevölkerung jedoch weiter belastete. Thronstreitigkeiten zwischen dem illegitimen **Jakob II.** und seiner regierenden Halbschwester führten dazu, dass *Jakob* die Hilfe der Mamelucken in Anspruch nahm und sich 1460 in Alexandria zum König von Zypern, Jerusalem und Armenien krönen ließ, um anschließend mit Hilfe mameluckischer Truppen seine Halbschwester abzusetzen und die Genueser von Zypern zu vertreiben.

Caterina Cornaro, Witwe *Jakobs II.* und Venezianerin, dankte auf Druck und Anraten ihrer Heimatstadt 1489 zu Gunsten Venedigs ab, womit der vorletzte Kreuzfahrerstaat unterging (Malta fiel erst 1798 an *Napoleon*) und der östlichste Vorposten der **Venezianer** im Mittelmeerhandel begründet war. Sie übernahmen die Tributpflicht gegenüber den Mamelucken und sicherten sich so ihre Vormachtstellung im Orienthandel. Nach innen wurde Zypern durch Provinzgouverneure verwaltet, die ihren Untertanen hohe Steuern abverlangten, um einerseits die Tributzahlungen leisten zu können und andererseits Gewinne zu erzielen. Ab 1570 klopfte jedoch ein mächtiger Rivale an Zyperns Pforten, der ganz Europa in Angst und Schrecken versetzen sollte – die Osmanen.

Osmanische Herrschaft auf Zypern

1573–1878 Bedingt durch die feudalistisch geprägte Verwaltung mit hohen Steuern an die Venezianer und gleichzeitigen Tributzahlungen an die Osmanen verschlechterte sich die wirtschaftliche Lage der Zyprioten zusehends. Mehrere Versuche eines Aufstandes schlugen fehl, ehe eine Gruppe von Unzufriedenen Kontakte mit den Türken knüpfte und um Unterstützung bat. So kam es einer Befreiung gleich, als die Osmanen unter **Mustafa Paşa** Zypern belagerten und Venedig 1573 zur nominellen Abtretung Zyperns an das osmanische Reich zwangen. Leibeigenschaft, Frondienst und katholischer Glaube als Staatsreligion wurden abgeschafft, die Abgaben

Geschichte und Politik

spürbar gesenkt und relativ weitreichende innere Autonomie zugestanden. Durch die **neue Religionsfreiheit** unter osmanischer Verwaltung lebte die orthodoxe Ostkirche auf und konnte dem alten Privileg der Kirchenautonomie durch Einsetzen eines Erzbischofs Ausdruck verleihen. Bis ins 19. Jh. hinein bestand somit insgesamt auf Zypern ein friedliches Nebeneinander der unterschiedlichen Bevölkerungsgruppen, wie es später nie wieder erreicht werden sollte. Einen ersten Rückschlag in den **Beziehungen zwischen Osmanen und Orthodoxen** auf Zypern bildeten die Ereignisse von 1821, als auf dem Festland der Freiheitskampf der Orthodoxen begann und der auf Zypern eingesetzte osmanische Gouverneur *Küğük* den zypriotischen Erzbischof *Kyprianos* sowie dessen engste Vertraute als Warnung hinrichten ließ. Es dauerte Jahrzehnte, ehe diese auch in Konstantinopel als politischer Fehler bezeichnete Maßnahme überwunden werden konnte. Zwar billigten die Türken den Zyprioten weitere Freiheiten wie Beteiligung des Erzbischofs und dreier weiterer Griechen am neu gebildeten Staatsrat zu, in der breiten Bevölkerung jedoch wurde das entstandene Misstrauen gegen das Osmanentum nie gänzlich beseitigt.

Teil des Empire

1878–1960 In der zweiten Hälfte des 19. Jh. sah sich der „kranke Mann am Bosporus" zusehends **russischen Expansionsbestrebungen** auf dem Balkan und im Kaukasus gegenüber. Wichtigster Rivale der Russen waren insbesondere im asiatischen Raum die Briten, die um ihre Vormachtstellung in Britisch-Indien fürchteten und daher den militärisch wie auch wirtschaftlich angeschlagenen Türken ihren „Schutz" anboten. Dieser sah u.a. vor, Zypern unter nomineller Oberhoheit der Hohen Pforte zu belassen, de facto jedoch von den Briten zu verwalten. Diese für die britische Kolonialgeschichte einmalige Konstruktion zeigt das seinerzeit eher geringe Interesse der Briten an Zypern, die in der Insel allenfalls eine Nachschubstation für Truppenkontingente zum kleinasiatischen Festland sahen. Sie ist jedoch auch der Hauptgrund dafür, dass London später dem neu entstandenen **Staat Griechenland** zwar die ionischen Inseln übereignete, nicht jedoch das – nominell türkische – Zypern. Im Inneren war auf Zypern mit der Bildung des Staates Griechenland auf dem Festland seit den 60er Jahren des 19. Jh. in der griechisch-orthodoxen Bevölkerungsmehrheit der Ruf nach **Einheit („Enosis") mit Griechenland** laut geworden. Mit

Verweis auf die nominelle türkische Oberhoheit lehnte London derartige Begehren – durchaus begründet – stets ab. Im 1. Weltkrieg (1914–1918) trat die Türkei an der Seite Deutschlands in den Krieg ein, was unverzüglich zur vollständigen, nun auch nominellen Übernahme Zyperns durch die Briten führte. Nachdem dem „Enosis"-Wunsch der Zyperngriechen immer deutlicher Ausdruck gegeben worden war, wurde die Insel zur **Kronkolonie** erhoben (1925), was in den 30er Jahren zu Aufständen gegen die Briten führte. Die Folge waren Repressalien und die Aufhebung der bis dato quasi aus der Osmanenzeit weiter gewährten inneren Teilautonomie. Unter anderem wurden die Presse kontrolliert und politische Parteien verboten. Das Klima im Inneren war somit weit mehr vom Konflikt der Bevölkerung mit der Kolonialmacht geprägt denn von etwaigen Zwistigkeiten untereinander. Während des 2. Weltkrieges (1939–1945) wurden alle „Unstimmigkeiten" zurückgestellt und gemeinsam als „Zypern-Regiment" unter britischem Kommando gegen die auf dem Balkan und in Griechenland vorrückenden Achsenmächte gekämpft.

Die griechisch-zypriotischen Anschlussbestrebungen flammten nach dem Krieg erneut auf und fanden einen vorläufigen Höhepunkt in der Internationalisierung der „Enosis"-Frage durch **Erzbischof Makarios III.** auf der Vollversammlung der Vereinten Nationen 1950. Doch während das britische Interesse an Zypern bis dahin eher allgemein kolonialer Natur gewesen war, wuchs die strategische Bedeutung der Insel für das nach dem Krieg zusammenfallende Empire zunächst beträchtlich. Zum einen waren Flottenbasen für den Abzug aus Ägypten (1954) wünschenswert, zum anderen rückte der Brennpunkt Nahost mit der Gründung Israels (1948) und dem daraus resultierenden und bis heute ungelösten Palästinenserproblem zunehmend in den Mittelpunkt des britischen Interesses.

Militanter Untergrundkampf und Unabhängigkeit

1955–1974 Bedingt durch die festgefahrenen Verhandlungen sah sich eine radikale Gruppierung um **General Grivas** 1955 zur Gründung der militanten Untergrundorganisation **E.O.K.A.** (*Epanastatiki Organosis Kypriakou Agonos*, Revolutionäre Organisation des zypriotischen Kampfes) veranlasst, die in der Folge mit politischen Attentaten und Terrorakten gegen die Kolonialherren kämpfte. Die türkischen Zyprioten formulierten daraufhin ihren Widerstand gegen

Geschichte und Politik

den Anschluss an Griechenland durch Gründung der **T.M.T.** (*Türk Mukavemet Tesilati,* Türkische Verteidigungsorganisation), die in der Folgezeit die E.O.K.A. bekämpfte und für eine Teilung der Insel gemäß den ethnischen Bevölkerungsanteilen eintrat.

Erzbischof Makarios III., der aufgrund der alten Kirchenprivilegien (s.o.) kirchenpolitisch unabhängig und zum politischen Sprachrohr der „griechischen" Interessen geworden war, ergriff zunehmend offen Partei für die E.O.K.A., weshalb er 1956 auf die Seychellen verbannt wurde. Ein Jahr darauf wurde ihm die von der

Denkmal für Staatsgründer und Erzbischof Makarios III. in Pano Panagia

griechisch-zypriotischen Bevölkerung umjubelte Rückkehr gestattet, womit eine neue Phase der Verhandlungen einsetzte. Auch London, für das Zypern nach Beendigung der Suez-Krise wieder eine zunehmend untergeordnete Rolle spielte, signalisierte seine Bereitschaft zur Änderung des Status der Insel, was am 19. Februar 1960 zum **Londoner Abkommen** führte: Um einer auch von der Türkei als Schutzmacht der Türkisch-Zyprioten geforderten Teilung zu entgehen, rückte Athen als Gegenleistung von seiner Einheitsforderung ab, sodass als Kompromissformel die völlige **Unabhängigkeit Zyperns** gefunden wurde. Das Abkommen wurde von *Makarios III.* als Vertreter der Griechisch-Zyprioten, *Dr. Kügük* für die Türkisch-Zyprioten sowie den Regierungschefs Griechenlands, der Türkei und Englands als Garantiemächte unterzeichnet. England behielt dabei die größeren Stützpunkte Dhekeleia und Akrotiri sowie einige weitere militärische Anlagen – insgesamt ca. 5% der Landesfläche – in eigener territorialer Hoheit.

Sechs Monate später, am 19. August 1960, wurde Zypern als **„Republik Zypern"** in die Unabhängigkeit entlassen, kurz darauf folgte die Aufnahme in die UNO sowie in den Europarat. Zum Präsidenten wurde *Makarios III.* gewählt, *Dr. Kügük* wurde sein Stellvertreter, der laut Verfassung von den türkischen Bevölkerungsteilen gesondert gewählt werden darf und über ein Veto-Recht verfügt. Das damals 50-köpfige Parlament wurde vereinbarungsgemäß mit 35 Griechisch-Zyprioten und 15 Türkisch-Zyprioten besetzt.

Die nunmehr an sich geordneten Verhältnisse auf Zypern waren jedoch nur von kurzer Dauer. Die griechisch-zypriotische Bevölkerungsmehrheit verlangte ungebrochen den Anschluss an Griechenland und hielt zudem die überproportionale Vergabe von Ämtern (ca. ein Drittel) an den türkischen Bevölkerungsteil für unakzeptabel. Nach einer daraus resultierenden Verfassungskrise und Unruhen (1963) verließen die türkischen Repräsentanten das Parlament, ferner wurden türkisch-zypriotische Schutzgebiete ohne Zutrittsrecht für die Griechisch-Zyprioten gebildet. Ein offener ethnischer Konflikt konnte nur durch den Einsatz einer 6000 Mann starken **UNO-Schutztruppe** auf Zypern vermieden werden.

Die Lage schien sich zu entspannen, als 1967 eine Gruppe links orientierter Offiziere in Athen die Macht ergriff und de facto eine **Militärdiktatur** errichtete. Unter diesen Umständen sprachen sich nunmehr sowohl *Makarios III.* als auch die Mehrheit der Griechisch-Zyprioten für die Beibehaltung der Unabhängigkeit aus.

Geschichte und Politik

Teilung und Weg in die Europäische Union

1974 bis heute

Aufgrund des offenen Bruchs zwischen der griechisch-zyprioti-schen Führung und den griechischen Militärs initiierte Athen 1974 einen **Staatsstreich** gegen *Makarios III.,* dem jedoch die Flucht nach England gelang. Die Türkei reagierte eine knappe Woche später unter Berufung auf den Status als Garantiemacht aus dem Londoner Vertrag von 1960 mit einer zehntägigen Blitzaktion, in der das nordöstliche Drittel Zyperns besetzt und zum **türkischen Protektorat** zum Schutz der auf Zypern ansässigen türkisch-zy-priotischen Minderheit erklärt wurde. Als Reaktion erfolgte eine immense **Flüchtlingsbewegung,** in deren Verlauf rund 200.000 „Griechen" in den Süden und ca. 45.000 „Türken" in den Norden flohen. Damit waren Fakten geschaffen, an denen auch die Rück-kehr *Makarios'* im Dezember 1974 nach dem Zusammenbruch der Athener Militärdiktatur nichts mehr ändern konnte. Nikosia wurde geteilte Hauptstadt, der Norden blieb von der Türkei besetzt und wurde 1975 unter dem Führer der Türkisch-Zyprioten, *Rauf Denk-taş,* zum **„Türkischen Bundesstaat Nordzypern"** erklärt. 1983 er-

zyp. 121 Foto: wl

folgte sogar die Ausrufung der „Türkischen Republik Nordzypern" (TRNZ), die jedoch nur von der Türkei anerkannt wird.

Die „Enosis"-Idee starb praktisch mit dem Putsch gegen *Makarios,* heute sieht man mehr die eigenständige, für den Handel strategisch bedeutsame Position im östlichen Mittelmeer als Schlüssel für eine bedeutende Rolle innerhalb der **EU,** deren **Mitglied** die „Republik Zypern" seit den Verträgen von Athen (April 2003), der einstimmigen Ratifizierung im Parlament (Juni 2003) und dem offiziellen Beitritt am 1. Mai 2004 wurde.

Mit dem EU-Beitritt (Süd-)Zyperns konnten, trotz versuchter Einflussnahme aus Brüssel, nur teilweise Fortschritte in der **Zypernfrage** registriert werden. Am 21. März 2008 gab es zwischen den Führern der griechischsprachigen und türkischsprachigen Volksgruppen, *Dimitris Christofias* und *Mehmet Ali Talat,* direkte Verhandlungen über eine Wiedervereinigung, und am 3. April 2008 wurde in der Altstadt von Nicosia der traditionelle Ledras-Grenzübergang für Fußgänger und Radfahrer geöffnet. Ein entscheidender Durchbruch blieb jedoch aus, woran auch der Besuch von Bundeskanzlerin *Angela Merkel* als erster deutscher Regierungschefin im Januar 2011 nichts zu ändern vermochte.

Kunstgeschichte und Architektur

Kultureller Querschnitt Mit seiner Jahrtausende alten **Beeinflussung durch umliegende Hochkulturen** bietet Zypern dem Besucher kunsthistorisch wie bauarchitektonisch einen interessanten Querschnitt unterschiedlicher Strömungen. Aus der Jungsteinzeit bis zur ägyptischen Epoche (ab 325 v.Chr.) sind naturgemäß keine monumentalen Bauten erhalten, archäologische Funde (Keramiken, Bronzeplastiken) aus der Frühzeit Zyperns sind im archäologischen Museum in Lefkosia zu besichtigen. Eine Ausnahme bilden die Rundhaussiedlungen von Lempa oder Choirokoitia, die unmittelbar vor Ort besucht werden können.

Von UN-Soldaten bewachtes Niemandsland in der Hauptstadt

Ägypten   Während der ägyptisch-ptolemäischen Phase (325 v.Chr.–58 n.Chr.) entstanden die berühmten **Pafos-Gräber,** die in der Form der Peristylgräber mit Säulengang und Innenhof deutlich ägyptische Einflüsse aufweisen. Keramiken und Plastiken wurden entweder importiert (Ägypten, Kleinasien) oder sind in heimischer Herstellung hellenistisch geprägt.

Rom   Die tendenzielle Anlehnung an das nordwestliche Festland setzt sich zwar unter den Römern fort (58 v.Chr.–395 n.Chr.), weltliche Bauten wie Tempel oder Theater erfuhren jedoch sichtbar römische Ausprägung. Wichtigste Zentren wurden dabei **Salamis** und **Soloi** (beide Nordzypern) sowie **Pafos,** bekanntestes Beispiel für die römische Tradition auf Zypern sind die antiken Stätten von **Kourion** und der **Apollon-Tempel,** beide zwischen Lemesos und Pafos gelegen.

Byzanz   Unter den Byzantinern (Ostrom, 395–1191) wurde das Christentum zur Staatsreligion erhoben. Damit einher ging der **Bau frühchristlicher Basiliken und Kapellen,** deren in der Regel lang gestreckte, drei- bis fünfschiffige Kuppelbauten für frühe orthodoxe Kirchenbauten prägend wurden. Im Inneren wurde der nur den Geistlichen zugängliche Altarbereich durch Barrieren vom Hauptraum (Gemeinde) getrennt. Letzterer erhielt in der frühchristlichen Form teilweise einen zusätzlichen Seitenraum für noch nicht Getaufte (Narthex). Beidseitig vom Altarbereich entstanden zwei kleine Zusatzannexe für Sakralreliquien sowie als Vorbereitungsraum für die Geistlichen. Auch das Taufbecken befand sich zunächst in einer gesonderten Seitenkapelle. Erst ab dem 9. Jh., als auf dem Festland die lang gestreckte Basilika durch den Zentralkuppelbau (bekanntestes Beispiel: Hagia Sofia) abgelöst wurde, folgte eine allmähliche Adaption auch in Zypern, jedoch nicht in reiner Form, sondern als Mischung aus Mehrkuppelkirche und Zentralbau im Inneren mit nach innen offenen Anbauten (Apsiden) im Altarbereich. Die trennende Schranke zwischen Geistlichen und Gemeinde bestand zunächst aus Marmor und wurde ab dem 13. Jh. durch eine hölzerne Ikonenwand (Ikonostasis) abgelöst. Als zusätzliche Sonderform entwickelte sich in ländlich-rückgezogenen Gebieten die sogenannte **„Scheunendachkirche",** eine im Prinzip einschiffige, lang gestreckte kleine Kirche, die jedoch nicht mit Kuppeln, sondern einem tief heruntergezogenen Satteldach (erst Stroh, später Ziegel) bedeckt wurde. Dadurch erhielten die Kirchen ein scheunenähnliches Aussehen, was auch den Namen prägte; neun dieser zypriotischen Scheunendachkirchen (u.a. Asinou und Lagoudera) wurden in die Liste des UNESCO-Weltkulturerbes aufgenommen.

Prägend für das Innere aller Kirchenbauten wurde die **byzantinische Freskenmalerei,** auf den noch feuchten Innenputz (von ital. *fresco* = frisch) aufgetragene Heiligenbildnisse. Dies geht auf die in der orthodoxen Kirche verbreitete Bilderverehrung zurück, wonach aus frühchristlichen Bibeln identisch abgemalten Bildnissen spirituelle Kräfte zugesprochen wurden. Die Notwendigkeit, den des Lesens unkundigen Kirchenbesuchern biblische Inhalte in anderer Form zu vermitteln, war auch dadurch bedingt, dass die orthodoxe Liturgie keine Predigten oder biblische Erzählungen an die Gemeinde kennt. Während in der Frühphase (6.–8. Jh.) ausschließlich Szenen aus dem Leben Christi identisch kopiert wurden, kamen nach Beendigung des Bilderstreites (726–843, Hauptthema war die theologische Rechtmäßigkeit der Verehrung von Heiligenbildnissen entgegen dem dritten Gebot) andere biblische Themen sowie erstmals unterschiedliche Größendarstellungen je nach Bedeutung hinzu. Die starre Kopie wurde durch reichhaltigere Ausgestaltung, Perspektiven sowie Licht-/Schatteneffekte abgelöst. Die frühesten auf Zypern erhaltenen Fresken datieren aus dem 11. Jh. und sind in der Kirche Agios Nikolaios tis Stegis (siehe Kakopetria) zu sehen.

In engem Zusammenhang mit der Freskenausgestaltung stand auch auf Zypern die **Ikonenmalerei.** Die Ikone (= griech. Bild) zeigt ausschließlich Christus, die Muttergottes oder einen Heiligen auf einer hölzernen Tafel mit vergoldetem Grund ohne Hintergrundgestaltung. Aufgrund der stets zweidimensional-flächigen Darstellung wirken die Ikonen beinahe primitiv und wenig kunstvoll; diese Technik wurde jedoch bewusst angewandt, um die Aufmerksamkeit der Betrachter auf das Wesentliche zu konzentrieren. Zahlose frühe Ikonenbildnisse wurden während des Bilderstreites zerstört, einige konnten versteckt werden und führten teilweise zur Gründung von Klöstern, die sich oft nach dem jeweils abgebildeten Heiligen benannten (u.a. *Georgios, Neofytos* usw.). In der spätbyzantinischen Epoche kommt in der Freskenmalerei ein vormals unbekannter Farbenreichtum hinzu, sind jedoch auch bereits **westliche Einflüsse** durch zunehmende Dominanz der Franken und Venezianer festzustellen. So war die Architektur unter den *Lusignans* (ab 12. Jh.) von gotischen geistlichen (Sophienkathedrale

Lefkosia, Nikolauskathedrale Famagusta) und weltlichen Bauwerken (Erweiterungen der Festungen Buffavento und St. Hillarion) geprägt.

Postbyzantinische Freskenmalereien des 15.–19. Jh., einsetzend mit der Eroberung Konstantinopels (1453), unterlagen **türkischen Einflüssen** und sind durch farbige Ausgestaltung der Hintergründe wie auch die Darstellung von Erzählungen, Legenden und Geschichten (auch weltlicher) geprägt. Typisch für die osmanische Architektur wurde die **Errichtung von Moscheen,** wobei nach der Eroberung Zyperns (1571) auch bestehende Kathedralen in moslemische Gotteshäuser umgewandelt wurden, etwa die Sophienkathedrale in Lefkosia zur Selimiye-Moschee. Neubauten entstanden auf Zypern in zwei Formen: angelehnt an byzantinische Kuppelbauten als Kuppelmoschee auf quadratischem Grundriss (Hala Sultan Teke, Larnaka) oder seit dem 19. Jh. als rechteckiges kuppelloses Bauwerk (z.B. Sarayönü-Moschee, Lefkosia). Moscheen sind prinzipiell nicht nur Gebets-, sondern auch Versammlungsort. Ihre innenarchitektonische Ausgestaltung lehnt sich vorwiegend an die nach dem Vorbild Medinas entstandene so genannte Hofmoschee an. So findet man meist einen Innenhof mit zeremoniellem Reinigungsbrunnen, weitläufige Galerien, ein erhöhtes Podest für die Freitagspredigt sowie nach Mekka ausgerichtete Gebetsnischen. Es gibt keine Bildnisse oder Sitzbänke (nur Teppiche), sodass das Innere stets sehr schlicht wirkt. Auffälligstes Merkmal ist das Minarett, ein hoher, schlanker Turm, von dessen Spitze aus der Muezzin fünfmal täglich zum Gebet ausruft.

Staat und Politik

**Staats-
name**

Zypern heißt amtlich **Kypriaki Dimokratia** (griechisch), im Norden türkisch **Kibris Cumhuriyeti** und englisch **Republic of Cyprus.**

**Staats-
flagge**

Die Staatsflagge zeigt die **Insel auf weißem Grund mit zwei Olivenzweigen,** wobei Weiß die politische Neutralität zwischen den Kontinenten und die Zweige den Friedenswillen der Zyprioten symbolisieren.

Denkmal zu Ehren der E.O.K.A-Kämpfer

zyp_116 Foto: wl

Zypern und der EU-Beitritt

Nicht nur für Zypern selbst, auch für die EU erweist sich die **Zypernfrage** nicht erst seit dem offiziellen Beitritt Zyperns am 1. Mai 2004 als Quadratur des Kreises. Die Mittelmeerinsel wurde in der jüngsten Vergangenheit – nach langem Stillstand – wieder einmal zum Spielball der Interessen externer Mächte, welche die inneren Verhältnisse nur unzureichend zu berücksichtigen scheinen.

Der seit 1974 anhängige Status quo mit der faktischen, nie jedoch international anerkannten **Teilung Zyperns** schien mit den Beitrittsverhandlungen Zyperns zur EU erstmals wieder deutlich aufzuweichen. Brüssel verlangte zunächst die Wiedervereinigung als Voraussetzung für den Beitritt, stieß jedoch aufgrund der unüberbrückbaren Positionen beider Landesteile, aber auch der „Mutterländer" Griechenland und Türkei, bald an die politischen Grenzen. Die UN erarbeiteten unter Sondervermittler *Alvaro de Soto* für Februar 2003 einen Plan, der eine innere Verwaltung nach dem Vorbild der Schweizer Eidgenossenschaft vorsah. Doch sowohl die Türkei als auch Südzypern lehnten diese Lösung ab.

Damit saß auch Brüssel erheblich in der Klemme: Für April 2003 war in Athen die Unterzeichnung der Beitrittserklärungen der neuen EU-Mitglieder vorgesehen – was passiert nun mit dem **Nordteil,** der **international nicht anerkannt** und somit (theoretisch) Teil des Südens ist? Man wand sich, formulierte vorsichtig und einigte sich darauf, dass das EU-Recht zunächst für die „Republik Zypern ohne die derzeit nicht kontrollierten Gebiete" gelte (Südzypern formulierte schärfer: „unrechtmäßig von der Türkei besetzte Gebiete").

Zu allem Überfluss ging Türkenführer *Denktas,* auch unter dem Eindruck der jüngsten Massenproteste im Norden wegen des Scheiterns der Verhandlungen, in die politische Offensive. Zwei Wochen vor den Athener Verträgen (16.4.2003) brachte er einen 6-Punkte-Plan ein, den der Süden ablehnte, so lange die „Besetzung des Nordens" andauere.

Nach Unterzeichnung der Beitrittserklärung in Athen jubelten der Süden wie auch Griechenland, dessen Premier und seinerzeitige EU-Ratspräsident *Simitis,* gleichsam ein Elefant im Porzellanladen, sogar von „endlich vollzogener Enosis" (Einheit) sprach – was in der Türkei, die nicht in Athen anwesend war, um nicht die Anerkennung „eines Zypern" zu implizieren, Empörungsstürme hervorrief. Umgekehrt weiß Ankara auch, dass mittelfristig ob der eigenen Beitrittsabsichten die Nicht-Anerkennung des Südens keinen Bestand haben kann.

Und Brüssel? Zwar schlug der damalige EU-Erweiterungskommissar *Günther Verheugen* die Hände über dem Kopf zusammen angesichts der mutmaßlichen Äußerungen *Simitis',* doch musste auf dem Abschlussfoto von Athen mit zusammengebissenen Zähnen gelächelt werden. Der EU-Botschafter in Ankara sprach sogar davon, es sei vielleicht ein Fehler gewesen, Zypern in die EU aufzunehmen, bevor dieses Problem gelöst sei, aber jetzt sei es zu spät, um darüber zu diskutieren. Es sei passiert und es werde unterschrieben.

Der langjährige „Nordpräsident" *Denktas,* der im Scherz behauptete, er ginge nicht einmal auf die Toilette, ohne vorher Ankara um Erlaubnis zu fragen, verlor dann zwar die Präsidentenwahlen gegen den europafreundlichen *Mehmet Ali Talat,* dessen Partei 2009 bei den „Parlamentswahlen" aber keine Mehrheit fand. Dennoch wurden zumindest **neue Grenzöffnungen** erreicht: die Ledras-Street in Nicosia (2008) sowie Limnitis/Yesilirmak im Nordwesten (Juli 2009).

Dass hinter allen augenscheinlich lokalen Entwicklungen stets die **Weltpolitik** steht, ist sicher: Das Streben der Türkei nach EU-Vollmitgliedschaft, regelmäßig wiederkehrende (und regelmäßig scheiternde) UN- und EU-Pläne oder auch Zypern als Basis für den seinerzeitigen Libanon-Einsatz der Bundeswehr (2006) zeigen die neue, alte Problematik der Schnittpunktlage Zyperns im Einflussbereich anderer Staaten und Kontinente.

Geschichte und Politik

Staats- | Das Staatswappen besteht aus einem **Schild mit Friedenstaube**
wappen | mit Olivenzweig und der Jahreszahl 1960, umsäumt von einem Lorbeerkranz. Es soll den Wunsch nach friedlichem Nebeneinander der beiden Volksgruppen seit der Unabhängigkeit (1960) versinnbildlichen.

Staat und | Nach der formal gültigen Verfassung von 1960 ist Zypern eine
Verwaltung | **Präsidialrepublik** mit zwei sich selbst verwaltenden Volksgruppen. Tatsächlich besteht Zypern jedoch aus zwei politisch, wirtschaftlich und verwaltungsmäßig getrennten Teilen, dem international anerkannten **griechisch-zypriotischen Südteil** und dem **türkisch-zyprischen Nordteil,** der seit dem 15. November 1983 als „Türkische Republik Nordzypern" nur von der Türkei anerkannt wird.

Zypern und die nationale Frage

Die „Zypernfrage" ist eine vielschichtige und komplexe Angelegenheit, doch die besonderen Schwierigkeiten, die eine Vereinigung beider Landesteile verhindern, liegen hauptsächlich auf zwei Ebenen begründet.

Zum einen auf einer emotionalen Ebene, basierend auf einem grundsätzlichen **Misstrauen zwischen Moslems und** (in diesem Fall orthodoxen) **Christen.** Dabei geht es weniger um die Frage der wechselseitigen Akzeptanz der jeweiligen religiösen Zugehörigkeit, sondern vielmehr um die Befürchtung, die jeweils andere Seite könne in einer gemeinsamen Staatlichkeit überrepräsentiert und die eigene Gruppe somit „abgewertet" werden. Erstaunlich ist dabei, dass derartige Befürchtungen unter einer gemeinsamen „Fremdherrschaft" historisch betrachtet eine eher untergeordnete Rolle spielten – ein Phänomen, welches auch in Bosnien-Herzegowina festzustellen war: So lange Jugoslawien existierte, gab es keinen Ausbruch etwaiger Spannungen zwischen Moslems und Christen. Ähnlich verhielt es sich auf Zypern lange Jahre unter den Osmanen und Briten.

Entscheidend für jedes bisherige Scheitern von Einigungsversuchen dürfte jedoch die Tatsache sein, dass auf Zypern **kein Nationalbewusstsein** besteht, nicht bestehen kann: Die „Süd-Zyprioten" verstanden und verstehen sich mehr als Griechen denn als „Zyprioten", die „Nord-Zyprioten" als Türken, wobei im Norden noch am ehesten auf eine gewisse kulturelle Eigenentwicklung gepocht wird. Diese Tatsache scheint allgegenwärtig zu sein – von

Die **Republik Zypern (Südzypern)** ist in die **sechs Regierungsbezirke** Lefkosia, Larnaka, Lemesos, Pafos, Kyrenia und Ammochostos gegliedert, wobei die Distrikte Lefkosia teilweise, Ammochostos fast ganz und Kyrenia gänzlich im nicht kontrollierten Nordteil der Insel liegen.

Parlament Die Legislative liegt beim **Repräsentantenhaus,** bestehend aus 80 Abgeordneten, auf 5 Jahre gewählt, davon 56 für den griechischen Bevölkerungsteil und 24 für die türkischen Zyprioten (vakant).

Regierung Staatsoberhaupt und zugleich Regierungschef der Präsidialdemokratie der Republik Zypern ist seit Februar 2008 **Dimitris Christofias,** der den konservativen *Tassos Papadopoulos* ablöste. *Christofias* ist Vorsitzender der sozialistischen AKEL-Partei und verfolgt

der aufgehängten griechischen Flagge über die griechische Fahne auf südzypriotischen Militärfahrzeugen, der griechischen Sprache bis hin zu Slogans wie „Insel der Aphrodite". Der Norden steht mit türkischer Beflaggung, sprachlich oder mit Bezeichnungen wie „Atatürk-Platz" kaum nach, sodass sich insgesamt die Frage stellt: **„Was ist eigentlich zypriotisch?".** Und genau das ist der eigentliche Kern des Zypern-Problems: Es handelt sich um **Griechen und Türken,** die sich mehr oder weniger zufällig auf der Insel Zypern unter diversen Fremdherrschaften getroffen haben – eine gemeinsame „zypriotische" Nation ist dabei nicht entstanden.

Mit dem EU-Beitritt der Republik Zypern – wie auch immer die Beteiligung des Nordens gelöst werden wird – kann somit perspektivisch zwar eine **Kooperation,** wohl kaum aber eine vermischende nationale Integration erreicht werden. Wer Nicosia besucht, achte einmal auf die Beflaggung am Grenzübergang in der Ledras-Street: Sieht man die EU-Flagge neben der zypriotischen? Mitnichten, die griechische! Tatsächlich munkeln breite Bevölkerungsteile des Südens hinter vorgehaltener Hand, es sei „schon gut so mit der Grenze", man wolle mit „denen da drüben" nichts zu tun haben. Und so lange zypriotische Gerichte etwa die Ehe zwischen „Türken" und „Griechen" als illegal untersagen (was in einem Beispielfall erst auf dem Klageweg vor dem Europäischen Gerichtshof korrigiert werden konnte), werden derartige konservative und kontraproduktive Strukturen kaum aufweichen.

Geschichte und Politik

gegenüber Nordzypern einen eher moderaten und versöhnlichen Kurs, ohne allerdings bislang in der Zypernfrage entscheidende Erfolge vorweisen zu können. Das liegt auch daran, dass seit den **Parlamentswahlen** vom Mai 2011 die Demokratische Gesamtbewegung (DISY) mit 34,3% die Nase vorn hat und die AKEL-Partei mit 32,7% nur noch zweitstärkste Partei ist und *Christofias* somit auf die Opposition Rücksicht nehmen muss. Im Kontext der Finanzkrise und im Zusammenhang mit dem Explosionsunglück bei Lemesos im Juli 2011 mussten etliche Minister zurücktreten.

**Innen-
politik**

Von Problemen wie der Staatsverschuldung (entgegen Brüsseler Vorgaben), staatlichen Entschädigungsleistungen bei Ernteausfällen oder der Weiterentwicklung der modernen Gesellschaft abgesehen dominiert naturgemäß ein Thema nahezu täglich das Tagesgeschehen: die **ungelöste Zypernfrage.** Dabei spielt auch die Tatsache eine Rolle, dass die Republik Zypern als völkerrechtlich einzig legitimer Vertreter Zyperns anerkannt ist und somit auch den Vertretungsanspruch für die Menschen im Norden erhebt. Jeder Personen- und Warenverkehr über Städte des Nordens wird seitens der Republik (Süd) ungebrochen als illegal betrachtet. Der Norden sieht sich jedoch als autonomes Hoheitsgebiet und lehnt naturgemäß einen Zwischenexport in den Südteil kategorisch ab. Als künftiger möglicher Kompromiss wird derzeit die alte Idee von einem „Freihafen Famagusta" gehandelt.

Hinzu kommt die Sonderproblematik im Norden, dass nach 1974 aus der Türkei rund 100.000 **Siedler** in das Land geholt wurden, um das ethnische Ungleichgewicht zu verändern. Diese Siedler wollen nun natürlich nicht mehr zurück – ihre Rückkehr aber ist eine Hauptforderung des Südens neben dem bedingungslosen Abzug türkischer Truppen.

Nachdem der damalige Türkenführer *Rauf Denktaş* zu Ostern 2003 die bis dahin unpassierbare Grenze an mehreren Punkten für wechselseitige **Tagesbesuche** in beide Richtungen geöffnet hatte, spielten sich Szenen ab, die an die Tage nach dem Fall der Berliner Mauer erinnerten: Chaos, Warteschlangen, Tränen und Wiedersehensfreude wechselten sich mit Befürchtungen ab, die Flüchtlinge von 1974 wollten nun ihre alten Häuser mittelfristig wieder in Besitz nehmen. Da die neuen „Inhaber" – insbesondere im Norden – aus unterschiedlichen Gründen eine Abtretung ablehnen, sind Eigentumsstreitigkeiten im Falle einer wie auch immer gearteten Einheit vorprogrammiert.

Der Süden hält am Konzept eines handlungsfähigen Gesamtstaates mit einer einheitlichen staatlichen **Souveränität** und internationalen Rechtspersönlichkeit bei zwei untergeordneten Teilstaaten mit grundsätzlich begrenzten Befugnissen fest. *Denktaş* beharrte stets auf einer „minimalen Dachkonstruktion" für zwei souveräne Einzelstaaten ohne gemeinsame Verfassung, erkennt allerdings das Prinzip einer Souveränität und internationalen Rechtspersönlichkeit für eng umgrenzte Zuständigkeiten der Außenbeziehungen und EU-Vertretung an.

Derartige Probleme bilden nur einen kleinen Ausschnitt aus der durch die EU-Mitgliedschaft auch nach Brüssel exportierten **Zypernfrage** (siehe Exkurs „Zypern und die nationale Frage"). Dabei spielt es eine beinahe untergeordnete Rolle, unter welcher Regierung die weitere Lösung des Problems angegangen wird. Im zweiten Halbjahr 2012 hat (Süd-)Zypern den EU-Ratsvorsitz inne – die Türkei hat bereits das Einfrieren aller Beziehungen zur EU für diesen Zeitraum angekündigt.

UN-Schutzzone bei Paralimni

zyp_124 Foto: wl

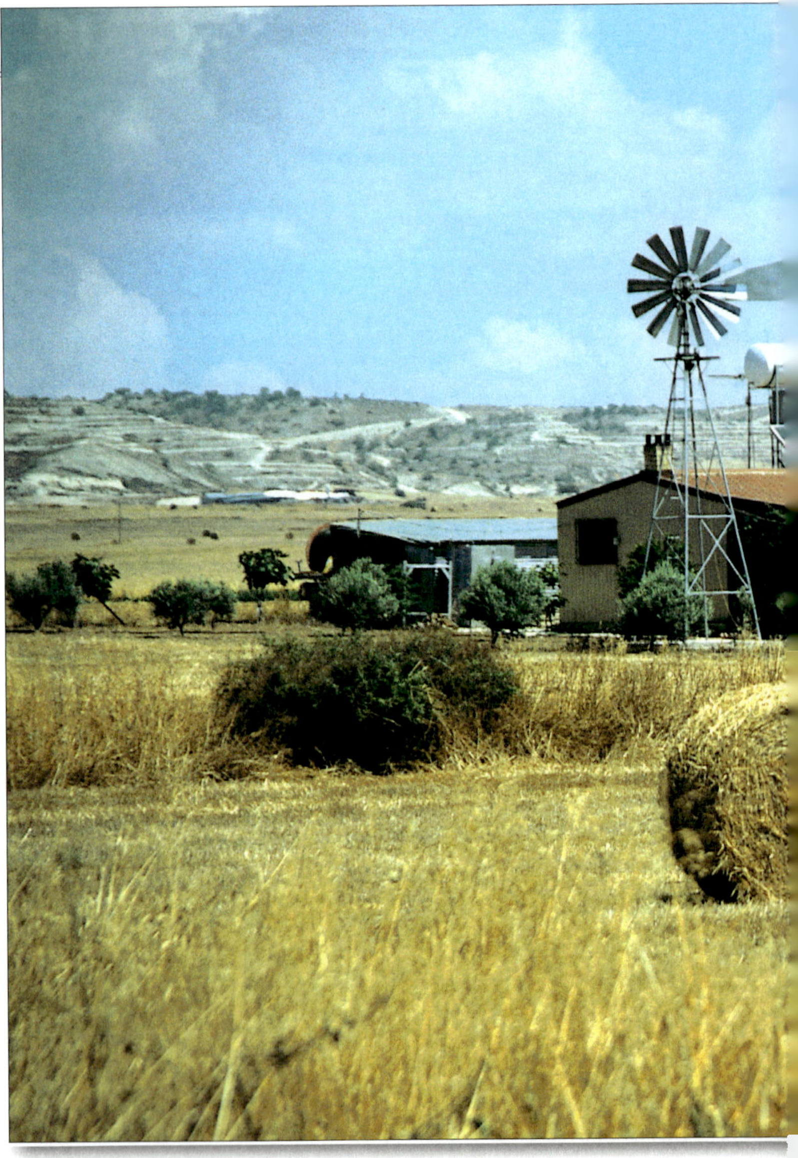

Wirtschaft und Umwelt

Wirtschaft und Handel

Die Wirtschaftsstruktur der Republik Zypern wird stark vom **Dienstleistungssektor** dominiert, in dem rund 70% des zypriotischen Bruttoinlandsprodukts (BIP) erwirtschaftet wird. Interessierte können Details im Internet unter www.cyprus-eu.org.cy einsehen. Mitte 2011 drohte Zypern der **Staatsbankrott;** die internationalen Rating-Agenturen werfen dem Land u.a. einen aufgeblähten öffentlichen Dienst vor (ähnlich wie im Falle Griechenlands), hinzu kam das Explosionsunglück von Lemesos im Sommer 2011: Durch die verheerende Explosion eines Munitionscontainers und die Zerstörung des dortigen Kraftwerkes entstanden Schäden in Milliardenhöhe, die rund 20% des gesamten Staatsbudgets entsprechen. Das **(niedrige) Wirtschaftswachstum** der letzten Jahre erklärt sich auch durch die Schließung unrentabler Staatsbetriebe und Personalkürzungen im öffentlichen Sektor und belastete die Beschäftigten spürbar.

Wirtschaftsdaten

	2009	2010	2011
BIP-Wachstum (in %)	1,7	0,1	1,0
Inflation (in %)	2,7	2,7	2,5
Arbeitslosigkeit (in %)	4,5	5,9	5,7

Gefälle zwischen Nord und Süd

Bereits seit der Teilung der Mittelmeerinsel (1974) subventioniert die Türkei den Staatshaushalt von Nordzypern mit Zahlungen, die jährlich ca. 150 Mio. Euro erreichen. Mittlerweile besteht ein großes Sozialgefälle zwischen der (südlichen) Republik Zypern mit einem statistischen Pro-Kopf-Einkommen von rund 22.000 Euro und dem ärmeren, türkisch kontrollierten Teil (ca. 8800 Euro), in dem die fruchtbarsten Zentren der Landwirtschaft (Getreide, Kartoffeln und Zitrusfrüchte) liegen.

Bild auf den Seiten zuvor: Kleine Gehöfte prägen Zyperns Landwirtschaft

Kriegsschäden, hohe Arbeitslosigkeit durch massive Flüchtlingsströme und dadurch bedingte volkswirtschaftliche Belastungen wurden nach 1974 im Süden überraschend schnell überwunden, obgleich neben den landwirtschaftlichen Zentren der wichtigste Hafen Famagusta (Ammochostos) und rund zwei Drittel der touristisch entwickelten Gebiete verloren gegangen waren. Der Aufschwung wurde binnenwirtschaftlich durch den Ausbau neuer Hä-

fen und Flughäfen (Larnaka, Lemesos, Pafos), sozialen Wohnungs-
bau für die Flüchtlinge und Straßenbau, aber auch durch das
Anlocken von Auslandskapital mittels beträchtlicher Steuerver-
günstigungen eingeleitet. So investierten während des Libanon-
Konflikts in den 1980er Jahren zahlreiche kapitalstarke libanesische Unternehmen in (Süd-)Zypern, in den 1990ern kamen über
12.000 russische Firmen hinzu, die sich vor allem in Lemesos nie-
derließen. Damit einher ging der Wandel von der Produktions- zur
Dienstleistungsgesellschaft (Warenumschlag, Bankenwesen) sowie ein Wiederaufleben des Tourismus.

**Land-
wirtschaft**

Die Landwirtschaft, vor der Teilung wichtigster Sektor, spielt heute
mit knapp 5% der Beschäftigten eine **untergeordnete Rolle.** Angebaut werden hauptsächlich Wein, Oliven, Mandeln und Gemüse, nordwestlich von Pafos auch Bananen und Zitrusfrüchte.

**Vieh-
haltung**

In der Viehhaltung ist neben der **Geflügel-** auch die **Schaf- und
Ziegenzucht** von größerer Bedeutung, wohingegen Rind- und
Schweinefleisch fast ausschließlich importiert werden.

Fischerei

Obgleich die Insellage eigentlich eine bedeutende Fischereiwirt-
schaft erwarten ließe, spielt die Küstenfischerei aufgrund man-
gelnder Fischbestände **keine nennenswerte Rolle.** Auch der relativ junge Zweig der Forellen- und Karpfenzucht bedient hauptsächlich den heimischen Gastronomiesektor.

Bergbau

Der Bergbau, über Jahrhunderte eine Stütze der Wirtschaft, spielt
von wenigen Ausnahmen abgesehen ebenfalls keine größere Rolle
mehr. **Geringe Mineralienvorkommen** (Schwefel, Eisen- und
Chromerze) werden noch auf der Nordseite der Akamas-Halbinsel
abgebaut, die Asbestgewinnung im Troodos-Gebirge wurde seit
bekannt werden der gesundheitlichen Risiken eingestellt.

Industrie

Die Industrie, in der gut **25% der Werktätigen** beschäftigt sind,
siedelte sich hauptsächlich um die Zentren Lefkosia und Lemesos
herum an. Produziert werden primär petrochemische Erzeugnisse, Papier, Textilien, Baustoffe (Zement), Lebensmittel und Getränke. Zypern ist dabei weitgehend vom Rohstoffimport abhängig,
die wichtigsten Handelspartner sind Griechenland (20%), Italien,
Großbritannien, Deutschland (jeweils ca. 10%) sowie weitere EU-
Staaten (zusammen etwa 20%).

Wirtschaft und Umwelt

**Dienst-
leistungen** Der Schwerpunkt der zypriotischen Wirtschaft liegt heute, begünstigt durch die Schnittpunktlage inmitten dreier Kontinente, auf dem Dienstleistungssektor (Warenumschlag, Banken, Versicherungen und Tourismus), aus dem über 70% der Bevölkerung ihr Auskommen schöpft. Die Verantwortlichen in Lefkosia sind sich bewusst, dass dies auch Resultat einer sehr guten Bildungspolitik und der hervorragenden Infrastruktur (Telekommunikation, Verkehrswesen) ist und schreiben diesen Sektoren auch künftig eine Schlüsselrolle zu.

Tourismus

Nach 1974 und dem Wegfall des größten Teils der bis dahin bedeutendsten touristischen Infrastruktur (Morfou, Kyrenia, Famagusta) wurde mit Hochdruck eine heftig geförderte Wiederbelebung mittels geeigneter Alternativen im Südteil betrieben. Neben den „gewachsenen" Regionen Larnaka, Pafos und Lemesos schossen neu geschaffene touristische Zentren aus dem Boden, vor allem im Raum Agia Napa/Protaras. Der Zuspruch war, auch wegen der traditionellen Verbindungen zur ehemaligen Kolonialmacht Großbritannien, überraschend groß, sodass heute rund **3 Millionen Urlauber,** meist Pauschalreisende, nach Zypern (Süd) reisen. Die größte Gruppe (etwa 1,3 Mio.) kommt aus Großbritannien, es folgen Russland mit ca. 450.000 Besuchern, Skandinavien und Deutschland (je ca. 250.000 Besucher). Insgesamt ist der Tourismussektor mit einem Beschäftigtenanteil von 25% für die Volkswirtschaft von überragender Bedeutung. Da als unmittelbare Folge der weltweiten Finanz- und Wirtschaftskrise 2008/09, aber auch im Zuge der Griechenland-Krise 2011 rund 20% weniger Buchungen für Zypern zu verzeichnen waren und für 2012 keine Erholung in Sicht ist, wird auch die zypriotische Binnenwirtschaft stark in die Rezession hineingezogen.

Räumlich und vom Interesse her hat sich dabei eine gewisse Tendenz zur **Polarisierung** ergeben, die natürlich nicht als absolut verstanden werden darf: Während Reisende aus Russland vorwiegend Lemesos als Einkaufszentrum besuchen, reist eine große Zahl der skandinavischen Gäste wegen des vielfältigen Nachtlebens bevorzugt nach Agia Napa. Viele deutschsprachige Touristen liebäugeln dagegen mehr mit Pafos als kulturhistorischem Zentrum, Briten sind überall zu finden.

Wirtschaft und Umwelt

Protaras/Fig Tree Bay – Ziel vieler Pauschalreisender

Umwelt

Wasser-
mangel

Bedingt durch Lage und Klima, den Mangel an natürlichen Wasseradern (Seen, ganzjährig Wasser führende Flüsse), verstärkt aber auch durch den Bedarf der Touristen und nicht zuletzt die notwendige Bewässerung der über 7000 ha Ackerlandbestand besteht auf Zypern erhebliche Wasserknappheit. Zwar wird mit knapp 100 Staudämmen in den Wintermonaten Schmelz- und Regenwasser aufgefangen, wobei insbesondere dem Kourris-Damm, an dem drei Flusszuleitungen gespeichert und mit über 100 km Rohrleitungen in die städtischen Zentren geleitet werden, eine Schlüsselrolle zukommt. Die meisten der kleinen Flüsse führen jedoch nicht ganzjährig Wasser, so dass heute zwei Meerwasserentsalzungsanlagen für Entlastung sorgen. Viele der Binnengewässer werden heute für die auf Zypern junge Branche der Süßwasserfischzucht genutzt.

Die **Küstengewässer** sind – abgesehen vom unmittelbaren Hafenbereich in Lemesos und Larnaka – sehr sauber und wenig belastet. Dennoch sind kaum noch nennenswerte Fischbestände vorhanden, was hauptsächlich in der Abfischung früherer Jahrzehnte begründet liegt. Die Hauptgefahr für die Küstengewässer stellt künftig die rapide ausgeweitete touristische Infrastruktur dar, mit der etwa der Bau von dringend notwendigen Klär- und Müllverwertungsanlagen noch nicht Schritt hält.

Energie

Für die private Nutzung bietet sich angesichts von über 300 Sonnentagen im Jahr die Solarenergie als Quelle an, die bislang allerdings noch in relativ geringem Umfang genutzt wird. Im öffentlichen Sektor scheidet die Wasserkraft zur Energiegewinnung mangels Ressourcen aus, man stützt sich in Zypern auf die Energieerzeugung durch fossile Brennstoffe, basierend auf Erdölimporten aus Nahost. Die beiden Kraftwerke Dhekeleia und Kiti decken nicht nur den Bedarf des südlichen Landesteils, seit 1974 wird auch der „türkisch besetzte Norden" kostenlos mit Strom beliefert.

Tourismus – Devisenquelle und Ressourcenverschwendung
(hier: Waterworld in Agia Napa)

**Umweltbe-
wusstsein**

Die Entdeckung der Umwelt als schützenswertes Gut steckt in Zypern noch in den Kinderschuhen. Dies äußert sich im Mangel an Kläranlagen, unzureichender Müllentsorgung, unzulänglicher Gesetzgebung für die Pestizidverwendung in der Landwirtschaft, aber auch in Kleinigkeiten wie fehlende Papierkörbe und keine öffentliche WCs in den Städten. Dennoch ist Zypern optisch in keinster Weise mit Nordafrika oder Nahost zu vergleichen; das Land wirkt sogar deutlich sauberer und aufgeräumter als manch anderes EU-Mitglied. Zudem haben die Verantwortlichen in Lefkosia die Bedeutung einer intakten Umwelt für den Tourismus erkannt und bemühen sich durch Bauverbote in Schutzzonen (Akamas), Qualitätskontrollen der Küstengewässer und allmähliche Förderung erneuerbarer Energien um weitere Verbesserungen.

zyp_131 Foto: wl

Wirtschaft und Umwelt

Mensch und
Gesellschaft

Bevölkerung

Griechische Mehrheit

Mit rund 80% bildet die griechische Gruppe die Bevölkerungsmehrheit der rund **780.000 Zyprioten** im Süden, die Türken stellen etwa 19% der Bevölkerung. Daneben leben auf Zypern verschwindend geringe Minderheiten (Armenier u.a.) sowie in den britischen Hoheitsgebieten das Militärpersonal nebst Angehörigen (rund 14.500 Personen).

Teilung der Insel

Aus dem kulturell und historisch begründeten Gegensatz zwischen Griechen und Türken entstand jene politische Krise, die zur faktischen Teilung der Insel und der fluchtartigen **Umsiedlung** eines Teils der Bevölkerung geführt hat. In den griechisch-zyprischen Teil kamen 1974 etwa 200.000 griechische Zyprioten aus dem türkischen Nordteil. Umgekehrt flohen etwa 40.000 türkische Zyprioten aus dem Süden in den türkisch-zyprischen Teil der Insel. Aus politischem Kalkül heraus wurden im Norden zudem 100.000 Türken aus Anatolien angesiedelt und 30.000 türkische Soldaten stationiert; nur etwa 500 Griechen blieben. Im griechischen Zypern dagegen leben über 90.000 türkische Zyprioten.

Religion

Orthodoxer Glaube

Von den wenigen Ausnahmen der moslemischen, armenischen, maronitischen und anglikanischen Minderheiten abgesehen sind die Zyprioten im südlichen Landesteil Angehörige des orthodoxen Glaubens. Dieser basiert inhaltlich ebenso auf der Bibel wie bei Protestanten und Katholiken in unseren Breiten, unterscheidet sich jedoch in der Liturgie und im Alltag erheblich. So dient der Gottesdienst ausschließlich der Preisung des Herrn, die Gemeinde hört lediglich zu und wird weder durch gemeinsame Kirchenlieder beteiligt noch in Form einer Predigt direkt angesprochen. Markant sind **farbenfrohe Kirchen** mit im Inneren direkt aufgetragenen Wandmalereien (meist Apostel- oder Heiligenmotive) und der Ikonostase, eine raumhohe, undurchsichtige und kunstvoll verzierte hölzerne Trennwand zwischen singenden Popen und Kirchendienern einerseits sowie den Besuchern, welche den Gottesdienst jederzeit verlassen dürfen, andererseits.

Bild auf den Seiten zuvor: Popen – wichtige Stützen der Gesellschaft

Michalis Mouskos (1913–1977) – Karriere eines Kirchenautokraten

Dass der „american dream" nicht nur in den Vereinigten Staaten, sondern auch auf einer kleinen Mittelmeerinsel Realität werden kann, beweist die **hollywoodreife Lebensgeschichte** des armen Hirtenknaben *Michalis Christodoulou Mouskos.* Geboren in Pano Panagia (bei Pafos) am 13. August 1913, wuchs er zunächst in ärmlichen Verhältnissen einer einfachen Landbauernfamilie auf. Im Alter von 13 Jahren wurde er aus Not in das reiche Kloster Kykkou, Zentrum der Orthodoxen auf Zypern, geschickt. Der Knabe, hartes und entbehrungsreiches Leben gewohnt, entwickelte großen Fleiß und Eifer. Die Mönche bildeten ihn aus und schickten ihn im fortgeschrittenen Alter nach Athen zum Theologiestudium (bis 1946), wo er den Weltkrieg erlebte. Nach dem Studium und der Rückkehr nach Kykkou wurde er zum Priester geweiht und nahm den Priesternamen *Makarios* an. Nur zwei Jahre später wurde er Bischof von Kition, und wiederum zwei weitere Jahre darauf (1950) im Alter von nur 37 Jahren Erzbischof von Zypern. Damit war er unter den Briten geistlicher und weltlicher Führer der orthodoxen Zyprioten. Seine Unterstützung der Untergrundorganisation E.O.K.A. veranlasste die Briten, ihn 1956 auf die Seychellen zu verbannen, doch schon 1959 kehrte er zurück und wurde nach dem Rückzug der Briten (1960) erstes Staatsoberhaupt der Republik Zypern.

Makarios III. war machtbesessen, prunksüchtig und ein gewiefter Machtpolitiker. Nach außen zögerlich, wusste er stets seine Gegner auszumanövrieren. Waffenbeschaffungen in Osteuropa und China und vielleicht auch sein Vollbart brachten den damaligen US-Außenminister *Henry Kissinger* dazu, ihn als „Fidel Castro des Mittelmeers" zu titulieren. Der Enosis-Besessene Makarios bezeichnete die türkischen Zyprioten als „Barbaren der asiatischen Steppe" und wollte 1963 deren garantierte Rechte drastisch einschränken, was zu blutigen Ausschreitungen führte, deren Opfer, darunter viele türkische Frauen und Kinder, er emotionslos hinnahm. Erst nach 1967 und dem Militärputsch in Athen distanzierte sich Makarios vom Enosis-Gedanken, und als er 1974 den Abzug der griechischen Militärberater verlangte, wollten die Athener Militärs ihren ehemaligen Bundesgenossen sogar entmachten. Makarios floh nach London, die Türkei besetzte den Norden, und die Athener Militärs mussten abdanken. Der Erzbischof kehrte noch Ende 1974 zurück in den griechischen Südteil Zyperns, dem er bis zu seinem Tod am 3. August 1977 als geistiges und politisches Oberhaupt vorstand.

Mensch und Gesellschaft

Pope   Auch nimmt der Pope in der Gesellschaft eine deutlich aktivere Rolle ein als etwa der Pfarrer/Pastor der Westkirche. Er unterliegt nicht dem **Zölibat,** sofern die Ehe vor der Priesterweihe geschlossen wurde, kann dann jedoch nicht in höhere Ämter (Bischof, Erzbischof) aufsteigen, für die das Zölibat gilt. Legt man sich als Bischof eine Haushälterin zu, zu der man sich dann dazulegt, drückt der Herr aber ein Auge zu ...

Vor allem aber ist der Pope ein „Mensch zum Anfassen", der (im Talar) mit den Kindern Fußball kickt oder in den Kafenions mit den Bauern über Tagespolitik, Ernte- und Familienprobleme oder die letzten Sportergebnisse diskutiert. Stets ist er Ansprechpartner für die Alltagssorgen der Bevölkerung und dennoch – oder gerade deshalb – allgemeine Respektsperson, ähnlich wie wir ihn aus *Guareschis* „Don Camillo" kennen.

Klöster   Sehr viele Zypernreisende sind auch von der Vielzahl der prächtigen, aktiven Klöster fasziniert, die teilweise auf eine tausendjährige Geschichte zurückblicken. Klosterbesuche zählen daher mit zu den Höhepunkten eines Urlaubs auf Zypern.

Mentalität und Brauchtum

Allgemein sind die Zyprioten sehr **freundlich und höflich,** dabei aber weit weniger aufdringlich, laut oder „machohaft", als man dies aus anderen Ländern der Region gewohnt ist. Es ist aber sehr wichtig, die **Privatsphäre** zu **achten,** bei aller Freundlichkeit bleibt man Fremden gegenüber immer etwas reserviert. Eine Ausnahme bilden Kleinkinder – über die Kinder kommt man meist sehr schnell in Kontakt zu den kinderfreundlichen Zyprioten.

Das abgeschottete Kloster Moni Stavrovouniou

Lange Mittagspause

Auf die großen Ereignisse im Leben wurde im Kapitel Feste und Feiertage hingewiesen, viele interessante kleine Teufel stecken aber auch im Detail des Alltags. Typisch südländisch und angesichts der im Hochsommer unerträglichen Hitze auch verständlich ist die lange Mittagspause, die teilweise **von 12 bis 16 Uhr** andauert. Zu dieser Zeit scheinen die Dörfer und Altstadtgassen wie ausgestorben.

Familie

Der familiäre Zusammenhalt ist nach wie vor sehr groß und bildet den **Kern der sozialen Gemeinschaft.** Während bei uns Familiennamen wie *Müller, Meier* oder *Schulze* nichts mehr miteinander gemein haben, steht in Zypern hinter Namen wie *Papadopoulos, Nicolaides* oder *Georgios* immer eine Großfamilie, die nicht nur auf gemeinsame Vorfahren zurückzuführen ist, sondern innerhalb derer auch heute noch tatsächlich engere Bande bestehen. Die jüngere Generation versucht jedoch zunehmend sich „abzunabeln" und einen eigenen Weg zu gehen – sofern durch einen städtischen Arbeitsplatz die Möglichkeit dazu besteht. Ein derartiger

zyp_137 Foto: wl

Mensch und Gesellschaft

zyp._13.1 Foto: wl

Generationenkonflikt ist zwar nichts neues, führt aber zu einem
Auseinanderklaffen der sozialen Schere zwischen **Jung und Stadt**
auf der einen sowie **Alt und Land** auf der anderen Seite.

Freizeit   Zu jeder Wohnung gehört längst auch ein **Fernseher,** beliebtestes
Freizeitvergnügen und ein preiswertes obendrein. Am Sonntag
treffen sich die Männer nach dem Kirchgang zum **Frühschoppen**
in einem Kafenion und diskutieren je nach Anhängerschaft die
jüngsten Fußballergebnisse ihrer Lieblinge aus Lemesos und Larnaka. Eindeutig britisches Erbe ist die **Wettleidenschaft** auf Zypern;

Wettbüros gibt es fast überall, mehr als Bäckereien oder Metzgereien.

Gast-
freund-
schaft

Die Gastfreundschaft ist ein weiteres markantes Merkmal, welches einen Besuch auf Zypern so liebenswert erscheinen lässt. **„Kopiaste"** („Setz dich und sei dabei") heißt das Schlagwort, mit dem auch die Tourismusbehörden für die Menschen des Landes werben. Und sollte man einmal auf einen Kaffee eingeladen werden, so gilt als alte Benimmregel, dass man sich nicht entfernt, ehe die Tasse erkaltet ist.

Allerdings – und auch das soll an dieser Stelle nicht unerwähnt bleiben – wird der Griechisch sprechende Tourist manchmal deutliche „Freundlichkeitsvorteile" gegenüber dem Englisch sprechenden Reisenden erfahren; dies gilt besonders bei Preisverhandlungen vor Ort (Taxi, Wohnung usw.). Leider erwähnen immer mehr erfahrene Zypernreisende eine auch auf rückläufige Besucherzahlen zurückzuführende **„Hochpreismentalität"** auf Zypern.

Das Wichtigste aber ist, dass der Besucher den Stolz auf die recht junge nationale Unabhängigkeit beachtet und nicht durch abwertende Bemerkungen über Land, Leute und Eigenheiten verletzt. Ein höchst **sensibles Thema** ist dabei stets die **Zypernfrage,** wobei man jegliche Sympathie für den Norden tunlichst für sich behalten sollte. So sind Formulierungen wie „turkish coffee" oder „Präsident Nordzyperns" zu vermeiden; just in dieses scheunentorgroße Fettnäpfchen trat vor Jahren ausgerechnet der deutsche EU-Kommissar *G. Verheugen,* als er den Nordteil besuchte und den dortigen Regierungschef *M. Talat* als „Präsidenten" ansprach – und damit höchste Entrüstung im Süden hervorrief!

Mensch und Gesellschaft

Griechische Tänze gehören zu jedem Fest

Bildung und Soziales

Bildungs-system

In Zypern besteht eine eng an das britische Schulsystem angelehnte neunjährige Schulpflicht, die sich aus dem Besuch einer sechsjährigen Grundschulzeit *(Dimotikon Scholeion)* sowie einer dreijährigen Sekundarstufe *(Gymnasion)* zusammensetzt. 80% der Schulpflichtigen absolvieren anschließend freiwillig eine dreijährige Aufbaustufe *(Lyceum)* mit spezialisierenden Wahl- und Pflichtfächern, was zum späteren Besuch einer Hochschule berechtigt.

1997 nahm die **Cyprus International University** ihren Lehrbetrieb in Lefkosia auf und entspricht mit ihrem auf das Berufsleben ausgerichteten Bildungsangebot in den Bereichen Informations- und Kommunikationstechnik sowie Wirtschaft/Marketing etwa einer Fachhochschule. Technische und pädagogische **Fachhochschulen** runden das Bildungsangebot auf Zypern ab. Viele zypriotische Studenten wählen, bevorzugt in Griechenland und Großbritannien, einen Studienplatz für internationale oder spezielle, nicht in Zypern angebotene Fachstudiengänge (Medizin).

Sozial-system

Das zypriotische Sozialsystem unterliegt in weiten Teilen der staatlichen Steuerung und sieht eine allumfassende Grundversorgung der Bürger vor. Neben der Mindest-Altersvorsorge wird eine medizinische Grundversorgung in staatlichen Krankenhäusern gewährleistet, wobei Besserverdiener die (direkt abrechnenden) Privatärzte bevorzugen. Dieser Sozialstaatsanspruch scheint in Teilbereichen für den Außenstehenden groteske Züge anzunehmen. So wohnen etwa griechisch-zypriotische Flüchtlinge aus dem Norden seit 1974 kostenfrei in staatlichen Wohnungen, bis sie irgendwann ihren Anspruch auf Rückumzug in den Norden aufgeben oder ihr altes Eigentum zurückerhalten würden.

Aufgrund der eher konservativen Grundhaltung der Bevölkerung wurde die **Gleichstellung der Geschlechter** bei Ausbildung und Berufswahl noch nicht in allen Lebensbereichen realisiert, was jedoch schon in der gegenwärtigen Generation spürbar aufweicht. Viele junge Frauen drängen heute verstärkt in die Berufswelt (Dienstleistung und Handel), können sich mittlerweile sogar zum Militärdienst melden.

Das britisch geprägte Schulwesen auf Zypern ist hervorragend

Kunst und Musik

**Volks-
künste**

Eine traditionell bedeutende Rolle als Beruf und auch Freizeitbeschäftigung spielt das Kunsthandwerk. Mit den Kreuzrittern kam die **Seidenraupenzucht** nach Zypern, handwerkliche **Textilverarbeitung** und **Stickerei** sind bis heute weit verbreitet; am bekanntesten sind die **„Lefkara-Spitzen",** die sich als Tischdecken oder Stolen großer Beliebtheit erfreuen. Auch **Korbflechtereien** aus Palmblättern oder Schilf werden im Nebenerwerb hergestellt, dagegen ist die ehemals bedeutsame **Töpferei** großer Tonkrüge nach klassischen Vorbildern bis auf wenige Ausnahmen in den

zyp. 141 Foto: wd

Mensch und Gesellschaft

Hintergrund gedrängt worden. Gleiches gilt für das **Trachten-handwerk:** Volkstrachten werden heute nur noch zu feierlichen Anlässen, meist im Rahmen kultureller Darbietungen, getragen.

Holzschnitzereien und **handgefertigte Kleinmöbel** sind noch heute nicht nur weit verbreitet, sondern besitzen vielfach auch einen symbolhaften, auf früh- und vorchristliche Vorstellungen zurückgehenden Hintergrund. So stehen wellenförmige Muster für die Versuchung durch die Schlange, Vögelornamente gelten als Vorboten für wichtige Ereignisse, Zedern und Zypressen symbolisieren den Tod, Rosetten dagegen das Leben (Sonne). Alte Kirchenbänke und Ikonostasen, aber auch Truhen und Kleinmöbel, die noch heute zur Aussteuer der Braut gehören, weisen derartige Ornamentverzierungen auf.

Das schon früh mit der Förderung von Metallen vertraute Zypern entwickelte zudem ein hoch qualifiziertes **Feinschmiedewesen,** heute vorwiegend für Gold- und Silberschmuck in den städtischen Zentren.

Musik und Literatur

Auf Hochzeiten werden im privaten Kreis, bei kulturellen Aufführungen dagegen von Trachten- und Tanzvereinen jene berühmten Tänze aufgeführt, die sich eng an die griechischen anlehnen. Am bekanntesten dürfte der **Sirtaki** sein, ein Reigentanz, bei dem die Tänzer im (Halb-)Kreis stehen und die Arme den beiden Nachbarn über die Schulter legen. Eine Variante ist der **Sousta,** wobei sich abwechselnd je ein Tänzer aus der Tänzerkette in die Mitte zu einer individuellen Einlage bewegt. Auf große Begeisterung treffen bei Touristen auch die zypriotischen **Potiri-Tänze,** bei denen der (meist männliche) Tänzer mehrere übereinander gestapelte Gläser auf dem Kopf balanciert. Daneben gibt es eine Reihe weiterer, auf inhaltliche Themen zurückgehende Tänze, etwa der **Nikolis,** bei dem einem Casanova eine Papierrolle in die Hose gesteckt und angezündet werden soll, oder der **Syrtos Antikristos,** ein Brauttanz, bei dem Mädchen symbolisch mit Krügen Wasser holen und dem tanzenden Werben der jungen Männer nur zögerlich nachgeben.

Begleitet werden derartige Tänze von traditioneller Volksmusik mit Flöte, Violine, Sanduri (Hackbrett) und Bouzouki (Laute).

Von den Volkskünsten abgesehen gab und gibt es heute kaum zypriotische Literaten und Musiker, die über die Landesgrenzen hinaus bekannt wären. Musik und Literatur sind zu stark von der „Mutterkultur" Griechenland (im Norden Türkei) geprägt, und wer etwas erreichen will, geht ohnehin ins Ausland. So findet man in den Geschäften Südzyperns griechische Titel griechischer Schriftsteller und griechische CDs griechischer Bands oder Interpreten, was letztlich dazu führte, dass es in Kunst und Kultur kaum bekannte Zyprioten gibt. Eine der wenigen bekannten Ausnahmen dürfte der Popstar *Georgios Kyriakos Panayiotou* alias **George Michael** sein, Sohn eines zypriotischen Vaters und einer englischen Mutter.

zyp_413 Foto: wf

Mensch und Gesellschaft

PARACHUTE·JET SKI

Distrikt Ammochostos (Famagusta)

Einleitung Die Region um die Distrikthauptstadt Paralimni, zwischen „Green Line" und der britischen Basis Dhekeleia etwas abgeschottet im Südosten Zyperns gelegen, rühmt sich des größten touristischen Zuspruchs auf der Insel. Dies liegt weniger an etwaigen antiken Sehenswürdigkeiten oder auch der unmittelbaren, stets greifbar nah gelegenen Demarkationslinie, sondern an den beiden **Urlaubshochburgen Protaras und Agia Napa** sowie einigen der schönsten Sandstrände auf Zypern überhaupt. Dieser Zuspruch spiegelt sich auch in der Statistik wider, wonach etwa die Hälfte aller Zypern-Besucher rund um Paralimni zumindest vorübergehend ihr Lager aufschlagen, und erklärt den ungebrochenen Bauboom entlang der Küste zwischen Potamos und Agia Triada.

Bild auf den Seiten zuvor: Nissi Beach in Agia Napa

Paralimni

**Distrikt-
hauptstadt**

Die Distrikthauptstadt des Verwaltungsbezirkes Ammochostos wird nur am Rande von Touristen frequentiert, meist zum Einkauf oder auf der Durchfahrt zur „Grenzbeobachtung" in Deryneia (siehe dort). Politisch interessant erscheint die Kuriosität, dass Paralimni (ca. 12.500 Ew.) stellvertretend den gesamten Raum Ammochostos (Famagusta) quasi als Exilregierung repräsentiert, also auch die nördlich der Grenze gelegenen Gebiete; selbst ein Parlament der Stadt Famagusta tagt mit griechischen Repräsentanten in Paralimni, kann etwaige „Beschlüsse" nur eben nicht umsetzen (ähnlich arbeitet auch die EU, siehe „Geschichte und Politik").

**Infra-
struktur**

Der Beschilderung Town-Hall/Centre folgend, gelangt man zum **zentralen Kirchplatz** mit den drei markanten Kirchen Agia Anna (14. Jh.), Agios Georgios (19. Jh.) und der neuen Georgskirche aus dem 20. Jh., in den Straßen rund um den großen Kirchplatz liegen Fachgeschäfte (Apotheke, Foto), Café-Snackbars, Pizza-Hut, die Touragenturen *Konatjin* (Tel. 23828359) und *Happyness Travel* (Tel. 23812111) sowie ein kleiner Park.

Busse

●Wichtig für Individualreisende ist die **Busstation** (Agiou Georgiou am Kirchplatz, Tel. 23821318) an der Route Larnaka – Deryneia – Paralimni – Agia Trias/Aquarium – Pernera – Protaras – Agia Napa – Waterworld und zurück alle 20–30 Min. für 1,60 €. Die Firma *Eman* fährt 9–20 Uhr alle 20–30 Min., 20–22.45 Uhr und sonntags (9–17 Uhr/Sommer 22.45 Uhr) stündlich; 1,60 €.

**Leoforos
Protara**

An der vom Zentrum ostwärts führenden Leoforos Protara liegen auf halber Strecke zum Agia Trias-Kreisel ein großer **Orfanidis-Supermarkt** (neben der markanten allein stehenden Agia Varvara-Kirche) und schräg gegenüber **Superaction Sports & Toys** mit Camping-, Angel- und Sportausstattungen sowie Tauchzubehör einschließlich einer Füllstation; Tel. 23825180.

Distrikt Ammochostos (Famagusta)

■ **Übernachtung**
3 Amoro Aparthotel
6 Malama Holiday Village
10 Crystal Springs Hotel
   & Strand
11 Sirena Bay G.H.
   & Strand
12 Golden Coast Hotel
   & Strand
15 Pernera Beach Hotel
   & Strand
16 Domniki Aparthotel
19 Anastasia Hotel
20 Isaak Aparthotel

■ **Essen und Trinken**
7 Colossus Castle
   Disco-Club
13 Spartacus Restaurant
17 Fools & Horses Pub
21 Spectrum Pub

■ **Geschäfte & Sonstiges**
1 Orfanidis-Supermarkt
2 Fischgeschäft
   Fish House
4 Minimarkt
5 Fahrzeugverleih

8 Supermarkt
9 Fahrradverleih
14 L&G-Supermarkt
18 Windflower-Autoverleih
22 Viking-Autoverleih

Skoutari und Agia Trias

Skoutari Nördlich des Kap Greko liegen drei mehr oder minder erschlosse-
ne touristische Küstenorte im unmittelbaren Einzugsbereich von
Paralimni. Skoutari ist der ruhigste Teil und erstreckt sich recht zer-
siedelt von der Grenze bis zum Aquarium am Agia Trias-Kreisel.
Unmittelbar am Grenzzaun wurde der **Famagusta Viewpoint and
Mini-Zoo** eingerichtet (tgl. 10–18 Uhr, 5 €), wobei weniger die
Vögel und Kleinsäuger, sondern mehr der Blick vom Aussichts-
türmchen nach Famagusta den Reiz ausmacht.

Infra- Das winzige logistische Zentrum liegt an der (kaum befahrenen) Hauptstraße
struktur **Kennedy Ave** beim **Aparthotel Amore** – honi soit qui mal y pense –, einem
 ehrenwerten Haus (Tel. 23824111, Fax 23825883, www.amorehotel.com.uk,
FeWo 65–120 €). Eine Alternative wäre wenige Meter weiter das familiäre **Ju-
liana Flats & Cars**, Tel. 23825242. Dazwischen liegen ein großer **Minimarkt,**
gegenüber ein netter **Pub** (mit Internet-Café), **Force George-Ausflüge, Scoo-
ter-** und **Pkw-Verleih** (Tel. 23741880), *Mike's Takeaway* für Kleinigkeiten und
die *Belapais Greek Taverna* im mittleren bis gehobenen Preissegment. **Abendunterhaltung** bietet der *Colossus Castle Disco-Club* an der Zufahrt zum Agia
Trias-Strand.

Region Paralimni

Distrikt Ammochostos (Famagusta)

Aquarium

● Das schon in Agia Napa beschilderte Aquarium (100 m südlich des Agia-Trias-Kreisels (geöffnet tgl. 10–18 Uhr, Sommer 19 Uhr, Eintritt 12 €, Kinder 7,50 €, Tel. 23741111) bietet auf **über 15.000 m² Innen- und Außenanlagen** u.a. Krokodilareal, Pinguinwelt und Riffbecken mit über 400 Fischarten.

Strände und Unterkunft

● Vom Agia-Trias-Kreisverkehr führt eine Nebenstraße meerwärts zur kleinen **Sandbadebucht Agia Trias** (benannt nach der Kapelle) mit bewirtschaftetem Kiosk und Glasbodenboot. Der Gabel vor der Kapelle nach rechts folgend erreicht man nach knapp 1000 m den kleinen **Crystal Springs Beach** mit dem gleichnamigen **Hotel** (Tel. 23826900, www.crystalspringsbeachhotel.com, DZ 196 €).

● 300 m weiter liegt der recht hübsche und abgelegene kleine **Sirena Beach** (Sand, unbewirtschaftet) unmittelbar unterhalb des sehr angenehmen **Sirena Bay Guesthouse** (115 Vrysoudin, Tel. 23823502, sirenabay@cytanet.com.cy, DZ 75 €).

● Eine Apartment-Unterkunft bietet das **Malama Holiday Village** mit schönen Ferienwohnungen mit Balkon/Terrasse für 2 bis 4 Personen. Sehr kinderfreundlich, schöne Poolanlage, Tauchschule, Animations- und Unterhaltungsprogramme sowie direkte Strandlage – empfehlenswert. Natürlich nicht für eine Nacht, das würde zwischen 210 und 270 €/Wohneinheit kosten. Besser pauschal buchen oder über das Internet unter www.expedia.de, wo das Malama regelmäßig zu deutlich günstigeren Wochenpreisen angeboten wird (hier Meerblick buchen!). Tel. 23822000, www.malamaholidayvillage.com.

Pernera

Touristen-
hochburg
Nach Agia Napa und Protaras hat sich Pernera als Nummer Drei unter den Urlaubsorten rund um das Kap Greko etabliert, allerdings mehr für gesetztere Urlauber und Familien, mehrheitlich von den britischen Inseln. Einheimische sieht man hier nur tagsüber hinter den Verkaufstheken – ein wenig anheimelndes Bild einer touristischen Trabantensiedlung. Dutzende von Hotels, Apartmentanlagen, Restaurants und andere rein touristische Institutionen verteilen sich an zwei Küstenkilometern hauptsächlich auf **drei Buchten.**

zyp_150 Foto: wl

Sirena Bay Nicht zu verwechseln mit dem nahe gelegenen Sirena Beach! Nördlich der kleinen Landzunge entstand die neue Marina Paralimni. Rund um den hübschen Sandstrand haben sich vor allem Tophotels angesiedelt, z.B. das **Golden Coast** (Tel. 23831366, Fax 23831375, www.goldencoast.com.cy, Zufahrt über die Sirena Beach-Nebenstraße, alle weiteren Hotels an der Hauptstraße links) sowie **etliche Apartmentanlagen**, z.B. Louma Apartments (Tel. 238 31936, www.louma.net, ab 300 €/Woche) oder Mari Costa Apartments (Tel. 23825649, www.maricosta-apts.com.cy, 35–60 €/Nacht im 4er-Apartment). Ausflüge arrangiert **Enodia Travel & Tours** (Tel. 23832730), günstig kauft man im **L&G-Supermarkt** an der Abzweigung von der Durchgangsstraße ein. Das nahe gelegene **Spartacus-Restaurant** (Tel. 23833159) gilt als vorzüglicher Tipp der Mittelklasse für griechisch-zypriotische Küche.

Pernera Bay Der Mittelabschnitt mit hübschem Sandstrand entstand schon in den späten 1970er Jahren, hier liegen vor allem Anlagen der Mittelklasse, z.B. das **Pernera Beach Hotel** (TUI, Tel. 23831011, Fax 23831020, www.pernera.com.cy, DZ 200 €), das **Isaak-Aparthotel** (Tel. 23833334, Fax 23722962, www.aquasol hotels.com, DZ 100–140 €) oder die Apartmentanlagen **Domniki-Aparthotel** (Tel. 23832531, www.domniki.com, günstig bei derzeit 80–100 €), assoziiert mit der Poseidon-Tauchbasis, www.poseidon.com.cy.

Tauchen wird außerdem in den Basen **Taba Diving** (Tel. 23832680, am Pernera Beach Hotel) und in der **Herbie Diving School** (Tel. 23814292, www.herbiesdiving.com, in der Sackgasse zum Isaak-Aparthotel) angeboten. Von den zahlreichen Fahrrad-, Scooter- und Pkw-Verleihstellen haben die **Taka Brothers** (Tel. 23831786) an der Hauptstraße das größte Angebot, nebenan liegen **Pizza Hut** und **Doros Car Rental** (Tel. 23833165). Ausflüge und Exkursionen, auch Pkw, organisiert **Orfodoxou Travel** (www.lcc-orfodoxou. com) am *Isaak-Aparthotel*.

Der Südabschnitt Der Südteil von Pernera gruppiert sich um die **Marlita-Bucht,** einen sehr schönen Sandstrand mit Banane, Tretboot, Paragliding, Wasserscooter usw., auch **Bootstouren** zum Kap Greko werden angeboten (z.B. *Shirley Valentine*, Tel. 29625103). Zentraler Orientierungspunkt sind das moderne **Anastasia-Hotel** (Tel. 23832633, Fax 23832748, www.tsokkos.com, ab 210 €) und das benachbarte **Windflower Jeep Hire** (Tel. 23832650). Von hier landeinwärts links gehend findet man das **Aosonia-Aparthotel** (Tel. 23832200, Fax 23832201, www.tsokkos.com), den netten **Spectrum Pub,** den Pkw-Verleih **Viking** (Tel. 23721774) sowie das **Fig Tree Garden Restaurant** der gehobenen Mittelklasse. Am Ende des Hufeisens (Sackgasse, Felsbadebucht) liegt sehr ruhig das etwas ältere **Aparthotel Platomare** (Tel. 23831880, Fax 23831884, 75–85 €). Vom *Anastasia* zurück bis zur Umgehungsstraße zweigt dort nach links eine kleine Sackgasse mit dem **Paschalia-Hotel** (Tel. 23832100, Fax 23832101, www.aquasolhotels.com, ab 115 €) und dem heftig umworbenen **Water-Fun-Park** ab. Dafür, dass es sich um nicht viel mehr als ein besseres Freibad handelt (drei Rutschen), ist der Eintrittspreis von 16 € (Kinder 8,50 €) überzogen; geöffnet tgl. von 10–18 Uhr.

Distrikt Ammochostos (Famagusta)

Protaras

Strand-,
aber kein
Nachtleben

Ein halbes Dutzend toller Sandstrände, gepflegte Optik, umfangreiche touristische Infrastruktur mit allen Annehmlichkeiten – das
alles macht Protaras zu einem beliebten Ferienziel all jener, die auf
reges Strandleben nicht verzichten möchten, gleichzeitig aber
dem quirligen Nachtleben von Agia Napa ausweichen wollen. Protaras ist wie die Nachbarresorts ein Kunstort, entstanden nach
dem „Verlust" Famagustas als Ferienort durch die türkische Invasion 1974. Die Strandabschnitte unterhalb der einzigen Sehenswürdigkeit, der Profitis-Elias-Kapelle, wurden erst in den 1990er Jahren bebaut, die Farbe ist mittlerweile zwar trocken, frisch und neu
wirkt das touristische Zentrum jedoch auch heute noch.

Protaras gliedert sich in **drei Abschnitte:** die Hauptstraße unter-
halb der Kapelle, die ovale „Schlaufe" mit den Strandzugängen im
Zentrum sowie der zersiedelte Abschnitt südlich davon mit der
Zufahrt zum Kap Greko (siehe dort).

Profitis-Elias-Kapelle

Schöne Aussicht

Auf den Fundamenten eines älteren Vorgängerbaus entstand erst 1984 die gegenwärtige Kapelle auf einem 40 m hohen Hügel am Nordwestrand von Protaras. Nach klassischem byzantinischem Vorbild gestaltet, wurden innen u.a. farbige Fresken des Propheten *Elias* und des Apostels *Andreas* durch Spendengelder finanziert. Messen finden nur am 23. November (Erleuchtung des Elias) und am 20. Juli (Himmelfahrt des Elias) statt, Tausende von Besuchern machen sich dann auf den kurzen, steilen Weg zur Kapelle hinauf. Außerhalb dieser Zeit – die Kapelle ist tgl. von 10–18 Uhr geöffnet – erfreuen sich die Besucher an der schönen Aussicht über Ort und Küste. Am Fuß der Treppe bietet ein kleiner Kiosk Snacks und Erfrischungen.

Unterkunft

● Unten an der Hauptstraße liegen einige Apartmentanlagen: Empfehlenswert ist etwa das **Sweet Memory** (Tel. 23831230, www.sweetmemoriesprotaras.com, 80 kleine Apartments von 70–90 €); Taucher finden dort 50 m nebenan die **Tauchbasis Easy Divers** (Tel. 23833662). Sehr günstig ist auch das **Aparthotel Lawsonia** an der Hauptstraße gegenüber der Kapellenzufahrt (Tel. 23831770, Studio 50 €, Apartment 55 €).

Protaras Circle

Das eigentliche **touristische Leben** spielt sich rund um die ovale Straßenschlaufe im Zentrum mit den Stränden ab. Hier liegen gute Hotelanlagen, Snackbars und hervorragende Restaurants, Souvenirshops, Kneipen, ein Dutzend Rad- und Fahrzeugverleiher sowie diverse Geschäfte.

An- und Weiterreise

● Der „Circle" ist eine Einbahnstraße von Nord nach Süd, entsprechend halten hier die **Busse** nach Agia Napa, wohingegen Richtung Paralimni die Haltestellen oben an der Hauptstraße liegen; Anbindung alle 20–30 Minuten, 2 €.

Distrikt Ammochostos (Famagusta)

Kleinod von Protaras – die Profitis-Elias-Kapelle

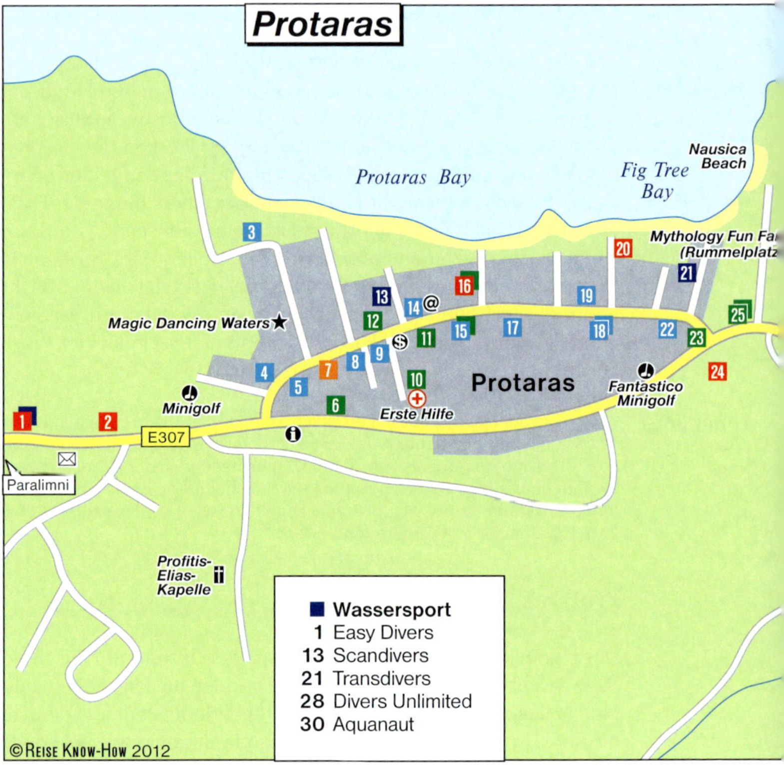

Protaras

Protaras Bay

Fig Tree Bay

Nausica Beach

Mythology Fun Fa (**Rummelplatz**)

3

20

21

16

19

13

14 @

12

Magic Dancing Waters ★

S

11

15

17

18

22

25

23

9

8

4

7

Protaras

Fantastico Minigolf

24

5

10

6

Erste Hilfe

Minigolf

E307

Paralimni

**Profitis-
Elias-
Kapelle**

■ **Wassersport**
1 Easy Divers
13 Scandivers
21 Transdivers
28 Divers Unlimited
30 Aquanaut

© REISE KNOW-HOW 2012

**Touristen-
info**

●**An der Hauptstraße** gegenüber vom nördlichen Zugang zum „Circle" (s.o.), geöffnet Mo–Sa 9–13 und 14 bis 20 Uhr (Mi und Sa nur vormittags), Tel. 23832865.

Unterkunft

Günstige Unterkünfte sind in Protaras Mangelware und wohl auch nicht unbedingt erwünscht. Die meisten deutschsprachigen Pauschalreisenden landen daher meist weiter südlich (siehe Protaras-Süd).

●**Capo Bay,** DZ ab 290 €/Tag, günstiger sind die Pauschalangebote ab 700 €, Tel. 23831101, Fax 23831110, www.capobay.com.cy, tolle Anlage mit Poollandschaft direkt an der Fig Tree Bay.

■ Essen und Trinken
3 Nissiana Restaurant
4 McDonald's
5 Southern Fried Chicken
8 Protamare Restaurant
9 The Bell Pub
14 Zodiac Cocktail Bar
15 Pizza Hut
17 Andama Restaurant
18 Fools & Horses, Loveboat
19 Paladela Restaurant
22 Flambé Corner Restaurant
27 Grill-Restaurant Hippopotamus

■ Geschäfte & Sonstiges
6 Oscar Car Hire
10 Romeo Travel & Cars
11 Food-Street-Supermarkt
12 Minimarkt
15 Fotogeschäft
16 Autoverleih Windmills
23 Pluton Travel and Tours
25 Yerimos Scooter,
  Minimarkt
28 Champion Rent a Car

■ Nachtleben
7 Boogie's Disco

■ Übernachtung
1 Sweet Memory Apartments
2 Aparthotel Lawsonia
16 Windmills Apartments
20 Capo Bay Hotel
24 Holiday Flats No. 448
26 Nausica Resort
29 Cavo Maris Hotel
30 Brothers 2

Agia Napa,
Kap Greko

Panagia-
Paralimniou-
Kirche

E307

●Günstigste Möglichkeit für Individualreisende im Ort dürfte das **Holiday Flats for rent Nr. 448** sein (Tel. 238 31130). 1- und 2-Zimmer-Apartments unmittelbar gegenüber der südlichen Circle-Zufahrt an der Hauptstraße kosten ab 75 €.

Essen und Trinken

●Im Circle ist praktisch alles vertreten, was Rang und Namen hat. Der **Food Street Supermarket** bietet nicht nur Einkaufsmöglichkeiten für Selbstversorger, sondern verfügt auch über eine reiche Auswahl an Sandwiches. **Pizza Hut, McDonald's** und **Southern Fried Chicken** reißen keine größeren Löcher in die Urlaubskasse.
●Einen schönen Meerblick bei umfangreichen Set-Menus (Fisch 18 €, Fleisch 9,50 €) genießt man im **Restaurant Nissiana** (Tel. 23831626). Das **Protama-**

re sieht äußerlich klein und unscheinbar aus, hat aber sehr gute lokale Gerichte und Fisch (Tel. 23821884, mittleres Segment) anzubieten. Das **Andama** (gehobenes Preissegment) ist das älteste Haus vor Ort, sehr gepflegt und gediegen, und bietet exquisite zypriotische wie auch internationale Kreationen (Tel. 23831337, www.andamarestaurant.com, www.thecornerrestaurant.com; selbes Management wie das französische **Flambé Corner** am Südende des Circle).

●Für Familien mit Kleinkindern ist es oft schwierig gemütlich zu speisen, während der Nachwuchs einem nicht zu zähmenden Forscherdrang nachzugeben strebt. Ideal ist da gegenüber vom beliebten *Loveboat Pub* das **Paladela** (Tel. 23832896), welches in seinem Restaurant einen kleinen Spielplatz integriert hat. Gegessen wird auch gut und zünftig – Spezialitäten sind Steaks und Fischgerichte – in der mittleren Preisklasse.

●Sehr interessant aufgemacht ist die **Sphinx Bar/Restaurant** (neben *McDonald's*) im ägyptischen Stil mit authentischen Speisen und Getränken der mittleren/gehobenen Preiskategorie – Fans können hier auch ihre *Shisha* genießen; geöffnet tgl. 9 bis 2 Uhr nachts, im Winter bis gegen Mitternacht.

Abendunterhaltung

●Im Circle findet jeder etwas für seinen Geschmack, hier eine kleine Auswahl: Cocktails, Snacks, nicht zu überlaute Musik und Sportübertragungen sowie Internet-Anschluss bietet die **Zodiac-Cocktail Bar.** Der typisch britische **Pub Fools & Horses** ist eine echte englische Freiluftbar mit Liveübertragungen der englischen Fußballligen und sehr guter Atmosphäre. Etwas amerikanischer gibt sich nebenan das **Loveboat,** ein sehr großer Pub mit angenehmer Atmosphäre und Themenabenden wie Film Night, Elvis Show, Las Vegas Night u.Ä. Zum Mitsingen lädt die **Karaoke-Cocktailbar The Bell** ein, unverkennbar an der großen Elvis-Figur. Nachtschwärmer/Disco-Freaks fahren nach Agia Napa oder dancen in **Boogie's Disco.**

Aktivitäten

●**Minigolf:** an der Hauptstraße am Südende des Circle, bietet auch eine nette Bar mit gutem Snacklokal (Cocktails 4–5 €, Softdrinks ab 2 €, Pizza 6–9 €, Omelettes ca. 5 €). Zur Anlage gehört ein kleiner Kinderrummelplatz.

●Relativ neu ist die Feuer-Wasser-Licht-Show **„Magic Dancing Waters"** am Nordende des Protaras-Circle, eine interessante Darbietung von Licht- und Wassereffekten, wobei viele Besucher den Eintrittspreis für überzogen halten. Die Show läuft täglich um 21 Uhr, Eintritt 12 € (Kinder 7 €), es wird auch ein Buffet-Dinner angeboten.

●**Rummelplatz: „Mythology Fun Fair",** Hüpfburgen und Kinderkarussells.

●**Wandern:** Eine hübsche Wanderung führt von der Elias-Kapelle (Sträßchen bis zum Ende hinauffolgen) auf einem Fußweg 1 km bis zu einer Nebenstraße (Sackgasse, links folgen) auf 100 Höhenmetern über die beiden Kapellen Agioi Saranta (nach weiteren 2 km) und Agios Ioannis (1 km weiter) wieder hinunter zur Ortskirche Panagia Paralimniou (nochmals 3 km) und von dort Richtung Circle (1 km) – insgesamt ca. 11 km.

Strände

●Alle Strände sind leicht zu Fuß erreichbar und durchweg gut; der größte Abschnitt (**Fig Tree Bay,** bewacht, mit großem Schotterparkplatz) bietet Kioske, allerlei Strandvergnügungen (z.B. XS Jannis-Watersports, Tel. 99637453, am Strand unterhalb vom Pallini-Resort; Banane, Rock 'n' Roll Tube, Surfen, Scooter usw.) und diverse Bootsausflüge. Die **kleineren Strände** sind weniger organisiert und nicht so voll.

Verleih von Fahrzeugen und Rädern

●Von Protaras führt auch ein Radweg fast durchgehend bis Agia Napa, weshalb vom umfangreichen Verleihangebot reger Gebrauch gemacht wird. Kleinwagen und Jeeps gibt es bei fast identischen Preisen ab 18 € u.a. bei **Yerimos** (Tel. 23832779), **Romeo Travel & Cars** (Tel. 23721531) und **Windmills Car Hire** (Tel. 23832852; vermieten auch Apartments). Als sehr zuverlässig gelten auch die Flitzer von **Oscar Car Hire** (Tel. 23833603) an der Hauptstraße am Nordrand des „Circle". Derzeit stehen bei den Kunden vieler Verleiher im Raum Protaras – Agia Napa vor allem Quads sehr hoch im Kurs und sind überall erhältlich.

Sonstiges

●**Erste-Hilfe-Station** (Tel. 23832905) um die Ecke vom Supermarkt neben *Romeo Travel & Cars.*
●**Taxistände** im Circle: **Sun-Taxi,** Tel. 238211333, und **Paralimni-Taxi,** Tel. 23238377.
●**Ausflüge und Exkursionen** organisieren u.a. **Romeo Travel & Cars** (Tel. 23721531), **Louis Travel Agency** (Tel. 23831478, neben den *Scandivers*) oder **Pluton Travel & Tours** (Tel. 23811880, organisieren Autos, Kreuzfahrten, Ausflüge).
●**Tauchbasen: Scandivers** (Tel. 23832763, scandiscuba@hotmail.com, kleine Gasse an der *Zodiac Cocktail Bar* hinein) und **Transdivers** (Tel. 23833219, www. divingcyprus.com.uk, in der Zufahrtsstraße zur Fig Tree Bay).
●**Internetcafés:** mehrfach im Circle, sehr beliebt im *The Bell* oder *Zodiac.*
●**Busanbindung:** entlang der Hauptstraße mit *Eman-Bus* (pendelt zwischen Paralimni und Agia Napa) von 9–20 Uhr alle 20–30 Minuten, 20–22.45 Uhr und sonntags (9–17 Uhr/Sommer 23.30 Uhr) stündlich; 2 €.

Protaras-Süd

Südlich des touristischen Bereichs liegen auf einer Länge von 5 km bis zur Abzweigung zum Kap Greko vereinzelt weitere Hotelanlagen und andere Einrichtungen, die zwar etwas abgelegen, vielleicht aber gerade deshalb (mit Leihfahrzeug) zu empfehlen sind. Vor allem Reiseanbieter aus dem deutschsprachigen Raum haben hier ihre Partnerhotels.

Infrastruktur

●In der Sittarkas Str. liegt das **TUI-Resort Nausica Beach** (Tel. 23831162/63, www.louishotels.com), eine sehr hübsche Apartment-Anlage am gleichnamigen Sandstrand mit eigenem Minimarkt und dem erstklassigen **Hippopotamus Grill-Restaurant,** Studios ab 178 €, 2-Zimmer-Apartment 346 €/Nacht, ohne Frühstück.
●Zum Circle sind es von dort zu Fuß etwa 20 Minuten, doch schon an der Hauptstraße (links) befinden sich ein weiterer **Minimarkt, Yerimos Scooter-Verleih,** die **Aquanaut Diving School No 3** (Tel. 23832567), die Tauchschule **Divers Unlimited** (Tel. 23833660), nebenan **Champion Rent a Car** (Tel. 99637979) und ein Stück weiter die **Scooter-Experten Brothers No. 2** (Tel. 23833620).
●Die **Strandabschnitte der Green Bay** (Zufahrt beim gleichnamigen Hotel) sind nicht unbedingt überragend; es handelt sich um gemischte Sand-/Kies-

Distrikt Ammochostos (Famagusta)

abschnitte – hier haben die Tauchschulen ihre Übungsplätze. An der Zufahrt gegenüber liegt das **Adelais Hotel** (Alltours, inkl. HP ab 560 €/Woche, Tel. 23832600, Fax 23832601, nur pauschal zu empfehlen, sonst 172 €/Nacht). Strandnah oberhalb der Green Bay liegt das sehr beliebte **Mittelklassehotel Cavo Maris** (Tel. 23832043, Fax 23832051, www.cavomaris.com, DZ 175 €).

●An der Abzweigung zum Kap Greko rechts der Hauptstraße folgend biegt nach 1000 m ein Nebensträßchen nach rechts zur beliebten **Reitschule Moonshine Ranch** (Tel. 99605042) ab.

●Der Kap Greko-Abzweigung nach links folgend erreicht man nach ca. 1500 m das **Hotel Grecian Park** (Tel. 23832000, Fax 23832870, www.greci anpark.com), welches neben einer traumhaften Lage alle Annehmlichkeiten vom Jacouzi über Sauna und Squash bis zum Hallenbad bietet – Luxus pur, aber DZ/mit Frühstück 300 €.

Grecian Beach

Für uns normal Sterbliche ist vermutlich weniger das Hotel, sondern vielmehr das Hinweisschild dahinter (Grecian Beach) von Interesse; die Serpentine führt hinunter (Ausblick!) zu einem schönen (bewirtschafteten) **Sandstrand der Konnos Bay** mit teilweise felsigen Abschnitten. Unten bietet **Mike Watersports** das übliche Rundumprogramm (Surfen, Scooter, Banane etc.), ein Küstenpfad führt zum Kap Greko.

zyp_160 Fotos.wf

Kap Greko

**Natur-
schutzzone**

Rund um die markante Landzunge zwischen Agia Napa und Protaras wurde nach dem Abzug britischer Fernmeldeaufklärer eine
Naturschutzzone eingerichtet, nur ein kleines Stück des Kaps
selbst mit Leuchtturm und Radaranlagen bleibt für Besucher ge-
sperrt. Das gesamte Kapumland mit unbewohnter, malerischer
Felsküste, kristallklaren Gewässern, angenehmer Ruhe und harmo-
nischen Farbspielen in Frühjahr und Herbst steht in wohltuendem
Kontrast zu den brodelnden Touristenzentren.

Zufahrt

Die befestigte Zufahrtsstraße zum eigentlichen Kap Greko (3 km,
Sackgasse) führt durch hügelige, teils landwirtschaftlich bebaute,
sehr fotogene Gegend, endet aber an der Sperrzone. Nach 500 m
auf dieser Asphaltpiste zweigt („Picknick Area") eine befestigte
Piste nach links ab. Hier trifft man nach ½ km auf eine Sitzbank
vor einer hübschen natürlichen **Felsbrücke** am Meer. Weitere
500 m dahinter folgt die kleine **Kapelle Agioi Anargyroi,** geweiht
Cosmas und *Damian,* die arme Menschen kostenlos heilten. Eine
kleine Treppe an der Kapelle führt zu kleinen **Felsgrotten mit Bademöglichkeit.** Am Ende des Sträßchens liegt ein sehr hübscher
Picknickplatz, von dem aus ein Pfad die Küste weiter bis zur Konnos Bay führt.

Viewpoint

Den eigentlichen Höhepunkt am Kap Greko erreicht man, wenn
man von der Küstenstraße 250 m westlich der Asphaltnebenstraße
der beschilderten Piste („Viewpoint") folgt. An einer Schranke (im
Sommer Saftkiosk) muss geparkt werden, dahinter erreicht man
nach 5 Minuten einen Aussichtspavillon oberhalb des gesamten
Kaps mit großartiger Aussicht. Ein kleiner **Nature Trail** (1000 m
lang, beschildert) führt um das Kap herum.

Distrikt Ammochostos (Famagusta)

Die Bucht am Kap Greko

Agia Napa

Touristisches Zentrum

Rund um den noch in den 1970er Jahren bedeutungslosen Fischereiort mit seinem Kloster der Heiligen Napa entstand nach dem türkischen Einmarsch und dem Verlust der touristischen Infrastruktur Famagustas ein neues touristisches Zentrum, das seinesgleichen sucht. Zwar wurde Agia Napa nicht für Familien mit Kindern oder den Oberstudienrat auf Kulturreise konzipiert, und über 30-Jährige werden die Szene kaum richtig genießen können. Doch das neben Pafos bedeutendste Touristenzentrum Zyperns bietet neben dem pulsierenden Nachtleben auch tagsüber **abwechslungsreiche Betätigungsfelder** aller Art und ist in den Katalogen aller Reiseanbieter zu finden. Wer allerdings zypriotisch-hellenistische Kultur sucht, ist hier verkehrt – hier geht es vornehmlich um Nightlife-Business allererster Kajüte.

Nightlife pur!

Was wurde nicht schon alles über Agia Napa gesagt: „gepflegtes Mallorca des Ostens", „Sündenbabel des Mittelmeers", „Giga-Amusement rund um die Uhr", „ausgeflipptester Lustkurort Südosteuropas", „das tollste Urlauber-Nachtleben der Welt" – kurz, es wurde so ziemlich jeder **Superlativ** bemüht, um das Phänomen der kribbelnden Atmosphäre des nächtlichen Agia Napa linguistisch in den Griff zu bekommen. Längst hat Napa Mallorcas Ballermannmeile den Rang bei den jüngeren „Aktivurlaubern" abgelaufen: „Ballermann ist out, Napa ist in", heißt es allenthalben bei der englischen, deutschen und skandinavischen Jugend. Star-Djs werden im Dutzend eingeflogen, modernste Lasershows und ein halbes Dutzend Top-Discos mit mehreren Ebenen einschließlich „chilling floors" (Räume zum Relaxen) sind längst Standard. Kondition ist gefragt: Aufgestanden wird um 6 Uhr – p.m. (abends) versteht sich –, eine Stunde später wird zur Happy Hour im Pub flüssig gefrühstückt, gegen 23 Uhr in die Dance-Clubs gewechselt, anschließend geht es in die Discos, die frühestens um 1 Uhr öffnen, ab 4 Uhr kühlt man in den After-Hour-Clubs bis gegen 7 Uhr morgens ab. Lust auf Party Non-Stop? Dann los!

Kunsthändler am Agrotospito-Platz, darunter das Kloster Agia Napa

Distrikt Ammochostos (Famagusta)

■ **Übernachtung**
2 Yianoulla Beach Hotel
3 Adams Beach Hotel
5 Aeneas Hotel
6 Nissi Beach Hotel
8 Carina Apartments
9 Grecian Sands &
  Melissi Beach Hotels

■ **Geschäfte & Sonstiges**
1 Water World, Go-Kart-Bahn
4 Tankstelle
7 Bungee-Anlagen

Agia Napa Übersicht

A3
E309
Larnaka, Nicosia
1 Bushaltestelle für Regional- und Intercitybusse
Agia-Thekla-Felskapelle
Makronissos Beach
Frühgeschichtliche Nekropole
Thekla Beach

©REISE KNOW-HOW 2012

Orientierung

Zwischen Fischerhafen und Umgehungskreisel sowie westlich davon liegt der unmittelbare Ortskern mit der Kneipen- und Discoszene und allerlei Unterhaltungsmöglichkeiten. Hier werden meist Zimmer und Ferienwohnungen vermietet – disconah, nicht strandnah. Die Küstenstraße westwärts wird bis zum Aquapark von Hotels und Apartmentsiedlungen der (gehobenen) Mittelklasse an den einzelnen Sandbuchten gesäumt, die besten Hotels liegen unmittelbar östlich vom Zentrum an der Sandbucht Pethameni.

Besucher mit Pkw parken am besten am Parkplatz beim Fischerhafen, Busse halten ebenfalls an der zentralen, zum Hafen führenden Leoforos Makariou III.

Sehenswürdigkeiten

Kloster Agia Napa

Bereits im späten 8. Jh. entstand die kleine **unterirdische Kapelle** (Treppe hinunter, heute Ausstellungsraum eines Künstlers), über

s. Seite 155

Distrikt Ammochostos (Famagusta)

der um 1530 das Kloster der „Jungfrau des Waldes" (= Agia Napa), benannt nach einer dort gefundenen Ikone, errichtet wurde. Auch das **Brunnenhaus im Innenhof** auf achteckigem Marmorfundament entstand zu dieser Zeit. Die **Toranlagen** und **Rampen** wurden im venezianischen Stil ergänzt, was der Anlage einen wehrhaften Charakter verleiht.

Agia Napa war ursprünglich ein Nonnenkloster, der Legende nach gegründet von einer Aristokratentochter, die ihren Angebeteten nicht heiraten durfte. Vom 17. Jh. bis 1790 bewirtschafteten orthodoxe Mönche das Kloster. In der jüngeren Geschichte wurde Agia Napa in ein modernes **Tagungszentrum** umgewandelt.

Agrotospito-Park

Unmittelbar unterhalb des Klosters liegt ein großer Platz rund um den Springbrunnen, wo an Wochenenden kulturelle Tänze und Gesangsdarbietungen (kostenlos) aufgeführt werden. Tattoo-Maler, Künstler, Souvenirhändler und kleine Snackbuden säumen allabendlich den Platz. In den friedlichen Grünanlagen zwischen Kloster und Panagia-Kirche kann man wohltuende Ruhe tanken.

Agia Panagia

Die moderne **Hauptkirche der Stadt** steht wie ein Fels im Sturm mitten im Zentrum des Trubels. Abends versammeln sich hier die Jugendlichen beim Popen zu einem Fußballspielchen oder Handy-Game. Die Kirche selbst wurde 1986 errichtet und dem klassisch-byzantinischen Baustil nachempfunden.

Thalassa-Meeres-museum

Unmittelbar neben der TI öffnete vor wenigen Jahren das Thalassa-Meeresmuseum zum maritimen Leben Zyperns von den Anfängen bis in die Gegenwart. Prunkstück des futuristischen Bauwerks mit reflektierenden Innenwänden ist der **Nachbau einer antiken Galeere** (siehe Kyrenia, Nordzypern) aus der mittleren Steinzeit (9200 v.Chr.) Das laut Eigenwerbung in Europa einzigartige Museum beherbergt auch die neue Konferenzhalle sowie Restaurant und Snack-Bar (Kyrou Nerou 14, Öffnungszeiten: Juni bis September Mo bis Sa 9–13 und 18–22 Uhr, So 9 13 Uhr; Oktober bis Mai Di bis Sa 9–17 Uhr, Mo 9–13 Uhr, So geschlossen; Eintritt: 3 €, Kinder 1 €).

zyp. 166 Foto: wl

Marine-Life Museum

Die kleine Ausstellung der Pierides-Stiftung (s. Lemesos) beim Rathaus (26 Agia Mavri, geöffnet Mo–Fr 9–14 Uhr, Sa 9–13 Uhr, Eintritt: 2 €, Kinder 1 €) soll das **Leben am Meer** mit Muscheln und präparierten Meeresvögeln veranschaulichen. Kein Hit, aber mal eine Abwechslung vom touristischen Alltag in Napa.

Aquädukt

Von der Quelle in einem Wäldchen auf 100 Höhenmetern im Nordwesten von Agia Napa führte einst ein Aquädukt bis zum Kloster. Ein gut erhaltener Abschnitt kann im kleinen Park an der Leoforos Kyrou Nerou besichtigt werden.

Fischerhafen

Das weiträumige Fußgängerareal rund um den alten Fischerhafen dient als gediegene **Flaniermeile** mit Cafés, Souvenirshops und guten Fischlokalen. Gelegentliche kulturelle Aufführungen (insbesondere Kataklysmus/Pfingsten), aber auch **Jahrmärkte** mit Kirmesbuden werden hier abgehalten. Im Hafen locken **Ausflugsboote** mit Angeboten aller Art von der klassischen Ausflugsfahrt bis zur Nachtparty auf See – es gibt keine Buchungsstände, man wird alle paar Meter in der Stadt mit Flugblättern eingedeckt. Unmittelbar am Ufer führt ein hübscher, **befestigter Fußweg die Felsküste entlang** zu den Sandstränden weiter westlich.

Vergnügungsparks, Strände, Aktivitäten

Luna-Park

Unübersehbares Belustigungsprunkstück ist der Luna-Park (Rummelplatz, geöffnet tgl. 10–1 Uhr, Wochenende bis 2 Uhr) mit Riesenrad, Gokart-Bahn, Billardhalle, Dino-Park, Kinderkarussells und vielen Attraktionen, die auch gestandene Mannsbilder Überwindung kosten. So wird man im **„Sling-Shoot"** in einer kleinen Doppelkabine zwischen zwei Riesenkränen an Gummibändern aufgehängt in den Nachthimmel katapultiert (Tel. 99640608, 30 €, Videos vom Kampf gegen das Erbrechen kosten extra ...).

Der **Eintritt** an sich ist frei, es gibt auch eine Tageskarte, wobei aber trotzdem die großen Attraktionen gesondert kosten (rund 20% Rabatt). Die Kinderkarte könnte sich eher lohnen, da die meisten Kinderkarussells dann inklusive sind. Weitere Einzelheiten am Informationsstand im Park.

Distrikt Ammochostos (Famagusta)

Ein gut erhaltener Abschnitt des alten Aquädukts

Angeschlossen ist der **Dinosaurs Park** (Tel. 22843223) mit zumindest jüngere Besucher ansprechenden Urzeitgiganten-Nachbauten (teils beweglich und mit Sound), Snackbars und obligatorischen Souvenirständen. Geöffnet Juni bis November, tgl. 11–13 und 16–24 Uhr.

Water-world-Aquapark

Waterworld Agia Napa rühmt sich, einer der führenden Aquaparks in Europa zu sein, und lässt sich diesen hohen Anspruch versilbern. Die **Attraktionen** lassen allerdings keine Wünsche offen: Snackrestaurants, Abenteuerspielplatz, gigantischer Kleinkinder-/Familienpool mit „Trojanischem Pferd", Geschicklichkeitsparcours auf Pools sowie reihenweise rasante Rutschbahnen. **„The Quest of Heracles"** windet sich steil wie ein Korkenzieher (verdunkelt) nach unten, beim **„Drop to Atlantis"** schleppen drei Personen ein Gummiboot zum Start und rasen mit demselben eine 150-m-Rutsche hinunter. **„Kamikaze"** – nomen est omen – lässt manchmal das Abheben über den Rand der Hochgeschwindigkeitsrutsche hinaus befürchten, und bei der jüngsten Attraktion **„Fall of Icarus"** handelt es sich um die erste Bumerangrutsche Europas: Im 2er-Gummisitz rast man eine abgeschrägte Rampe hinauf der Sonne entgegen und anschließend fast senkrecht wieder hinunter. Auf die Rutsche – fertig – Spaß!

Geöffnet tgl. 10–18 Uhr, Eintritt 33 €, Kinder 19 €, Tel. 23724444, www.waterworldwaterpark.com; Tipp: Tageszeitungen und Internetbuchung (www.waterworldwaterpark.com/booking.html) beachten, außerhalb der Hauptsaison sind dort fast täglich 25%-Rabattgutscheine abgedruckt.

Strände

Mit seinen **zahlreichen ausgezeichneten Sandstränden** ist Agia Napa auch eine Hochburg für Sonnenanbeter. Vom großen **Ortsstrand Pethameni** am Fischerhafen abgesehen liegen im Hotelbereich 3 km westlich ein halbes Dutzend touristisch erschlossener Sandbuchten. Wer einen schönen **Spaziergang** unternehmen will, kann vom Hafen dem Fußweg am Ufer entlang über alle Strände hinweg folgen; die schönsten sind sicherlich Nissi, Landa und Sandy (von Ost nach West):

- **Pernera Beach:** unbewirtschaftet; zwar Sandstrand, aber felsiger Einstieg ins Wasser – schön zum Liegen, schöne Wohnanlagen dahinter.
- **Sandy Beach:** nicht zu groß, mit umfangreichem Wassersport einschließlich Bungee, Fortuna-Snackbar.

●**Nissi Beach:** einer der ersten touristisch erschlossenen Strände, Kioske, alle Wassersportarten, schöner, weiter Sandstrand, kleine Insel zu Fuß erreichbar.
●**Adam's Beach:** am Adam's Beach Hotel, klein, mit Kinderrutschen; der größere unbewirtschaftete Abschnitt ist frei zugänglich.
●**Landa Beach (Golden Sands):** kleiner Parkplatz, Snackbars, Erste-Hilfe-Station, alle Wassersportmöglichkeiten, sehr empfehlenswert.
●**Makronissos Beach:** kleiner Sandstrand am Ortsrand bei den Hotels *Asteria* und *Dome* (hier *T&R Watersports*); *Makronyssos-Restaurant* (sehr beliebt, Spezialität: Kleftiko, breite Auswahl an zypriotischen Gerichten und Snacks; nicht zu teuer; abends Disco-Pub-Betrieb).

Preise

Einige **Richtpreise zu den Wassersportaktivitäten:**
●**Liegen und Schirme:** jeweils 3–5 € pro Std.
●**Jetski:** 35 €, 2 Pers. 55 € (15 Min.)
●**Parasailing:** 30–45 €, 2 Pers. 60 € (15 Min.)
●**Banane:** 10 € pro Person
●**Wasserski:** 30 € für 15 Min.
●**Tretboot:** ab 10 € pro ½ Std.
●**Kajak:** 5–8 € (Doppelsitzer 10 €) pro ½ Std.
●**Snackbars:** 4–4,50 €/Pint, 2 € kleines Wasser, Softdrinks 3 €

Weitere Aktivitäten

●Unmittelbar neben Waterworld liegt die **EMW Gokart-Bahn,** Tel. 23723111, 16 € für 10 Minuten, Aquapark-Besucher erhalten 20% Rabatt. Weitere Go-Kart-Bahnen siehe www.loveayianapa.com/go-karting-in-ayia-napa.html.
●**Hubschrauberrundflüge** arrangiert Flyworld (am Waterworld-Aquapark, Tel. 23725555, flylow@spidernet.com.cy) für 70 € über Agia Napa und 120 € entlang der Küste bis Protaras.
●**Minigolf:** neben *McDonald's,* geöffnet tgl. 11–20 Uhr.
●**Bungeejumping:** An den Felsnasen von **Sandy Beach** und **Nissi Beach** (Zufahrten gesondert beschildert) bieten **Downunder Bungee** (Tel. 99605248) und **Pure Bungee** (Tel. 99174152) tgl. 10–19 Uhr den waghalsigen Sprung aus gut 90 Metern Höhe für 80 € an. Downunder ist ein Ableger der vom neuseeländischen Bungee-Pionier *A.J. Hackett* in den 1980er Jahren begründeten Bungee-Schule, die an spektakulären Gebäuden wie dem Fernsehturm von Macau Sprünge anbietet. Todsicher.

Nightlife

Die Szene liegt unmittelbar **westlich des Plateia Seferi,** wobei „Erstbesucher" am Abend beim Eingang der **Fußgängerzone der Agia Mavri** am kleinen Park ganz im Westen beginnen sollten – es lohnt sich! Weiterer Tipp: Erst einmal komplett durchgehen, sonst kommt man nie ans Ende ... Fast alle Einrichtungen haben große Open-air-Areale zur Straße hin, sodass man schon beim Durchschlendern mitten drin ist. Die **Szene-Saison** beginnt um Pfingsten und endet Mitte Oktober; während der übrigen Monate haben rund ein Drittel der genannten Discos und Kneipen geschlossen.

Distrikt Ammochostos (Famagusta)

Bars und Kneipen

Im ersten Abschnitt liegen einige nette Bars zum Aufwärmen wie der **Paloma Pub** (Billard) oder die typisch englische **Temple-Bar.** Ein Stückchen weiter bietet **Simos Magic Pub** Stimmung bis in die Morgenstunden (hat auch Apartments im selben Haus, Tel. 23721316, ab 65 €.

Östlich vom Marine-Life-Museum folgen dann die ersten Kultkneipen, allen voran **Senhior Frogs,** eine täglich stimmungsgeladene trendige Pizzeria/Bar (Tel. 589127933, ab 23 Uhr DJ-Größen wie *Mani* und *Dave H*), sowie **Craig's Bar** (neben der Car Wash-Disco, Tel. 23721341), die einzige echte schottische Kneipe in Napa. Es dominieren die irisch-englischen Einflüsse: **Paddy's** (Tel. 14835633) bietet Livekonzerte und gutes Kilkenny's, **Lineker's** (Tel. 23721437) ein paar Schritte weiter ist der lebende Beweis für die clevere Geldanlage eines Fußballprofis: Englands Spielerlegende – der fairste Profi der Welt mit nur einer gelben Karte im letzten Pflichtspiel! – eröffnete mit seinem Bruder *Wayne* an den schönsten Plätzen Europas (Puerto del Carmen, Albufeira, Agia Napa) Lineker-Bars mit Fußballübertragungen und Bierengpässen bei englischen Spielen.

Wer sich bis hierhin vorgearbeitet hat, wird bereits um das eine oder andere Erlebnis reicher sein, doch jetzt beginnt erst das eigentliche Zentrum mit skurrilen und ausgeflippten Bars und Dance-Halls wortwörtlich Tür an Tür. Folgt man der ansteigenden Kurve, erreicht man leicht erhöht – einem Tempel gleich am Ende einer Pilgerstrecke – das **Bedrock Inn,** schlicht „die" Kultkneipe der vergangenen Jahre im gigantischen Outlook der *Flintstones* mit Livemusik und Bombenstimmungsgarantie (Tel. 23723162). Die Metamorphose von der „unsinkable" zur „undrinkable" (nicht leertrinkbar) hat die **Titanic** mit futuristischem, metalllastigem Ambiente vollzogen. Die Hard-Rock-Music-Bar **Heaven Rock Garden** (Tel. 23722324) zieht mehr ältere Hardrocker an – viel *AC/DC* und *Stones* und in zahlreichen Foren zur besten Rock-Bar Europas gekürt! Der **Hollywood Boulevard Club** (Tel. 23722733) ist eine Dance Hall im filmthematischen Outfit, **Monkey Business** ein paar Schritte weiter überzeugt mehr durch Stimmung („pre-party" ab 17 Uhr, Tel. 23721674) als durch Raffinesse. Einen guten Überblick über das wuselige Leben am Plateia Seferi hat man im **Ambassaden** (Tel. 23721149), beliebter ist heute das **Minos** mit Terrassenbar oben und Music-Hall unten (Tel. 23721534).

Auch die Tefkrou Anthia Str. etwas nördlich sollte man unbedingt besuchen. Hier liegen die sehr angenehmen Pubs **Grabbarn** (skandinavischer Pub) und **Irish Pub Bhoys** (irische Balladen, Happy Hour von 21–23 Uhr, Tel. 23723357). Höhepunkt sind jedoch die Westerndörfer **Jasmin-Bar** (Tel. 23721731) und **Coyote's** (Tel. 23724530), wo allabendlich die Stimmung überläuft und die – vorwiegend weiblichen – Gäste auf der Theke tanzen. Barkeeper *George* war übrigens mal Bartender-Europameister.

Wer abseits vom Nightlife-Zentrum etwas sucht, findet an der Ampel bei **Tommy's Pub** Western- und Country-Musik (gelegentlich Live-Musik und Karaoke), und ein paar Meter weiter Richtung Hafen die vergleichsweise ruhige und preiswerte **New Kinon Bar** (Tel. 23721309) mit guten Cocktails, Sportübertragungen, Billard und Happy Hour von 19–21.30 Uhr.

Discos

Diskotheken öffnen **meist ab Mitternacht** und kosten **zwischen 20 und 50 € Eintritt** – zahlen muss man aber nicht immer: Oft verteilen Werber in den Straßen Freikarten, leider meist nur an Mädels. Auch gibt es täglich wechselnde Sonderpreise z.B. für Paare, flippigstes Outfit u.Ä. Mit dem Besuchereinbruch der letzten Jahre ist der „Markt" ziemlich umkämpft – erst einmal umschauen!

- **Car Wash,** bis 1.30 Uhr freier Eintritt, danach 10 €. Sehr „normale" Disco mit 1970er/-80er Hits, Tel. 23721388; seit über 20 Jahren im Geschäft.
- **Castle Club,** Napas Nr. 1 der letzten Jahre mit täglich wechselnden Events (www.thecaastleclub.com, Stichwort „calendar", bis zu 3000 Besucher, vier Säle (DJ *Nicky P, London, Tony Palas, Athen,* 1970er- bis 1990er-Jahre-Disco und Chillout), Eintritt 5–15 €, Tel. 99623126.
- **Abyss,** Ableger der Londoner Kultdisco, Gesichtskontrolle; Garage, Bassline and Funky House. Infos unter www.clubabyss.co.uk, teuer!
- **Kool Club,** nahe Castle, hauptsächlich Funky-Szene, ab 1 Uhr, Eintritt je nach Event rund 20 €, Tel. 23623126.
- **Black & White,** Tel. 23721331, holt permanent Top-DJs aus London, aufgeladene Atmosphäre – Sauerstoffflaschen werden für 5 €/5 Min. angeboten! Sehr beliebt für Soul- und Swing-Events.
- **Starsky & Hutch,** Tel. 99416985, Musik der 1970er und Funk (entsprechendes Outfit erwünscht, nicht Pflicht), Londoner Star-DJ *Chris 1.*
- Wer morgens noch etwas sucht: Das **Insomnia** (schräg gegenüber *McDonald's*, Tel. 23725554) öffnet um 4 Uhr, der **Aqua Club** (Gasse schräg gegenüber vom Castle Club, Tel. 23723200) von 3 bis 7 Uhr und bietet als einziger einen Indoor-Pool!

Frauen allein

Hinweis für allein reisende Frauen: Die zypriotische Kultur ist konservativ, Agia Napa gilt als **„Sündenbabel".** Männliche Einheimische wie Touristen sehen das Nachtleben als „Jagdrevier", und wer als Frau mit Ausschnitt bis zum Nabel in die Disco geht, wird zwangsläufig als Beute betrachtet (viele Touristinnen sind auch genau deshalb in Agia Napa). Man muss daher mit **eindeutiger Anmache** rechnen, auch wenn echte Übergriffe sehr selten sind.

Distrikt Ammochostos (Famagusta)

Praktische Informationen

An- und Weiterreise

Die zentrale **Haltestelle der Eman-Busgesellschaft** liegt in der Makarios Av. kurz vor der Hafenpromenade (Tel. 23721321).
● **nach Larnaka:** 6, 8, 9, 10, 11, 13, 14.30, 16, 17.30, 18.30 Uhr bzw. 8, 9.30, 11, 13, 14.30, 16.30 Uhr (Sa/So/Fe) ab Agia Napa, zurück 6, 8, 9, 10, 12, 13, 14.30, 16, 17.30, 19.30 Uhr bzw. 8, 9.30, 11, 13, 14.30, 16.30 Uhr (Sa/So/Fe); einfach 3 €, Tageskarte 5 €.

■ **Übernachtung**
7 Evabelle Aparthotel
9 Salmary Aparthotel
10 Lakis Apartments
15 Pavlinia Apartments
17 Vasiliana Apartments
18 Philippiana Aparthotel
26 Takkas Apartments
27 Crazy Lemon Apartments
28 Kkaras Hotel
29 Corfu Hotel
30 Luxushotels
31 Sancta Napa Hotel
38 Hotel Napa Plaza
45 Leros Hotel
46 Faros Hotel
47 Limanaki Hotel

■ **Essen und Trinken**
11 Tekanyaki Restaurant
12 Eonikofoda Sumateia Rest.
14 Paddy's Irish Bar
20 Sapporo Restaurant
21 Bedrock Inn
23 Viva Mexico/Los Bandidos
24 Coyote's Bar
25 Jasmin Bar
35 Odin Restaurant
36 Kentucky Fried Chicken
37 Pizza Hut
40 McDonald's
41 Tommy's Pub
44 New Kinon Bar
47 Limanaki Restaurant
48 Fischrestaurants
    Markos und Vassos

■ **Geschäfte & Sonstiges**
1 Incredible Universe
    (Souvenirkaufhaus)
2 Angelo (Scooter, Räder, Kfz)
3 Zorbas-Bäckerei (auch
    Wein) und Mousa Tours
4 Yam Yam (Räder, Scooter, Kfz)
5 Viking Car Rental und Apotheke
6 Force (Ausflüge)
8 Einkaufszentrum/Minimarkt
19 Eleana
27 Agentur Arsinoe
32 Motörhead (Quads und Mopeds)
33 Drogerie/Apotheke
34 Bäckerei
39 Wechselstube und Apotheke
42 Minimarkt

■ **Nachtleben**
13 Disco Car Wash
22 Discos/Nightlife

■ **Wassersport**
4 Scubabase Divers
5 Lucky Divers
16 Easy Divers
43 Sunfish Divers

@ Internetcafé
✖ Taxistand
P Parkplatz
✚ Krankenhaus
▬ Fußgängerzone

• **nach Nicosia:** Mo bis Fr 6, 8, 9, 10.30, 14, 15.30 Uhr (Wochenenden und Feiertage 9, 15, 18 Uhr) ab Agia Napa, 8.30, 12, 14.15, 15, 17.30, 18.30 Uhr (Wochenenden und Feiertage 6.30, 8, 15 Uhr) ab Nicosia; Rückfahrkarte 7 €.
• **nach Paralimni:** 7–4 Uhr (Sommer) bzw. 9–20 Uhr (Winter) ca. alle ½ Std., 2 €; Linien 101 (Waterworld bis Paralimni) und 102 (zurück), jeweils via Kap Greko mit der Firma OSEA; außerdem fahren die Linie 501 zum Deryneia Checkpoint und die Linie 709 zum Stovrilia Checkpoint.

Agia Napa Zentrum

E307

Dimokratis

G. Papoulli

Telfkrou Anthia

Tefkrou Anthia Fittas

Martin L. King

Ni Ritsou

Odyssea Elyti

Omonoias

Agias Mavris

Marine Life Museum

Open-Air-Theater

ury Gkangarin

Katalymata

Velouchiou

Arp

Louka

Afxentiou

Louka

Plateia Seferi

Kloster Agia Napa

★ Agrotospito Park

Panagia-Hauptkirche

Dionysiou Solomou

Leoforos Kryou Nerou

Leoforos Kryou Nerou

Aquädukt (trocken) ★

Thalassa-Meeresmuseum

Leoforos Arch. Makariou III

Leoforos Nissi

Luna Park und Dinosaurs Park

Minigolf

Kafkalla

Oktovriou

Eman-, Intercity- und Regionalbusse

Busbahnhof

Kl. Ortsstrand

Liminaki

P

200 m

© REISE KNOW-HOW 2012

Distrikt Ammochostos (Famagusta)

Touristen-info

- **CTO** in der 12 Kyrou Nerou (neben dem Museum), Tel. 23721796, Mo bis Fr 8.30–14.25 Uhr, Di und Fr auch 15.15 und 18.15 Uhr.
- Jeden Mo, Di und Fr werden um 10 Uhr (ab CTO) kostenlose geführte **Stadtrundgänge** auf Englisch, Deutsch und Schwedisch angeboten.
- **Agia Napa Sites:** www.discoverayianapa.com und www.agianapa.gov.cy präsentieren die Stadt als Urlaubsort, www.ayianapa.biz bietet Besucherwertungen zu etlichen Bars und Discos.

Unterkunft

Mehr als 15.000 Betten – Tendenz steigend – bieten Unterkunft **in allen Preis- und Leistungsklassen;** wer nicht pauschal vorab arrangiert, findet die günstigsten Unterkünfte im Zentrum, wo jede zweite Wohneinheit zu vermieten ist. Die sind wenig luxuriös, mitten im Trubel und ohne Seeblick, oft auch ohne Balkon und werden pauschalisiert von jugendlichen Discogängern bevorzugt. Mittel- bis Oberklassenunterkünfte in Form von Hotels oder Apartmentanlagen findet man v.a. nahe dem Fischerhafen sowie rund um die westlichen Strände; sie sind bei Strandurlaubern und Familien beliebter. Hier eine kleine Auswahl:

An der Strandmeile:
- **Aeneas** (Alltours, FTI), Tel. 23724000, Fax 23723677, www.aeneas.com.cy. Klasse DZ (Reihenbungalows) ca. 150 m landseitig vom Nissi Beach mit EZ zu 183 € und DZ zu 297 €, pauschal 1 Woche Flug und HP ab 750 €.
- **Adam's Beach** (DER, Neckermann), Tel. 23725000, Fax 23721274, adams@ adams.com.cy. Sehr beliebtes und hochklassiges 5-Sterne-Hotel am gleichnamigen Sandstrand. DZ 380 €, pauschal ab 650 €/Woche (HP).
- **Nissi Beach Hotel** (TUI), Tel. 23721021, Fax 23721623, www.nissi-beach. com.cy. Nette begrünte Hotelanlage am Nissi Beach mit Haupthaus und Reihenbungalows sowie reichhaltigem Sport- und Animationsprogramm. 250 €/ DZ sind überzogen, Pauschalreisen ab 720 €/Woche.
- **Yiannoulla Hotel** (TUI), Tel. 23723330, Fax 23722732, www.crownresort group.com.cy. Direkt an einer kleinen Bucht nahe der Adams Beach, gutes Preis-Leistungsverhältnis der Mittelklasse. DZ 175 €, Pauschalarrangements ab 610 Euro.
- **Carina Apartments,** Nissi Str. auf Höhe der Pernera Bay, Tel. 23722428, Fax 23724296, pavlotel@cytanet.com.cy. Liegt günstig zu Stränden und Zentrum, Preise zwischen 65 € (Studio) und 75 € (FeWo).

Im Zentrum:
- **Vasiliana Apartments,** mit zwei Blöcken im Zentrum; Nr. 1 in der 22 Agias Mavris Str., Tel. 23723532, Nr. 2 in der 8 Evagoru Str., Tel. 23721052. Kleine Apartments kosten ab 48 €; schlicht, funktional und sehr zentral.
- **Pavlinia Apartments,** Tel. 23721716, http://pavlinia.com, M.L. King Str., 55 € (1 Zimmer) bzw. 68 € (2 Schlafzimmer), ruhige Nebenstraße, sauber, gut, Gemeinschaftspool.
- **Philippiana Aparthotel,** 23 Tefkros Anthias Str., Tel. 23721816 (Block 1) bzw. Martiou 25 Str., Tel. 23724490 (Block 2), 48 € (Studio) bis 72 € (2 Zimmer); Block 2 in ruhiger Nebenstraße im Zentrum.
- **Kkaras Hotel,** Kryou Nerou 2, Tel. 23721997, kleines Familienhotel mit sehr einfachen Zimmern ab 35 € in Gehnähe zum Nightlife-Zentrum. Sehr schlicht und bei russischen Backpackern sehr beliebt.

- **Corfu Hotel,** Melissiou 17, Tel. 23722200, www.corfuhotel.com.cy. Von außen definitiv kein Hit, bietet es innen ein angenehmes Ambiente mit sehr ansprechendem Hotelrestaurant und DZ mit Sat-TV, Klima sowie Hotelpool ab 50 €.
- **Lakis Apartments,** direkt neben Palomas Bar am westlichen Eingang der Mavris-Fußgängerzone, Tel. 23723764, www.lakisapartments.com, kleine Fe-Wo zu 45–55 €.
- **Leros Hotel,** 41 Makarios Av., Tel. 23721126, Fax 23721127, leroshotel@hot mail.com, mit ca. 85 €/DZ inkl. Frühstück günstigste Hotelunterkunft. Einfach, aber sehr zentral zu Hafen und Zentrum gelegen.
- Den besten Eindruck der selbst organisierbaren Aparthotelanlagen macht das sehr zentrale **Takkas** (Tel. 23721026, Fax 23721750) mit Bar und Pool. Schön neben dem alten Aquädukt und sehr zentral gelegen. Studios ab 60 €, FeWo mit zwei extra Schlafräumen 85 € bei 1 Woche Mindestbelegung.
- Das **Salmary Aparthotel** liegt ganz am westlichen Ende der Agias Marris und nimmt 66 € für Studios bzw. 80 € für Apartments. Tel. 23721207.
- Wenige Meter weiter Richtung Ufer ist das **Evabelle** um Längen angenehmer (Tel. 23723100, www.tsokkos.com) und kostet wöchentlich 336–357 € pro Apartment.
- **Crazy Lemon** (Tel. 23725466, lazylemon@avacom.net) schräg gegenüber der TI, verfügt über sehr einfache, preiswerte Apartments mit Sat/TV ab 39 €.
- **Napa Plaza** (vormals Napia Star) **Hotel,** 12 Makarios Av., Tel. 23816555, www.napaplaza.com. Absolut zentral, zweigeschossig, OG-Zimmer zum Kirchplatz am besten, klasse Buffets, DZ 140–260 €.
- **Sancta Napa,** 9 Oktober 1st Str., Tel. 237 21011, www.sanctanapa.com.cy. Ansprechende DZ, inkl. Frühstück um 123 €, strandnah. Fitnessstudio und Tennis inklusive, Sauna im Haus.
- **Faros Hotel,** Makarios Av., Tel. 23723838, Fax 23723839, www.faroshotel. com.cy. DZ 160 €, inkl. Frühstück, sehr zentral und preiswert unmittelbar am Fischerhafen, öffentliches Restaurant – viel Laufkundschaft.
- **Melissi Beach,** 30 Kryo Nero Av., Tel. 23724800, Fax 23723145, www.me lissi.com. Sehr ansprechende DZ zu rund 155 €, Kinderspielplatz, großes Fitness-Angebot, schöne Poollandschaft.
- **Grecian Sands,** Tel. 23721616, Fax 23722691, www.greciansands.com. DZ 252 €, Luxushotel mit Health-Club, Squash, Tennis u.v.m.

Essen und Trinken

Es scheint unglaublich, aber die ungezählten Restaurants und Snackbars sind bis gegen Mitternacht stets voll. Man kann praktisch rund um die Uhr irgendwo etwas bekommen, auffällig ist der hohe Anteil an „english breakfast" allenthalben, quasi ein Katerfrühstück für Nachtschwärmer.

Einfach und preiswert:

Alle international bekannten **Fast-Food-Ketten** (Burger King, McDonald's, Pizza Hut, Kentucky Fried Chicken, Everest) sind im Zentrum vertreten und bieten die bekannten Schnellgerichte, ebenso die **Döner- und Maiskolbenstände** rund um den Plateia Seferi sowie G&Z Sandwiches und Burger am Hafen. Für den mittleren Geldbeutel haben auch die **Pubs** meist eine umfangreiche Speisekarte, doch wird dort meist aus der Gefriertruhe gekocht. Gut und preiswert isst man in der **New Kinon Bar** (Makarios Av.), für griechisch-zypriotische Küche empfiehlt sich das nur griechisch beschriftete **Eonikofoda Sumateia** (Tel. 23723788) in der Agias Mavris Str.

Distrikt Ammochostos (Famagusta)

Mittel- und Oberklasse:
Etwas versteckt hinter *Pizza Hut* empfiehlt sich das lauschige **Odin** (Tel. 23723203) für griechisch-zypriotische (Kleftiko im Schmortopf) und skandinavische Spezialitäten (Lachs in Petersiliensauce). Das zum gleichnamigen Hotel (beim Hafen) gehörende **Limanaki Restaurant** (Tel. 23721600) bietet eine reichhaltige Auswahl lokaler und internationaler Spezialitäten, ist aber nicht sonderlich gemütlich. Die beiden besten Fischlokale liegen ebenfalls am Hafen: **Markos Fish-Tavern** (Tel. 23721877) bietet exzellentes Fischmeze, die benachbarte **Vassos Tavern** (Tel. 237 21884) ringt mit *Markos* um den Ruf des besten Fischlokals der Stadt. Auch zahllose internationale Spezialitätenrestaurants – vor allem Chinesen – buhlen um die Gunst der Kunden. Wer sich einmal etwas Besonderes gönnen möchte, dem seien das beste mexikanische Restaurant Zyperns, **Viva Mexico/Los Bandidos** (Velouchioti Str., Tel. 23723258) mit tollem Chili con carne (5,40 €), Prawn Cocktail (4,30 €) oder Fajitas (12,40–13,90 €), sowie die beiden japanischen Toplokale **Sapporo** (schräg gegenüber vom Viva Mexico in der 15 Ippokratous Str., Tel. 237 21505) sowie **Tekanyaki** (Agias Mavris, Tel. 23725377) empfohlen. Während sich das Sapporo absolute Spitzenqualität entsprechend honorieren lässt, kann sich das Tekanyaki auch der normal Sterbliche einmal leisten.

Einkaufen

● **Lebensmittel:** In der Kennedy Str./Ecke Nissi Str. liegt ein kleines Einkaufszentrum mit größerem Minimarkt. Für den Familien-/Großeinkauf (mit Mietapartment) empfiehlt sich unbedingt die Fahrt nach Paralimni zum **Orfanidis-Supermarkt** – die kleineren Minimärkte in Napa nehmen es vom Lebendigen! Frühstücksbrote und Torten bietet die **Zorbas-Bäckerei** in der Nissi Str., die auch eine reichhaltige Auswahl an Weinen hat. Eine weitere Bäckerei gibt es neben dem Thalassa-Museum.
● **Souvenirs: Incredible Universe,** die staatliche Souvenir- und Kleinproduktkette im Supermarktlook – es wird allerlei Kitsch, doch auch etliche interessante Mitbringsel geboten. An den Hauptstraßen offerieren **Juweliere, Ledergeschäfte und Souvenirhändler** allerlei Nützliches und Unnötiges von Schnitzereien bis zu „I survived Napa"-T-Shirts.

Notfall

● Das örtliche **Krankenhaus** befindet sich in der Tefkrou Anthia (Tel. 237 23222), eine **Apotheke** liegt zentral gegenüber von *Kentucky Fried Chicken,* eine weitere bei den *Lucky Divers (Leoforos Nissi).*

Distrikt Ammochostos (Famagusta)

Verleih von Fahrzeugen und Rädern

● **Fahrzeug-Verleihstellen:** Dutzende von Verleihstellen bieten ihre Fahrzeuge entlang der Hotelmeile und rund ums Zentrum an. Wegen des großen Angebotes sind die Preise sehr niedrig und beginnen bei 10 €/(Scooter) bzw. 20 €/Tag (Pkw), Kurzzeitpreise etwas darüber.

● **Zweiräder:** Scooter, Quads und Jeeps gibt es bei **Motörhead** (Tel. 23724710, gegenüber *Santa Napa Hotel*) oder **Fastline Scooter** (Tel. 23658061) gegenüber vom Einkaufszentrum. **Yam Yam** (Tel. 23721825) hat alles vom Fahrrad über Scooter bis zum Pkw, ebenso **Angelo** (Tel. 23721695, www.angelos-moto-sport.com.cy) mit Fahrrädern, Scootern, Choppern und sogar Harleys. Ausschließlich Straßenmaschinen kann man bei **Easy Riders** (Tel. 23722458, www.easyriders.com.cy) ausleihen.

● **Pkw: Bluestone Rental** (Tel. 23816464) bietet hauptsächlich Pkws, ebenso **Viking Car Rental** (Tel. 23721774) und **Force Car Rental** (Tel. 23724705, www.force.com.cy) gegenüber vom Einkaufszentrum. **Elenios Car Rental** (neben *Motörhead*, www.elenios.com) bietet Jeeps und Kleinwagen an. **Champion Rent a Car** (Tel. 23721700, www. championrental.com) ist ein Spezialist für Jeeps.

Taxis

● **Taxistände** findet man bei *McDonald's*, am Plateia Seferi, neben *Pizza Hut*, am kleinen Park der Agias Mavris sowie am Eingang der Hafen-Fußgängerzone (Tel. 23721378 oder 23722188).

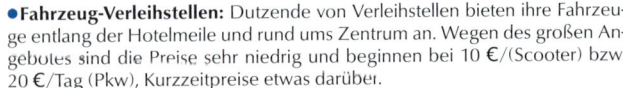

**Geld-
wechsel**

- **Geldautomaten** der Banken (fast alle akzeptieren EC-Karten) liegen alle paar Meter entlang der Makariou Av.
- Wer Bargeld oder Reiseschecks außerhalb der Bankzeiten tauschen möchte, findet mehrere kleine **Wechselstuben** in der Makariou Av. nahe *Kentucky Fried Chicken*.

Post

- Die Post (Liperti Str.) mit schönem Ausblick über Agia Napa vom Vorplatz hat Mo bis Fr 7.30–13.30 Uhr, Do auch 15–18 Uhr und Sa 8.30–10.30 Uhr geöffnet.

Telefon

- Mehrere öffentliche **Telefonzellen** findet man am Taxistand am Plateia Seferi sowie in der Afxenthiou Str. oberhalb vom Kloster. **Telefonkarten** (wie auch Briefmarken) führen die meisten Minimärkte und Souvenirshops.

**Ausflugs-
agenturen**

- Das Angebot an Ausflügen, Exkursionen, Minikreuzfahrten usw. ist gewaltig. Am Hafen werden **Party-Cruises** oder **Famagusta-Ausflüge** angeboten (25–30 €, inkl. Verpflegung, Tel. 99637233). Ähnliches bieten **Captain Cruises** und **Genesis Travel** (Tel. 23722277) am Anfang der Hafen-Fußgängerzone.
- Bekannte Anbieter von **Tagestouren, Exkursionen, Jeep-Safaris** und **Ausflügen ins Troodos-Gebirge** (mit Klosterbesuchen) sind u.a. **Mousa Travel & Tours** (10 Nisiou Av., Marta Bldg., Shop 2, Tel. 23724725, mousatravel@cyta net.com.cy), **Force** (Tel. 23724705, www.force.com.cy), **Arsinoe Travel** (Tel. 23725215, Fax 23725216). Eine Jeep-Safari führt meist zur Akamas-Halbinsel und kostet 60–80 €, eine normale Tagestour (Bus) ab ca. 30 €. Diese Anbieter haben meist auch etwas günstigere Tageskarten für den Waterworld-Aquapark inkl. Transport vorrätig.
- Das **Yellow-Submarine-Glasbodenboot** fährt 3x tägl. für 10 €.

Sonstiges

- **Tauchbasen:** Anfängerkurse werden in der flachen Ortsbucht gegeben, getaucht wird überwiegend rund um das Kap Greko mit seinen Felsbuchten. Bewährte Basen in Agia Napa (siehe Karte) sind **Lucky Divers** (deutsche Basis, Tel. 23724227, www.luckydiver.com.cy), **Scubabase Divers** (Tel. 23722422, www.thescubabase-cy.com), **Easy Divers** (Tel. 23833662, www.diveayiana pa.com/easy-divers) und **Sunfish Divers** (Tel. 23721300, www.sunfishdivers. com). Achtung, auch wenn es gerade in Agia Napa schwer fällt: tauchen **oder** Alkohol trinken!
- **Internetcafés:** Webzugang hat man u.a. im **Internetcafé am Bowling-Zentrum** (Plateia Seferi), im **Flintstone-Internetcafé** in der Anthia Str., im **Inten-City-24-Std.-Internetcafé** (www.intencity.net) in der Belloyianni 10 nahe der Post und im **Internetcafé** beim *Salmary Aparthotel*.

Distrikt Ammochostos (Famagusta)

Wasserscooter – rasant und teuer

Agia Thekla

Kloster-kirche

Von Agia Napa der Küstenstraße in westliche Richtung folgend zweigt ca. 1500 m hinter der „Waterworld" ein Weg auf Höhe einer einsamen Kapelle zum Ufer ab. Bei der kleinen Agia Thekla handelt es sich um eine ehemalige Klosterkirche, die auf den Fundamenten einer byzantinischen Kapelle errichtet wurde. Wenige Meter entfernt (einige Stufen neben der Kapelle hinab) findet man den eigentlichen **Thekla-Schrein,** eine in den Fels gehauene frühchristliche Miniaturkirche (Datierung unklar).

Der beliebte Thekla Beach

Thekla Beach Der **Sand-/Felsstrand** Thekla Beach verfügt über Kiosk, Erste Hilfe, Tretbootverleih und eine kleine Lagune zu einem 50 m vorgelagerten Inselchen. Der Uferweg führt weiter (einige kleinere Badebuchten, befahrbare Piste) durch eine stetig erweiterte Neubausiedlung bis kurz vor Potamos an der Autobahn (Abfahrt Frenaros/Liopetri).

Potamos

Der letzte Küstenort des Bezirks Ammochostos vor der Autobahn wird heute **nicht mehr bewohnt,** lediglich die Boote der Fischer von Liopetri liegen in dem kleinen geschützten Meeresarm von Potamos. Das Strandareal ist zwar sandig, das Ufer jedoch überwiegend felsig („Liegestrand"). Am **Strand** steht noch eine kleine Fischerkapelle, am Ufer bietet das **Fischlokal Demetrion,** am Meeresarm das **Potamos-Restaurant** fangfrischen Fisch und Meeresfrüchte.

Sovereign British Base Dhekeleia

Früher war das britische Territorium von Dhekeleia (Dekelia) Sperrgebiet der *Royal Air Force,* R.A.F., und nur per Autobahntransit zu durchqueren. Heute sieht man es auch aus „europäischen" Gründen etwas lockerer, und Besucher können im Basisterritorium einige interessante Einrichtungen besuchen (kein Bus, Selbstfahrer). Von der Autobahn nimmt man die Abfahrt Xylotympou, wo auch der neue Grenzübergang Pergamos bei Pyla liegt (nicht für Touristen, siehe Nicosia-Nord). Richtung Kasernengebiet liegt gleich an der Autobahn der **Reitstall Dekelia-Saddle-Club** (Tel. 247744293, http://dhekeliasaddleclub.tripod.com) rechter Hand. Hinter dem britischen Golfclub (www.dhekeliagolfclub.com) folgt ein Kreisverkehr, der durch den inneren Bereich führt (Tore) mit **Dekelia Water Sports Centre** (Wasserski, Surfen usw.) am schönen Strand **(Dekelia Beach)** – die Kasernenanlage trübt das Idyll natürlich etwas. Der Küstenstraße folgend erreicht man hinter Dhekeleia nach wenigen Kilometern das Feriengebiet der Bucht von Larnaka (siehe dort).

Distrikt Ammochostos (Famagusta)

Dörfer im Hinterland

Das Hinterland der Urlaubsorte im Raum Ammochostos wird hauptsächlich von **Kartoffel-, Karotten- und Gemüsefeldern** (weniger Getreide) geprägt und steht mit seiner ländlichen Struktur in starkem Kontrast zu den Zentren der Küste. Viele in Agia Napa oder Protaras beschäftigte Zyprioten bauen hier ihren Wohnsitz in der heute üblichen ein- bis zweigeschossigen Flachdachbauweise abseits des Trubels. Touristen fahren meist auf der unmittelbar an der Grenze verlaufenden E-303, um einen Blick in den Norden zu werfen.

Pyla

Griechen und Türken

Pyla (900 Ew.) ist ein kleines Dorf innerhalb der hier sehr breiten **Grenzzone** und beweist, dass ein friedliches Nebeneinander von Griechen und Türken durchaus funktioniert: Pyla ist der einzige echte „gemischte" Ort auf Zypern (300 Türken, 600 Griechen) mit getrennter Verwaltung für beide Volksgruppen. Die UN-Truppen sind hier besonders auf der Hut, Besucher sind sehr selten und lassen sich von den sporadischen Polizeikontrollen vor dem Ort abschrecken.

Xylofagou – Xylotymvou

Am nördlichen Ortsrand weist ein Hinweisschild zur **Klosteranlage Agias Marinas,** einem kleinen Frauenkloster auf quadratischem Grundriss mit zentraler Kapelle. Die moderne einschiffige Klosterkirche nebenan besitzt eine prachtvolle Ikonostase, die Fresken sind noch nicht gänzlich bemalt.

Agios Nikolaios

Britische Basis

Im weiteren Verlauf Richtung Norden liegt die türkische Zone oft nur noch 50 m entfernt linker Hand, Wachtürme säumen beide Seiten der Grenze (Türken links, keine Griechen rechts, da das Areal zur britischen Dhekeleia-Basis gehört). Ein verlassenes Geisterdorf linker Hand sowie das kleine Kloster Agios Kenteas (beschildert) passierend, erreicht man die britische Basis Agios Nikolaios, innerhalb derer man bis zum letzten Schlagbaum bis auf 2000 m vor dem Stadtzentrum von Famagusta (Ammochostos) die Grenze überqueren kann.

Deryneia

Grenzdorf Das Grenzdorf mit **Blick auf die nordzypriotische Stadt Famagusta** (Ammochostos) erinnert ein wenig an den „Grenztourismus" in Deutschland vor der Einheit. Aussichtsterrassen, Warnschilder und ein Cultural Centre zum Thema Grenze sind beliebte Fotomotive und ziehen täglich einheimische wie ausländische Besucher an. Die Bewohner leben zum Teil von diesem Grenztourismus (Lokale, Aussichts-Dachterrassen) und haben es mit einer möglichen Wiedervereinigung keineswegs eilig. Es empfiehlt sich ein Besuch des **Cultural Centre** (tgl. 7.30–14 Uhr, So/Fe geschl., kostenlos), die Terrasse bleibt immer offen (Außentreppe), auch Ferngläser werden kostenlos zur Verfügung gestellt. Die zahlreichen privaten „Viewpoints", für die mit Hinweisschildern geworben wird, kosten Eintritt (2 €); reiner Nepp ist der x-fach beschilderte „Famagusta Beach View Point", der 3 € (Kinder 2 €) Eintritt verlangt und mit Schildern wie „Aus Sicherheitsgründen Fotos nur von der Dachterrasse" lediglich künstliche Spannung erzeugt.

Ansonsten ist noch das kleine **Folkloremuseum** (beschildert) bei der Ortskirche im Zentrum erwähnenswert (Mo bis Sa 9–13 und 16–18 Uhr, 2 €).

Busanbindung (Linie 501/502) besteht über Agia Napa und Paralimni bis zur Polizeistation kurz vor der Grenze nahe dem Cultural Centre.

Distrikt Ammochostos (Famagusta)

Larnaka und westliche Umgebung

Larnaka

Einleitung

Drittgrößte Stadt Zyperns Die mit ca. **83.500 Einwohnern** drittgrößte Stadt Zyperns wurde auf den Ruinen des antiken Kition gebaut. Ob es sich dabei um das im Alten Testament (1. Buch Moses) erwähnte, von einem Enkel *Noahs* gegründete Kittim handelt, bleibt spekulativ. Historisch konnte ein reger Kupferhandel vor ca. 4000 Jahren nachgewiesen werden, eine erste Blütezeit entwickelte sich unter den Phöniziern zwischen 800 und 300 v.Chr. Zu dieser Zeit wurde der Philosoph **Zenon von Kition** geboren, der die philosophische Schule der Stoa in Athen begründete und damit weiten Ruhm erlangte. Die antiken Stätten gerieten im Mittelalter in Vergessenheit, neue Zweckbauten entstanden auf den Fundamenten. Insbesondere unter den Türken entwickelte sich Larnaka zur damals sogar zweitgrößten Stadt Zyperns, konnte diese Rolle wegen der besseren Häfen in Famagusta und Lemesos jedoch nicht halten. Erst nach 1974 und dem Verlust Famagustas setzte ein neuer Boom ein, ein Hafenareal wurde aufgebaut, und die Aufnahme vieler Flüchtlinge aus Nordzypern führte zu reger Bautätigkeit in den heutigen Außenbezirken. Dazu trugen auch zahlreiche libanesische Bürgerkriegsflüchtlinge (1975–1990) bei, die in Zypern Aufnahme fanden und heute eine beachtliche Minorität in Larnaka bilden. Hafen, internationaler Flughafen (den auch Nordzypern-Reisende zunehmend nutzen) und günstige Lage zu den Metropolen und Feriengebieten haben Larnaka auch zu einem attraktiven Standort westeuropäischer und arabischer Unternehmen werden lassen.

Touristisch interessant Touristisch bieten Larnaka und das unmittelbare Umland – darunter der berühmte Salzsee – ein **breites Spektrum an Aktivitäten und Sehenswürdigkeiten.** Wenig Industrie, der nahe gelegene Flughafen und hübsche Küstenabschnitte im Umland machen Larnaka zu einem interessanten Urlaubsziel nicht nur für Tagestouristen.

Bild auf den Seiten zuvor:
Das Kastell in Larnaka

Der Kolonialbau, in dem die Pierides-Sammlung untergebracht ist

Sehenswürdigkeiten

Promenade   Larnakas Flaniermeile mit Cafés, Restaurants und Souvenirgeschäften reicht von der Marina bis zum Kastell. Die älteren Anwesen im Kolonialstil, flankiert von Blumenbeeten und Palmen, sowie die kleinen Badestrände verleihen der Stadt ein angenehmes Flair. Während des Kataklysmus (siehe Feste und Feiertage) wird hier der größte Jahrmarkt Zyperns abgehalten.

Pierides-
 Sammlung

Schräg gegenüber der TI in der Zenonos Kiteos steht ein zweistöckiger Kolonialbau, der seit Generationen dem Pierides-Clan gehört. Die Familie *Pierides* gehört zu den wichtigsten zypriotischen Kaufmannsclans und ist für verschiedene Länder honorarkonsularisch tätig (derzeit Schweden). Die *Pierides* traten dem Kunstraub auf Zypern insbesondere im 19. Jh. energisch entgegen, kauften zahlreiche Funde auf und wandelten ihre Sammlung 1974 in eine öffentliche Stiftung um (www.pieridesfoundation.com.cy). Die Exponate zählen zu den bedeutendsten auf Zypern und umfassen u.a. bronzezeitliche Funde, archaische Keramiken, römische

Larnaka und westliche Umgebung

Larnaka und westl. Umgebung

Troullol
Voroklini
Kellia
A3
Larnaka Bay
Larnaka
Avdellero
Aradippou
350
A2
Kochi
Flughafen
Salt Lake
Dromolaxia
Meneou
Lympia
A5
Kiti
Kap Kiti
Psevdas
Klavdia
Perivolia
Tersetanou
Mosfiloti
Alethriko
Pyrga
Kivisili
688
Stavrovouniou Kloster
Sia
612
Anglisides
Anafotida
Mazotos
Kornos
Menogeia
Delikipos
A1
Alaminos
496
Kofinou
Pano Lefkara
Agios Theodoros
806
Choirokoitia
Moni Agiou Mina
Psematismenos
Vavla
Lageia
Kalavassos
Zygi
Ora
Akapnou
Vikla
Mari
Asgata
Kellaki
Pentakomo
488
Prastio
Moni
Dierona
Pyrgos
Parekklisia
Governor's Beach

5 km

© REISE KNOW-HOW 2012

Funde sowie zahlreiche byzantinische Keramiken und Gebrauchsgegenstände. Geöffnet Mo bis Do 9–16 Uhr, Fr und Sa 9–13 Uhr,
Eintritt 2,50 €, Tel. 24814555.

**Galerie
und
Museum**

Städtische Galerie und Paläontologisches Museum: 1996 wurden die ehemaligen Hafen-Lagerhallen aufwendig restauriert und
zu einer Mischung aus Kunstgalerie und paläontologischem Museum mit restaurierten Skeletten von Zwergflusspferden und
Zwergelefanten sowie versteinerten Meerestieren umgestaltet.
Öffnungszeiten Galerie: Di bis Sa 10–13 und 17–19 (Winter 16–
18) Uhr, Museum Di bis Fr 9–14 Uhr, Sa und So 9–12 Uhr (sonntags von Juni bis August Ruhetag), Eintritt frei, Tel. 24629333.

Kastell

Das die ehemalige Hafenzufahrt überwachende Kastell entstand
im späten 14. Jh., wurde aber in seiner heutigen Form von venezianischen Festungsbauern um 1625 umgestaltet. Das 14. Jh. war
vom Kampf gegen die Genueser geprägt, während dessen Verlauf
König *Jakob I.* eine Kette von Kastellen entlang der Küste errichten
ließ. Lediglich der Turm von Kiti (siehe dort) ist neben dem Kastell
erhalten geblieben. Es wurde später von den Türken als Aussicht-
sturm und von den Briten als Gefängnis genutzt. Im Westflügel
wurde ein „mittelalterliches" *(medieval)* **Museum** eingerichtet,
welches aber neben Relikten der fränkischen und osmanischen
Epochen hauptsächlich Funde von Ausgrabungen aus Kition und
beim Salzsee zeigt. Geöffnet Mo bis Fr 9–18 Uhr, im Sommer bis
19 Uhr, Eintritt 2 €, Tel. 24304576.

**Al Kebir
Camii**

Gegenüber vom Kastell steht die schönste **Moschee** Larnakas, die
Al Kebir Camii. Sie wurde im späten 16. Jh. auf den Fundamenten
einer gotischen Heiligkreuzkirche errichtet. Der Reinigungsbrunnen kam im 18. Jh. hinzu, ihre heutige Form wurde 1835 mit dem
großen Minarett vollendet. Die Moschee wird heute hauptsächlich von den libanesischen Bürgerkriegsflüchtlingen besucht.

**Agios
Lazaros**

Der Legende nach soll der *Hl. Lazarus* († 77 n.Chr.) in Kition ange-
spült worden sein, das Christentum verbreitet haben und so erster
Bischof der Stadt geworden sein. 890 fand man den Sarkophag
des Heiligen an der Stelle der heutigen Kirche und sandte ihn nach
Konstantinopel. Kaiser *Leo VI.* stellte Mittel für einen Kirchenbau
über der Grabstätte zur Verfügung, der Anfang des 10. Jh. abgeschlossen wurde. St. Lazarus wurde 800 Jahre lang als **Klosterkir-**

Larnaka und westliche Umgebung

che genutzt und erst 1970 in der heutigen Form erweitert und restauriert. Der rechteckige Grundriss wurde dreischiffig gestaltet, das Mittelschiff von drei Kuppeln überdacht. Das ursprüngliche Grab liegt an der Treppe rechts der Ikonostase, der dortige Sarg wurde jedoch erst 1970 gefunden; er trägt die griechische Aufschrift „Freund", während das Original den hebräischen Textzug „Lazarus der vier Tage und Freund Christi" trug. Der Originalsarkophag wurde übrigens von Kreuzrittern 1204 von Konstantinopel nach Frankreich gebracht, wo er heute im burgundischen St. La-

■ **Übernachtung**
2 Perivolia Flats
3 Three Seas Hotel
4 Faros Village
  Beach Hotel
9 Sveltos Beach
  Aparthotel

■ **Geschäfte & Sonstiges**
5 Lucky Star (Go-Karts)
6 Cineplex-Kinowelt
7 Orfanidis-Supermarkt
8 Chris Cash &
  Carry-Supermarkt

■ **Wassersport**
1 Sea Eye Diving Centre

zare aufbewahrt wird. Das angeschlossene **Ikonenmuseum** (Tel. 24652498, April bis August Mo bis So 8–12.30 und 14–18.30 Uhr, September bis März Mo bis So 8–12.30 und 14–17.30 Uhr, Eintritt 1 €) gilt als eines der schönsten in Zypern.

Zenon-Statue und Stadtpark

Zenon von Kition, um 335 v.Chr. in Kition (heute Larnaka) geboren, gestorben um 262 v.Chr., begründete die philosophische Lehre der **Stoa,** wonach es nur eine einzige wahrhafte Glückseligkeit gibt: Leben im Einklang mit der Allnatur, Gehorsam gegen das

Larnaka Übersicht

Lemesos, Lefkosia

A3   Agia Napa

Agia Napa

A2

5

Dromolaxia

F401

A3

Meneou

Neue Ausgrabungsstätte

Kamares-Aquädukt ★

6

B4

Agios Mavris

Hala Sultan Teke

Salt Lake

Salt Lake

7

Larnaka

E202

P ★ Aussichtspunkt

Larnaka Int. Airport

8

B3

9

Mackenzie Beach

Marina

Hotelmeile

s. Seite 174

Hafen

Larnaka und westliche Umgebung

■ Übernachtung
13 Les Palmiers Hotel
17 Achilleos Aparthotel
21 Livadhiotis Hotel
22 Jugendherberge
23 St. George's Apartments

■ Essen und Trinken
4 Praliné Cocktail Bar
5 Café Retro
6 Personality Billardbar
8 Vienna Restaurant
9 Deep Topas &
   McDonald's
10 Hobo Steak House
11 Pizza Inn
12 The Bailey Pub
16 Romeos Sandwich Bistro
19 Curiosity House
20 Café Dimitri's
24 Kalifatzia Grill

■ Geschäfte & Sonstiges
1 Autoverleih
2 Scooterverleih
7 Reisebüros
14 Replay-Spielhalle
15 Bäckerei Kapitanis

■ Nachtleben
3 Disco Circus Club
18 Vogue Disco Club

❶ Touristeninformation
♙ Kastell
☾ Moschee
✉ Post
@ Internetcafé
✇ Taxistand
Ⓟ Parkplatz
▬ Fußgängerzone

Larnaka Zentrum

Hafen

1

2

Archäologisches Museum Ⓜ

Paralimni-/ Protaras-Busse Ⓑ

Kilkis

Kosti

Palama

Kalograion

3

4 **5**

6

● Polizei

7

Galerie/Paläontologisches Museum

8

9

Plateia Vasileos Pavlou

Ⓜ

Taxis/Überlandsammeltaxi

Ⓧ

10

Pierides- Sammlung Ⓜ

11

12

Ⓑ *Zentrale Bushaltestelle*

Vyronos

13

15

14 @

★ *General-Kimon- Statue*

16

Stasinou

Lourdou

Konstantinou Kalogera

Ⓑ *Airport- Bus*

17

Ermou

18

Aqiou Lazarou

19

K. Lysioti

Markt

20

Leiki Geitonia Kneipen- und Fußgängerzone

Antidote- Theater

21 **22**

P. Valsamaki

Lazarus- Kirche

23

24

Ⓑ *Bushalteplatz am Kastell*

Ⓒ *Al Kebir Camii*

Ⓐ

Apollonou Klireos

Ankara

Piyale Pasa

Marina

Leoforos Archiepiskopou Makariou III

◈ 200 m

Ⓒ REISE KNOW-HOW 2012

göttliche Gesetz und das Gebot der Vernunft. Ausdruck dieser Glückseligkeit ist die **Tugend,** den Weg zur Tugend sieht man in der Überwindung von Gelüsten und Müßiggang. Als Grundtugenden gelten Gerechtigkeit, Tapferkeit, Selbstbeherrschung und Menschlichkeit (Ideal des „Weisen"). Aus der Vorstellung eines ewigen, absolut gültigen Weltgesetzes *(Logos)* entwickelte die Stoa eine umfassende Staats- und Rechtslehre.

In der angenehmen Grünanlage bei der Zenon-Statue liegen nicht nur **Theater** und **Bibliothek,** auch das **naturhistorische Museum** wurde hier untergebracht. Neben einer großen Insektensammlung werden präparierte Reptilien und Vögel der zypriotischen Fauna ausgestellt. Geöffnet Di bis So 10–13 und 16–18 Uhr, im Sommer 9–16 (Sa bis 13) Uhr, Eintritt 50 Ct., Tel. 24652569.

Archäologisches Museum

Das archäologische Distriktmuseum dürfte vor allem die Besucher der antiken Fundstätten von **Kition, Choirokoitia und Kalavassos** interessieren, deren Funde hier ausgestellt sind. Steinzeitwerkzeuge, bronzezeitliche Keramiken und Tongefäße sowie ein ca. 2700 Jahre alter ptolemäischer Sarkophag bilden den Kernbestand der Exponate. Geöffnet Mo bis Fr 9–14.30 Uhr, Do (nur September bis Juni) auch 15–17 Uhr, Eintritt 2 €, Tel. 24304169.

Kition-Ausgrabungen

Neben Salamis (Nordzypern) und Pafos (siehe dort) gehörte Kition zu den drei führenden Stadtkönigreichen der Antike auf Zypern, deren herausragende Bedeutung auch unter Ptolemäern und Römern – z.B. durch eigenes Münzprägerecht – lange gewahrt blieb. Im Unterschied zu den beiden anderen Stätten liegt Kition unter dem heutigen Larnaka, sodass nur vergleichsweise wenig ausgegraben werden konnte und nur ein kleiner Bereich für Besucher zugänglich gemacht wurde, der zudem für Laien kaum von Interesse sein dürfte. Dabei handelt es sich um unmittelbar an einer alten Stadtmauer gelegene **Tempelanlagen** und **Kupferschmieden** aus dem 12. Jh. v.Chr. Unter den Phöniziern im 9. Jh. kam ein Astarte-Tempel (die der babylonischen *Ischtar* entsprechende Fruchtbarkeits- und Kriegsgöttin Palästina-Syriens) hinzu, der jedoch 312 v.Chr. bei einer städtischen Brandkatastrophe zerstört wurde.

Die Anlage liegt etwa 1000 m nördlich der Altstadt (ab Autobahn sehr gut beschildert), wer nahe der Marina parkt, kann auch in 20 Minuten zu Fuß gehen. Geöffnet Mo, Di, Mi, Fr 8–14.30 Uhr, Do 8–17 Uhr, Sa und So geschlossen, Eintritt 2 €.

Leiki Geitonia

Angelehnt an das größere Vorbild in Lefkosia entstand nördlich vom Kastell die neue Kneipen-/Fußgängerzone Leiki Geitonia mit zahllosen Kafenions (*Bar-Code Café* mehr für das jugendliche Publikum), Tavernen (*Cyprus Tavern* mit sehr guten lokalen und internationalen Gerichten wie riesige Salatteller zwischen 7 und 13 €, leckeren Lammspezialitäten für 8,50–14 € oder Fisch je nach Saison ab 10 €), Fast-Food Lokalen und angenehmen Schänken zum Abhängen (z.B. Pool-Billard-Bar *Puerto* oder *Alexander Pub,* Tel. 24655544).

Agios Georgios Mavris

Der E-202 ab Aquädukt nach Norden folgend, zweigt kurz darauf die Faneromeni Str. nach rechts ab („Airport"-Schild). Nach 400 m liegt linker Hand die **Klosterkirche** Agios Georgios aus dem 12. Jh. Mehrfach durch Brände und Überfälle zerstört, wurde sie 1706 letztmalig in der heutigen Form wiedererrichtet. Dabei wurden die ursprünglichen Zugänge verschlossen und neue an der Süd- und Westseite angebaut. Von der einstigen Innengestaltung sind noch mehrere herausragende Georgsmotive (mit Drachen) erhalten. Der Klosterbetrieb wurde im 18. Jh. eingestellt.

Kamares- Aquädukt

Der noch heute auch im griechischen Landesteil hoch geachtete türkische Gouverneur *Abu Bekir Pasha* ließ auf eigene Kosten von 1746–1750 einen ca. 10 km langen Aquädukt vom heutigen Kiti-Damm in die Stadt legen. Bis zum Zweiten Weltkrieg wurde Larnaka so mit Wasser versorgt, was den Aquädukt zum bedeutendsten, auch von griechischer Seite anerkannten öffentlichen Bauwerk der türkischen Epoche macht. An der Durchfahrtsstraße E-202, nahe der Agios Georgios-Kirche, stehen noch mehrere gut erhaltene Einzelteile.

Praktische Informationen

An- und Weiterreise

● Die wichtigsten Busse fahren ab dem **Haltepunkt an der Uferpromenade** (gegenüber *Four Lanterns Hotel*): Inter-City-Busse, Tel. 24643492, Mo bis Fr 10 x tgl., Sa/So 6 x tgl. von/nach Nicosia (Tagesticket 5,50 €), Mo bis Fr 10 x tgl., Sa/So 6 x tgl. von/nach Lemesos (Tagesticket 5 €, fahren via Airport), von/nach Agia Napa/Paralimni Mo bis Fr 10 x tgl., Sa/So 6 x tgl., Tagesticket 5 €, alle Strecken können auch one way (3 €) gebucht werden. Wichtig ist auch der Stadtbus 22 zum Flughafen (6.55–16.55 Uhr, Sa bis 12.55 Uhr jede Stunde, 1,20 €, Tel. 24650477); Startpunkt s. Stadtplan, hält an der Promenade. ● **Haltepunkt Lazarus-Kirche** (Stadt-, Nahverkehrsbusse, jeweils Mo bis Fr 6–19 Uhr, Sa nur bis 13 Uhr): Busse 6 und 7 nach Kiti (1,30 €, 11 x tgl. außer So), Bus 10 nach Perivolia (Mo bis Fr 7 x tgl., Sa 4 x tgl.), „Lefkara-Bus" (Mo bis Sa 13 Uhr, zurück am nächsten Tag um 7 Uhr).

● **Weitere Stadtbushaltestellen:** bei der TI, Bus 18 nach Larnaka Beach („Hotelmeile" bei Voroklini, Mo bis Fr 7.30– 18 Uhr alle 30 Min.; Sa bis 14 Uhr); Ermiou/Hermes Str., Busse 22 und 24 zum Flughafen (etwa alle 60 Min., 1 €).
● **Selbstfahrer** parken am besten auf dem gebührenpflichtigen „Municipal parking"-Platz nahe der Marina (beschildert, siehe Stadtplan) oder kostenfrei in einer der Seitenstraßen dort.

Touristen-info

● Die **CTO** (Zinonos Kitieos/Ecke Plateia Pavlou, Tel. 24654322, Mo bis Fr 8.15–14.30 und 15–18 Uhr, Mi nur vormittags, Sa nur bis 13.30 Uhr) bietet jeden Mittwoch (ab TI) und Freitag (ab Kastell) um 10 Uhr eine kostenlose **Stadtführung** in englischer Sprache an.
● **Offizielle Websites der Stadt:** www.larnaka.com, für Touristen sind www.larnacaatnight.com und www.larnakatour.com interessanter (alle englisch).
● **Cyprus Airways** hat eine Filiale in der Makarios III Str. (Tel. 24654322, 24654294), Auskünfte erteilt auch das CTO-Büro am **Flughafen** (Tel. 24643576, www.cyprusairports.com.cy, geöffnet bei allen ankommenden Flügen), zu Flügen selbst die Flughafenauskunft unter Tel. 24643000.
● **Passagierhafen:** Auskünfte unter Tel. 24815225.

Unterkunft

Larnaka bietet glücklicherweise **Unterkunft für jeden Geldbeutel.** Pauschalurlauber landen meist am Strandabschnitt der Larnaka Bay bei Voroklini unmittelbar südwestlich der britischen Dhekeleia-Basis – und dürfen dann selbst sehen, wie sie ins Zentrum kommen (siehe Busse)! Die günstigsten Unterkünfte liegen im Zentrum selbst; wer Wert auf Flughafennähe legt, kann am Mackenzie Beach (2 km südlich, zur Not 30 Gehminuten zum Airport) unterkommen. Zur Jugendherberge siehe im Kapitel „Praktische Reisetipps A–Z/Unterkunft".

Unterkunft in Larnaka:
● Das absolut zentrale **Livadhiotis Hotel** gegenüber der Jugendherberge ist bei Individualreisenden sehr beliebt und bietet relativ preiswerte DZ zu 80 € und Suiten ab 120 € (4 Personen, inkl. Frühstück). Tel. 24624222, www.livadhiotis.com.
● **St. George's Apartments,** Mehmet Ali Str. (bei der Lazarus-Kirche), Tel. 24620301, Fax 24620597. Kleine Studios ab 45 €.
● **Achilleos Aparthotel,** Mitisis Str., Tel. 24624150, www.achilleoshotel.com, 45 €, liegt zentral in zweiter Reihe.
● **Les Palmiers Hotel** (Tel. 24627200, www.anadixislespalmiers.com) bietet DZ ab 82 € und ist ideal im mittleren Preissegment für Urlauber ohne Leihfahrzeug.

Am Mackenzie-Beach:
● **Sveltos Beach Aparthotel,** Piale Pasha Str. (Flughafennähe), Tel. 24657240, www.cyprushotelsguide.net/sveltos. Studios ab 48 €, 4-Personen-FeWo 70 €.

An der „Hotelmeile" Larnaka (6–10 km nördlich):
● **Michaels Beach Apartments** (Alltours), Dhekeleia Str., Tel. 24644600, Fax 24646346, www.michaelsbeach.com.cy. Je nach Größe (2–4 Betten) und Lage ab 70–130 €, pauschal 1 Woche inkl. Flug, ÜF dagegen schon ab 550 € pro Person.

• **Sandy Beach Hotel** (FTI, DER), Dhekeleia Str., Tel. 246 46333, Fax 24646900, www.sandybeachhotel.com.cy. 198 €, pauschal rund 700 € pro Person die Woche, schön angelegtes familienfreundliches Oberklassehotel direkt am Sandstrand.

• **Golden Bay Hotel** (TUI), Dhekeleia Str., Tel. 24645444, Fax 24645451, www.lordos.com.cy., pauschal normalerweise rund 750 €/Woche, für ein DZ werden sonst – festhalten – 344 € verlangt, Mittag- und Abendessen 60 € extra. Abgeschiedenes Luxushotel 10 km nördlich.

• **Spartipp:** Ein Stückchen nordöstlich der Stadt, in Oroklini (erste Autobahnabfahrt Richtung Agia Napa), liegen die **Lucky Hotel Apartments,** 3 Amazoniou Str., Larnaca – Dhekelia Road, Tel. 24647222, www.lucky.com. Das kleine Aparthotel liegt zwar im Inland und bietet keinen großen Komfort, ist aber in der Nebensaison schon für 10 € pro Person zu haben!

Essen und Trinken

• Kleine Snacks wie leckere belegte Baguettes oder Pizza auf die Hand backt **Romeos Sandwich-Bistro** in der Zinonos Kiteos 150 m südlich der TI (Tel. 26934750). Am Markt kann man günstig in der **Café-Snackbar Dimitris** (Café 1 €, Softdrink 1–1,50 €) auf einen Drink einkehren (Tel. 24656264), guten Kuchen und vieles mehr offeriert das **Antidote Theatercafé** (siehe Abendunterhaltung). Deftige Kost bietet das **Café Retro** (Afxentiou Str., Tel. 24656268) mit leckeren und günstigen zypriotischen Gerichten wie Meze (10 €), Special Meze (12 €) oder „Chicken Kiev", was hier als lokale Spezialität angeboten wird! In der Faneromenis Str./Ecke Istanbul Str. (Rückseite Lazarus-Kirche) kann man abseits der Massen im einfachen **Kalifatzia Grill** (Tel. 24653829) günstige Mezes (ab 12 €) und Grillgerichte genießen.

• Die meisten Restaurants liegen direkt an der Uferpromenade, wo auch *Pizza Hut, Pizza Inn, KFC, McDonald's* und *Starbucks* die bekannten Schnellgerichte anbieten. Netter sitzt man im sehr guten und nicht überteuerten **Hobo Steak House** (etwas zurückgesetzt schräg gegenüber der Bushaltestelle, 45 Athinon Ave, Tel. 24652584), in der gehobenen Preisklasse empfiehlt sich das **Vienna-Restaurant** (an der Promenade nahe Marina) mit vorzüglichen zypriotischen und internationalen Gerichten (Tel. 24641823).

Abendunterhaltung

• In der Afxenthiou Str. gleich die erste kleine Straße rechts hinein liegt die **Billard-Bierbar Personality.** Direkt an der Uferpromenade sitzt man sehr nett in dem sehr beliebten irischen **The Bailey Pub** (Tel. 770004474), Automatenunterhaltung bietet die **Replay-Spielhalle.** Einen Blick lohnt auch der **Künstlerpub Curiosity House Tea & Coffee Club** (Tel. 24621743) in der Kalogera Str. Sehr gepflegt nippt man einen Cocktail in der **Praliné-Bar** (Afxenthiou Str.), das jugendliche Publikum strebt mehr in die Diskotheken **Vogue Disco Club** (19 N. Dimitriou Str., Tel. 99654266, nahe Achilleos-Aparthotel), die **Disco Circus Club** (17 Afxentiou/Ecke L. Vyronos, Tel. 99659498), oder **Deep Topas** (Tel. 24625272, Finikoudes-Promenade, neben *McDonald's*)

• **Kino:** 200 m nördlich des Aquäduktes liegt auf der gegenüberliegenden Straßenseite die Cineplex-Kinowelt, das größte und modernste Kino der Stadt (Tel. 24362167); Filme laufen meist im englischsprachigen Original.

• **Theater/Kleinkunst: Antidote English Language Theatre,** 10 M. Paridi Str., Tel. 24822677, www.theatreantidote.com, direkt hinter der Lazarus-Kirche. Gepflegtes Kleinkunst-Entertainment mit Theater, Jazz, Comedy, Film, Workshops u.v.m., angeschlossenes Café.

Larnaka und westliche Umgebung

Einkaufen

- An der Durchfahrtsstraße E-202 (s. Übersichtskarte) liegen zwei **Supermärkte: Chris Cash & Carry** sowie **Orfanidis.**
- Die Bedeutung des **Marktes im Zentrum** ist zugunsten von **Souvenirshops** zurückgetreten, nur noch wenige Obsthändler bieten ihre Waren an, dafür gibt es Schwämme, Süßwaren, Ikonen, Gewürze usw. Am Markt finden Selbstversorger einige **Metzgereien.** In der Ermou Str. und der Zinonos Kitieios Str. laden **Boutiquen, Geschäfte** und Läden (Foto, Bäcker) aller Art zum Shoppen ein. Gegenüber Romeos Bistro liegt Larnakas größte **Buchhandlung** (auch Schreibwaren, Tel. 24652121) **Estia** sowie die **Bäckerei Kapitanis.**

Strände

- Bescheidene Bademöglichkeiten findet man **am Kastell** (Jetski, Banane), die meisten Urlauber besuchen jedoch den **Mackenzie- Sandstrand** (Stadtbusse 22 und 24, 2 km südlich) mit Wassersportmöglichkeiten (Scooter, Banane) – nicht übel, liegt aber direkt in der Einflugschneise des Flughafens. Der große Strandabschnitt der **Larnaka Bay** im Norden der Altstadt kommt vorwiegend für die dortigen Hotelgäste in Betracht (Stadtbus 18).

Aktivitäten

- **Tauchschulen:** Zentral, nahe der Polizei in der Makarios III liegen **AAK Larnaka Sea Cruises and Diving School** (Tel. 24656949, Fax 2465847) und **Dive-in** (Tel. 24620179, www.dive-in.net). An der „Hotelmeile" gegenüber vom Princess-Hotel findet man die Wracktauchspezialisten **Octopus Divers** (u.a. Helikopter-Wrack und MS Zenobia mit über 100 Lkw an Bord), Tel. und Fax 24646571, www.octopus-diving.com.
- **Lucky Star Go-Kart:** Westlich vom Salzsee bei Dromolaxia liegt Zyperns größte Gokart-Bahn (1600 m); tgl. 9–24 Uhr geöffnet. Es werden diverse Fahrzeugtypen für alle Altersgruppen angeboten; Tel. 24994499.

Notfall

- **Polizei,** Afxentiou/Ecke Makariou, Tel. 24804040.
- Städtisches Spital **(Old Hospital),** Afxentiou/Ecke Zachariadi Str., Tel. 24304312, oder **New General Hospital,** Tel. 24304300 (E-202 Richtung Lemesos über Griva Digeni (zur Autobahn) hinweg, erste rechts, 600 m rechts).

Ausflugs-agenturen

In Larnaka sind es mehr echte Reisebüros, die nebenbei auch Ausflüge anbieten. **AAK Larnaka Sea Cruises and Diving School** (Makarios III Str., nahe Polizei, Tel. 24656949, Fax 2465847), **Pegasus Travel Agency** (Tel. 24817600) und **Sunway Travel** (beide gegenüber TI, Letztere mit Western-Union-Wechselstube) arrangieren **Ausflüge, Minikreuzfahrten** usw., **Pro Travel** (Faneromenis, bei der Lazarus-Kirche, Tel. 24620211) bietet die günstigsten Israel-Ägypten-Minikreuzfahrten. **Salamis Travel,** ein renommiertes Unternehmen für Minikreuzfahrten, **Flugbuchungen** usw., liegt in der 7 Afxentiou Str., Tel. 24650698.

Fahrzeug-verleih

- **Rent a Scooter** (Makariou III nahe Marina, Tel. 24626573) und **Anemayia Scooter** schräg gegenüber (Tel. 24624747) vermieten nur Scooter, **Cycar Car Rental** wenige Meter weiter nördlich (Tel. 24656661, www.cycarrent.com) nur Pkw. Der kleine **Verleiher am Kalifatzia-Restaurant** nahe der Lazarus-Kirche hat Zweiräder aller Art inkl. Hotelzustellung (Tel. 24620994). Scooter kosten ab 10 € und PKW ab 25 €/Tag.

Sonstiges

- **Banken:** u.a. *Hellenic Bank,* gegenüber der Polizei, *Bank 24* gegenüber der TI sowie an der Lazarus-Kirche (alle mit **EC-Automat**).
- **Post:** Plateas Pavlou (neben TI) und Faneromenis Str. (gegenüber der Lazarus-Kirche); geöffnet Mo bis Fr 7.30– 13.30 Uhr, Do auch 15–18 Uhr und Sa 8.30–10.30 Uhr.
- **Kinderbetreuung:** In der Kalogera Str. (nahe Markt) können Eltern ihre Sprösslinge im *Jungle Kids Activity Play House* (Tel. 24620339) Mo, Di, Do, Fr 9–13 und 15–18 Uhr, Mi, Sa 9–13 Uhr abgeben; unter Aufsicht werden Mosaiken, Malerei, Töpferei, Bastelarbeiten usw. angeboten.
- **Taxis:** *Makris Tourist Taxi,* Tel. 24652929, am Plateia Pavlou/Ecke TI.
- **Internet:** an der Promenade (u.a. *Replay*-Spielebar). Zahlreiche WLAN-Hotspots, besonders rund um den Baileys Pub (s.o.).

Küstenroute Larnaka – Lemesos

Larnaka-Salzseen

Zwischen Larnaka und dem Kap Kiti liegt eine insgesamt 4 km² große **Salzseenplatte.** Diese entstand durch Verdunstung während der heißen Sommermonate, da sie unter dem Meeresspiegel liegt und stets salzhaltiges Meerwasser nachsickert. Die Salzgewinnung war hier noch im 20. Jh. ein bedeutender Wirtschaftsfaktor, heute bleibt das Areal sich selbst überlassen und bietet zahlreichen **Zugvögeln,** darunter Flamingos vom Kaspischen Meer, ein Winterquartier.

Hala Sultan Teke

Moschee

Am Westrand von Larnaka, praktisch in Sichtweite zum Flughafen, liegt **eines der bedeutendsten moslemischen Heiligtümer** überhaupt, die Moschee Hala Sultan Teke (wörtl.: Ehrenmutter-Klosteranlage; türk. Hala Sultan Türbesi). Die in einer begrünten Oase liegende Anlage wurde erst 1816 vom seinerzeitigen Gouverneur *Emir Effendi* gebaut, doch schon seit Jahrhunderten galt der Ort als heilig. Zahlreichen unterschiedlichen Legenden nach soll nämlich die Frau des Gouverneurs von Palästina, Amme und Ziehmutter (= Hala Sultan) des Propheten Mohammed, *Umm Haram,* während des Eroberungszuges ihres Mannes im Jahre 647 an dieser Stelle umgekommen und begraben worden sein.

Neben einem rituellen Reinigungsbrunnen in der Gartenanlage fallen in der Moschee selbst acht Pfeiler mit Schrifttafeln der Propheten auf. Die Haupthalle ist einschiffig gewölbt und mit einer

Larnaka und westliche Umgebung

nach Mekka ausgerichteten Gebetsnische versehen. Dort führt ein Durchgang zum mutmaßlichen Grab der *Umm Haram,* einem Sarkophag, der von einem Steinquader bedeckt wird. In einem weiteren Nebenraum ruht u.a. der Sarkophag der Urgroßmutter des neuen jordanischen Königs.

Geöffnet ist die Moschee täglich von 9–17 Uhr, im Sommer bis 19.30 Uhr; Eintritt frei; Busanbindung wie Kiti (Nr. 19). Unbedingt sehenswert!

Moschee Hala Sultan Teke

Kiti – Kap Kiti

Etwa 15 km südlich von Larnaka entsteht zwischen den Dörfern Meneou, Liti, Perivolia und dem Kap Kiti ein aufgelockerter, noch recht untouristischer Bereich mit Stränden, Ferienwohnungen und wenigen kleineren Hotels. Mit der Stadtbusanbindung nach Larnaka empfiehlt sich der Raum Kiti für Reisende, die unmittelbar an der Küste und in Flughafennähe, aber doch abseits der Massen Erholung suchen. Der Name Kiti deutet auf die Gründung des Ortes im 7. Jh. hin, als die damaligen Bewohner des antiken Kition vor den anrückenden Truppen der Osmanen ins Hinterland flohen.

Panagia Angelokistos — Die kleine **byzantinische Kirche** wurde im 10. Jh. auf den Resten einer frühchristlichen Basilika aus dem 5. Jh. errichtet. Um 1200 kam eine kleine Kapelle an der Nordseite, *Cosmas* und *Damian* (Medizinheilige) geweiht, hinzu, eine gotische Seitenkapelle zusätzlich im 13. Jh. Einmaliges und bedeutendstes Relikt sind die **frühchristlichen Mosaiken** aus dem 6. Jh. Sie zeigen die Muttergottes mit dem Kind im Arm, flankiert von den Engeln *Gabriel* und *Michael* und umrahmt von einem prächtigen Fries mit Enten, Papageien und Hirschen. Die Kirche (UNESCO-Weltkulturerbe) ist gut ausgeschildert und hat Mo bis Sa 8–12 und 14–16 Uhr, So 9.30–12 Uhr geöffnet.

Kiti — Apotheke, Bank, Minimärkte, Metzgereien liegen im kleinen, überschaubaren Zentrum von Kiti. Kulinarisch empfiehlt sich im Dorf das **Fischlokal Pfiti** (Tel. 24427037) am Ortsausgang Richtung Perivolia. An der Hauptstraße (Ortsausgang Richtung Mazotos) liegt die markante **Ortskirche** in einer kleinen ummauerten **Parkanlage** – gleich dahinter befinden sich einige Fischlokale, von denen das **Paphitis Tavern** (1 Archbishop Michail Str., Tel. 24425100) besondere Beachtung verdient.

Perivolia — Zwischen Kiti und Kap liegt noch das Dorf Perivolia (Autoverleiher, FeWos entlang der Hauptstraße), welches zum Wohnen recht nett ist und relativ ruhig und wenig besucht wirkt. Sehenswert ist hier lediglich der **Rigainas Tower,** ein venezianischer Wachturm aus dem 15. Jh. (siehe Kastell Larnaka).

Infrastruktur — Die eine einfache **Taverna** Kiti (Tel. 24424877) liegt (vom Leuchtturm kommend) am Ortseingang, rund um die kleine Fußgängerzone befinden sich das empfehlenswerte **Fischlokal Antzous** (Tel. 24425020), **Artemis Rent a Car** (Tel. 244 22062), und etwas außerhalb bei den Spyros Gardens bietet das **Sea Eye Diving Centre** (Tel. 24425125, www.seaeyedivingcy.com) seine Dienste an. Private Unterkunft in den **Perivolia Flats** (Tel. 24422684) auf dem Weg

Larnaka und westliche Umgebung

zum Rigainas-Tower, am Leuchtturm im **Three Seas Hotel** (Tel. 24422901, Fax 24422905, www.3seashotel.com.cy, DZ ab 100 € und direkt oberhalb des Kiti-Strandes im **Faros Village Beach-Hotel** (Tel. 2442211, www.farosvillage.com, DZ ab 54 €, Ermäßigungen auf Anfrage bei Miete ab 14 Tagen).

Strände In Meneou wird der **Meneou Beach** nach links beschildert; fährt man bis zum T-end und dort links, trifft man auf Sand-, überwiegend aber Kiesstrand (bewirtschaftet vom Akroyiali Restaurant, Tel. 24634727) mit freiem Blick bis zum Flughafen.

Schöner und etwas belebter ist der **Kiti Beach** (am T-end rechts oder vom Leuchtturm kommend) mit der besten Zufahrt am Faros-Village. Der Strand ist sehr gut für Kinder geeignet (ca. 150 m sehr flach), sandig, Wassersport wird angeboten (Banane 20 €, Jetski 40 €, Scooter 40 €, Tretboote 20 €, Kajak usw.). An einem kleinen Kiosk gibt es im Sommer Erfrischungen, und man kann fast 3 km um den Leuchtturm herum den Strand entlanggehen.

Petounta und Zygi

Westlich von Kiti der gut ausgebauten Küstenstraße folgend, wird das Landschaftsbild vorwiegend von Viehzucht und Getreideanbau geprägt. Bei **Mazota** weist ein Schild auf den Mazotos Beach hin, doch dieser würde allenfalls den Preis als hässlichster Strand Zyperns gewinnen.

Panagia Petounta Es lohnt sich dagegen, von der Hauptstraße 2 km weiter der Piste zur ausgeschilderten **Kapelle** Panagia Petounta zu folgen. Die kleine ehemalige Klosterkapelle liegt inmitten von Getreidefeldern beim einsamen **Petounta Beach,** einem langen Grobkiesstrand mit mehreren Zugängen; der schönste Abschnitt liegt bei der unübersehbaren kleinen Klippe.

Zygi Bis Zygi, einer wenig attraktiven Kleinstadt mit Kraftwerk und Zementfabrik, folgen keine brauchbaren Strände mehr. Allerdings gilt Zygi als kulinarischer Geheimtipp für Fischfreunde; es werden vor allem die **Restaurants Vokolida Fish-Tavern** (Tel. 24332048), **Mellis** (Tel. 24332032) und **Gold Dolphin** (Tel. 24332800) empfohlen, Letzterem gegenüber am Ortsausgang befindet sich auch der **Zygi Cash & Carry Supermarket.**

Sehr beliebt waren auch die Einrichtungen in der neuen **Marina von Zygi** (Cafés, Restaurants), die 2011 ihren vollen Betrieb aufnahm (www.zygimarina.com). Lange währte die Pracht allerdings nicht: **Am 11. Juli explodierten** im Hafen eingelagerte konfiszierte iranische **Munitionscontainer,** wobei das gesamte Hafenareal wie auch das angrenzende Kraftwerk in Mitleidenschaft gezogen wurden. Halb Zypern blieb damals mehrere Tage ohne Strom, Splitter sollen bis auf die Autobahn geflogen sein. 13 Tote und zahlreiche Verletzte waren zu beklagen, die Schäden gingen in die Milliarden, was Zypern an den Rand der Zahlungsunfähigkeit brachte. Die Reparaturarbeiten sollen im Frühjahr 2012 abgeschlossen sein.

Kalymnos/Governor's Beach

Wenn man in Broschüren und Empfehlungen blickt, dann wird Governor's Beach, zu dem sogar Sonderbusse in Lemesos eingesetzt werden, beinahe in den Status eines achten Weltwunders erhoben. Der einzige schon an der Autobahn namentlich beschilderte Strand Zyperns dürfte jedoch für die meisten Leser dieses Buches eine blanke Enttäuschung sein; ein halbes Dutzend Lokale verbauen den Blick komplett, Strandzugang ist nur über diese Lokale möglich. Am besten kommt man noch bei Angelos am großen Parkplatz (kleiner Weg zwischen den Lokalen hinunter) ans Wasser, der Sandstrand selbst ist durchaus in Ordnung.

Infra-struktur

Von den Restaurants empfiehlt sich neben **Angelos** (Fischspezialitäten, Tel. 25632552) noch das **Andreas & Melanie Fish-Meze-Restaurant** (Tel. 25632410). Etwas abseits liegt der ganzjährig geöffnete **Kalymnos Kot Campingplatz** (Tel. 25632878, Fax 25632878, 4,50 € pro Platz plus 2,50 € pro Person). Am Beach werden auch Flats vermietet, so z.B. **Asfestas Rooms & Flats** (Tel. 99458848). Wer lieber im Hinterland wohnt: Das **Pentakomo Village** (Tel./Fax 25632878) vermietet traditionelle Häuser etwa 3 km landeinwärts (gut beschildert).

Moni Agiou Georgiou Alamanou

Kloster-anlage

6 km westlich von Governor's Beach führt von der nördlich der Autobahn gelegenen Landstraße eine Nebenstraße zum 2 km entfernten Kloster Agiou Georgiou Alamanou ab. Es wurde Erzählungen der Mönche zu Folge von einem gestrandeten deutschen (*alamanos* = deutsch) Eremiten um 1880 gegründet. Die sehr gepflegte Klosteranlage liegt inmitten klostereigener Felder, wobei ab hier Richtung Westen der Anbau insgesamt allmählich von der Getreide- zur Olivenwirtschaft übergeht.

Vor der Anlage nach links kommt man zu einer sehr schönen, selten besuchten **Kiesbucht** mit blendend weißen umgebenden Felsen. Bewirtschaftung durch das **Restaurant Aga** direkt am Strand, Tel. 99694888.

Inlandsroute Larnaka – Lemesos

Alternativ – oder ergänzend – zur Küstenroute bietet sich ab Larnaka (oder ab Lemesos in umgekehrter Richtung) ein interessanter Streifzug durch das dörfliche Hinterland im **südöstlichen Macharias Forest** mit einer Reihe sehenswerter Klöster, Dörfer und antiker Stätten an. Mit Ausnahme von Lefkara (siehe dort) benötigt man ein eigenes Fahrzeug. Ab Larnaka fährt man zunächst über eine der Autobahnen oder die Landstraße E-104 bis Pyrga/ Kornos.

zyp_208 Foto: wl

Kornos

Schon in antiken Zeiten wurden im tonreichen Kornos Amphoren und Gefäße für Kition (siehe Larnaka) und Amathous (siehe Lemesos) hergestellt. Heute produziert nur noch eine **Töpferei** im Zentrum (beschildert, Tel. 24533712) Dekorationsstücke für die Gastronomie oder Souvenirgeschäfte her. Am Ortsrand liegt die hübsche **Kornos Forest Picknick Area** (ausgeschildert) – ansonsten ist die ehemalige Töpferhochburg eher enttäuschend.

Pyrga

Kapelle Agia Ekaterina

Zurück an der Hauptstraße und diese überquerend (Schild „Medieval Chapel") erreicht man nach 4 km das Dorf Pyrga. Kurz hinter dem Ortseingang liegt rechts eine moderne Ortskirche, daneben die Kapelle Agia Ekaterina aus dem Jahre 1421. Das **frankobyzantinische Bauwerk** weist trotz der geringen Größe sechs Fenster und drei Tore auf – es wird vermutet, dass nur bestimmte Würdenträger durch bestimmte Türen gehen durften. Von den seinerzeit vollständigen Innenmalereien sind nur noch Reste von Szenen der Kreuzigung, aus dem Leben Christi sowie der Himmelfahrt erhalten. Als historisch belegte Persönlichkeit wurde Lusignan-König *Janus* (1398–1432) nebst Gattin *Charlotte* in der Kreuzigungsszene verewigt.

Auf der gegenüberliegenden Straßenseite liegt der **Landgasthof Kentro Pyrgo** (Tel. 24533804) mit guten zypriotischen Gerichten zu vernünftigen Preisen; Erfrischungen bietet der Mesaoria-Kiosk am Ortseingang.

Moni Stravrovouniou

Spektakuläres Kloster

Der Hauptstraße 3 km in südliche Richtung folgend biegt eine Nebenstraße zu einem der spektakulärsten Klöster Zyperns ab, dem Moni Stravrovouniou. Es liegt einem Adlerhorst gleich im Berg auf 688 Höhenmetern, bei gutem Wetter reicht der Blick von oben über Larnaka im Osten und bis Lefkosia im Norden.

Larnaka und westliche Umgebung

Kapelle Agia Ekaterina

Achtung: Seit 1982 gelten wieder die **strengen Klosterregeln des Athos,** Frauen dürfen daher gar nicht, Männer nur in angemessener Bekleidung und ohne Fotoapparate in das Kloster! Frauen müssen in der Bibliothek am Eingang beim (klosterältesten) Mönch warten; geöffnet tgl. 8–12 und 15–18 Uhr (Winter 17 Uhr).

Die Klosterkirche wurde von *Flavia Iulia Helena,* der Mutter *Konstantins d. Gr.,* um 327 auf einem Aphroditetempel errichtet und mit dem von ihr angeblich im Heiligen Land gefundenen Kreuz Christi ausgestattet. Sie sandte auch die ersten Mönche aus Jordanien hierher und begründete damit das Kloster. Ab 1197 beschickten die *Lusignans* Stavrovouniou mit Benediktinern, die es bis zur Zerstörung durch die Mamelucken (1426; dabei wurde das Kreuz geraubt) bewirtschafteten. Im 17. Jh. bauten orthodoxe Mönche die heutige Anlage und produzieren seither vor allem hervorragenden Honig und Halloumi-Käse, der nach Agia Varvara (an der Autobahn Richtung Lefkosia) geliefert wird.

Die Klosterkirche mit ihren zwei Kuppeln wurde prachtvoll ausgemalt und wird auch heute liebevoll restauriert. In der Ostwand wurden Wandreste des antiken römischen Aphrodite-Heiligtums (4. Jh.) entdeckt. Auch die übrige Klosteranlage mit teilweise erhaltenen bzw. restaurierten Holzböden ist ausgesprochen sehenswert.

Lefkara

Bergdörfer Die Bergdörfer **Kato Lefkara** und **Pano Lefkara** stehen bei allen Ausflugsanbietern mit auf dem Programm, wenn es um Besuche im traditionellen Hinterland geht. Tatsächlich hat das Kunsthandwerk lange Tradition in Lefkara, und noch heute hat jedes zweite Haus etwas mit **Feinschmiedearbeiten** (Silber) oder den noch berühmteren geometrischen **„Lefkara-Spitzen"** (Deckchen, Stickereien u.Ä.) zu tun. Ganze Busladungen gutgläubiger Touristen werden täglich durch Lefkara geschleust, die Waren teilweise recht aufdringlich feilgeboten. Echte Lefkara-Stickereien sind übrigens sehr teuer, viele der im Ort angebotenen Spitzen stammen aus Fernost. Beide Dörfer sind jedoch vom Gesamteindruck her durchaus einen Besuch wert, wobei Kato Lefkara mit einem sehr ruhigen alten Ortskern deutlich ursprünglicher wirkt.

zyp_213 Foto: wl

Pano Lefkara

(Völlig deplatziertes) **Parkhaus** vor dem kleinen Ortskern; empfehlenswert sind die **Snackbar George** (Tel. 24342534) und die **Politistiko Taverna** unterhalb der Parkplätze (Tel. 24342169). Im Ort bietet **Iosiphis** traditionelle **Ferienhäuschen** (Tel. 24664677, www.iosiphishouse.com), **Aloni Ferienwohnungen** (Tel. 99445528). Sehr empfehlenswert ist hier das restaurierte **Red Blue Door** (zwei traditionelle Ferienwohnungen mit eigenem Pool) zu 500–650 € pro Woche (http://redbluedoor.com). Hotelunterkunft bietet das ältere **Lefkarama** (Tel. 24342154, lefkarama@cytanet.com.cy) mit einfachen DZ ab 60 €. Busanbindung s. bei Larnaka.

Kato Lefkara

Via Ortsumgehung oder durch ganz Pano hindurch kommt man zum **Parkplatz;** empfehlenswert ist hier das **Mandarin-Caffe** vor dem Ortskern.

Straßenhinweis

Meist wird nach Lefkara über die Autobahn (Abfahrt Skarinou/Lefkara) gefahren; lohnenswert ist auch die inzwischen gut ausgebaute Nebenstrecke Kornos – Lefkara, von der aus östlich vom Lefkara-Damm eine hübsche Schotterpiste nach Lythrodontas (siehe Macharias Forest) führt.

Larnaka und westliche Umgebung

Kato Drys

Von Lefkara aus folgt man der Beschilderung der Nebenstraße „Vavla/Agia Mina", von der aus man tolle Blicke bis zur Küste hat. Im winzigen Weiler Kato Drys liegt die bei Einheimischen sehr beliebte **Taverna Platanos** (Tel. 24342160), vor der rechts ein kleiner Asphaltweg abgeht. An dessen Ende beginnt nach 200 m ein 3 km langer **Nature Trail** (Erdweg rechts), der nach Pano Lefkara führt.

Moni Agiou Mina

Kloster-anlage

Die einsam gelegene Klosteranlage (Nonnenkloster) wurde vermutlich im 15. Jh. von Dominikanermönchen in gotisch-byzantinischem Mischstil errichtet. Unter Bischof *Partenius von Kition* wurde das Kloster 1754 erweitert und die Klosterbauten westlich der Kirche ergänzt. Die Titulargemälde im Inneren *(St. Minas)* stammen von *Philaretus* (1757). *Minas* war Angehöriger der römischen Legion und war in Kleinasien eingesetzt worden; nach seinem Tod wurde er zum Schutzpatron der Reiterei.

Der innere Klosterbereich wirkt mit Blumen und Pflanzen sehr aufgelockert, es werden auch selbst produzierte Waren wie Honig, Nüsse und getrocknete Früchte verkauft. **Rockzwang für Frauen,** sonst kein Zutritt. Geöffnet tgl. 9–18 Uhr.

Choirokoitia

Von Agiou Mina kann man **via Vavla** der E-904 über Odou und Gourri (sehr mühsam, kurvig, 1156 m hoher Pass) nach Fikardou bzw. zum Macharias-Kloster fahren. Von Vavla nach Süden fahrend erreicht man nach 8 km das prähistorische Choirokoitia (auch an der Autobahn beschildert), welches seit 1999 zum UNESCO-Weltkulturerbe gehört.

Stein-zeitdorf

Das Steinzeitdorf von Choirokoitia wurde im Neolithikum (Jungsteinzeit) **vor 10.000 Jahren gebaut** und zeugt von der Sesshaftwerdung der Menschen in der Übergangsphase vom nomadischen Jägertum hin zur festen Agrarsiedlung. Kurz hinter dem Eingang wurden fünf Rundhäuser rekonstruiert, im oberen Abschnitt folgen zwei Ausgrabungsplätze mit diversen Hüttenresten. Es wurde festgestellt, dass die hier lebenden Menschen ihre Toten unter dem Boden der Hütte begruben und sie mit einem schweren schiffähnlichen Stein bedeckten – vermutlich aus Furcht vor der Rückkehr der Toten. Wie die Grabfunde zeigen, war Choirokoitia bis ins 4. Jahrtausend v.Chr. bewohnt, insgesamt lebten im Dorf rund 400 Menschen. Alle Häuser waren rund, ca. 8 m im Durchmesser und teilweise sogar mit einem Obergeschoss versehen. Die Außenmauern bestanden aus Steinen, der Boden aus einer mit Lehmziegeln bedeckten Schotterschicht. Die Dächer waren vermutlich flach und mit Gras bedeckt (siehe Experimentaldorf Empa bei Pafos).

Eintritt 1,75 €, geöffnet tgl. 8–17 Uhr (Juni bis August bis 19.30 Uhr), Snackbars und Souvenirshops am Parkplatz.

Tochni und Kalavassos

Tochni

Das Dorf Tochni wie auch das 3 km westlich gelegene Kalavassos haben sich in den vergangenen fünf Jahren zur Hochburg des **Agrotourismus** entwickelt. Die großen Reiseanbieter haben tolle restaurierte Landhäuser in ihrem Programm, die CTO vertreibt das deutschsprachige Verzeichnis „Agrotourismus", in dem auch die Anlagen von Tochni und Kalavassos detailliert verzeichnet sind (Tipp für Individualisten). Tochni ist absolut ruhig und traditionell, Kalavassos nur etwas größer. Rund um die beiden Dörfer gibt es zahllose **Wanderwege,** etwa zum Kalavassos-Damm oder zur Anlage Choirokoitia.

Kalavassos-Penta

Bekanntheit erlangte die **Steinzeitsiedlung** Kalavassos-Penta (direkt an der Autobahn, gut beschildert, zu erkennen an dem seltsamen Zeltdach), wo die ältesten **prähistorischen Wandmalereien** auf Zypern gefunden wurden (stehen im Zypern-Museum, Lefkosia). Ferner wurde das vollständig erhaltene, 9000 Jahre alte Skelett eines Kindes gefunden. Vor Ort sieht man wenig, die Anlage ist daher vorwiegend für Fachleute interessant. Einen besseren Eindruck zu neolithischen Rundhaussiedlungen gewinnt man in Choirokoitia (s.o.). Geöffnet Mo bis Fr 9–16 Uhr, Eintritt 1,75 €.

Larnaka und westliche Umgebung

Lemesos und westliche Umgebung

Lemesos

Einleitung

Zyperns bedeutendste Hafenstadt

Die meisten Touristen meiden Lemesos (engl. Limassol, türk. Limasol; mit jüngsten Eingemeindungen ca. **208.000 Ew.**), was Zyperns bedeutendster Hafenstadt nicht ganz gerecht wird. Es ist zwar richtig, dass Lemesos die optisch am wenigsten attraktive Großstadt auf Zypern ist, und es stimmt auch, dass der Spitzname „Malen'kaja Rossija" (Kleinrussland) angesichts der **vielen russischen Touristen** und russischen Beschriftungen auf Speisekarten und Geschäften nicht von ungefähr kommt. Industrie, Handel, Gewerbe und auch ausländische Unternehmen, wenngleich oft als Briefkasten-Off-Shore-Firmen, prägen die Viertel rund um den neuen Hafen. Dennoch bieten die **türkische Altstadt** und die Vororte empfehlenswerte Sehenswürdigkeiten und Besonderheiten.

Stadtgeschichtlich trat Lemesos erst ab dem 5. Jh. in Erscheinung, als durch mehrere Erdbeben die antiken Städte Kourion und Amathous zerstört wurden.

Sehenswürdigkeiten

Uferpromenade

Vom alten Hafen bis kurz vor den Zoo erstreckt sich eine angenehme, begrünte Uferpromenade, deren **weitläufige, großzügige Anlage** mit Kinderspielplätzen und Kiosken in auffallendem Kontrast zu den verwinkelten, quirligen Altstadtgassen steht. Selbstfahrer sollten an einem der drei gebührenpflichtigen **Parkplätze** (Parkscheinautomat, 1 €/Std.) parken, in der Innenstadt gibt es ansonsten wenig Hoffnung auf einen Stellplatz.

An der Promenade steht auch – etwas versetzt und besser über die Einkaufszone zu erreichen – die **Kirche Agios Andronikos,** die 1835 gebaut wurde. Im Inneren beherbergt sie die besterhaltene unrestaurierte Ikonostase aller zypriotischer Kirchen aus dem Jahre 1694.

Bild auf den Seiten zuvor: Petra tou Romiou – „Geburtsstätte der Aphrodite"

Das Kastell von Lemesos

Alter Fischerhafen

Einen Streifzug durch das alte Lemesos beginnt man zweckmäßigerweise am alten Hafen am Südrand des Zentrums. Hier kann man das **Reptilienhaus** (tgl. außer So/Fe 9–18 Uhr; Eintritt 10 €, Tel. 25372779) nebst dem benachbarten **Maritime-Museum** besuchen, wo nautisches Gerät und Fotos ausgestellt sind und Dekorationsmuscheln und Naturschwämme verkauft werden.

Kastell und Medieval Museum

Die Burg von Lemesos, in der *Richard Löwenherz* (siehe Geschichte) 1190 angeblich seine *Berenga* ehelichte, entstand archäologischen Datierungen zu Folge erst Mitte des 13. Jh. Wahrscheinlich aber stand eine ältere Georgskapelle an der Stelle der heutigen Georgskirche im Kastell, sodass die Trauung durchaus an diesem Platz stattgefunden haben kann – jedoch ohne Burg. Das im 13. Jh. errichtete ältere Kastell wurde von den Genuesern 1294 zerstört, die heutige Anlage entstand im Wesentlichen im 14. Jh. unter König *Jakob I.* (1382–1398). Mit der schwindenden Macht der *Lusignans* verstanden es die in Kolossi ansässigen Johanniter, sich die Anlage anzueignen, und prägten wesentliche architektonische Elemente (Gotik) des Erdgeschosses. 1538 fiel das Kastell

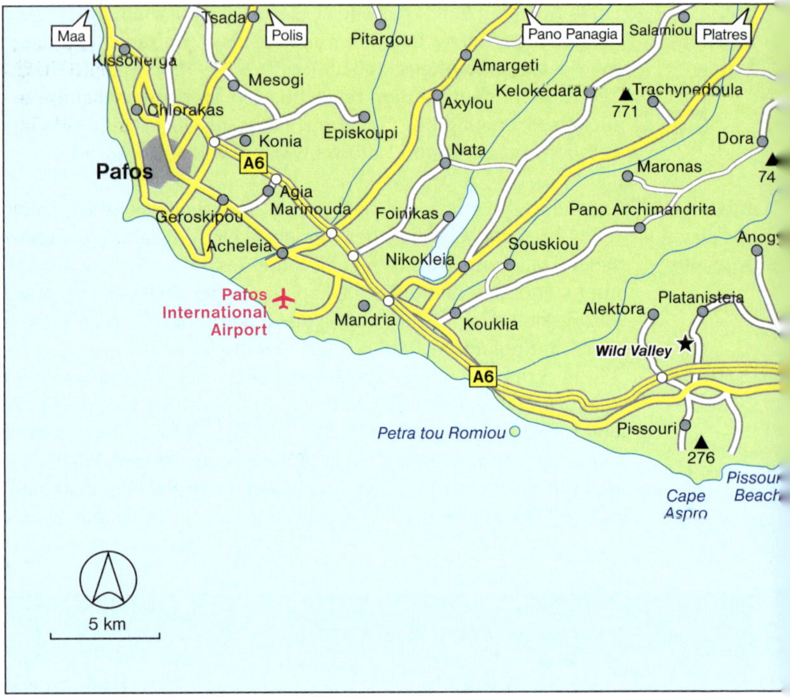

Map of the Pafos region:

Maa, Tsada, Kissonerga, Polis, Pitargou, Pano Panagia, Salamiou, Platres, Mesogi, Amargeti, Chlorakas, Axylou, Kelokedara, Trachypedoula 771, Konia, Episkoupi, Nata, Pafos, Dora, Agia Marinouda, Foinikas, Maronas, 74, Geroskipou, Pano Archimandrita, Acheleia, Nikokleia, Souskiou, Anogy, Pafos International Airport, Mandria, Platanisteia, Alektora, Kouklia, Wild Valley, A6, Petra tou Romiou, Pissouri 276, Cape Aspro, Pissour Beach

5 km

an türkische Invasionstruppen, kurz darauf an die Venezianer, die insbesondere die Wehranlagen stark verbesserten. Ab 1595 übernahmen die Türken die Burg und errichteten das Obergeschoss mit den typischen Fensterbögen. Ab 1800 diente sie als Gefängnis, 1987 wurde das **mittelalterliche Museum** eingerichtet; es beherbergt heute Münzen, Keramiken, Waffen, Rüstungen, Silberwaren und Gebrauchsgegenstände aus dem 13.–19. Jh. (geöffnet Mo bis Sa 9–17 Uhr, So 10–13 Uhr, Eintritt 4 €).

Carob Museum

Anstelle des früheren (und unrentablen) Multimedia-Ereignisses „Time-Elevator" kehrt man in den Räumlichkeiten der ehemaligen Johannisbrotfabrik zu den Quellen zurück. Alles Sehens- und Wissenswerte zum **Johannisbrotbaum** (engl. *carob tree;* siehe Exkurs im Kapitel „Tier- und Pflanzenwelt") wurde zusammengetragen

Lemesos und westliche Umgebung

Lemesos und westl. Umgebung

© REISE KNOW-HOW 2012

und nach einer neuerlichen Renovierung kostenfrei für die breite Öffentlichkeit zugänglich gemacht. Das Museum liegt in der Vasilissis Str. (im Lanitis Carbo Mill-Komplex hinter dem Kastell), Tel. 25762828, geöffnet Mai bis Oktober tgl. 10–20 Uhr, November bis April 9–17 Uhr, Eintritt frei.

Turkish Quarter   Unmittelbar nördlich und westlich des Kastells liegt das alte türkische Viertel mit Moscheen, kleinen Handwerksbetrieben und traditionellen **türkischen Kaffeehäusern.** Prunkstück ist die **Djamir Kebir Mosque** (Kebir Camii), vermutlich im 16. Jh. auf den Grundmauern einer imposanten Agia Katarina-Basilika aus dem 10. Jh. errichtet. Die Moschee dient noch heute als öffentliche Gebetsstätte der moslemischen Gemeinde von Lemesos, sie darf von Besuchern nur mit Kopftuch bzw. langer Hose besichtigt werden.

Ein paar Schritte weiter (beschildert) liegen die **türkischen Bäder** (geöffnet tgl. 10–22 Uhr, nur für Männer), die nach langen Jahren der Vergessenheit restauriert und ihrer ursprünglichen Bestimmung wieder zugeführt wurden.

Erzbischöflicher Palast

200 m westlich liegt der moderne erzbischöfliche Palast von 1988, dessen Großflächigkeit und Prunk im Vergleich zu den einige Einkommensklassen darunter liegenden Privatwohnhäusern rundherum bedrückend wirkt.

Lemesos Übersicht

Stadtpark und Zoo

Unmittelbar neben dem alten **Olympiakos-Stadion,** das schon bessere Tage gesehen hat und heute allenfalls als Bolzplatz durchgehen würde, liegt der hübsch angelegte **Stadtpark** (tgl. 7–19.30 Uhr, Eintritt frei). Darin befindet sich neben Grünanlagen, Open-Air-Amfitreon und der Kinder ansprechenden „Dinosaurs Show" (tgl. 10–19 Uhr, 5 €, Kinder 4 €) auch der städtische **Zoo.** In dem kleinen Tierpark leben hauptsächlich Mufflons, Schafe, Ziegen und Affen, auch zwei müde Löwen vertilgen hier ihr Gnadenbrot. Geöffnet tgl. 9–18.30 Uhr, Eintritt 4 €, Kinder 2 €, Tel. 25588345.

Lemesos und westliche Umgebung

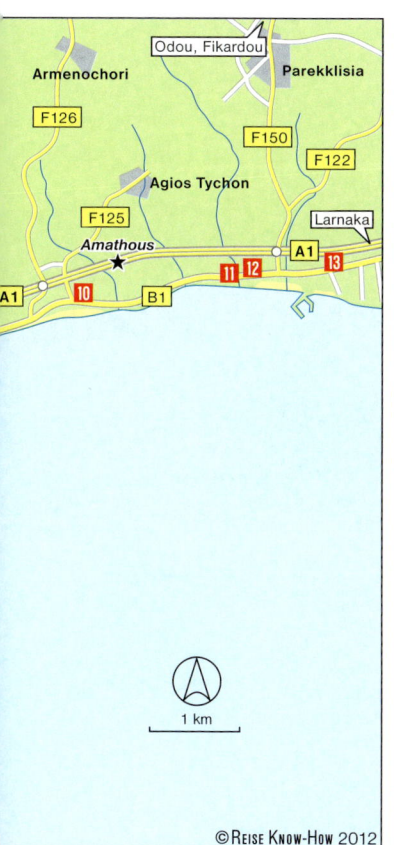

■ **Übernachtung**
4 Kanika Pantheon
6 Crusader Hotel
9 Costa Holiday Flats, Christine Flats
10 Amathus Beach
11 Atlantica Bay Hotel
12 Grand Resort
13 Le Meridien Hotel

■ **Essen und Trinken**
4 Terry's Place
6 Galatex Centre
7 Basement Club

■ **Geschäfte**
2 Orfanidis-Supermärkte

■ **Wassersport**
1 Watermania Aquapark
3 Schwimmbad
5 Aquapark Germasogeia
8 Aquapark Wet 'n' Wild

Anfang September wird im Stadtpark das traditionelle **Weinfest** gefeiert (Eintritt 10 €) – es darf an den einzelnen Ständen so viel Wein getrunken werden, wie es *Dionysos* gefällt ...

Wenige Meter weiter findet man an der Promenade in Nr. 103 die **städtische Galerie** (Tel. 25343212) mit einer auf zeitgenössische zypriotische Künstler beschränkten Ausstellung; geöffnet Di bis Sa 10–12 und 16–18 Uhr, Eintritt frei.

🟥 **Übernachtung**
4 Hellas Guesthouse
6 Ikarius & Stalis Guesthouses
10 Continental Hotel
11 Luxor Guesthouse
12 Metropole Hotel & Rooms

🟦 **Essen und Trinken**
5 Megarou Restaurant
7 Sidon Lebanese Rest.
8 einfache Kafenions
9 Aphrodite Snackbar
13 City Grill
18 Meze Taverna
21 Arbat (russisches Rest.)

🟩 **Geschäfte & Sonstiges**
1 Keo-Brauerei
2 Lipsos
   (Autoverleih & Ausflüge)
3 Obst-/Gemüsemarkt
8 Apotheken
14 Cyprus Handicraft Centre
15 Agora Shopping Mall
16 Toubias
   (Autoverleih & Ausflüge)
17 Metro Bookshop
20 Patriot
   (Autoverleih & Ausflüge)
22 Thalia Sarri (Ausflüge)
23 Mike's Motor Bikes

🟦 **Wassersport**
19 Nino's Sports & Diving Center

**Archäo-
logisches
Museum**

Um die Ecke vom Stadtpark beherbergt das archäologische Distriktmuseum Funde der alten Stätten **Kourion, Sotira und Amathous** sowie steinzeitliche Jagdinstrumente und Werkzeuge. Die Figurinen und Darstellungen von Alltagsszenen, etwa die „Badenden", gehören zu den ältesten ihrer Art auf Zypern. Geöffnet ganzjährig Di/Mi/Fr 8–15 Uhr, Do 8–17 Uhr und Sa 9–15 Uhr (So/Mo geschl.), Eintritt 1,75 €.

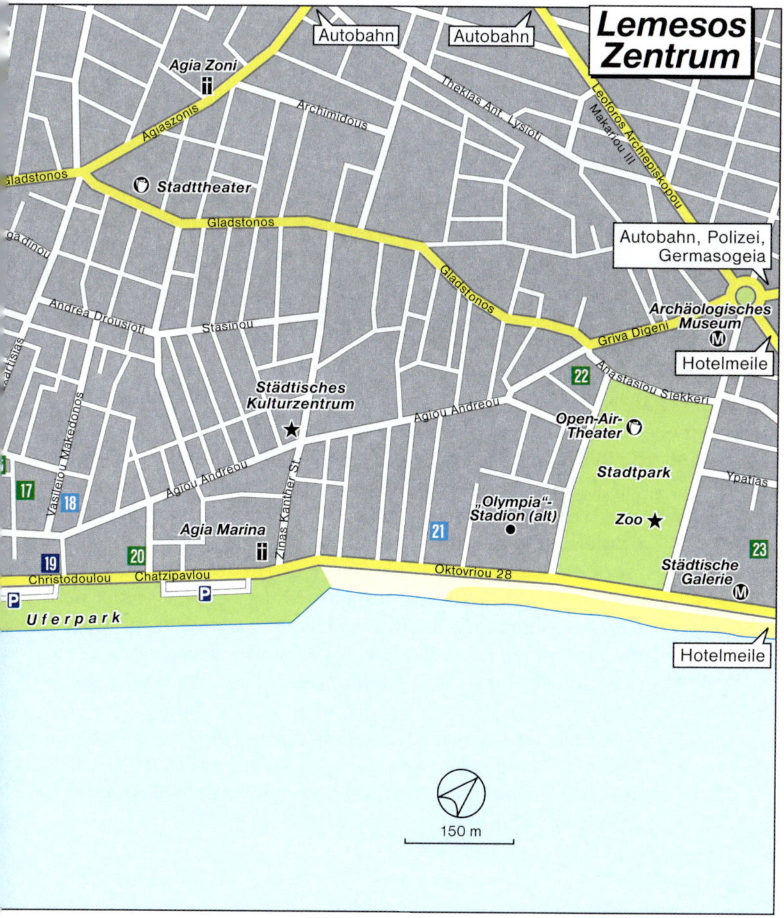

**Lemesos
Zentrum**

Autobahn · Autobahn

Agia Zoni

Archimidous

Theklas Ant. Lysioti

Leontios Archiepiscopou

Makariou III

Agiaszonis

Gladstonos

Stadttheater

Gladstonos

Gladstonos

Autobahn, Polizei,
Germasogeia

Archäologisches
Museum

Griva Digeni

Hotelmeile

Andrea Drousioti

Stasinou

22

Anexastasiou Stekkeri

Vasileos Makedonos

Städtisches
Kulturzentrum

Agiou Andreou

Open-Air-
Theater

Agiou Andreou

Zinas Kanther Str.

Stadtpark

Ypatias

17

18

„Olympia"-
Stadion (alt)

21

Zoo ★

23

Agia Marina

19

20

Christodoulou · Chatzipavlou

Oktovriou 28

Städtische
Galerie

U f e r p a r k

Hotelmeile

150 m

**Brauereibe-
sichtigung** Und nun zum Höhepunkt eines Besuches in Lemesos, zumindest für Wein- und Bierfreunde: Bei **Keo** (Roosevelt Rd., 15 Gehminuten ab altem Hafen oder Bus 30) wird Mo bis Fr jeweils um 10 Uhr eine kostenlose englischsprachige Führung durch **Zyperns größte Brauerei und Weinerzeugungsfabrik** angeboten (formlos beim Pförtner melden, dann in ein Gästebuch in der Empfangshalle eintragen; Tel. 25362053). Gezeigt wird die Brauanlage der neben Carlsberg führenden Biermarke in Zypern, das Weinlager inklusive der berühmten Commandaria-Fässer sowie die Weinbrand- („Cyprus-Brandy") und Ouzo-Abfüllanlagen. Die Führung dauert etwa 30 Minuten.

Natürlich war das noch nicht alles. Anschließend geht es nämlich in die Kantine, wo alles, was produziert wird, auch reichlich – kostenlos – probiert werden kann. Dieser Aufenthalt dauert naturgemäß am längsten …

Naherholungsgebiet Germasogeia-Stausee nördlich von Lemesos

Aquapark Wet 'n' Wild   Inmitten der „Hotelmeile" am Strandareal von Lemesos (Autobahnabfahrt 23 Mouttagiaka oder uferseitig gegenüber dem *Aquarius*-Hotel) wurde „Wet 'n' Wild" errichtet, der von den Attraktionen her dem in Agia Napa (siehe dort) zwar nicht ganz das Wasser reichen kann, dafür aber auch deutlich weniger kostet.

Geöffnet April bis Oktober tgl. 10–18 Uhr, Eintritt 21,40 €, Kinder 10,70 € (Rabatte/Aktionen in den Tageszeitungen beachten!), Tel. 25318000.

Amathous   Am Ostrand der Hotel- und Strandmeile fand man die **Relikte des antiken Stadtkönigtums Amathous,** wobei jedoch große Teile heute vom Meer überspült und zerstört sind. Amathous wurde vermutlich vor ca. 5500 Jahren erstmals besiedelt und erlangte einige Bedeutung durch Kupfer- und Eisenabbau. Bekannt wurde Amathous zunächst durch die Tolerierung der Perser im 5. Jh. v.Chr., erst 200 Jahre später stellte man sich auf die Seite des später siegreichen *Alexander des Großen.* Die Blütezeit folgte analog zu Pafos unter Römern und Byzantinern, wobei soweit auf Zypern bekannt nur hier in den Tempeln Menschenopfer gebracht wurden. Der vor allem aus Kouklia (siehe dort) bekannten Tempelprostitution wurde auch in Amathous gefrönt. Mit moslemischen Überfällen im 7. und 8. Jh. begann der Niedergang, der im 11. Jh. zum vollständigen Untergang der Siedlung führte.

Die Anlage an sich ist weitgehend zerstört, am besten erhalten ist der einstige **Marktplatz** *(agora)* mit der gegenüber liegenden römischen Wasserstelle *(nympheum).* Die ehemalige Stadtmauer wie auch die öffentlichen Einrichtungen der Akropolis sind allenfalls in Grundresten erkennbar.

Geöffnet tgl. 9–17 Uhr, im Sommer bis 19 Uhr, Eintritt 1,75 €.

Germasogeia-Aquapark   Am **Dasoudi Beach** von Germasogeia (nahe *Pizza Hut*) wurde jüngst der etwas andere Aquapark eröffnet. Ein knapp 5 Meter hoher Kunststoff-Eisberg zum Klettern, Wassertrampolin und andere riesige Wasserspielzeuge ziehen eher das jüngere Publikum an.

Geöffnet tgl. 10–13 und 13.30–17 Uhr, Eintritt 10 €.

Germasogeia-Damm   Von den einst reichhaltigen Zitrushainen rund um den Germasogeia-Damm (siehe Stadtbusse) 6 km nordöstlich von Lemesos sind nur noch wenige verblieben – wenn überhaupt, wird heute Getreide angebaut. Während das Dorf **Germasogeia** (380 Ew.) gewachsen ist (an der Kirche befindet sich die ruhige **Lefteris Ta-**

Lemesos und westliche Umgebung

vern, Tel. 25325211), erweist sich das am Damm gelegene **Phini-karia** (Foinikaria, 200 Ew.) als neues Rückzugsgebiet der wohlhabenderen Städter. Der Stausee selbst dient als Wasserspeicher für die Stadt und als **Naherholungsgebiet** der Küstenregion.

● **Kleiner Nature Trail** (Ortseingang Phinikaria beschildert): Vom Parkplatz 500 m unterhalb des Dorfes geht man durch ein Tor und dann links um den kleinen Hügel herum (oben steht ein kleiner Aussichtspavillon) – insgesamt wurden 1,5 km Fußwege angelegt, verlaufen kann man sich nicht. Vom Parkplatz gelangt man auch zu dem nur an wenigen Stellen zugänglichen See.
● **Kyparissias Trail:** Am oberen Ortsende links die Evangelistras Str. hinunter, nach der Biegung dem ersten Weg links (anfangs abschnittsweise asphaltierte Piste) folgen; immer geradeaus 10 km (Richtung Prastiou Kellakriou, nach 7 km noch einmal beschildert) bis zum Wanderschild „Kyparissias" nach links hinauf zum 692 m hohen Gipfel. Von hier aus dauert es noch ca. 1 Std. (immer stetig abwärts) zurück bis Phinikaria. Insgesamt 17 km, ca. 4 Std.

Praktische Informationen

An- und Weiterreise

● **Intercity-Busse** (gegenüber vom alten Hafen, einfache Haltestelle! Tel. 24643492): von/nach Nicosia 5.30–22.30 Uhr Mo bis Fr 12 x tgl., Sa/So 7–17.30 Uhr 6 x tgl. (Tagesticket 7 €, einfach 4 €), von/nach Larnaca gleiche Frequenz, 5 € (einfach 3 €), von/nach Paphos Mo bis Fr 8 x tgl., Sa/So 4 x tgl., ebenfalls 5 € (einfach 3 €).
● **Stadt- und Nahverkehrsbusse:** Alle Stadt- und Nahverkehrsbusse – außer der wichtigen Nr. 30 – fahren ab Bbhf beim Stadtmarkt; Tickets je nach Entfernung 1,20–2,10 € einfach. Nr. 13 nach Germasogeia, Nr. 6, 30 nach Amathous, Nr. 16, 17 nach Kolossi.
● **Nr. 30** dürfte für Besucher die **wichtigste Stadtbuslinie** sein: Der Bus pendelt 8.15–23.15 Uhr die Küstenstrecke entlang vom Meridien-Hotel bis zum neuen Hafen nahe Lady's Mile Beach/Akrotiri, ab 19 Uhr nur noch (ab Meridien/„Hotelmeile") bis zum alten Hafen. Mit der 30 (1,50 €, egal welche Strecke) sind alle Hotels der „Hotelmeile", die Amathous-Ruinen, die Uferpromenade, der alte Hafen, die KEO-Brauerei und der neue Hafen erreichbar.
● **Sonderbusse:** direkt am Kastell Mo bis Sa 5x tgl. nach Kourion (2,60 €, brauchbar sind nur die um 10 und 12.20 Uhr); Enosis Str./Ecke Eirinis Str. Mo bis Sa 11.50 Uhr nach Agros (2,20 €/einfach) sowie Mo bis Fr 9.25 Uhr (9,35 €/Rückfahrkarte; Rückfahrt 15.40 Uhr).

Touristen-info

● **CTO** neben dem *Continental-Hotel* an der Promenade Spyrou Araouzou 15, Tel. 25362756 (Mo bis Fr außer Mi Nachmittag 8.15–14.30 und 15–18.15 Uhr, Sa nur bis 13.30 Uhr); weitere CTO-Büros liegen am Hafen (Tel. 25571868) sowie am Dasoudi Beach, sind jedoch nur sporadisch besetzt.
● Die offizielle Webseite (www.limassolmunicipal.com.cy) ist nicht so interessant wie die **allgemeine Informationsseite** www.limassolcyprus.net mit mehr auf den Reisenden zugeschnittenen Informationen.
● Die **Hafenauskunft** ist unter Tel. 25819200 erreichbar, Flughafen siehe Larnaka und Pafos.

Unterkunft

Lemesos steht auf der Beliebtheitsskala der deutschsprachigen Zypern-Reisenden nicht ganz oben (wohl aber bei russischen Touristen). Hauptvorteil wäre allenfalls die Nähe zu antiken Stätten und zum Bergland, wobei einige wichtige Punkte auch per Bus zu besuchen sind. Unter dem Strich stehen in der Hafenstadt sowohl zahlreiche Travellerunterkünfte (Innenstadt) als auch normalerweise sündhaft teure Luxushotels („Hotelmeile") um einiges günstiger als anderswo zur Verfügung.

Günstig im Zentrum
(alle sehr schlicht, meist ohne Frühstücksmöglichkeit):
- **Ikarius/Icaros Hotel & Guesthouse,** 61 Eleftherias Str., Tel. 25354348, DZ 15–26 €.
- **Stalis Guesthouse,** 59 Eleftherias Str., Tel. 25368197 und 99639269, DZ ab 22 €, wie das *Ikarius* einfache Pension im türkischen Viertel.
- **Hellas Guesthouse,** 9 Zig Zag Str. (nahe der großen Moschee), Tel. 25363841, Fax 25318059, landeil@cylink.com, EZ schon ab 9,50 €, DZ 15–30 €.
- **Luxor Guesthouse,** 101 St Andrew Str., Tel. 25362265, info@luxorlimassol. com, Dormitory 12 €, EZ 15 €, DZ 28–35 €, mit Frühstück, zentral in der Fußgängerzone und sehr beliebt bei Backpackern.
- **Metropole Hotel & Rooms,** 6 Iphigenia Str., Tel. 25362330, www.metropo lehotel.com.cy, EZ ab 25 €, DZ ab 32 €, sehr angenehmes Mittelklassehotel.
- **Continental Hotel,** (neben der TI), 137 Arouzos Str., Tel. 25362530, Fax 25373030, EZ um 45 €, DZ ab 75 €, einfaches Mittelklassehotel zentral an der Uferpromenade gelegen.
- **Kanika Pantheon,** Tel. 25591111, Fax 25591112, www.karnikahotels.com, gutes Mittelklassehotel nahe Zoo, pauschal ab 700–800 €/Wo. im DZ, sonst ca. 142 €/DZ, häufig bei Pauschalreisen im Angebot.
- Auch **Ferienwohnungen** werden angeboten, entweder über Agenturen oder direkt bei *Costa Holiday Flats* (Tel. 25327066) oder *Christine Flats* (Tel. 25324878, 32 Mesovounion Av.); Studios ab 30 €, beide am Aquapark Wet 'n' Wild. Weitere lokale Websites zur Vororganisation einer Ferienwohnung im Raum Lemesos sind www.ankohotel.com. (unschlagbar günstig mit 13–16 € pro Studio) oder www.aridinaholidayapts.com (65 € pro Tag im 2er-Apartment mit Balkon), alle bei der Touristeninformation registriert, mit Anlagen auch in Germasogeia mit Preisen ab 44 € pro Studio und Tag.

Empfehlungen an der „Hotelmeile" (alle Stadtbus 30):
- **Le Meridien,** Super-Luxusanlage 12 km östlich vom Zentrum am Ende der „Hotelmeile", Tel. 25862000, Fax 25634222, www.cyprus.lemeridien.com. Aus der Portokasse kaum finanzierbare DZ ab 428 €/Tag. Leisureland mit Sauna, Dampfbad, Hallenbad usw., fantastische Poollandschaften, „Le Spa", eines der führenden Beauty- und Wellness-Zentren Europas u.v.m. – Luxus pur! Pauschal ab 1750 € pro Woche.
- **Crusader** (pauschal ab 630 € pro Woche), Tel. 25321333, Fax 25321228, crusader@spidernet.com.cy, DZ 114 €, gehobene Mittelklasse am Badestrand mit Pool, Sonnenterrasse usw.
- **Atlantica Bay,** Tel. 25634070, Fax 25634170, www. atlanticahotels.com, sehr schöne Anlage am Amathous-Abschnitt 10 km östlich vom Stadtzentrum mit allen Annehmlichkeiten (siehe Strände), DZ ab 234 €, bei Online-Buchung ab 183 €.

●Reisende empfehlen für individuelle Vorabarrangements ferner das **Grand Resort** (vormals Hawai, Tel. 25634333, http://de.grandresort.com.cy) und insbesondere das **Amathus Beach** (Tel. 25832000, http://amathus-hotels. com/limassol), beide an der Hotelmeile gelegen.

Essen und Trinken

●Einfache Snacks und Kebabs brät **City Grill Take Away** in der Themidos Str. (mit Billardtisch, Tel. 25366301). In der Mitella Str. (kurz vor der Fußgängerzone) bereitet die **Aphrodite Snackbar** gute Burger und Kebabs zu. Westliche **Fast-Food-Ketten** findet man beidseitig des Dasoudi Beach.

●Mittlere Preisklasse: Zünftig und gesittet, gelegentlich von Gitarrenklängen begleitet isst man im **Megarou Restaurant,** Ankara Str., Tel. 25615578 (Spezialitäten: Grillgerichte und Meze). Direkt am Kastell liegt das kleine **Tou Froriou Restaurant & Tavern** (Tel. 25359332) mit zypriotischen und griechischen Spezialitäten sowie gelegentlichen Live-Events.

●Die Internationalität der Hafenstadt zeigt sich auch kulinarisch; so mag das urige libanesische **Sidon Restaurant,** 73 Saripolou Str., Tel. 25871614, mit preiswerten Spezialitäten wie Falafel (Gemüsefrikadellen aus Bohnen, Zwiebeln, Erbsen und Petersilie) oder Burak (mit Hackfleisch oder Schafskäse gefüllte Röllchen) für manchen Neuland sein (offen nur 19–23 Uhr, Mo geschlossen). Das **Arbat** (Tel. 25745055) an der Uferpromenade empfiehlt sich für einen Streifzug durch die russische Küche mit *Boršc* (russ. Kohleintopf) oder *Piro ki* (gefüllte Teiglaschen) – gehobene Mittelklasse. Für Steaks und Currys ist das irisch-britische **Terry's Place** (Tel. 25588245) ein besonderer Tipp (günstige Set-Menüs).

●Die **Meze-Taverna,** eine der beliebtesten traditionellen Meze-Gaststätten von Lemesos, findet man in der Vasileiou Makedonos etwas abseits vom Touristenzentrum; geöffnet Mo bis Sa 12–15 und 18–23 Uhr, Tel. 25367333.

Unterhaltung und Nachtleben

●Wichtigste Anlaufstelle außerhalb der Uferpromenade ist das neue **Galatex-Centre** (beim Crusader-Hotel) in der George A. Str. (westliches Ende der „Hotelmeile"). Hier bietet die irische **Bar Step Inn** (Tel. 25310739) Live-Bands, Billard, Sportübertragungen und Karaoke; wer mehr Wert auf 24-Std.-Snacks und Fassbier legt, liegt bei **Beachcomber** (Tel. 25326379) goldrichtig. Unter dem *Step Inn* rockt **The Auld Disco** (Tel. 25325389) – Sounds von den 1960ern bis heute. Sehr beliebt ist auch der **Basement Club** in Potamos-Germasogeia (Tel. 25873380) mit fetziger Musik und bezahlbaren Preisen. Geöffnet bis 2 Uhr morgens.

●Der **99-City-Club** (C. Chatzipavlou/östliche Uferpromenade, Tel. 25311229) zielt auf den allein reisenden männlichen Besucher ab, ähnlich die **Mirage Topless Bar** am Aquapark (Tel. 25369177).

Einkaufen

●Selbstversorger finden **Orphanidis-Supermärkte** an der Autobahn und am südwestlichen Stadtrand an der Küstenstraße Richtung Kourion. Mehrere **Minimärkte** liegen an der Uferpromenade Richtung Zoo.

●Wer sich allgemein nach Kunsthandwerk/Souvenirs erkundigen möchte, dem sei das **Cyprus Handicraft Centre** (staatlicher Souvenirshop mit Mosaiken, Tonwaren usw.) in der Thermidos Str. empfohlen, Tel. 25330118.

●Der **Metro Bookshop** am östlichen T-Ende der Thermidos (Tel. 25343752) bietet Bücher, Schreibwaren und Landkarten.

●**Einkaufszone:** Lemesos ist für viele (vor allem russische) Besucher eine Stadt zum Shoppen. Die **Haupteinkaufsstraße Agiou Andreou** (St. Andrew)

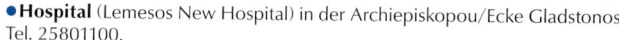

wurde zur Fußgängerzone erklärt und kann leicht an der roten Bepflasterung ausgemacht werden. Hier liegen Boutiquen, Shops, Banken und sogar ein Birkenstock-Geschäft; etwas edler gibt sich am Ende der Fußgängerzone die **Agora Mall**, ein nobles Boutiquenzentrum mit Juwelieren, Lederwaren, Souvenirs und dem recht preiswerten und guten Snackcafé Le Bistroquet.

●**Markt:** Ein paar Straßenzüge landeinwärts, inmitten verwinkelter Einbahnstraßen, werden auf dem Stadtmarkt täglich Obst- und Handwerksstände bei den kleinen Souvenirgeschäften und kleinen typischen **Kafenions** aufgebaut.

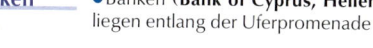

Notfall

●**Hospital** (Lemesos New Hospital) in der Archiepiskopou/Ecke Gladstonos, Tel. 25801100.

●Drei **Apotheken** in der Kyprianou Str./Ecke Athinon Str.

●**Polizei:** Griva Digeni (Central Town Station) hinter dem Zoo, links bis Kreisel, dort rechts 200 m, Tel. 25805050.

Banken

●Banken (**Bank of Cyprus, Hellenic, National, Alpha**) mit **EC-Automaten** liegen entlang der Uferpromenade sowie in der Einkaufszone.

Post

●Postangelegenheiten erledigt man schräg gegenüber vom deutschen Konsulat (Mo bis Fr 7.30–13.30 Uhr, Do auch 15–18 Uhr und Sa 8.30–10.30 Uhr geöffnet).

Sonstiges

●**Internet:** Mehrere Internetcafés an der „Hotelmeile", auch alle Starbucks-Filialen bieten Internetzugang bei Miniverzehr (Kassenbon zum Einloggen).

Strände

●Der **städtische Strand** liegt gegenüber vom Zoo und bietet auch einige Wassersportmöglichkeiten (u.a. Paragliding, Bootsverleih), dürfte aber wegen der stark befahrenen Uferstraße nicht jedermanns Geschmack sein.

●Schöner und ruhiger sind die einzelnen kleineren **Abschnitte der „Hotelmeile"** (überwiegend Sand-, teils Kiesabschnitte), die mit einem Fußweg/Steg miteinander verbunden sind. So etwa der Abschnitt beim *Atlantica Bay Hotel* (blaue Flagge für ausgezeichnete Umweltqualität) mit Tretbootverleih usw.

●Der größte reine Sandstrand **Lady's Mile Beach** liegt im Bereich der britischen Akrotiri-Basis (siehe dort) und ist nicht per Bus erreichbar.

Aktivitäten

●**Tauchen: Nino's Sports & Diving Center** (Nr. 181, *Christodoulou Hadjipavlou,* Tel. 25372667, www.ninos-sports.com); **Dive In** nahe dem *Richard Hotel* in der Amathountos Avenue 59 („Hotelmeile"), Tel. 25311600; im *4-Seasons Beach Hotel,* Tel. 25311923, www.dive-in.com.cy.

●**Angeln:** Spezialisten sind **C&L Angling Tours,** Tel. 99648679, Fax 25713895, river_island_@hotmail.com.

Ausflüge und Fahrzeugverleih

●**Ausflüge und Fahrzeuge:** In der Thermidos Str. bietet **Toubias Travel & Tours** Hotelvermittlung, Autoverleih, Flug- und Seetickets (Tel. 25343752, toubiastravel@cytanet.com.cy). **Lipsos Rent a Car & Travel Agency** am Kreisel am alten Hafen (Tel. 25376382, lipsosholidays@cytanet.com.cy) ist ein Allrounder: Fahrzeuge (ab 120 €/Woche), Exkursionen, Unterkunftsvermittlung, **Kreuzfahrten,** Flugtickets. Gleiches gilt für **Patriot Car Rental** (Promenade/Ecke Sozou, Tel. 25928464). **Thalia Sarri** in der Lord Byron Str. (gegenüber dem Stadtpark und Archäologischen Museum, Tel. 25748074) ist ein Reisespezialist für kurze und lange Exkursionen.

●Reine **Fahrzeugverleiher: Mike's Motor Bikes** (Vermietung, Kauf, Verkauf, Tel. 25346614, kmichal@spidernet.com.cy) in der Panagioti Symeou Str., **Miami Motors** (Uferpromenade, nahe TI, Tel. 25353584, 25666663, www.miami carpoint.com) hat Kleinwagen und Jeeps ab 20 €/Tag. Auch an der „Hotelmeile" (Amathountos Avenue) liegen etliche Verleihstellen, etwa **Stelios Rentals** (Tel. 25311851) mit Mopeds und Kleinwagen sowie **St. Georgiou Rentals** (Tel. 25311848) – beide befinden sich an der Uferstraße im Emerald Court gegenüber vom Strandparkplatz beim Aquapark Wet 'n' Wild.

●**Radverleih:** Im *Grand Resort* bietet **Thomas Wegmüller** Räder und Touren an; man muss dort nicht wohnen, auf Anfrage werden die Räder (ab 100 € pro Woche) zur Unterkunft gebracht. Tel./Fax 25634093, www.bikecyprus.ch.

Sovereign British Base Akrotiri

Bedeutende antike Stätten

Unmittelbar südwestlich des neuen Hafens von Lemesos beginnt das britische Territorium der Akrotiri Base, in dem einige der bedeutendsten antiken Stätten Zyperns liegen. Auf der größten britischen Abhör- und Luftwaffenbasis im östlichen Mittelmeer, die nicht nur die Halbinsel Akrotiri, sondern noch einen Küstenstreifen bis kurz vor Pissouri umfasst, werden Piloten der R.A.F. für Wüsteneinsätze trainiert. Die eigentliche Air Base liegt an der Südspitze der Halbinsel und ist Sperrgebiet, der Rest kann besucht werden. Wie im Falle Dhekeleias fällt auch der Sonderstatus von Akrotiri (= griech. Kap) nur aufmerksamen Besuchern auf – etwa an dreisprachigen Warnschildern (erst englisch, dann griechisch und türkisch) oder ein paar Moscheen (einige der verbliebenen Türken zogen es vor, ins britische Territorium zu gehen). Die Gegend wird **Akrotiri Gata** (Katzenkap) wegen der vielen Katzen beim Nikolauskloster genannt.

Watermania-Aquapark

An der Küstenstraße Richtung Pafos entstand inmitten der **Plantagen von Fasouri** der Watermania-Aquapark, der nach etlichen Erweiterungen dem in Agia Napa an Attraktionen kaum noch nachsteht. Neben Kinderpools, Erfrischungskiosken, Fast-Food, mehreren Röhrenrutschen, sechsspuriger „Rennrutsche" und riesigem Wellenbad zeichnet sich *Watermania* besonders durch eine „freefall" Rutsche aus, wobei der hoffentlich nervenstarke Gast nahezu im freien Fall über eine extrem steile Rutsche ins Wasserbecken rast. Geöffnet Mai bis September 10–18 Uhr, Oktober bis 17 Uhr, Eintritt 29 €, Kinder von 3 bis 12 Jahren 16 €. Informationen unter www.fasouri-watermania.com oder Tel. 25714235. Der Park bietet etliche Busverbindungen zur Hotelmeile Lemesos (9.30–11 Uhr halbstündig, zurück 17–18.30 Uhr halbstündig), Pafos (Di, Fr, Sa um 8.45 ab *Intercontinental Hotel,* zurück 16 Uhr) und Larnaka (nur So ab Hotelmeile um 8.30, zurück 16 Uhr).

Lady's Mile Beach

Der Strand südlich vom Hafen besteht zunächst aus Grobkies und geht Richtung Kap Gato zunehmend in feinen Sand über. Eine gut befahrbare Piste führt zwischen Salzsee und Ufer entlang, mehrere Parkmöglichkeiten wurden bei den **Strandrestaurants Captains Cabin** (Tel. 29624323, 96304050, v.a. Fischgerichte, -meze) und **Lady's Mile Restaurant** (Tel. 25535542) eingerichtet.

Alyki-Salzsee

Größter Salzsee Zyperns

Der mit ca. 25 km² größte Salzsee auf Zypern liegt etwa 3 m unter dem Meeresspiegel und wird durch Sickerwasser vom Meer gespeist. Durch die Verdunstung entsteht die typische weiße (heute durch Umweltbelastungen mehr graue) Salzschicht. Zugvögel sind wegen der zahlreichen Hubschrauber der Briten selten geworden – sie bevorzugen Larnaka.

Moni Agiou Nikolaou ton Gaton

Oasenhafte Klosteranlage

Am Südende des Lady's Mile Beach, unmittelbar vor dem Sperrgebiet, weitet sich der Sandstrand zur kleinen **Sandwüste** aus. Hier fahre man nahe am Zaun landeinwärts, bis sich die Sandfläche zum Weg verengt, kurz dahinter weist ein Schild nach links zum Kloster „Heiliger Nikolaus der Katzen". Die modern anmutende, oasenhafte Anlage wurde schon 325 gegründet, in ihren heutigen Ausmaßen im späten 14. Jh. fertig gestellt und im 16. Jh. verlassen. Erst 1980 wurde Agios Nikolaios von orthodoxen Nonnen wieder besiedelt; Titulargeber war der *Hl. Nikolaus,* dem zu Ehren am 6. Dezember der gesamte Fang der Fischer am Kap wohltätigen Zwecken gestiftet werden musste.

Lemesos und westliche Umgebung

Dem mittelalterlichen Historiker *Stephane Lusignan* zu Folge entsandte Kaiser *Konstantin der Große* Anfang des 4. Jh. Gouverneur *Calocaeros* nach Zypern. Das gesamte Kapgebiet muss seinerzeit Wüste gewesen und mit unzähligen Giftschlangen besiedelt gewesen sein. *Calocaeros* löste das Problem, indem er christlichen Mönchen das gesamte Kap unter der Bedingung überließ, dass sie fortwährend mindestens einhundert mit Schlangenfleisch zu fütternde Katzen hielten. Noch heute wimmelt es im Klosterbereich – von Katzen.

Akrotiri

Nette Kneipen

Vom Kloster folgt man dem Weg bis zur Straße, die links zum Sperrgebiet und rechts durch Akrotiri Richtung Kolossi führt. Die **britische Wohnsiedlung** an sich ist von geringerem Interesse, weist jedoch einige nette Kneipen auf wie das **New Sylvana Kebab House** (Tel. 29252043), das **Aphrodite Steak House** (Tel. 25952464) oder das **New Inn,** ein hübsches englisches Pub-Lokal (Tel. 25952634).

Kolossi

Johanniterburg

Die beeindruckenden Abhörantennenanlagen der Briten passierend folgt man dem Sträßchen immer geradeaus durch **Erdbeer- und Zitrusplantagen** zur Johanniterburg von Kolossi, die knapp außerhalb der britischen Zone liegt.

Es scheint bereits im frühen 12. Jh. eine Art Wachturm gegeben zu haben, der mit dem Umland einem gewissen *Garinus de Colos* (daher „Kolossi") als Lehen gegeben wurde. 1210 übereignete König *Hugo I.* das Lehen mit 40 Dörfern und deren Wein-, Oliven-, Mais- und Baumwollpflanzungen an die Hospitalier (Johanniter), die das heutige Kastell errichteten. 1291, nach dem Verlust des Heiligen Landes, zogen sie sich hierher zurück, um ab 1308 ihr neues Hauptquartier in Rhodos (später Malta) zu nehmen. Während ihrer Zeit auf Zypern kultivierten sie den **Zuckerrohranbau,** den sie ebenso aus Kleinasien mitbrachten wie die Seidenraupenzucht und die Erzeugung des berühmten **„Commandaria"-Likörweins** (von „Kommende" = Verwaltungseinheit der Johanniter). Die Zuckerfabrik neben dem Kastell zeugt noch heute von der Bedeutung des Zuckerrohranbaus im Mittelalter.

Das dreigeschossige, 21 m hohe und 16 x 16 m messende Kastell barg im Erdgeschoss Unterkünfte und Zisternen, im Mittelgeschoss zwei größere Räume, die den Rittern vermutlich als Speise- und Versammlungsraum dienten, sowie im Obergeschoss die Residenz des Großmeisters (später Kommandeurs). Die ehemalige Zugbrücke wurde im 15. Jh. durch eine Rampe ersetzt.

Geöffnet tgl. 9–19 Uhr, im Winter bis 17 Uhr, Eintritt 3,50 €; Bus siehe Lemesos.

Agios Eustatios   Wenige Meter nördlich der Burganlage steht die **byzantinische Kapelle** Agios Eustatios, die von den Johannitern etwa zeitgleich mit dem Kastell errichtet wurde. Der Titularheilige *Eustatios* gab trefflich den Charakter der Militärorden während der Kreuzzüge wieder: Er war ein Offizier der Reiterei unter dem römischen Kaiser *Trajan* und wird oft mit einem Hirsch dargestellt, dessen Kreuz am Kopf ihn zum Christentum bekehrt haben soll. Seit dem Mittelalter galt er als Märtyrer der orthodoxen Kirche und Schutzpatron der Kavallerie.

Zugang zur Kapelle jederzeit über den Kapellwächter im Nachbarhaus (kleine Spende in die Kirchenbox).

Erimi-Weinmuseum

Cyprus Wine Museum

Das „Cyprus Wine Museum" präsentiert anhand alter Krüge, Vasen, mittelalterlicher Trinkgefäße, privater Sammlungen, alter Dokumente und Werkzeuge die **Geschichte des zypriotischen Weines.** Fotografische und audiovisuelle Rückblicke bringen dem Besucher vom Anbau über die Produktion bis zum Verkosten alle Aspekte der Weinherstellung näher. Das Museum (mehrfach ausgeschildert) liegt an der Hauptstraße von Episkopi (auch Kolossi) Richtung Autobahn in Erimi, Paphou St. 42, Tel. 25873808, www.cypruswinemuseum.com. Geöffnet tgl. 9–17 Uhr, Eintritt 5 € inkl. Imbiss und ein Glas Wein bzw. Traubensaft.

Episkopi (Kourion)

Museum

Zurück im britischen Territorium folgt man der „Pafos"-Beschilderung durch die Plantagenlandschaft bis zu einem T-Ende. Historisch und archäologisch Interessierte werden (nach rechts, beschildert) zusätzlich zu Kourion das dazugehörige Museum in Episkopi besuchen wollen. Neben antiken Funden wie Priester-

Lemesos und westliche Umgebung

masken, stilisierten Tempelopfern und Münzen sind die sterblichen Überreste einer Familie ausgestellt, die vom Erdbeben um 330 überrascht wurde. Geöffnet nur Mo bis Sa 8–14.30 Uhr, Do 15–17 Uhr, Eintritt 1,75 €, bis 14 Jahre frei, Bus siehe Lemesos.

Kourion Beach

Schön gelegen

Am T-Ende vor Episkopi links Richtung Pafos fahrend führt ein beschilderter Weg gleich darauf zum Kourion Beach, der seine Faszination hauptsächlich aus der fantastischen Lage unterhalb der antiken Stätten zieht. Der große Strand besteht teilweise aus Grobkies (linke Seite), überwiegend aus Sand und wird von mehreren Snacklokalen bewirtschaftet.

Kourion

Antike Statten

Kurz hinter der Strandzufahrt liegt an der Küstenstraße die Einfahrt („Kourio Theatre Road East") zu den antiken Stätten. Die einstige Stadt Kourion ist sicherlich – wie auch Pafos – für jeden Zypernbesucher ein Muss, und sei es nur wegen der absolut **phänomenalen Lage oberhalb des Meeres.**

Geschichte

Das bereits in der Jungsteinzeit (vor rund 5000 Jahren) besiedelte Kourion wurde im 7. Jh. tributpflichtiges Stadtkönigtum der Assyrer. Wie in Amathous akzeptierte man später die Perser, Kourion verhalf ihnen in der Schlacht von Salamis sogar zum Sieg über die Griechen. Größere Bedeutung erlangte die Stadt unter den ägyptischen Ptolemäern und den Römern, ehe Erdbeben im 4. Jh. zahlreiche Bauten zerstörten. Noch im 5. Jh. Bischofssitz, wurde dieser mit einsetzenden moslemischen Überfällen im 7. Jh. nach Episkopi verlegt – die Bürger folgten allmählich nach, und Kourion wurde zur vergessenen Geisterstadt. 1961 begannen unter amerikanischer Leitung die Ausgrabungs- und Restaurierungsarbeiten.

Das römische Theater in Kourion

Lemesos und westliche Umgebung

Römisches Theater

Eines der beeindruckendsten Monumente von Kourion ist das restaurierte halbrunde Theater aus dem 2. Jh. Rund 3500 Zuschauer genossen hier Schauspiele und später vermutlich auch Kämpfe. Hinter der Spielfläche stand ursprünglich eine Art Kulisse, die so hoch war wie die Außenmauern der Tribünen.

Eustolios-Villa

Neben dem Theater fand man die Reste einer prächtigen privaten Villa aus dem späten 4. Jh., die vermutlich im 5. Jh. zu öffentlichen Thermen umgebaut wurde. Prunkstück sind die **Bäder** mit einer Mosaikendarstellung des *Ktisis* (Schöpferkraft) mit dem Eichstab eines römischen Längenmaßes in Händen. In den Säulengängen fand man eine Inschrift, die einen gewissen *Eustolios* als Auftraggeber oder Erbauer des Anwesens ausmacht. Ein weiteres Mosaik mit (frühchristlichen) Tiermotiven und dem Petrus-Symbol des Fisches deutet auf die Christianisierung der Gegend hin.

Römische Villa

Vor der Basilika liegt links des Fußweges das so genannte „römische Haus" – das aber tatsächlich ein griechisches war: Die einfachen Steinböden waren unverziert, der Zugang zum Wohnbe-

reich erfolgte durch einen schmalen Durchlass vom Innenhof, dessen Rückseite von einer dorischen Säulenreihe gesäumt wurde. Es entstand bereits im 1. Jh., wurde während der Erdbeben 340 und 365 zerstört und zum Zeitpunkt der Entstehung der „römischen" Siedlungsteile nicht wieder aufgebaut. Erst 1984–87 wurde es dann von *Prof. Søren,* Arizona-University, entdeckt und freigelegt.

Basilika   Auf rechteckigem Grundriss mit ca. 2000 m² entstand nach den Erdbeben des 4. Jh. eine dreischiffige christliche Basilika, deren Altar unter einem Baldachin (säulengetragenes, steinernes Dach) stand – die Säulenreste sind deutlich erkennbar. Von hier aus hat man den schönsten Blick über die Bucht von Kourion.

Gladia-   Hier handelte es sich nicht etwa um Wohnungen von Gladiatoren,
toren-Villa   sondern um ein Wohnhaus wohlhabender Bürger. Mehrere **Bodenmosaike** haben jedoch Gladiatorenkämpfe zum Thema, wes-

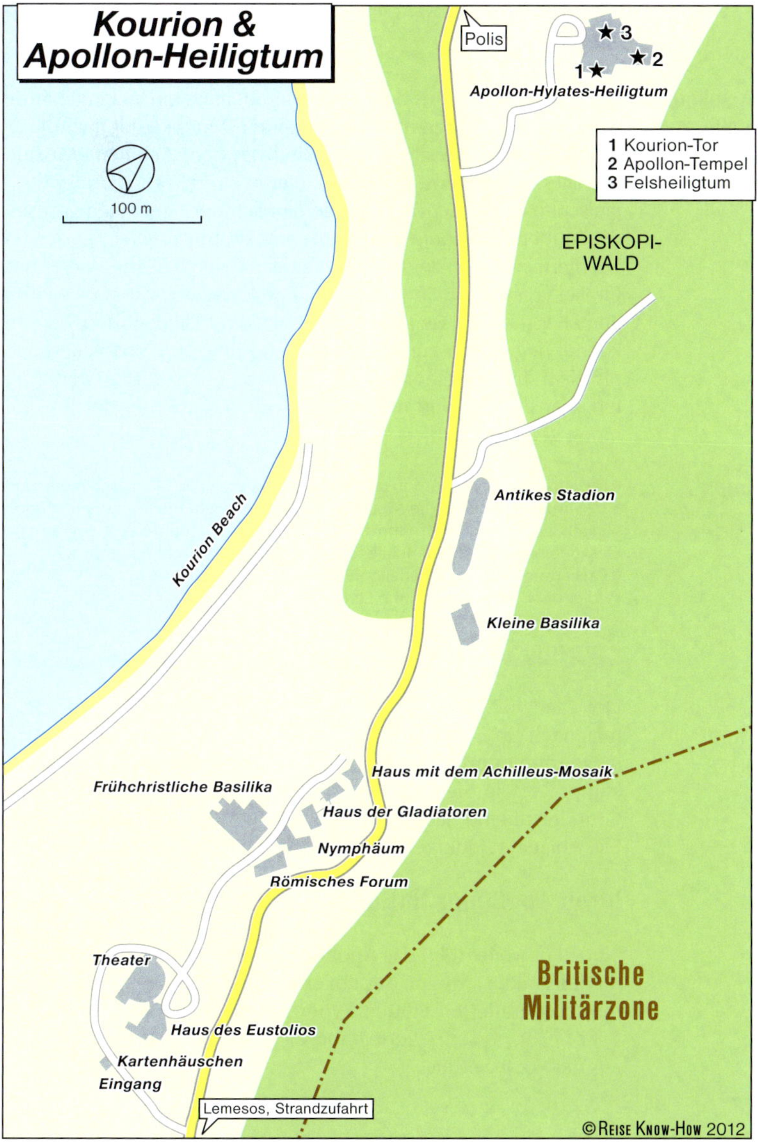

Kourion & Apollon-Heiligtum

Polis

★ 3
★ 2
1 ★

Apollon-Hylates-Heiligtum

1 Kourion-Tor
2 Apollon-Tempel
3 Felsheiligtum

100 m

EPISKOPI-WALD

Antikes Stadion

Kleine Basilika

Haus mit dem Achilleus-Mosaik

Frühchristliche Basilika

Haus der Gladiatoren

Nymphäum

Römisches Forum

Theater

Haus des Eustolios

◆ *Kartenhäuschen*

Eingang

Lemesos, Strandzufahrt

Kourion Beach

Britische Militärzone

©REISE KNOW-HOW 2012

Lemesos und westliche Umgebung

halb das Haus aus dem 3. Jh. n.Chr. „Gladiatoren-Villa" genannt wird.

Achilleus-Villa

Die Achilleus-Villa aus dem 4. Jh. war ebenfalls ein Wohngebäude wohlhabender Bürger und birgt mehrere Mosaike mit mythologischen Themen. Benannt wurde sie nach dem **Achilleus-Mosaik** (Achilles, siehe Pafos-Mosaiken), hier in einer Szene vor dem trojanischen Krieg: *Achilleus* wurde nämlich der Sage nach von seiner Mutter dem König von Skyros anvertraut, damit er mit dessen Töchtern in Frauenkleidern aufwachse und er so nicht – wie es das Orakel vorsah – vor Troja fallen könne. *Odysseus* wusste – wieder gemäß Orakel – dass Troja nur mit *Achilleus'* Hilfe erobert werden könne, begab sich zum befreundeten König von Skyros und ließ plötzlich das Kriegshorn blasen. *Achilleus* griff sofort zu den Waffen, war erkannt und musste mit nach Troja, wo er der Bestimmung gemäß starb.

Infos

●Die Ausgrabungen werden permanent erweitert, neue Überdachungen und Stege angelegt, sodass die Mosaiken und Böden nicht mehr betreten werden können. Dies ist sicherlich sinnvoll zum Schutz der Monumente, fotografische Gesamteindrücke sind dann allerdings nur noch eingeschränkt möglich.
●**Parken** an der Zugangshalle, **Eintritt** 1,75 €, **geöffnet** tgl. 8–19.30 Uhr, Winter bis 17 Uhr, Busse siehe Lemesos.

Kourion-Stadion

Der Landstraße mit großartiger Aussicht weiter folgend, erreicht man nach ca. 2 km das gut erhaltene Kourion-Stadion, eine 400 m lange **ummauerte Arena** aus dem 2. Jh. für Sport- und Reitwettkämpfe sowie Siegesparaden. 100 m ostwärts findet man die Grundreste einer kleinen frühchristlichen Basilika aus dem 5. Jh. Die Anlage ist jederzeit frei zugänglich (kein Eintritt).

Ieron Apollonos Ilatou

Nur 1 km weiter folgt das **Apollon-Hylates-Heiligtum** (Apoll, Hüter des Waldes), wegen des gut erhaltenen Haupttempels eine der meistfotografierten Stätten Zyperns. Das Heiligtum entstand im 1. Jh. n.Chr. und integrierte dabei ein früheres Waldgott-Heiligtum aus dem 6. Jh. v.Chr.

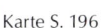

Bäder und Sportarena
Unmittelbar vor dem Haupttor (Kourion-Tor) lagen rechts römische Bäder mit gut erkennbarer antiker Bodenheizung sowie links eine von Säulengängen umrahmte kleine Sportarena (Palästra), wo ausschließlich unblutige Wettkämpfe wie Ringen o.Ä. stattfanden.

Rund um das Kourion-Tor
Hinter dem Kourion-Tor liegen linker Hand fünf Ruheräume der Tempelbesucher, verbunden durch einen Säulengang (Portikus); eine ähnliche Funktion dürfte auch die Halle an der Westseite der Anlage gehabt haben. Rechter Hand vom Kourion-Tor der Priesterbereich und Lagerräume für Opfergaben und Reliquien.

Rund um den Zentralhof
In der Mitte der Anlage führt ein breiter, 400 m langer **„Heiliger Weg"** über einen Zentralhof zum eigentlichen **Apollon-Tempel.** Im Zentralhof warteten die Tempelbesucher auf Anweisungen der Priester; unklar ist, ob nur Priester das Heiligtum selbst betreten haben. Links vom Zentralhof liegt ein rundes Felsheiligtum aus dem 6. vorchristlichen Jahrhundert, wo vermutlich Baum- oder Waldgöttern gehuldigt wurde. Rechts vom Zentralhof steht ein steinerner Altar aus dem 7. vorchristlichen Jahrhundert, das älteste

Lemesos und westliche Umgebung

zyp_242 Foto: wl

Relikt der Anlage. Der Haupttempel entstand vermutlich auf griechischen Vorgängerbauten im 1. Jh. n.Chr., wurde während der zahlreichen Erdbeben stark zerstört und weitgehend mit den Originalteilen restauriert.

Geöffnet tgl. 9–19 Uhr (Winter 17 Uhr), Eintritt 1,75 €.

Episkopi Sovereign Base Area Administration

Wohnareal der Briten Das gepflegte, **„Schweiz Zyperns"** genannte Wohnareal der Kämpen Ihrer Majestät mit abgezäunten Wohnblöcken und dem Hauptquartier der ca. 3000 Mann steht in starkem Kontrast zum Umland und ist eine typisch englische Militärsiedlung mit Schule, Spital und „Wembley-grünen" Sportanlagen. Im Tälchen an der Straße führt ein Feldweg (beschildert, 1,5 km) zur **Kapelle Agios Georgios Symboula,** wo Honig und eingelegte Früchte aus Eigenanbau verkauft werden.

Avdimou Beach und Melanda Beach

Avdimou Beach Kurz hinter dem bei britischen Militärangehörigen sehr beliebten **St. Georges Restaurant** (Tel. 25222322) erreicht man wieder ein T-Ende, wo nach links Pafos und zwei schöne Strandbuchten beschildert sind. Die sehr hübsche Avdimou Bay liegt inmitten von gelben Blumen-, braunen Weizen- und grünen Weinfeldern und bietet einen feinen Ausblick bis Cape Zevgari (Akrotiri). Im **Kyrenia Restaurant** (Tel. 29408860) kann man sehr gut Fisch essen.

Melanda Beach Zurück an der Hauptstraße biegt gleich darauf eine Piste zum Melanda Beach ab, auf dem Weg hinunter wird auf einem Gehöft zypriotischer Käse verkauft. Der Melanda-Strand ist zwar nicht so feinsandig wie Avdimou, dafür gilt das **Melanda Beach Restaurant** (Tel. 99565336) als das noch bessere Fischlokal (12–22 €).

Küstenroute Akrotiri – Pafos

Westlich der Avdimou Bay verlässt man das britische Territorium von Akrotiri Richtung Pafos mit dem beliebten Ferienort Pissouri und einigen weiteren sehenswerten, teils mythischen Punkten. Badestrände sind außerhalb von Pissouri Mangelware, dafür entlohnt **eine der schönsten Küstenrouten Zyperns.**

Pissouri

Die 800-Seelen-Gemeinde zwischen Lemesos und Pafos ist viel ruhiger als etwa Agia Napa oder Lemesos, doch wer entspannte Abgeschiedenheit erwartet, dürfte enttäuscht werden. Ein dörfliches Idyll ist zweifelsohne der Altort am 276 m hohen **Trachonas-Berg,** dessen Lage direkt an der Küste beeindruckend ist. Der touristische Bereich liegt knapp 4 km entfernt an der Küste und ähnelt anderen kleineren Feriengebieten wie Coral Bay (bei Pafos) oder Latchi (bei Polis). Ohne eigenes Fahrzeug ist man ziemlich aufgeschmissen und auf die Ausflugsagentur vor Ort angewiesen.

Im Sommer finden im kleinen **Freilichttheater** Aufführungen von klassischen Stücken statt, **Wanderungen** sind auf Fuß- und Nebenwegen bis zu Melanda Beach und Avdimou Beach möglich.

Bus

●Einzige Busanbindung: um 6 Uhr **nach Lemesos,** gegen 12.30 Uhr retour, 1,85 €. Haltestelle bei der Kirche.

Unterkunft

●Ferienwohnungen bietet **Holiday Apartments,** Tel. 256 92710, oder **Kotzias** (Tel. 25221014, www.kotzias.net, Nebensaison-Studios schon ab 26 €, auch Monatsmieten sowie Pkw monatlich möglich) unten beim Strandabschnitt. Einzige Hotelunterkunft ist (noch) das Nobelressort **Columbia Beach,** Tel. 25221201, Fax 25221505, www.columbia-hotels.com, DZ 375 € (pauschal ab 1400 €/Woche All inclusive).

Essen und Trinken

●Kleinigkeiten und Snacks, auch zum Mitnehmen, bietet **Vakanas Glorious Food** (Tel. 25222681). Dem Besitzer des sehr beliebten **Castro Tavern** (Tel. 25222526) gehören auch *Pepis Minimarket* und *Pepis Supermarket* (kleiner Souvenirshop) nebenan.
●Sehr schön das Ufer überblickend sitzt man auch im **Symposio Bar & Café** (Tel. 25221210, mittlere Preisklasse).

Sonstiges

●Unmittelbar **am Ufer werden Scooter und Surfbretter verliehen,** Pkw vermietet **Smile Rent a Car** (Tel. 25222701). **Perri's Travel Agency** (Tel. 252 22446) arrangiert auch Cottages und FeWo, die **CoOp Bank** nebenan hat derzeit eine Wechselstube (8.15–13 Uhr, Sa bis 12 Uhr, Mo und Fr auch 14.30–17 Uhr).

Aphrodite, ihr Kult und ihre Nachfahren

Die vermischt griechisch-zypriotischen Legenden besagen, die beiden Ur-
götter Himmel und Erde (*Uranus* und *Gaia*) hätten im Streit gelegen und Gaia
habe Uranus entmannen lassen. Das Geschlecht des Uranus wurde ins Meer
geworfen und trieb hier am Petra tou Romiou an Land, wo den Fluten die
Göttin *Aphrodite* entstieg, fortan in der griechischen Mythologie die **Göttin
der Fruchtbarkeit und der Liebe.** Zur Zeit des Königs *Pygmalion von Amathous* habe Aphrodite ein Gesetz erlassen, wonach jede Frau vor der Ehe am
Aphroditetempel (siehe Kouklia) „einem Fremden, bis er ihr Geld in den
Schoß wirft, im Tempel zu Willen" zu sein hatte. Pygmalion war entsetzt und
wurde bildhauerischer Eremit. Er schuf eine Statue der Göttin, in die er sich
unsterblich verliebte. Aphrodite erbarmte sich und belebte die Statue, die
Pygmalion einen Sohn gebar, *Pafos,* der später seine Schwester ehelichte.
Der aus dieser Ehe hervorgehende Sohn **Kyniras** wurde später von seiner ei-
genen Tochter verführt, wobei **Adonis** gezeugt wurde.

Kyniras wurde später zum Oberpriester der rituellen Kulte, als **„Töchter
des Kyniras"** wurden jene jungen Frauen bezeichnet, die dem angeblichen
Gesetz der Aphrodite folgten und sich im Tempel Fremden hingaben. Über
die genauen „Kulthandlungen" ist wenig bekannt, hier gehört vieles ins Reich
der (männlich-chauvinistischen?) Fantasie. Höhepunkt der von Prozessionen
und rituellen Waschungen begleiteten Feierlichkeiten soll die körperliche
Vereinigung des Priesters mit der Göttin im Aphroditetempel, dargestellt
durch eine auserwählte Repräsentantin Aphrodites, gewesen sein. Unklar ist
auch, ob derartige Rituale jeden Freitag (Fastentag der Aphrodite) oder, sofern realistisch, nur an Vollmond-Freitagen stattfanden.

Eine historische Besonderheit (ptolemäisch-ägyptischen Ursprungs?) dürfte die Tatsache sein, dass der König von Pafos jeweils auch religiöses Oberhaupt (= legitimer Vertreter des Kyniras) gleichsam als Priesterkönig war.
Griechische antike Geschichtsschreiber behaupten, auf dem Rückweg von
Troja (um 2500 v.Chr.) habe König *Agapenor* Zypern besucht, den „Göttin-
nenkult" entdeckt und das Aphrodite-Heiligtum bei Palea Pafos gegründet.

Derart sagenumwobene Ereignisse fanden **keinen historischen Beleg.**
Nachweisbar war zum Zeitpunkt der Hellenisierung Zyperns vor über 3000
Jahren eine verehrte weibliche Gottheit, vermutlich *Astarte* (phönizisch-klein-
asiatisch) oder *Ishtar* (babylonisch) als „Magna Mater" (lat. Große Mutter),
was wegen der damals vorherrschenden matriarchalischen Gesellschaftsord-
nung plausibel erscheint. Der Magna-Mater-Kult konnte in weiten Teilen des
östlichen Mittelmeers bis nach Malta nachgewiesen werden.

●**Columbia Watersports** (Tel. 99612262, www.surfcyprus-windsurfing.com) am Strand. Tauchen kann man bei den **Pissouri Bay Divers,** Tel. 996530761, www.pissouribaydivers.com.

Pissouri-Ortskern

Der hübsche alte Ortskern liegt ca. 2 km oberhalb des Strandbereiches rund um Pissouri Square an der Ortskirche (Parkplatz kurz dahinter gegenüber einer Bäckerei). Auf dem Pissouri Square wird im Sommer (ab Juni) jeden Mittwoch ab 20 Uhr die **Folklore-Veranstaltung „Cyprus Nights"** abgehalten. Ferner findet man hier neben **Post, Bank** (EC-/Maestro-Geldautomat) und **Minimärkten** auch das **Black Rock Dive Center** (Tel. 25222680) sowie die empfehlenswerten einfachen **Lokale** *Pissouri Square Tavern* (Tel. 25221579) und *Pissouri Kebab* (Tel. 25221894). An der Durchgangsstraße unterhalb des Ortes Richtung Pafos liegen **Polizei, Apotheke** sowie eine **Metzgerei** dicht beieinander. Günstige **Studios**/FeWo vermietet das *Hillview* (beschildert; Tel. 25221972, www.hillview.com.cy) mit Preisen ab 450 €/Woche inkl. Mietwagen (2 Pers.), Tagespreise 65–75 €. Mit der Anlage *Pelekanos* (Tel. 25221210, pissouri.resort@cytanet.com, buchbar über www.apartment-anbieter.com/apartment-zypern-paphos-2.htm) oder mit der *Villa Prodhromos* (www.pissouri-accommodation.net) findet man günstige **Alternativen im Vorort Ampelochori.** Von Pissouri nördlich Richtung Plataniskeia fahrend passiert man hinter der Autobahn das **Wild Valley Resort.** Hierbei handelt es sich um ein „Erzeugerrestaurant" für Rotwild- und Straußprodukte mit Spielplatz, kleinem Laden und der Möglichkeit die Farm zu besichtigen. Informationen unter Tel. 25991010, www.ostrich.com.cy.

Petra tou Romiou (Fels der Griechen)

Aphrodite

Die nächsten Stationen entlang der zunehmend malerischen Felsküste stehen in mehr oder weniger direktem Zusammenhang mit Legenden und Kulten um die Liebesgöttin *Aphrodite* (s. Exkurs).

Entlang der Küste liegen mehrere Haltebuchten und Aussichtspunkte. Die **„Geburtsstätte der Aphrodite"** mit ihren je nach Tageslicht weißen bis ockerfarbenen Felsen lebt natürlich hauptsächlich von der Legende. Am Parkplatz mit Pavillon rechts der Straße kann man durch eine Unterführung bis zum Ufer gehen (Kies), nach Norden führt ein neuer **Lehrpfad,** der sich als Kurzwanderung (ca. 45 Min.) anbietet.

Kouklia (Palea Pafos)

Aphrodite-tempel

Alt-Pafos (Palea Pafos, heute beim Dorf Kouklia) war der älteste Teil des schon im 4. Jh. v.Chr. bewohnten Siedlungsgebietes von Pafos. Doch schon 1000 Jahre vorher muss dieser Aphroditetempel eine aktive Rolle gespielt haben, der als das größte und bedeutendste Aphroditeheiligtum der griechischen Antike gilt.

Auch unter den Römern wurde Aphrodite gehuldigt, jährlich sollen Zehntausende von Pilgern nach Palea Pafos gekommen sein. Mit der Christianisierung (4./5. Jh.) wurden zwar alle Gottheiten verboten, doch hielt sich der Aphroditekult der zügellosen Tempelprostitution hier in der Nähe der Geburtsstätte (Petra tou Romiou) anscheinend besonders lange. Zu sehen sind in der Ausgrabungsstätte **Reste von Bodenmosaiken** – etwa eine Nachbildung von „Leda und der Schwan" (Original im Zypern-Museum, Lefkosia), etliche **Säulenreste** sowie viele **Teile von Tempelmauern.**

Seit den moslemischen Eroberungszügen (ab dem 7. Jh.) scheint ein Zerfall eingetreten zu sein, auch die Byzantiner wollten offenbar den aus ihrer Sicht unerwünschten Ort des unchristlichen Lasters nicht wiederbeleben. Erst die *Lusignans* nutzten das Gelände als **Zuckerrohrfabrik,** die teilweise direkt auf alten Tempelfundamenten errichtet wurde. Sie bauten im 13. Jh. das große Anwesen neben den Tempelruinen, welches als königliche Ländereienverwaltung diente. Die Türken nutzten es als Chiftlik (Bauernhof), ehe es unter den Briten teilweise zerfiel und in der jüngsten Vergangenheit restauriert wurde. Es beherbergt heute ein kleines **Museum** mit Exponaten jungsteinzeitlicher Figurinen bis zu hellenistisch-zypriotischen Funden (Alltagsutensilien). Als besonderer Fund gilt ein Stein aus dem vorchristlichen 7. Jh. mit Inschriften in kypro-minoischer Sprache (58 vogelfußähnliche Lettern), die erst 1871 entziffert werden konnte. Unter den Ausstellungsräumen wurde ein kathedraleähnliches Gewölbe angelegt, in dem nach dem Zerfall des Gehöftes noch bis ins 19. Jh. orgiastische Aphroditekulte gefeiert worden sein sollen – ein bis heute hartnäckiges, aber nicht beweisbares Gerücht.

Als „**Aphrodite Sanctuary**" bei Kouklia beschildert, geöffnet tgl. 9–19.30 Uhr (im Winter bis 17 Uhr), Eintritt 3,40 € (inkl. Museum).

Zünftig und preiswert bei einer Karaffe guten Weins vespert man in der **Efraim Tavern,** Tel. 26432082 (vom Parkplatz nur eine Minute in den Ort hinein).

Geroskipou

Vorort von Pafos — Der kleine Vorort von Pafos, umgeben von Getreidefeldern und Orangenplantagen, verdient trotz seiner Lage unmittelbar vor der Stadt eigene Erwähnung. Wer von Osten her der Durchfahrtsstraße folgt, sollte zunächst das (beschilderte) Folk Art Museum (Folklore-Museum) besuchen.

Lemesos und westliche Umgebung

Folklore-museum

Das Gebäude stand bereits 1798, als *Andreas Zimboulakis* wegen seiner Leistungen für die Engländer (gegen *Napoleon*) von Flottenkommandeur *Sir Sidney Smith* zum Verwalter Westzyperns ernannt wurde. Aus Dankbarkeit nahm *Zimboulakis* den Namen *Smith* an, das Haus heißt seither **Hadji-Smith-Zimboulakis-Haus.** Es wurde 1978 zum Museum umgewandelt und zeigt u.a. Handwerksutensilien, Trachten, ein Brautzimmer mit Stickereien und Arbeiten für den Hochzeitstag und Töpferwaren. Als Besonderheit wurde eine komplette kleine Schuhmacherei restauriert. Geöffnet Mo bis Fr 9–14.30 Uhr, Eintritt 1,50 €.

Agia Paraskevi

Die meisten Touristen besuchen Geroskipou, weil der Ort **eine der beiden einzigen Fünfkuppelkirchen Zyperns** besitzt. Sie entstand bereits Mitte des 9. Jh. und wurde mehrfach restauriert, die westliche Apsis wurde erst im 19. Jh. nachträglich angefügt. Der Grundriss entspricht einer dreischiffigen Kirche, wobei das Mittelschiff mit drei Kuppeln überdacht wurde. Mit den beiden Kuppeldächern der Seitenschiffe entsteht der architektonische Eindruck eines Kreuzes. Der im Umland berüchtigte Aphrodite-Kult scheint auch hier Einfluss genommen zu haben: Die Heilige Jungfrau wurde am höchsten Punkt des Kircheninneren, der Zentralkuppel, verewigt (nicht etwa Christus oder göttliche Symboliken). Ferner wurde die Kirche der eher unbedeutenden Heiligen *Paraskevi* gewidmet, deren Name schlicht „Freitag" (Tag der mutmaßlichen Kulthandlungen) bedeutet.

Infra-struktur

Entlang der Hauptstraße liegen **Tankstellen** und eine **Hellenic Bank** (links Schild „Tourist Area"), wo es zum sehr aufwendig restaurierten Ortszentrum rund um das Rathaus mit dem Aphrodite-Garten und dem Kirchlein Agia Paraskevi geht. An der Durchfahrtsstraße liegen die **Post**, das **Aphrodite Restaurant** (Tel. 26913179) und eine „Kaffe-Bar", am östlichen Ortsausgang Richtung Flughafen kann man rechter Hand günstig im **Yperagora-Supermarkt** einkaufen. **Camping:** *Zenon Gardens,* Tel. 26242277, am Strandende hinter der „Hotelmeile" von Pafos (Zufahrt über Geroskipou), Stellplatz 3 €. Nebenan bietet die **Santa Fé Ranch** (Poseidonos Avenue, Tel. 26241154) Ausritte und Reitstunden, ebenso die Reitanlagen **Paphos Horse Riding** (www.horseridingpaphos.com) und **Semphora Riding Center** (Tel. 26934094).

Pafos

Einleitung

Vielseitiger Urlaubsort

Neben Kouklia gilt Pafos (engl. Pafos, türk. Gazibaf) als Inbegriff für **antike Sehenswürdigkeiten** auf Zypern. Pafos besucht auf einer Zypernreise praktisch jeder, wenn man nicht ausschließlich auf das Nachtleben von Agia Napa fixiert ist. Aufgrund der **hervorragenden Infrastruktur** mit angenehmen Hotels, unzähligen Restaurants und Geschäften sowie einem wachsenden Nachtleben wählen viele historisch interessierte Besucher, insbesondere aus dem deutschsprachigen Raum, Pafos als Urlaubsstandort. Hinzu kommt die **günstige Lage** zur Akamas-Halbinsel und zum Troodos-Gebirge für Ausflüge und Wanderungen im Hinterland. Als Standort für einen reinen Badeurlaub ist Pafos dagegen nicht so geeignet, die Kies- oder Felsstrände sind deutlich weniger attraktiv als die Sandstrände im Südosten Zyperns.

Trotz des nahe gelegenen Flughafens hat Pafos den **Charme einer Kleinstadt** in ländlicher Umgebung, nicht zuletzt wegen des Fehlens von Industriebetrieben oder eines Handelshafens. Die wirtschaftlichen Betätigungsfelder der einzigen größeren Stadt im Westen Zyperns liegen im Handel, dem Dienstleistungssektor und vor allem im Tourismus.

Orientierung

Pafos als Stadt besteht historisch begründet aus **drei Teilen:** dem erst spät entstandenen Wohn- und Verwaltungsbereich der Oberstadt **Pano Pafos (Ktima)** mit heute 38.000 Einwohnern, dem touristischen Areal der Unterstadt **Kato Pafos** mit den antiken Stätten rund um den alten Hafen (Nea Pafos, 5000 Ew.) sowie dem 12 km östlich gelegenen ältesten Teil **Palea Pafos** (Aphroditeheiligtum). Die einst getrennten Pano und Kato Pafos sind im Laufe der Zeit zusammengewachsen und bilden heute eine Verwaltungseinheit; mit Eingemeindungen leben heute rund 55.000 Menschen in Pafos, das sich zur viertgrößten Stadt Zyperns entwickelte.

Zentrum von Ktima (Pano Pafos) sind die vom Kennedy-Square (gebührenpflichtiger Parkplatz) ausgehenden Straßen Makarios Av. und Gladstonos Av., die mit der verbindenden Nikodemou Mylona ein Dreieck bilden.

Bild auf den Seiten zuvor: Im Odeion von Pafos

Das heutige **Zentrum von Kato Pafos** liegt im Winkel der Poseidonos und Apostolou Pavlou, wobei die Geschäfte hauptsächlich bis zur Dionysou reichen, nordöstlich davon sind Kneipen und Lokale zu finden. Der Poseidonos nach Osten folgend wurden auf

über 3 km Länge neue Hotels aus dem Boden gestampft („Hotel-meile").

Die **antiken Stätten** sind untereinander gut zu Fuß erreichbar, nur die Königsgräber liegen ca. 30 Gehminuten abseits im Nordwesten.

Selbstfahrer sollten den (noch) kostenlosen großen **Zentral-parkplatz am Hafen** nutzen.

Stadtgeschichte

Gründung im 4. Jh. v.Chr. Archäologischen Forschungen zu Folge wurde **Nea Pafos,** der heutige Bereich rund um den Hafen, erst im 4. Jh. v.Chr. unter König *Nikakles von Palea Pafos* (siehe Kouklia) gegründet, war vollständig ummauert und erstreckte sich seinerzeit auf einer Fläche von knapp 1 Mio. m² rund um den alten Hafen. *Nikakles* ließ in Nea Pafos alle Straßen, Wege und Häuserblöcke rechtwinklig anlegen, wobei streng zwischen Wohn-, Wirtschafts- und Bezirken öffentlicher Anlagen unterschieden wurde.

Ptolemäer Ende des 4. Jh. v.Chr. fiel Zypern an die ägyptischen Ptolemäer, die Holz in den nahe gelegenen Wäldern der Akamas-Halbinsel für ihren **Schiffbau** schlugen und nach Alexandria verschifften. Nea Pafos wurde zu ihrem wichtigsten Transporthafen ausgebaut, im 2. Jh. v.Chr. zur Hauptstadt Zyperns mit Sitz des Strategos (Statthalter) ernannt und ein eigenes städtisches Münzprägerecht gewährt.

Römer Diese herausragende Rolle der Stadt wurde unter den Römern (ab 58 v.Chr.) noch erweitert und erfuhr ihre Blütezeit im 2.–3. Jh. n.Chr. unter den Kaisern *Antoninus* und *Severus.* **Wohlstand und kulturelle Blüte** dieser Epoche zeigten sich in reichhaltigen Grabbeigaben, prächtigen Privathäusern und zahllosen öffentlichen Bauten wie Theater, Tempel oder Markthallen.

Niedergang Nach einem **Erdbeben** (um 330), bei dem die meisten Städte auf Zypern zerstört wurden, verlagerte sich das politische Gewicht aus wirtschaftlichen und strategischen Gründen nach Salamis (bei Famagusta), welches unter dem Namen Constantia neue Inselhauptstadt wurde. Zwar wurde Pafos unter den Byzantinern zum Bischofssitz auserkoren, konnte die alte Bedeutung jedoch nie wieder erlangen. Erst unter den *Lusignans* (1192–1489) zeigte sich kurzzeitig wieder eine rege Bautätigkeit (gotische Kirchen, Hafenkastell). Ab dem 16. Jh. setzte dann endgültig ein dramatischer Niedergang in Nea Pafos ein: Das Hafenareal versandete und versumpfte, die alten Stätten gerieten nahezu in Vergessenheit, die Bevölkerung siedelte wegen der ungesunden Sumpfgase mehr und mehr ins Hinterland um. Sie fand neue Betätigungsfelder in der Landwirtschaft, was letztlich zur Gründung von Pano Pafos (Ktima, heutige Oberstadt) führte.

Entwick-lung im 20. Jh.

Bis ins 20. Jh. hinein blieb Pafos ein abgeschiedenes Provinzstädtchen, welches erst nach der Teilung Zyperns (1974) infrastrukturell an die östlicher gelegenen Metropolen angebunden wurde. Wegen der zahlreichen antiken Stätten wurde Nea Pafos auf die Liste des **UNESCO-Weltkulturerbes** gesetzt, was zu gesteigertem touristischen Interesse und **wirtschaftlichem Aufschwung** führte. Mit der Eröffnung des nahe gelegenen internationalen Flughafens ging dann die Ausweitung der touristischen Infrastruktur einher, zahlreiche Hotelneubauten entstanden östlich des alten Hafenbeckens.

Nur wenig mehr als 5000 Menschen leben und arbeiten heute in der Unterstadt Nea Pafos (= Kato Pafos), hinzu kommt ein Vielfaches an Touristen während der Saison.

Das Kastell von Pafos

Pafos

Die römische Siedlung

Archeo-logical Park

1962 entdeckten Arbeiter bei Bauarbeiten zufällig alte Mosaikböden westlich vom alten Hafen, was zum sofortigen Baustopp und umfangreichen Ausgrabungen führte. Sie wurden schnell als **Bodenmosaiken römischer Wohnhäuser** klassifiziert und hauptsächlich bis 1965 freigelegt, wobei die Ausgrabungsarbeiten auf Teilen des Gesamtareals bis heute andauern. Dass es in diesem Areal Mosaiken gab, war schon vorher bekannt: Britische Soldaten hatten 1942 beim Ausheben von Schutzgräben das Herkules-Motiv des Orpheus-Hauses entdeckt, was aber wegen des Krieges nicht weiter beachtet wurde. Größe, Luxus und Pracht dieser „gutbürgerlichen" Wohnanlagen riefen zunächst einiges Erstaunen hervor, die Zurschaustellung von Reichtum und Wohlstand erwies sich jedoch während der Blütezeit von Pafos als durchaus üblich. Die Häuser entstanden im Wesentlichen während der römischen Epoche, vermutlich wurden aber bereits bestehende Bauten der

© REISE KNOW-HOW 2012

s. Seite 252

★ **Römische Siedlung**

P

Hafen

Kato Pafos (Nea Pafos)

0 — 500 m

Leoforos Apostolou Pavlou

Solomoni-Katakomben ★

5

Tafon Ton Vasileon

Stasandrou

A. Kyriakis

Arts & Crafts Centre ★

Poseidonos

A. Agapilkou

Ifaistou

A. Antoniou

Konstantias

Agapinoros

Ikarou

Priamou

Apamonos

Spyrou Kyprianou (Umgehungsstraße)

Limnarka

4

Poseidonos

Kleious

3

Geroskipou,

2 ★ *Aquapark*

ägyptischen Ptolemäer integriert, da einige wenige Mosaiken auf das 4. Jh. v.Chr. datiert werden.

Infos

Die römische Siedlung (Archeological Park) ist täglich außer Ostern und Weihnachten von 8–17 Uhr (Juni/Juli/August bis 19 Uhr, Frühjahr/Herbst bis 18 Uhr) geöffnet. Eintritt 3,40 €, Tel. 26306217. Der **Zugang** liegt am großen Parkplatz am alten Hafen, 100 m hinter dem Eingang informiert ein kleines **„Visitors Centre"** über einige Fundstätten von Pafos und bietet Literatur zu den Mosaiken an.

Pafos Übersicht

Königsgräber ★

Pegeia, Coral Bay

Pano Pafos/ Ktima

Byzantinisches Museum

Ethnografisches Museum

Stadtpark

Archäologisches Museum, Lemesos

Chlorakas

Makarios Av.

Venus Cabaret

Polizei

Sportplatz

Kennedy-Platz

Polis

Pafos

- 🟥 **Übernachtung**
- 1 Pafos Amathus Hotel
- 2 Hotelmeile
- 3 Kleanthos Apartments
- 4 Paphiessa Hotel
- 5 Roman Hotel
- 8 Axiothea Hotel
- 9 Agapinor Hotel
- 16 Trianon Guest House
- 20 Jugendherberge

- 🟦 **Essen und Trinken**
- 6 Pit Stop
- 10 Tea for Two Restaurant

- 🟩 **Geschäfte & Sonstiges**
- 7 Savvas und Lakki Antimou (Fahrzeugverleih)
- 13 Markt
- 15 Cyprus Airways
- 17 Einkaufszone
- 18 Kino

- 🟪 **Transport**
- 11 Taxistand
- 12 Intercity-Busse
- 14 Nah-/Stadtverkehrsbusse
- 19 Überlandbusse (Polis, Lemesos)

Haus des Dionysos

Das Haus   Das bedeutendste Relikt innerhalb der Siedlung wurde nach dort gefundenen Mosaiken des Weingottes *Bacchus* (griech. *Dionysos*) „Haus des Dionysos" genannt. In seiner – hier etwas ausführlicher beschriebenen – Gesamtarchitektur steht es stellvertretend auch für die anderen Häuser. Die genaue Funktion der einzelnen Räume konnte bis heute nicht exakt ermittelt werden, die wichtigsten lagen jedenfalls rund um das repräsentative **Hauptatrium** (Raum 17), wo ein kleiner Pavillon *(impluvium)* das Regenwasser der nach innen geneigten Dächer auffing und es unterirdisch der mit Bleisieben versehenen Hauskanalisation zuführte. Östlich des Atriums lagen private **Schlafräume** (21–23) mit schlichten Kalksteinböden, daneben (18) ein kleines **privates Atrium** für den Hausherren sowie die privaten **Bäder und Latrinen** (rund um Raum 24). **Küche und Vorratsräume** (25–27) waren ebenfalls schlichter ausgestattet (Lehmböden) wie auch die **logistischen Räume** (28–34) für Werkstatt, Lagerraum, Waffenkammer usw. Der **Haupteingang** befand sich wahrscheinlich nahe der „4-Jahreszeiten-Mosaiken" (Raum 3) und führte zur repräsentativen **Empfangshalle** (Raum 4), wohingegen Dienstboten, Lieferanten und Hauspersonal den **Nebeneingang** bei Raum 20 nutzten.

Die Mosaiken

In der Antike war die verbreitetste **Bautechnik bei den Böden** die Einebnung der Erde, nachfolgend eine Beschichtung mit Grobmörtel, anschließend eine Kies-/Scherbenschicht mit Kalkmörtel und dann eine Schicht feinsten Mörtels, in den die Mosaiken eingearbeitet wurden, so lange dieser noch feucht war.

Thematisch zeigen einige Mosaike Themen aus der griechisch-römischen Sagenwelt (*Homers* „Odyssee", *Ovids* „Metamorphosen") oder Abbildungen von Alltagsgegenständen, die meisten Funktionsräume (ca. 90%) wurden aus Kostengründen mit schlichten zweifarbigen oder hochwertigen geometrischen Mosaikenmustern ausgestaltet. Alle Bodenmosaiken im Haus des Dionysos befinden sich an ihrem ursprünglichen Platz, lediglich das **Scylla-Mosaik (Raum 1)** wurde wegen der schlechten Zugänglichkeit versetzt. Es zeigt das in Homers „Odyssee" beschriebene Ungeheuer *Scylla,* ein Mischwesen aus Frau, Hund und Seeungeheuer, flankiert von zwei Delfinen. Es entstand Ende des 4. vorchristlichen Jahrhunderts in sogenannter Kieseltechnik, wonach unbearbeitete Kiesel in den natürlichen Farben Weiß, Schwarz und Rotbraun aneinander gefügt wurden. Alle anderen (römischen) Mosaiken bestehen aus den typischen, speziell zugeschnittenen und eingefärbten Mosaikplättchen (lat. *tesserae*). Die Darstellung in **Raum 2** zeigt **Narziss,** der sein Spiegelbild in einem Teich betrachtet. Es wurde während der Bauarbeiten der 1960er Jahre stark zerstört und mühsam rekonstruiert. Gleiches gilt für die Mosaiken in **Raum 3,** dessen Boden eine kreuzförmige Anordnung von **fünf Portraits** aufweist. Die vier äußeren stellen die vier personifizier-

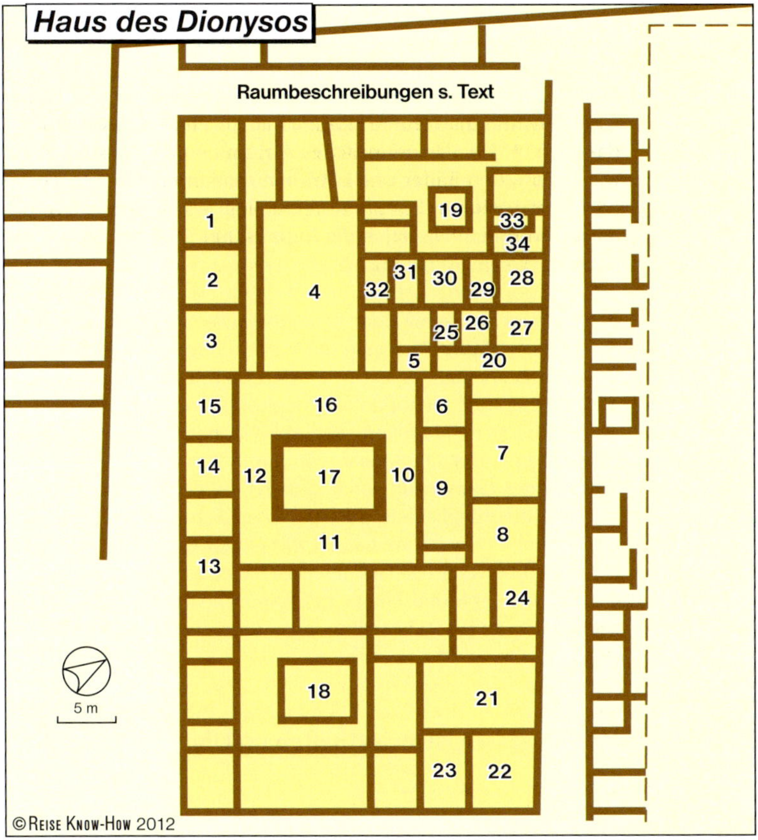

Haus des Dionysos

Raumbeschreibungen s. Text

1   2   3   4   5   6   7   8   9   10   11   12   13   14   15   16   17   18   19   20   21   22   23   24   25   26   27   28   29   30   31   32   33   34

5 m

© REISE KNOW-HOW 2012

Pafos

ten Jahreszeiten dar, im Zentrum ist der Weingott *Dionysos* (lat. *Bacchus*) abgebildet, nach dem das Haus benannt wurde. Die Mosaiken des Empfangs- und Speisesaals (lat. *tablinum*, **Raum 4**) messen 11,5 x 8,5 m und zeigen **Jagd- und Weinleseszenen** sowie den **„Triumph des Dionysos"**, der siegreich von einem Feldzug aus Indien kommt und nebst seinen Begleitern erbeutete dunkle Sklaven sowie Panther mit sich führt. Die Seiten werden von einem breiten Dekorband (lat. *peltae*) begrenzt, eine bei größeren Räumen übliche Verlegtechnik. Die Mahlzeiten wurden auf hufeisenförmig auf den „peltae" aufgestellten Liegen eingenommen, sodass die Bebilderung von jedem Platz aus vollständig zu sehen war. Der kleine **Raum 5** beim Nebeneingang diente als Warteraum der Lieferanten und wurde mit einem schlichten **Schwarzweiß-Mosaik** ausgestaltet. **Raum 6** zeigt **Phaedra und Hippolytos,** Sohn des Minotaurus-Bezwingers *Theseus*, **mit Amor** und erinnert an die unglückliche Liebe von *Phaedra* zu ihrem Stiefsohn *Hippolytos*. Bei den Restaurationsarbeiten wurde unter dem Boden ein verbranntes Archiv mit rund 11.000 Siegelabdrücken mit Portraits ptolemäischer und römischer Kaiser entdeckt, deren Auswertung noch andauert. Vermutlich diente auch der darauf aufgebaute Raum als Archiv oder Bibliothek. Die Mosaiken eines kleineren Saals (**Raum 7**) zeigen mit Wellen- oder Guillochemotiven umrandete, aneinander angelehnte **Kreise mit Alltagsgegenständen** wie Karaffen, Schöpflöffel, Amphoren und Krüge. Sie gelten als die künstlerisch raffiniertesten Abbildungen im Dionysos-Haus. Das sehr gut erhaltene Mosaik von **Raum 8** symbolisiert die **„Entführung des Ganymed"** durch *Zeus* in Gestalt eines Adlers. *Ganymed* war ursprünglich ein (menschlicher) Schafhirte in Troja, dessen Schönheit und Anmut sogar die Götter erlegen waren. *Zeus* persönlich verwandelte sich in einen Adler, entführte ihn und ernannte ihn zum Mundschenk im Olymp. Die Mosaiken der länglichen Halle (**Raum 9**) bestehen überwiegend aus **geometrischen**

Die wichtigsten klassischen Gottheiten im Überblick

Fett: griechischer Gott/römische Entsprechung,
danach: Zuständigkeit/Erkennungsmerkmale

- **Zeus/Jupiter:** Himmel, Wetter, Recht/Blitzbündel, Waage, Aigis, Adler
- **Hera/Juno:** Haus, Besitz, Ehe/Diadem, Apfel, Zepter
- **Poseidon/Neptun:** Meer, Erdbeben, Pferde/Dreizack, Delphine, Pferde
- **Demeter/Ceres:** Getreide, Fruchtbarkeit/Schlangen, Getreideähren
- **Apollon/Apollo:** Weissagung, Recht, Musik/Bogen und Pfeil, Kithara, Lyra
- **Artemis/Diana:** Jagd, wilde Tiere/Bogen und Pfeil, wilde Tiere
- **Athene/Minerva:** Städte, Kriegskunst, Klugheit/Helm, Lanze, Schild, Aigis, Eule
- **Aphrodite/Venus:** Liebe, Fruchtbarkeit/Eroten, Gänse
- **Hephaistos/Vulcanus:** Schmiede, Handwerker/(Schmiede-)Werkzeuge, Pilos
- **Ares/Mars:** Krieg, Kampf/Helm, Lanze, Schild
- **Dionysos/Bacchus:** Wein, Ekstase, Mysterien/Wein, Efeu, Kantharos, Thyrsos
- **Hermes/Merkur:** Wege, Hirten, Kaufleute, Diebe/Flügel an Hut und Stiefeln

Figuren, die Säulengänge **(Räume 10–12)** zeigen dagegen **Jagd-szenen** mit auf Zypern unbekannten Tieren. Solche Darstellungen sind typisch bei Fundstätten des römischen Einflussbereiches in Nordafrika. Unter **Raum 13** mit seinen einfachen **Schwarz-Weiß-Mosaiken** fand man bei den Restaurationsarbeiten eine Amphore mit knapp 2500 sehr gut erhaltenen, in Salamis/Nordzypern, Kition und Pafos geprägten **Silbermünzen** (Tetradrachmen) – der größte Münzfund aus ptolemäischer Zeit auf Zypern. Die „décor multiple" genannten, in vier Viererreihen gegliederten **geometrischen Bildflächen** von **Raum 14** sind für den östlichen Mittelmeerraum eine seltene Ausnahme, da diese Art der Bodenmosaiken hauptsächlich in den römischen Westprovinzen (Gallien) Verwendung fand. Im benachbarten **Raum 15** wurde ein **Pfau mit einem imitierten Holzrahmen** umlegt, womit die Wirkung eines „echten" Bildes erzielt werden sollte. Die Mosaiken im westlichen Portikus **(Raum 16)** enthalten neben weiteren gestalterischen Elementen die **Geschichte von Dionysos und Ikarius** und bilden eine harmonische Einheit mit den Motiven des benachbarten *tablinum* (Speisesaal, Raum 4). *Dionysos* zeigte *Ikarius,* dem königlichen Gärtner in Athen, als erstem Menschen den Weinanbau unter der Bedingung, das Geheimnis für sich zu behalten. Dieser vergaß die Warnung und wurde von Schafhirten, dargestellt als Betrunkene, ermordet. Die Gesamtszene soll den maßvollen Genuss des Weines anmahnen. Auf der linken Seite von Raum 16 sind **Pyramos und Thisbe** dargestellt, die sich gegen den Willen ihrer Eltern heimlich trafen. In der Abbildung sind historische Fehler der Künstler enthalten: Nach *Ovid* wurde *Thisbe* von einem Löwen verfolgt, nicht von dem abgebildeten Leoparden, und *Ovids* Held *Pyramos* wurde mit dem gleichnamigen kleinasiatischen Flussgott verwechselt, dargestellt mit einem Wasser spendenden Schilfrohr in der Hand. Das dritte Motiv dieses Raumes erzählt von **Neptun und Amymone,** einer von 50 Töchtern König *Danaos',* die auf der Suche nach Wasser von einem Satyr angegriffen wird. *Neptun* verjagte ihn, verliebte sich in Amymone und schenkte ihr eine Quelle. Das vierte und letzte Bild in Raum 16 berichtet von **Apollo und Daphne,** einem der beliebtesten klassischen Motive. Die keusche Tochter des Flussgottes *Peneus* wird vom liebestollen *Apollo* verfolgt und fleht ihren Vater um Hilfe an. Der verwandelt sie vor den Augen des verdutzten *Apollo* in einen Lorbeerbaum (auf der Abbildung schlägt *Daphne* gerade erste Wurzeln), der noch heute in Anlehnung an diese Sage im Griechischen „Daphne" heißt.

Pafos

Haus des Orpheus

Die bisher ausgegrabenen 600 m² dieses Hauses geben Anlass zu der Vermutung, dass es ähnlich prächtig wie das Dionysos-Haus gewesen sein muss, allerdings wurden zahlreiche Steinmauern von britischen Soldaten im Zweiten Weltkrieg für Schutzräume entfernt. Zentrales Thema des dann erst in den 80er Jahren des vorigen Jahrhunderts „wiederentdeckten" Hauses mit Mosaiken aus dem 2.–3. Jh. ist der **Kampf des Orpheus** (Gott der Unterwelt) **mit wilden Tieren,** welches der Anlage den Namen gab. Unklar ist die fragmentarisch erhaltene hellenisierte lateinische Inschrift oberhalb des Orpheus, die auf einen *Gaius* (oder *Titus*) *Pinnius Restitutus* als Künstler oder aber Auftraggeber (Besitzer des Hauses) verweist. Ein zweites Mosaik zeigt den **Kampf des Helden Herkules** mit dem als unbesiegbar geltenden Löwen von Nemea, den er mit bloßen Händen erlegt und dessen Fell ein Hauptmerkmal der späteren Taten des *Herkules* im Rahmen der ihm von König *Euristheus* gestellten Aufgaben wurde. Eine dieser Aufgaben bestand in der Beschaffung des goldenen Gürtels der Amazonenkönigin *Hippolyte,* weshalb ein möglicher Zusammenhang mit der dritten größeren Gruppe dieses Hauses, den **Amazonen-Mosaiken,** nicht ausgeschlossen wird. Sie sind sehr typisch als berittene Kriegerinnen mit Doppel-Streitaxt dargestellt, die der Sage zu Folge in einem reinen Frauenland lebten, einmal im Jahr mit Männern aus den Nachbarregionen Kinder zeugten, dann jedoch nur die Mädchen am Leben ließen bzw. Knaben auch kastrierten.

Haus des Theseus

Riesiger Wohnkomplex

Die 1965/66 begonnenen Ausgrabungen polnischer Archäologen südlich des Dionysos-Hauses förderten einen Wohnkomplex gigantischer Ausmaße von knapp **10.000 m²** zu Tage, dessen Aufbau und Vielzahl an Räumlichkeiten auf den **Sitz des römischen Gouverneurs** (Prokonsuls) schließen lassen. Bislang konnte nur für wenige der Räume die genaue Bestimmung geklärt werden. Der Komplex entstand im 2. Jh. und wurde mindestens bis ins 7 Jh. bewohnt, war in der Endphase jedoch mutwilligen Zerstörungen ausgesetzt. Benannt wurde die Anlage nach den zentralen Mosaikenthemen zu *Theseus,* jenem mythologischen Athener Helden, der den kretischen *Minotaurus* besiegte.

Pafos

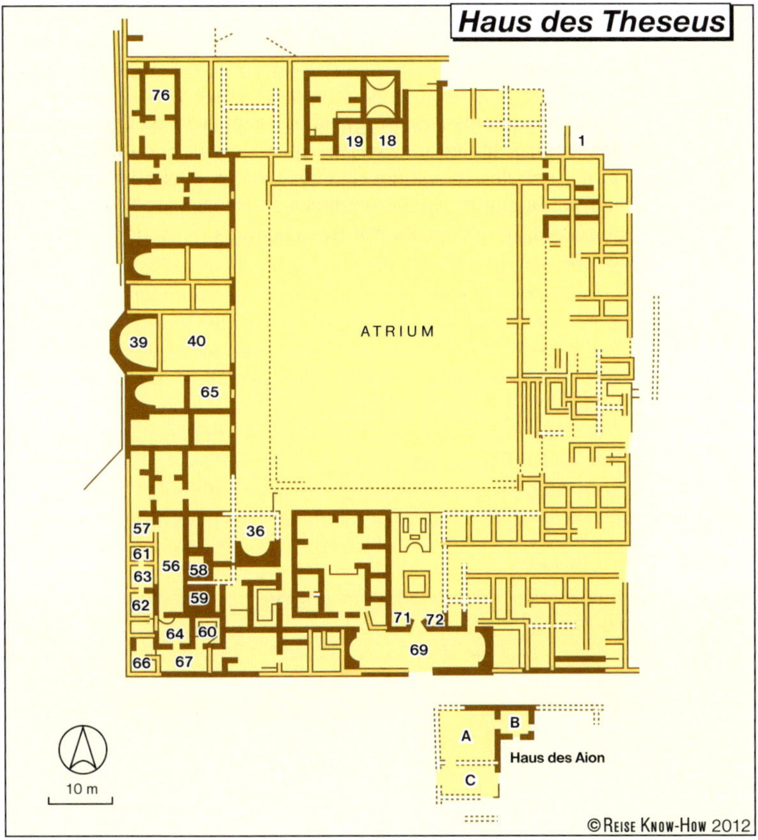

Haus des Theseus

```
76

19  18                              1

           ATRIUM

39   40

     65

57
61        36
63  56  58
62      59
    64  60                    71  72
66  67                            69

                        B
                   A
                          Haus des Aion
10 m                  C

                              © REISE KNOW-HOW 2012
```

Der Besucher betritt das Anwesen über den Ostflügel mit einem 100 m² großen **Warteraum** (Raum 69), der mit geometrisch gemusterten Mosaiken bedeckt ist. Von hier führte ein zentraler, dekorativer Eingang (71–72) zum großen **Atrium** mit weinroten Mäandermosaiken.

Südflügel — Der Südflügel, ältester und aufwändigster Teil der Anlage, war mit einem 65 m langen und knapp 6 m breiten **Säulengang** (Portikus) versehen, von dem aus Dienst- und Repräsentationsräume zu erreichen waren. Die gut 100 m² große **Zentralhalle** (39–40) mit erhöhter Apsis und vertieftem Hauptraum diente als Audienzsaal. Die nur teilweise erhaltenen Bodenmosaiken werden nach dem besterhaltenen Zentralbild **Achilleus-Mosaiken** genannt. Umrahmt von dunklen Rauten auf hellem Hintergrund wurden außen Jagdszenen als Motiv gewählt. Im Zentrum befinden sich vier große, abgesonderte Bilddarstellungen, von denen lediglich das Bad des neugeborenen *Achilleus (Achill),* Sohn eines menschlichen Königs, und *Thetis',* einer unsterblichen Tochter des Flussgottes *Nereus,* komplett erhalten blieb. *Thetis* wollte für ihren Sohn Unsterblichkeit erlangen und badete ihn im unverwundbar machenden Wasser des Styx. Dabei hielt sie ihn jedoch an der Ferse fest – diese Stelle wurde ausgespart, was *Achilleus* im Kampf um Troja das Leben kosten sollte und als **„Achillesferse"** weltbekannt wurde.

Bedeutendstes Relikt in diesem Flügel ist der 6 x 2 m große **Ruhe- und Erholungsraum** (36) mit dem namensgebenden **Theseus-Mosaik.** Es besteht aus Ornamenten und der kreisrunden Darstellung vom Kampf des *Theseus,* Sohn des Meeresgottes *Po-*

seidon, gegen den kretischen *Minotaurus* im Labyrinth. Letzteres wird durch die Anwesenheit eines Greises (Gott des Labyrinths) symbolisiert, die Gottheiten *Ariadne* und *Kreta* begrüßen im Hintergrund den siegreichen Helden, zu erkennen an der Keule.

Am anderen Ende des Südflügels (Raum 76) wurde eine feine **Darstellung des Poseidon** mit Dreizack und seiner schönen Gemahlin *Amphitride* gefunden, zusammengesetzt aus 2–10 mm großen Mosaiksteinchen. Die Restaurationsarbeiten dauern noch an, sodass dieser Raum derzeit nicht zugänglich ist.

Dahinter liegt der umfangreiche **Bäder und Latrinenkomplex** (56–67) mit diversen Kalt- und Warmwasserbädern. Alle Sanitärräume waren mit Bodenmosaiken, Wandmalereien sowie marmornen Wand- und Beckenverkleidungen ausgestattet.

Westflügel　In den Räumen 1, 18 und 19 wurden zahlreiche Statuen und Figurinen griechischer Gottheiten aus (importiertem) weißem Marmor gefunden, die heute im Archäologischen Museum von Pafos zu sehen sind. Hier befand sich der Wohn- und Lagerkomplex, dessen Böden weniger luxuriös ausgestattet wurden.

Nordflügel　Der Nordflügel mit Werkstätten sowie Unterkünften nebst Waschräumen des Dienstpersonals und der Sklaven ist weitgehend zerstört.

Haus des Aion

1983 stieß man bei Grabungen an der Theseus-Villa auf das nur wenige Meter entfernte, eigenständige Haus des Aion. Bislang wurden nur drei Räume des Komplexes freigelegt, die Gesamtgröße ist daher noch nicht bekannt. Am bemerkenswertesten sind hier die **Mosaiken der Empfangshalle,** eine Gruppierung von fünf jeweils aus 2–5 mm großen Steinchen zusammengesetzten Einzelbildern in einem Ornamentrahmen. Dabei liegen je zwei kleinere (3 x 1,3 m) Bilder ober- und unterhalb vom zentralen Aion-Bild (5 x 1,3 m). Oben rechts wird der kleine *Dionysos* seinem künftigen Beschützer *Tropheus* und einigen Nymphen übergeben. Im Bild oben links nimmt *Leda,* die schöne und unnahbare Königin von

Mosaik im Haus des Aion

Sparta, in Begleitung mehrerer Mädchen ein Bad im Fluss Eurotas, wobei sich ihr Göttervater *Zeus* in Gestalt eines Schwanes nähert. Das Zentralbild zeigt zwei unterschiedliche Szenen im Wasser und auf dem Land, nämlich den Schönheitswettbewerb zwischen *Kassiopeia*, Frau des *Phönix* (König von Sidon und Tyros), und einigen Töchtern des Flussgottes *Nereus*. Bei der nackten *Kassiopeia* steht *Krisis*, die Göttin des Urteils, weiter rechts der grauhaarige *Aion*, Gott der endlosen Zeit, mit einem Szepter. Er deutet auf *Kassiopeia* als Siegerin, und *Kairos*, Gottheit des günstigen Augenblicks, zieht ihr siegbringendes Los aus einem Goldgefäß. Auf der Wasserszene reisen *Galathea, Doris* und *Thetis*, die drei schönsten der 50 Töchter des *Nereus*, enttäuscht auf dem gutmütigen Wasserzentauren *Bythos* (Meerestiefe) und dem Tritonen *Ponthos* (Wasseroberfläche) ab, begleitet von *Eros* auf dem Stier. *Zeus* und *Athene* begrüßen am oberen Bildrand das Urteil, indem sie auf *Kassiopeia* weisen. Das untere rechte Einzelbild stellt den legendären musikalischen Wettstreit zwischen dem Flötenvirtuosen *Marsyas* und dem exzellenten Lyraspieler *Apollo* (Gott der Kunst und Muse) dar. *Apollo* siegt, und da *Marsyas* einen Gott herausgefordert hat, wird er zum Tode verurteilt. Zwei Skythen (Büttel) als Vollstrecker führen den in einem Leopardenfell gehüllten Delinquenten zum nächsten Baum, wo er lebendig gehäutet wird. *Plane,* der personifizierte irregeleitete Verstand neben *Apoll,* symbolisiert eine Anspielung auf das Ansinnen des *Marsyas*.

Das Bild links unten schließlich zeigt eine feierliche Prozession des Weingottes *Dionysos* (Fragmente oberhalb der Obstschale) auf einem von zwei Kentauren gezogenen Karren. Der feierliche Gesamteindruck unterscheidet sich deutlich von römischen Bacchus-Darstellungen mit Betrunkenen und ausgelassener Stimmung.

Akropolis

Neben den Wohn- und Repräsentationspalästen existierten auch eine Reihe weiterer öffentlicher Gebäude in der römischen Siedlung. Zwischen dem heutigen Leuchtturm und dem Dionysos-Haus lag die Akropolis („Oberstadt") mit drei noch rudimentär erhaltenen Teilen. Die **Agora** war Markt- und Versammlungsplatz, 10.000 m² groß und von Säulengängen umgeben. Reste sind an der Ostseite des Platzes sichtbar. Genau gegenüber der Agora liegt das **Odeion** (überdachtes Theater) mit seinerzeit 25 Zu-

schauerreihen und ca. 3000 Sitzplätzen. Noch heute wird es als stilvolle Kulisse für Freiluftkonzerte während der Sommermonate genutzt. Das Odeion war durch einen (nicht erhaltenen) Gang mit dem **Asklepieion** verbunden (von *Asklepios,* lat. *Aesculapius* = Gott der Medizin, vgl. „Äskulapstab" bei Krankenhäusern und Apotheken). Es handelte sich sowohl um einen Tempel als auch um eine Art Heilzentrum mit Therapieräumen.

Kastell Saranta Kolones

Mittel-alterliche Festung

Innerhalb des römischen Bezirkes befinden sich auch die Reste einer mittelalterlichen Festung aus dem frühen 12. Jh., errichtet auf der Basis 40 römischer Säulen (*saranta* = 40, *kolones* = Säulen), vermutlich von *Basilieios I.* Der quadratische Grundriss wies außen acht kleine Bastionen und innen vier Türme auf. An der Nordseite im Innenhof des Erdgeschosses sieht man Reste einer vermutlich von Eseln angetriebenen Getreide- oder Ölmühle sowie zu Futtertrögen umgehaue römische Säulenbasen. Die von den Byzantinern zur Überwachung der Küste gebaute Festung wurde bis ins 16. Jh. auch von den Franken genutzt. Mit dem Niedergang von Pafos (s. Stadtgeschichte) und der Versumpfung des Hafenareals wurde auch die Festung Saranta Kolones aufgegeben.

Weitere Sehenswürdigkeiten

Hafen und Kastell

Fischer- und Aus-flugshafen

Der kleine Fischer- und Ausflugshafen von Pafos mit seinen Restaurants und Souvenirgeschäften bildet den **touristischen Kern von Pafos** und erstreckt sich bis an den archäologischen Park der römischen Siedlung. Hier am Ende des Hafens steht auch das fränkisch-venezianische Fort – zu Fuß am Ufer entlang sind es von hier aus etwa 30 Minuten bis zu den Königsgräbern.

Kastell

So lange Pafos als Hafen eine Rolle spielte (siehe Stadtgeschichte) bestand auch die Notwendigkeit einer Schutzbefestigung. Antike Vorläuferbauten wurden von *Richard Löwenherz* 1191 erobert und bei einem Erdbeben 1221 zerstört. Das dann erbaute fränkische Fort unterlag im 14. und 15. Jh. mehrfachen Änderungen und Erweiterungen, ehe es 1592 in seiner jetzigen Form an den damali-

Pafos

gen türkischen Gouverneur *Ahmed Bei* übergeben wurde und über lange Jahre hinweg (auch unter den Briten) erst als Gefängnis, später als Salzlagerkammer diente.

Das Kastell ist tgl. außer Ostern und Weihnachten von 10 bis 18 Uhr (im Winter bis 17 Uhr) zu besichtigen, Eintritt 1,70 €.

Ruinen von Sakralbauten und Chrysopolitissa-Kirche

Am Rande der Kneipengegend, etwa in der Mitte der Afroditis Str., führt eine kleine Gasse links zu mehreren Sakralbaurelikten, deren älteste Fundamente bis ins 4. Jh. zurückdatiert werden konnten. Das Areal ist frei zugänglich und lässt mit den erhaltenen Säulen und Böden auch die Dimensionen der älteren Bauten sehr gut erahnen. Vollständig erhalten ist jedoch nur die Kreuzkuppelkirche Agia Kyriaki Chrysopolitissa.

Früh-christliche Basilika
Der älteste Teil, eine frühchristliche Basilika, wurde während der Erdbeben von 526–528 weitgehend zerstört und unter Bischof *Sergius* im 6. Jh. siebenschiffig wiedererrichtet, womit sie mit ca. 2000 m² Grundfläche die größte je auf Zypern gebaute frühchristliche Kathedrale darstellte. Sie war vermutlich reichhaltig ausgestaltet, worauf einige gut erhaltene Mosaiken hindeuten. Bereits 653 übernahmen die Araber das Bauwerk, vermutlich wurde es von ihnen nach kurzer Nutzung zerstört. Teile wurden noch bis ins 15. Jh. hinein genutzt, z.B. als Weinpresse und Lager.

Mittel-alterliche Kathedrale
Innerhalb der Grundmauern dieser frühchristlichen Kathedrale wurde im 11. Jh. eine kleinere neue Kathedrale errichtet, die nur etwa ein Viertel der Größe und Ausmaße der älteren erreichte. Eine Hinweistafel auf dem Gelände erinnert daran, dass Dänenkönig *Eric Ejegod* auf der Reise zum Kreuzzug von 1095–1103 starb und hier begraben wurde. 1159 brach jedoch auch dieser Bau bei einem Erdbeben zusammen. Erst 1500 wurde auf den Grundmauern die sehr gut erhaltene Kreuzkuppelkirche **Agia Kyriaki Chrysopolitissa** errichtet, in der noch heute vor allem anglikanische Gottesdienste abgehalten werden. Bis 1734 diente das bescheiden anmutende Bauwerk als Zentralkathedrale für den Raum Pafos.

Gotische Kirche
1312 errichteten Franziskanermönche unmittelbar nördlich des damals bereits teilweise zerstörten Areals der frühchristlichen Basilika eine dreischiffige gotische Kirche, wobei sich beide Grundrisse

Pafos

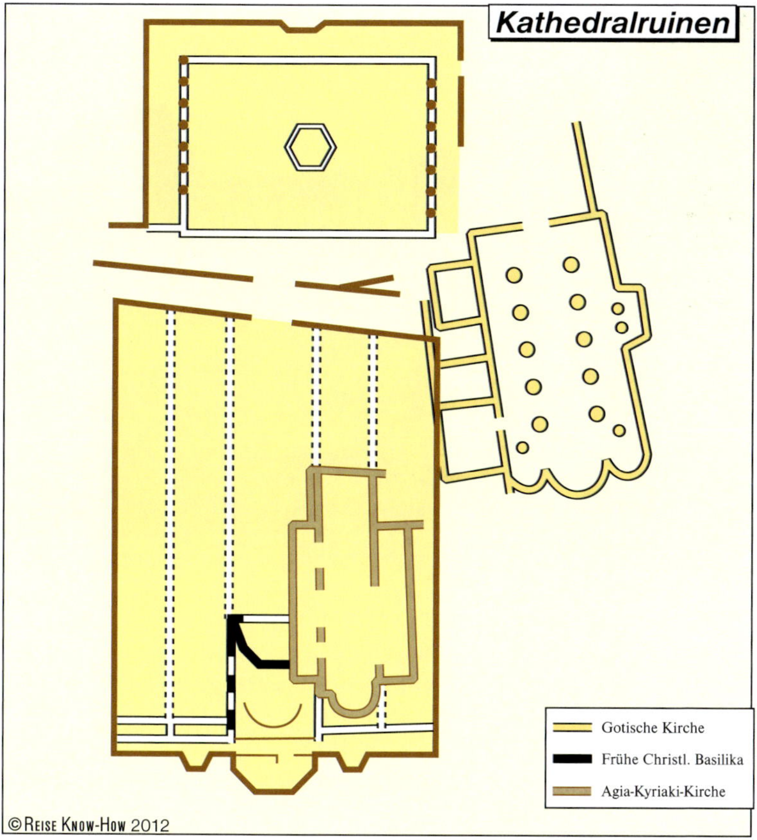

Kathedralruinen

	Gotische Kirche
	Frühe Christl. Basilika
	Agia-Kyriaki-Kirche

© REISE KNOW-HOW 2012

leicht überschnitten. Sie diente zunächst als Klosterkirche; nachdem die Franziskaner aus ungeklärten Gründen das Kloster verlassen hatten, dürfte sie bis ins 16. Jh. hinein (Fertigstellung der zweiten mittelalterlichen Kathedrale) als Bischofssitz gedient haben. Um 1600 brach sie zusammen und wurde nie wieder restauriert.

Unmittelbar an der Westseite der einstigen gotischen Kirche steht der Rest einer Marmorsäule, an welche der Apostel *Paulus* im Jahre 46 n.Chr. während seiner Missionsreise durch Zypern gefesselt und ausgepeitscht worden sein soll. Unterhalb der Franzis-

kanerkirche fanden Archäologen vier Zellenräume; man geht davon aus, dass die Apostel *Barnabas* und *Paulus* hier arretiert waren und die Franziskaner genau aus diesem Grund darüber eine Kirche errichtet hatten.

Fränkische Bäder

Knapp 250 m nördlich der gotischen Kirche wurden verschüttete und von Bäumen überwachsene Bäder aus der fränkischen Epoche (1192–1572) entdeckt. Sie wurden **von den Türken** in ihren heute sichtbaren Ausmaßen **umgebaut,** gelten aber als eines der wenigen erhaltenen weltlichen Bauwerke der Franken auf Zypern.

Ruinen von Sakralbauten (im Hintergrund die Kreuzkuppelkirche Agia Kyriaki Chrysopolitissa)

Panagia Theoskepasti

Kirche

Um die Ecke vom Aquarium, auf einem kleinen Hügel gelegen, thront die Kirche Panagia Theoskepasti oberhalb der Altstadt. Vermutlich stand an dieser Stelle einst das östliche Stadttor von Pafos, ehe es 1922 durch den Bau der gegenwärtigen Kirche abgerissen wurde. Eine kleine Marmortafel bei den Stufen, zu erkennen an eingeritzten Kreuzen, stammt von der 653 zerstörten frühchristlichen Basilika (siehe Chrysopolitissa-Gelände). Das Interesse am Kirchenbau selbst tritt jedoch zu Gunsten eines Kleinods im Inneren in den Hintergrund: Eine der Ikonen soll zu den 70 Ikonenmalereien des *Hl. Lukas* gehören.

Pafos-Aquarium

70 Salz-wasser-becken

Als Kontrastprogramm zum sonst vorwiegend antik-historischen „Freizeitwert" in Pafos wird das Aquarium nahe der Panagia Theoskepasti-Kirche heftig propagiert. Wirklich empfehlenswert scheint es mehr für genervte Eltern der von den Ruinen der Stadt gelangweilten Nachwuchsarchäologen zu sein. In rund 70 Salzwasserbecken wird überwiegend die Korallenfischwelt des Indopazifiks ausgestellt, die wenigsten Arten sind allerdings tatsächlich vor den Küsten Zyperns zu finden. Am beeindruckendsten ist sicherlich noch das Haifischbecken. Unmittelbar unter dem Aquarium befindet sich ein kleiner **Markt** für Textilien und Souvenirs.

Geöffnet täglich 10–20 Uhr, Tel. 26959320, Eintritt 7,50 €, Kinder 3,50 €.

Katakomben Agia Solomoni

Quelle und Pilgerstätte

Die kleine unterirdische Andachtsstätte besteht aus wenig mehr als vier höhlenartigen Nischen und einer Quelle, gilt jedoch als einst bedeutendste Pilgerstätte von Pafos. Insbesondere die Kreuzfahrer sollen auf dem Weg ins Heilige Land hier Zwischenstation gemacht haben, wovon Malereireste und Inschriften aus dem 12.–13. Jh. zeugen. Das Wasser der Quelle galt als heilig und soll angeblich Augenleiden gelindert haben. Die Bedeutung der Katakomben geht auf die Legende der *Hl. Solomoni* aus dem jüdischen Herrschergeschlecht der Makkabäer (Hasmoniter) zurück, die mit ihren sieben Kindern wegen ihres jüdischen Glaubens im Jahre 168 v.Chr. hier lebendig eingemauert worden sein soll; die darauf

Pafos

zurückgehende christliche Legende berichtet von sieben „Schlä-
fern", die 252 n.Chr. bei Ephesus eingemauert worden und 200
Jahre später auferstanden sein sollen.

Digenis-Fels und Fabrica-Hügel

Legende   Nördlich der Katakomben schließt sich noch ein weiterer interessanter (gut beschilderter) Punkt an. Der Legende nach bat Königin
Regaena den gutmütigen Riesen *Digenis* während einer Dürre,
Wasser aus dem Pentadaktylos-Gebirge zu bringen. Entspräche er
ihrer Bitte, würde sie seinen Heiratsantrag annehmen. *Digenis* tat
wie geheißen, die Königin hielt ihr Versprechen jedoch nicht. Daraufhin schleuderte *Digenis* einen riesigen Felsen gegen ihren Palast. Dieser Fels wurde schon in der Antike als Steinbruch genutzt
(lat. *fabrica* = Werkstätte), zahllose Keillöcher zeugen von der Arbeit der Steinmetze.

Königsgräber (Tafoiton Vasileon)

Peristyl-   Neben den römischen Mosaiken sind die sogenannten Königsgrä-
gräber   ber die meistbesuchte antike Stätte von Pafos. Sie entstanden etwa
im 3. Jh. v.Chr. während der ägyptisch-ptolemäischen Phase auf
Zypern als Peristylgräber der zypriotischen Oberschicht. Die bis
dahin bestehenden Stadtkönigtümer wurden von den Ptolemäern
abgeschafft, die Bezeichnung „Königsgräber" ist daher nicht korrekt, hat sich aber in der Literatur eingebürgert (neudeutsch wäre
wohl „Bonzenfriedhof" die trefflichste Bezeichnung). Tatsächlich
wurde die Nekropole bis ins 4. Jh. n.Chr. für Bestattungen verwendet, später im Mittelalter als Notunterkunft und Gefängnis zweckentfremdet.

Der Begriff **Peristylgrab** bedeutet, dass eine Rampe oder Treppe zu einem unter dem Bodenniveau gelegenen, nach oben offenen Atriumsinnenhof führt. Säulengänge umgeben dieses Atrium,
welches den Angehörigen als Versammlungs- und Gedenkstätte
diente, und führen zu den unterirdischen Grabkammern.

Wegen der teils unterirdischen Anlage sind einige der Gräber –
obgleich älter als die späteren römisch-hellenistischen antiken Stätten – **zum Teil ausgezeichnet erhalten.** Die somit ältesten, vollständig erhaltenen Bauwerke Zyperns sind auch ein beliebtes
Fotomotiv. Hinweise zu den Familien derer, die hier bestattet wurden, gibt es nicht, da Grabräuber, insbesondere ein US-amerikani-

scher Diplomat aus dem 19. Jh., die Gräber plünderten und alle
Inhalte nach Übersee verbrachten. Die Einzelgräber sind vor Ort
von 1 bis 8 nummeriert, wie so oft fehlen jedoch weitere Hinweistafeln.

Die Gräber **Grab 1** wurde als oberirdisches Kammergrab für fünf Erwachsene
und zwei Kinder angelegt und weist noch Reste von Bemalungen
auf. **Grab 2** ist ein echter Atriums-Typus mit drei Schachtgräbern
für die Familienoberhäupter und vier Nischen, die vermutlich für
untergeordnete Würdenträger eingearbeitet wurden. Die beiden
Felsaltare wie auch die Atriumsüberdeckung entstanden erst
während der römischen Phase auf Zypern. Ein großer Innenhof
mit Säulengang prägt **Grab 3,** dessen Einzelgräber von Mauern
umrahmt sind. **Grab 4** wurde weitgehend zerstört aufgefunden;

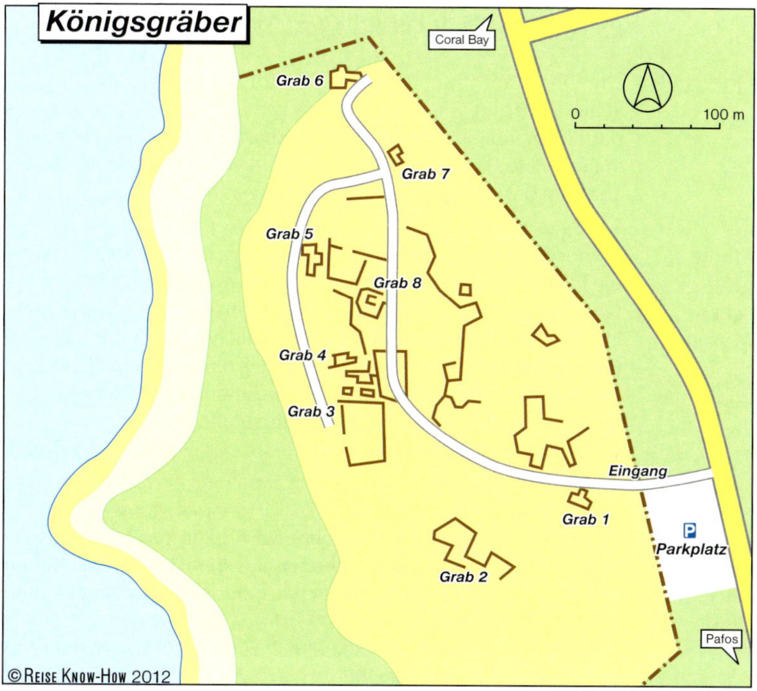

Pafos

Königsgräber

Coral Bay

0   100 m

Grab 6

Grab 7

Grab 5

Grab 8

Grab 4

Grab 3

Eingang

Grab 1

P
Parkplatz

Grab 2

Pafos

© REISE KNOW-HOW 2012

die Restaurationsarbeiten dauern noch an. **Grab 5** ist sicherlich das **spektakulärste** mit einem 21 m² großen Atrium, in dessen Zentrum einst sogar ein Brunnen stand. Es wurde bis ins Mittelalter hinein zu den verschiedensten Zwecken weiter verwendet, unter anderem wurden Keramiken und sogar mittelalterliche Töpfereiutensilien entdeckt. Während **Grab 6** Malereireste und einen Altarblock erkennen lässt, gehört **Grab 7** zu den echten Peristyl-Typen mit gut erhaltenem Säulengang. **Grab 8** passt dagegen nicht so recht in die bekannten Schemata: Anstatt eines Säulenganges steht im Zentrum des Innenhofes lediglich ein riesiger rechteckiger Felsblock, der teils als Hauptgrabkammer, teils auch als ritueller Blutopferbrunnen für Totenkulte interpretiert wird.

Geöffnet tgl. 8–19 Uhr (Frühjahr/Herbst bis 18 Uhr, im Winter bis 17 Uhr), Ostern und Weihnachten geschlossen, Tel. 26940295, www.mcw.gov.cy; Eintritt 1,70 €.

Sehenswertes in Pano Pafos (Ktima)

Oberstadt Die Oberstadt (früheres Ktima) als **administratives und logistisches Zentrum** wird von ungleich weniger Touristen besucht als das Hafenareal. Da der zentrale **Busbahnhof** von Pafos ebenfalls in Pano Pafos liegt, nutzen vor allem Individualreisende die Wartezeit zum Besuch eines der dort ansässigen **Museen**.

Ethnografisches Museum

An der Südseite des kleinen Stadtparks (Av. Exo Vrysis Nr. 1) baute die Familie *Eliades* über Generationen hinweg ein erstaunlich umfangreiches privates Volkskundemuseum auf. Neben Keramiken, Haushaltsutensilien und landwirtschaftlichen Geräten (u.a. eine Olivenöl-Mühle) wurden Trachten, Schnitzereien sowie Hand- und Silberarbeiten zusammengetragen. Insgesamt wird ein netter Einblick in das **Alltagsleben** früherer Jahrzehnte gewährt.

Geöffnet nur Sa 9–17 Uhr und So 10–13 Uhr; Eintritt 3 €, Tel. 26232010.

Byzantinisches Museum

Nur einen Steinwurf entfernt lohnt ein Blick in das byzantinische Museum mit unschätzbaren **Ikonen** aus dem 12.–18. Jh. Neben den über 100 Ikonen werden auch orthodoxe Sakralreliquien und Messgewänder ausgestellt.

Av. Andrea Ioannou, Tel. 26232092; Eintritt 1,70 €; geöffnet Mo bis Fr 9–16 Uhr, Sa 9–13 Uhr.

Archäo-logisches Museum

Ein gutes Stück außerhalb an der Hauptstraße Richtung Stadion und Autobahn liegt das archäologische Distriktmuseum von Pafos, in dem die **Funde der antiken Stätten** der Stadt ausgestellt werden. Die Exponate reichen von Keramiken der Bronzezeit über einfache polierte Votivfiguren der römischen und hellenistischen Epochen bis hin zu kuriosen chirurgischen Geräten eines römischen Arztes oder den berühmten antiken „Wärmflaschen" in Form von Armen, die Rheumakranken aufgelegt wurden.

Av. Grivas Digenis, Tel. 26306215, www.mcw.gov.cy; Eintritt 1,70 €; geöffnet Mo bis Fr 9–17 Uhr, Sa 10–13 Uhr, So geschl.

Pafos

Praktische Informationen

An- und Weiterreise

Pafos als Zentrum Westzyperns bietet recht **ordentliche Busanbindungen,** allerdings sind wegen der Zergliederung in Ober- und Unterstadt einige Besonderheiten zu beachten. Für Ziele östlich von Lemesos (Agia Napa, Larnaka, Troodos usw.) muss in Lemesos umgestiegen werden; der einzige Direktbus von Pafos fährt (via Lemesos und Larnaka) nach Lefkosia. Die Busbahnhöfe liegen in der Oberstadt Pano Pafos, die wichtigsten mit der Unterstadt verbindenden Stadtbusse sind die Linien 11 und 15 (s.u.).

● Die meisten Intercity-Busse halten nun auch am **CTO-Touristeninformationsbüro** in Kato-Pafos, sodass der zusätzliche Bustransfer in die Oberstadt entfällt; Details direkt bei der TI.
● **Intercity-Busse: nach Lemesos** von 6 bis 18 Uhr 8 x tgl. (Mo bis Fr), Sa/So nur 7, 10, 13 und 16 Uhr, 5 € Tagesticket, einfach 3 €; **nach Nicosia** bestehen derzeit fünf Verbindungen (Mo bis Fr 5.30, 8, 9, 11 und 14.30 Uhr, Sa/So nur 8 und 14 Uhr), Tagesticket 9 € bzw. 5 € einfach.
● **Nahverkehrs-/Überlandbusse** der Firma Osypa (Tel. 26934410, gebührenfrei 80005588) fahren entweder vom Karavella-Busbahnhof in der Oberstadt oder ab dem Hafen in Kato Pafos (Apostolou Pavlou Str.); die einfache Fahrt kostet 1 €, Tageskarten 2 €, Wochentickets 10 €. Für Reisende dürften die **Linien 603, 611** (Hafen – Hotelmeile/Geroskipou), **645** (Hafen – Polis) und **615** (Hafen – Coral Bay) die interessantesten sein; hier ein Überblick über die **wichtigsten Linien:**
– 601: Karavella Hbf – Geroskipou – Mandria
– 602: Stadtbus (Rundroute)
– 603: Geroskipou Beach – Hafen/Apostolou Pavlou Str.
(6.30–0.20 Uhr alle 40 Min.)
– 604: Karavella Hbf – Agios Neofytos (6 x tgl., Sa 4 x tgl.)
– 606: Stadtbus (Rundroute) Gladstonos (CTO) – Hafen – Poseidonos – Aphroditis Waterpark – General Hospital – Demokratias – Gladstonos (CTO)
– 607: Karavella Hbf – Chloraka – Lemba – Kissonerga – Pegeia (4–6 x tgl.)
– 608: wie 606 bis General Hospital und zurück
– 609: Karavella Hbf – Episkopi
(7.50, 8.30, 11.50 und 14.50 Uhr, Sa nur 9 und 12.40 Uhr)
– 610: Stadtmarkt – Kato Pafos (Hafen)

– 611: Hafen Kato Pafos – Geroskipou Waterpark (alle 10–15 Min.)
– 614: Karavella Hbf – Tsada (nur 2–4 x tgl.)
– 615: Pafos Hafen – Coral Bay (alle 10–15 Min.; 18–24 Uhr alle 30 Min.)
– 631: Coral Bay – Kisonerga – Kato Pafos – Geroskipou – Petra tou Romiou
– 632: Pafos – Kouklia – Mousere
– 633: Pafos – Agios Georgios – Filousa – Agios Nikolaios
– 637: Pafos – Panagia
– 641: Drouseia – Ineia – Arodes – Kathikas – Stroumbi – Tsada – Pafos
– 642: Akoursos – Kissonerga – Lempa – Chloraka – Pafos
– 645: Polis – Goudi – Stroumbi – Tsda – Pafos (5.30–17 Uhr 11 x tgl.)

Osypa betreibt auch den **Flughafenbus 612** ab Hafen/Kato Pafos (tgl. 7–24 Uhr stündlich) bzw. **613** ab Karavella-Busbahnhof in der Oberstadt (tgl. um 7.25 und 18 Uhr).

● Sehr beliebte organisierte **Ganztagestouren** bietet die Firma S.A. Travel, Nikodemou Fylona, Tel. 26939060, an: Mo/Do Kykkos (25 €), Di/Fr Kyrenia/ Girne und Bellapais (35 €), Mi Omodos und Galata (35 €), Do Lefkara und Nicosia (25 €), Fr Nicosia-Shopping (25 €), Fr Lemesos (25 €), Sa Famagusta (35 €), Sa Neofytos-Kloster, Latchi und Aphrodite-Bäder (25 €).

Touristen-info

● Ein **CTO-Büro** liegt in Ktima (Pano Pafos), Gladstonos 3 (nahe Kennedy-Square), Tel. 26232841, und hat Mo, Di, Do, Fr 8.15–14.30 Uhr und Mo, Di, Do, Fr auch 15–18.30 Uhr geöffnet. Die meisten Reisenden werden das Büro in der Unterstadt nutzen (Poseidonos 63A, Tel. 26930521, InformationKato Pafos@visitcyprus.com, gleiche Öffnungszeiten). Donnerstags um 10 Uhr wird hier eine 2½-stündige Führung durch die Unterstadt angeboten.
● **Elektrische Informationssäulen** stehen am Kennedy-Square und bei der TI im Zentrum.
● Gute **Webseiten** sind z.B. www.discoverpaphos.com (Überblick Stadt und Region) sowie die offizielle Informationsseite www.visitpafos.org.cy.
● Die CTO-Zweigstelle in der Ankunftshalle am **Flughafen** (Tel. 26423161) kann auch weiterhelfen, die abgestimmt auf ankommende Flüge praktisch täglich bis in die späten Abendstunden geöffnet ist. Auskünfte zu Flügen erteilen die Flughafeninformation unter Tel. 0778833 bzw. **Cyprus Airways,** 37–39 Gladstonos Str., in Pano Pafos (Ktima) unter Tel. 26233556.

Unterkunft

Pafos bietet in Anbetracht seiner kulturhistorischen Bedeutung ein entsprechend **vielfältiges Unterkunftsangebot,** das auch bei allen wichtigen Reiseveranstaltern ins Programm aufgenommen wurde. Dabei sind für das gesamte Stadtgebiet verschiedene räumliche Zonen zu berücksichtigen.

Die wenigen Unterkünfte in der **Oberstadt Pano Pafos** sind vielleicht für Individualreisende interessant, die einen frühen Bus für eine längere Weiterreise nehmen möchten. Meerblick oder tolle Lage darf man natürlich nicht erwarten, dafür sind sie aber beträchtlich günstiger als in Kato Pafos.

● **Jugendherberge,** Eleftheriou Venizelou 37, Tel. 26932588, montis@logos. cy.net, gegenüber vom Minimarkt gelegen, ca. 15 Min. Gehweg bis zum Zentrum. Aufnahme nur 9–12 und 16–22 Uhr. Relativ kleiner und unscheinbarer Bau mit nur zwei 6-Bettzimmern. Übernachtung ca. 13,50 € pro Person.
● **Trianon Guest-House,** 99 Makarios Ave, Tel. 26932193, Fax 26936227, EZ 14 €, DZ 28 €. In der Haupteinkaufsstraße zwischen Kennedy-Platz und

Markt. Schlichte Zimmer ohne Frühstück, aber die günstigste Möglichkeit in Pafos.

●**GNM Tourist Aptm.,** Antoniadi Str. (kleine Straße am Kennedy-Platz hinein, gegenüber der Apotheke), Tel. 262 35048. Einfache Familien-Wohneinheiten, zentral und dennoch ruhig.

●**Axiothea Hotel,** 2 Ivi Malioti Str. (Museumsnähe), Tel. 26932866, www. axiotheahotel.com, DZ 88 €, 37 schöne kleine Zimmer mit Balkon und WLAN (gratis), ohne Frühstück (kann gesondert bestellt werden).

●**Agapinor Hotel,** 24 N. Mylonas Str., Tel. 26933926, Fax 26935308, www. agapinorhotel.com.cy. Wurde aufwendig renoviert, DZ 62–72 € inkl. Frühstück. Liegt sehr zentral und verkehrsgünstig.

Kato Pafos bietet eine Reihe von Apartments/Aparthotels im Kneipenviertel nördlich des Stadtstrandes, neue Mittel- und Oberklassehotels entlang der neuen und zersiedelten Uferstraße Richtung Geroskipou (teilweise 3–4 km bis zum Zentrum, aber Busanbindung) sowie einige gewachsene Hotel- und Aparthotelanlagen an der Ausfallstraße zu den Königsgräbern. Die deutschsprachigen Reiseunternehmen bieten für Kato Pafos ausschließlich Hotel-Pauschalreisen an, Ferienwohnungen oder günstigere Hotels im Zentrum muss man selbst arrangieren.

Günstige, zentrale Ferienwohnungen:

●500 m vom Zentrum Richtung „Hotelmeile" zweigt nach links die kleine Thaleias Str. ab; hier bietet in Nr. 3 Frau **Anthoula Kleanthos** insgesamt sieben kleine, ruhige **Apartments** ab 40 € an; Tel. 26265222.

●Wegen der zentralen Lage im Kneipenviertel kosten die **Aloma-Apartments,** 5 Klytaimnistra Str., Tel. 26237400, Fax 26237509, zwischen 46 und 60 €; bei Nachtschwärmern sehr beliebt.

●Wer nur ein Zimmer sucht, findet eine Alternative bei **Violeta Zimmer & Apt.,** Tel. 26939179, in der Dionysos Str. (schräg gegenüber vom markanten *Flintstone-Pub*).

●**Daphne Aparthotel,** 3 Akmini Str., Tel. 26933500, www. daphne-hotel.com. Sehr komplette Apartmentanlage mit Wäschereiservice, Kinderbetreuung, Pool, Bar, Frühstücksangebot, Privatparkplatz u.a, Studio 55 €, 2 Schlafzimmer 125 €.

●Zentral im Nachtschwärmer-Viertel liegt auch das **Rodothea** (Tel. 269 53756) mit Apartments ab 70 € je nach Größe und Saison.

●**Weitere Informationen** zu Hotelapartments/Ferienwohnungen in Pafos findet man auf den Internetseiten www.pandream.com, www.pafoshoteliers. com/hotel_details oder www.sofianna.com (Studios im Sommer ab 65 €, Wochenmieten ab 320 €).

Die **zentralen Hotels** sind spürbar teurer (bei Luxushotels ca. 50% Rabatt bei vorheriger Organisation über die Partner-Reisebüros), hier eine kleine Auswahl:

●**Annabelle,** Poseidonos Avenue. Tel. 26885000, Fax 26945502, www.thanoshotels.com. Zentrales, sehr schönes Luxushotel mit allen Annehmlichkeiten und einer breiten Preis-/Leistungsspanne vom DZ (Landblick, ab 130 €) bis zum abgesetzten Garden-Studio mit tollem Meerblick (bis 475 €), auf dem Hügel oberhalb des kleinen Stadtparks gelegen.

■ **Übernachtung**
2 Aloma Apartments
5 Nereus Hotel
7 Paphiessa Hotel
17 Pyramos Hotel
22 Daphne Aparthotel
25 Dionysos Hotel
26 Violeta (Zimmer und Apartments)
33 Annabelle Hotel
34 Rodothea Aparthotel
37 Hotel Alexander the Great
38 Hotelmeile

■ **Essen und Trinken**
1 George and Dragon Pub
4 Georgia Meze House
14 Almond Tree Restaurant
15 Mediterranean Tavern
16 Zembylla's (Schnellimbiss)
20 Captain's View
21 Moulia (Fish & Chips)
23 McDonald's
24 Pizza Hut
27 Demokritos Restaurant
30 Red Lion Pub
32 California Beach Bar

■ **Geschäfte & Sonstiges**
3 Paris Car Hire
8 Wäscherei
9 Alex Car Rental
18 Debenham-Kaufhaus
19 Myrra Court
35 Pentaras (Motorräder)
36 Cybreeze Auto- und Motorradverleih
39 Cosmic Bowling

■ **Nachtleben**
6 Larissa Night Spot Club
10 Woodyz
11 Music Bar
12 Tropical Nights
13 Rainbow Disco
28 Flintstone Pub
29 La Grotte Nightclub
31 Boogie's Disco

@ Internetcafé
⑤ Bank/Geldautomat
🅿 Parkplatz
▬ zentrale Restaurant- und Nightlife-Straßen

Leuchtturm ★ ★ Akropo

Haus des Dionysos ★

Haus des Orpheus ★ ★ Haus des ★ Aion

Römisch Siedlung (Eingang

Haus des Theseus ★ ● Besuche zentrum

Römische Siedlung

Hafenkastell

Antikes Hafenkastel (Ruinen

Pafos

Kato Pafos Zentrum

Pano Pafos,
Coral Bay

Digenis-Fels und
Fabrica-Hügel ★

Dardalou

Fentedaktylou

Agia-Solomoni-
Katakomben

Ikarou

7

6

Fränkische
Bäder

Cosmic
39 Bowling

5

1

2 **3**

4

Saranta
Kolones

Kathedrale
(Ruinen) @

17 **16** **15** **14**

13 **12** **11** **10**

9 **8**

Apollonos

Regionalbusse
(Hafen) Ⓑ

18

Panagia
Theoskepasti ★

Pafos-Aquarium ★

28 **27** **29** **30** **31** **32**

26 **25**

34

19 **20** **21** **22** **23**

24

Intercity-Busse
Ⓑ ⓘ

35

Iasonos

Diagorou

Poseidonos

33

Stadtpark

36

Hafen

37

Poseidonos

Klious

Thaleias

Limmatka

38 ★ *Aquapark*

0   250 m

© REISE KNOW-HOW 2012

●**Alexander the Great,** Poseidonos Avenue, Tel. 26965000, Fax 26965100, www. kanikahotels.com. Überschaubares, nettes Oberklassehotel direkt am Meer mit DZ bis 230 €. Umfangreiches Freizeitangebot (Tennis, Sauna, Wassersport u.a.).

●**Dionysos Hotel,** 1 Dionysos Str., Tel. 26933414, Fax 269 33908, www.dionysoshotelpaphos.com. Von November bis März 50% Rabatt auf den Listenpreis von 192–242 €/DZ.

●Am Nordwestrand des Zentrums, praktisch unmittelbar am archäologischen Park, liegt das vielleicht auffallendste Hotel von Pafos, das **Roman** (Agios Lambrianos Str., Tel. 26945411, Fax 26946834, www.romanhotel.co.cy. Es wurde in neo-antikem Stil in Anlehnung an die antiken Stätten gebaut und liegt sehr günstig zu allen Sehenswürdigkeiten der Unterstadt. DZ 82–111 € (25% Rabatt bei Online-Buchung).

●**Paphiessa,** 2 Agios Filion Str. (ruhige Sackgasse 300 m nördlich vom Zentrum), Tel. 26945555, Fax 26945261, www.paphiessa-hotels.com. DZ kosten normalerweise zwischen 100 und 140 €, einwöchige Pauschalreisen inkl. Flug gibt es für diese Anlage schon ab 500 € pro Person; verfügen auch über 3er-Studios und 4er-Apartments.

●Das **Nereus Hotel,** 7 Konstantia Str., Tel. 26943101, Fax 26947027, www.nereushotel.com, liegt bei 90 € für das DZ etwas günstiger; Pauschalpreis für 14 Tage 550 €/DZ. Sehr ansprechender Tipp der Mittelklasse für diejenigen ohne Vorabarrangement!

●**Pyramos Hotel,** 4 Agia Anastasia Str., Tel. 26935161, Fax 26942939, http://pyramos-hotel.com, DZ 65 €, 3er-Zimmer 85 €. Ordentliche Unterkunft in der günstigen Klasse.

Die meisten **Urlauberhotels der Pauschalreisenden** liegen entlang der Uferstraße Richtung Geroskipou (Poseidonos Av.), einige wenige auch nordwestlich der Königsgräber. Achtung: Nicht alles, was in Katalogen als „Unterkunft in Pafos" angeboten wird, liegt auch nur annähernd im Stadtbereich. Oft handelt es sich sogar um abgelegene Resortgebiete wie St. George's Bay oder Maa/Coral Bay. Hier eine kleine Auswahl empfehlenswerter Hotels renommierter Anbieter an der **„Hotelmeile",** die meist über einen eigenen direkten Strandzugang (Feinkies, teils auch Sand) verfügen:

●**Pafos Amathus,** Poseidonos Av., Tel. 26883300, Fax 26883333, www.amathus-hotels.com/paphos. Super-Luxushotel in wunderhübscher Pool-/Gartenlandschaft direkt am gemischten Kies-, Sand- und Felsstrand. Tennis inklusive, Wassersport, Saunas und Türkisches Bad gegen Gebühr. DZ regulär zwischen kaum bezahlbaren 264 und 468 €; Pauschalreisen ab München beginnen bei ca. 1400 € pro Woche.

●**Louis Phaethon Beach,** ganz am Ende der Poseidonos Av., Tel. 26964600, Fax 26964666, www.louishotels.com. Beliebtes Familienhotel am Sand-Kiesstrand mit großem Pool, Hallenbad, Liegewiese, hübschem Abenteuerspielplatz, Kinderbetreuung usw. All-Inklusive-Pauschalreisen beginnen ab 850 € pro Woche, Individualreisende werden mit 160 € für die Übernachtung mit Frühstück zur Kasse gebeten.

Myrra Court – beliebtes Einkaufszentrum in Kato Pafos

●**Riu Cypria Maris,** Poseidonos Av., Tel. 26964111, Fax 26964125, www.riu cypriahotel.com. DZ ab 149 €, auch Suiten und Bungalowzimmer (Gartenanlage) ab 230 € erhältlich. Sehr gepflegte Anlage der oberen Mittelklasse; einwöchige Pauschalreisen (HP) für rund 950 €.

●**Asimina** (vormals *Paphian Bay*), Poseidonos Av., Tel. 26964333, Fax 26964870, www.asimina-cbh.com. Luxusanlage mit Standard-DZ (mind. seitlicher Meerblick) zu 2432 € pro Woche, Pauschalreisen ab 780 € pro Person. U.a. Tennis, Tischtennis, Sauna ohne Aufpreis.

Essen und Trinken

Pano Pafos (Ktima):

●Beim Kino bietet das Schnellrestaurant **Calamaris Take Away,** Tel. 26933718, frittierten Fisch auch zum Mitnehmen.

●Wer es etwas netter mag, findet schräg gegenüber der Post das englische **Tea for Two** (Tel. 26937702) mit Omelettes, Burgern, Pasteten und einer schönen Aussichtsterrasse (mittleres Preissegment). Besonders lecker sind hier die Kartoffel-Zwiebel-Käsepasteten. Inzwischen gibt es mehrere Filialen, unter anderem in der Tombs of the Kings Rd. (Tel. 26937895).

Pafos

zyp_287 Foto: wl

Kato Pafos:

● Einfache und günstige Gerichte bieten die internationalen **Schnellrestaurants** mit ihren „all you can eat"- *(Pizza Hut)* und Menüangeboten *(McDonalds's)*; „all you can eat" (Salate und Pasta) bietet auch das italienische **Amore** (1 Dionysos Str., neben dem *Dionysos-Hotel*), Tel. 26933414. Günstige Kebabs und Snacks auf die Hand brät **Zembyllas** in der Agias Napas Str. (Tel. 26943788). Wer „Fish & Chips" mag – das **Moulia** in der Lidas Str. 6 (Tel. 26937101) zaubert die besten englischen Schnellgerichte der Stadt.

● **Mittleres und oberes Preissegment:** Das **Almond Tree** (5 Konstantias Str., Tel. 26222415) bietet eine breite Vielfalt an leckeren asiatischen (Ente, Currys) wie auch zypriotischen (Lamm) Gerichten und lokalen Weinen. Am Ende der Dionysos Str. linker Hand liegt das beliebte **Meze-Lokal Demokritos** (Tel. 26933371) mit traditionellen Tanzaufführungen und guten Mezes (24-teilig 19,50 €, Fisch 20-teilig 18 €, Meat 18-teilig, 11,50 €, mixed 21-teilig 14 €). Eines der bekanntesten Meze-Häuser in Pafos mit ausgezeichneter Qualität ist das **Georgia Meze-Haus** in der Tefkros/Ecke Konstantia (Tel. 26945250) ab 14 €. In der Mittel- bis Oberklasse empfiehlt sich die **Mediterranean Tavern** (3 Agia Napa Road, Tel. 26235684) mit Lehmofengerichten oder Spanferkel sowie typischen zypriotischen Gerichten (ab 13,50 €). Das **Captain's View** auf der Dachterrasse des Myrra Court, Tel. 26221716, verknüpft exquisite zentrale Panoramalage mit internationaler Küche – nicht ganz billig, und nicht alle loben das Gebotene.

Einkäufe und Souvenirs

Pano Pafos (Ktima):

● Selbstversorger kaufen am günstigsten im **Papantoniou-Supermarkt** in der Leoforos Ellados Str. (Richtung Polis).

● Die Makarios Str. mit **Boutiquen** und **Fachgeschäften,** der **Buchhandlung Axel** sowie dem kleinen **Kaufhaus Mango** bildet das Einkaufszentrum der Oberstadt.

Kato Pafos:

● Obgleich vorwiegend auf Touristen ausgerichtet, bietet der Einzelhandel der Stadt eine Menge interessanter Einkaufsmöglichkeiten auch über „Postkarten und Kitsch" hinaus. Es lohnt ein Blick in das offene Rondell **Myrra Court** mit Restaurants, Textil- und Schmuckgeschäften sowie afrikanischem und russischem Kunsthandwerk – allerdings ziemlich auf den Geschmack der touristischen Massen ausgerichtet.

● Die Innenstadt zwischen Aquarium und Römischer Siedlung ist voll von Fach- und Souvenirgeschäften, wo neben allerlei Kitsch auch günstig Lederwaren erworben werden können. Für Kleidung lohnt auch ein Blick ins Kaufhaus Debenham (mit Supermarkt) in der Lidas Str.

● Wer sich für höherwertiges Kunsthandwerk aus zypriotischer Fertigung interessiert, sollte das staatliche **Arts & Crafts Centre** in der Leoforos Apostolou Pavlou (halber Weg hinauf nach Ktima linker Hand, geöffnet Mo bis Fr 8–14.30 und 15–18 Uhr, Tel. 22305024) besuchen.

Strände

● **Entlang der „Hotelmeile"** (Poseidonos Av.) liegt rund ein halbes Dutzend beschilderter kleiner Kies-/Sandstrände in unmittelbarer Hotelnähe, die jedoch frei zugänglich sind. Der größte schließt sich östlich vom *Louis Phaeton Beach Hotel* an (am Ende der Poseidonos-„Hotelmeile") und wird von *Riccos Beach-Snackbar* bewirtschaftet.

Pafos

● Zentrumsnahe **öffentliche Strände** („municipal beach") liegen am kleinen Stadtpark sowie auf dem Weg zu den Königsgräbern in der Aginoros Str. Mit Stadtbussen sind auch die St. George's Bay und die Coral Bay erreichbar.

Aktivitäten

● Der städtische **Aphrodite Aquapark** bietet vor allem Familien mit Kindern eine vielleicht willkommene Abwechslung zum Besuch der antiken Stätten (Angebote ähnlich wie *Watermania*/Akrotiri). Eintritt 29 €, Kinder 16 €, Gutscheine in Tageszeitungen/Flyern beachten. Geöffnet von April bis Juni 10.30–17.30 Uhr, Juli/August 10–18 Uhr, Sept./Okt. 10–17 Uhr. Stadtbus 11 oder 15, Ticket wird verrechnet. Mit dem Auto folgt man der Beschilderung zur Rosco-Go-Kart-Bahn.

● **Tauchbasen:** Pafos hat sich zur wichtigsten Taucherhochburg Südzyperns gemausert, vom Anfängerkurs bis zu Wracktauchgängen wird alles angeboten. Die Basen mit dem besten Preis-Leistungsverhältnis und modernem Equipment sind **Cydive** (im Myrra Court, siehe Einkaufen), Tel. 26934271, Fax 26235307, www.cydive.com, das **Kalliopi Diving Centre** im Pafos Beach Hotel (100 m östlich von Annabelle), Tel. 26233091, www.kalliopitravel.com, das **Nautilos Diving Center,** Agia Anastasia Str. (gegenüber *Pyramos Hotel*), Tel. 26952057, nautilos@spidernet.com.cy, sowie **Dive-Shack,** Tel. 2691000, www.diveshack-cyprus.com, gegenüber den Königsgräbern in der Tafon ton Vasileon, Nr. 76.

● Die **Minigolfanlage Island Cove Adventure Minigolf,** Tel. 26991177, liegt 300 m landeinwärts vom *RIU Cypria Maris Hotel* (Zufahrt über die „Hotelmeile").

● Kleine (und große) „Schumis" können auf dem **Rosco Karting Center** (Zufahrt gegenüber vom *Asimina Hotel*) ihre Fahrkünste üben, Tel. 26913435, www.paphoskartingcentre.com, geöffnet tgl. 9–18 Uhr, angeboten werden jeweils 6, 12 und 2 x 15 Minuten ab 10 €.

● Etwas gemächlicher drehen sich die Karussells auf dem **Luna-Park-Rummelplatz** hinterm *Phaeton Beach Hotel,* der vor allem die jüngeren Besucher interessieren dürfte.

● **Golf und Reiten** wird im Umland angeboten (siehe Orte der Akamas-Halbinsel und Geroskipou).

● **Bowling: Cosmic Bowling Centre,** Apostolou Pavlou Av. 47, Tel. 99425588, www.cosmocbowlingcyprus.com.

Unterhaltung und Nachtleben

Pano Pafos (Ktima):

● In der Oberstadt sorgt das **Othelos-Kino** (19.30 und 21.45 Uhr engl. Filme im Original) in der 41 Leoforos Evagora Pallikaridi, Tel. 26946256, für abendliche Unterhaltung; nebenan lockt das **Venus Cabaret/Night Club** das männliche Publikum an.

Kato Pafos:

● Wenn auch nicht mit Agia Napa vergleichbar, hat Kato Pafos mittlerweile doch ein sehr ansprechendes und vielfältiges Kneipen- und Amüsierangebot hauptsächlich rund um die Antoniou und Apollonos Str. („Bar Street") ab 22 Uhr entwickelt. Der **Flintstone Pub** (Tel. 99908434) gegenüber vom Dionysos-Hotel ist auf dem Wege, ähnlichen Kultstatus zu erlangen wie der große Bruder Bedrock Inn in Agia Napa. Die australische **Spielothek-Bar Aces** (Tel. 26936400; Billard, Live-Übertragungen) beim Taxistand der Agia Napa Str. spricht mehr das jüngere Publikum an, der älteste Pub von Pafos, das **George** and **Dragon** (Afroditis Str., Tel. 99825184), ist ein typisch englischer Pub. In der Apollonos liegen heute die wichtigsten Szene-Kneipen· **Woodyz** (25 Antoniou, tgl. bis 3 Uhr geöffnet) ist eine gediegene Music-Bar mit nettem Ambiente und Kultstatus – die beliebteste Kneipe vor Ort. Gegenüber vermittelt die **California Beach Bar** amerikanisches Flair vergangener Jahrzehnte – Live-DJs und Beach-Partys, Tel. 99435287. Die **Music-Bar** (Tel. 26939616, gegenüber *Boogie's*) wird von jüngeren Einheimischen vor dem Discobesuch angesteuert, die beliebte **Rock Bar** neben der Disco mehr von Hard-Rock-Veteranen (Tel. 26930634). Der **Red Lion Pub** wird hauptsächlich von angelsächsischem Publikum frequentiert (aber: *Paul,* der neue Betreiber, fährt die Anglophilie spürbar herunter), nebenan bietet das **La Grotte (Cabaret-Night Club)** ebenso einschlägige Unterhaltung wie der **Larissa Night Spot Club** in der Ikarou Str. oder der **Tropical Nights Club** (Antoninou Str.). Auch die Taton ton Vasileon (Tombs of the Kings) Street, Richtung Königsgräber ist mit netten Bars; hier ist zuvorderst das **Pit Stop** (28 T. Vasileon, Tel. 26933852) zu nennen: zwar typisch britisch (Riesenauswahl an englischen Bieren, Fußballübertragungen usw.), aber – da etwas abseits – nicht das typische (laute) Publikum; tgl. 10.30–2 Uhr, bieten auch gutes Essen.

●**Discos:** Im **Rainbow** (Konstantias/Ecke Antoninou) wird Rock bis Techno geboten – bislang die In-Disco von Pafos – allerdings sehr hohe Getränkepreise. Einheimische bevorzugen nicht zuletzt deswegen **Boogie's Disco** (Apollonos Str.) mit Instrumental bis Techno und Ethno-Rock.

Ausflüge und Touren

●Wer auf ein Leihfahrzeug verzichten möchte, kann die bedeutendsten Stätten Zyperns von Pafos aus in einer **organisierten Tour** besuchen. **Anesis Travel** (Tel. 26961074, www.anesistravel.com, 85 Poseidonos Av., Shop 61), bietet die Tagestouren Troodos/Kykkos, Nicosia/Lefkara, Lemesos/Kourion oder Dörfer des Akamas zu je 15 € an. **Hercules Travel** (am alten Hafen, Tel. 26912300, www.hercules-travel.com) organisiert Ausflüge, **Bootstouren, Safaris** und **Leihfahrzeuge**. Ausflüge aller Art sind auch über die meisten Hotels direkt buchbar.
●Unmittelbar **am Kai** werden **Motorboote** ab 40 €/Std., **Parasailing** für 30 €, **Angeltouren** ab 35 €, **Jeepsafaris** ab 45 € oder umfangreiche **Exkursionen** (Flora, Fauna, Berge, Dörfer) über Land ab 40 € angeboten.
●Die in Pafos mehrfach vertretene Firma **Pafo Rentals** mit Hauptsitz im Christiana Shopping Centre, Shop 6, Poseidonos Av., Tel. 26961555, www.pafo rentals.com, bietet **Safaris,** klassische **Rundfahrten, Bootsausflüge,** aber auch **Fahrzeugvermietung;** Filialen in den Hotels *Amathous, Athena Beach* und *Porto Pafos.*

Banken

●Wie überall auf Zypern sind Filialen der **CoOp-Bank, Hellenic Bank** und **Bank of Cyprus** mit **EC-Automaten** (z.B. bei *McDonald's*) in beiden Ortsteilen von Pafos praktisch überall vertreten.

Post

●Pafos' Hauptpost liegen in der Nikodimou Mylona Str. (Ktima); geöffnet Mo bis Fr 7.30–13, Do auch 15–18 Uhr.

Notfall

- **Polizei:** Am Kennedy Square (Ktima/Oberstadt) beim Taxistand, Tel. 26806060 bzw. allgemeiner Notruf 112.
- Das **Kreiskrankenhaus** (*General Hospital*, Tel. 26803100) liegt in der Achepanos Str. im Nordosten der Stadt (beschildert in/aus Richtung Polis) und kann mit den Stadtbussen Nr. 606 und 608 erreicht werden.

Verleih von Fahrzeugen und Rädern

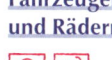

Pafos

- Gegenüber der Zufahrt zu den Königsgräbern in der Tafon ton Vasileon verfügt **Savvas** (Tel. 26234018, www.carrentalspaphos.com) über gute Kleinwagen, **Lakki Antimou** (Tel. 26931006) hat hauptsächlich Scooter (ab 10 €) und Jeeps (ab 25 €).
- Im Zentrum bieten **Chris Rent a Car** (Tel. 26629769, www.chrisrentacar. com, nahe *Nereus Hotel*), **Alex Car Rental** (Tel. 26910612, Ikarou/Ecke Tefkrou) und **Paris Rent a car** (Tel. 26932051, Klytaimnistras 9, bei den *Aloma-Apartments*) sehr günstige Preise für Kleinwagen. **Pentamas** (Tel. 26912191) gegenüber vom *Pyramos-Hotel* hat vorzügliche Scooter, aber auch Pkw.
- Spezialist für Motorräder (auch Harleys!) ist die mehrfach in Pafos vertretene Kette **Pentaras** (Tel. 26937966, www.pentarasrentals.com), am günstigsten liegt der Shop im Pafos Blue Horizon Building, Tel. 26941965, gegenüber vom *Amathus Beach Hotel* in der Poseidonos.
- Pkw und Mopeds vermietet günstig **Cybreeze** (Tel. 2694 3810) nur wenige weiter Meter nebenan, www.cy-breeze.com.cy.
- Ausschließlich Straßen-Pkws vermieten **C&A Rental**, Akimnis Str., Tel. 269 45127, oder **Alamo**, Leoforou Apostolou Pavlou/Ecke Lidas (www.alamo.de). Zur mehrfach vertretenen Ausflugs- und Verleihfirma **Pafo Rentals** (www.pa forentals.com) siehe unter Ausflüge.
- Auch international renommierte Unternehmen sind für die Voraborganisation in Pafos präsent, etwa **Hertz**, 54 Apostolou Pavlou, Tel. 22277411, Fax 22781428, www. hertz.de oder **Avis**, 87 Apostolou Pavlou, Tel. 2694 3230, www.avis.de.
- **Fahrräder** können häufig **in den Hotels** oder bei **Pentaras Rentals** (s.o.) angemietet werden.

Sonstiges

- **Internetcafés:** An der Ecke Gladstonos/Makarios (am Kennedy Square) liegt sehr zentral das **Marousha-Internetcafé**, in Kato Pafos liegt das **Baywatch-Internetcafé** gegenüber der *Rainbow-Disco,* sowie das **Intencity** im Altstadtzentrum bei den Kathedralruinen (12 Agias Napas, Tel. 77772055). In Pafos bieten ferner die meisten Unterkünfte kostenlos WLAN an, zudem besteht kein Mangel an Hotspots.
- **Taxis:** *Ktima,* am Kennedy Square (vor der Polizei), Tel. 26234555; Kato Pafos, *Daphne-Taxis* am kleinen Park in der Agias Napas Str., Tel. 26944377.

Akamas-
Halbinsel/
Der Nordwesten

Einleitung   Neben dem Troodos-Gebirge gehört die Akamas-Halbinsel (*Akamas* war der Geliebte der *Aphrodite*) **zwischen Pafos und Kap Arnaoutis** sicherlich zu den landschaftlich interessantesten Gebieten Zyperns. Dünne Besiedelung, diverse kleinere Sehenswürdigkeiten, ein allmählich greifender Naturschutz, fantastische Wandermöglichkeiten, einige gute Badestrände sowie traditionelle Dörfer im Hinterland lassen die **noch recht untouristische Akamas-Region** für mehr als nur einen Tagesausflug lohnenswert erscheinen. Individualreisende mit einem **Mietwagen** sind natürlich ungebundener und können diesen sehr schönen Teil der Insel unabhängig von Fahrplänen erkunden. Nachdem aber die Firma Osypa den **Busverkehr** im Raum Polis – Pafos weitgehend zusammengefasst hat, sind auch viele der in diesem Kapitel beschriebenen Orte per Bus erreichbar. Hier ein Überblick über die wichtigsten Linien:

– 601: Karavella Hbf – Geroskipou – Mandria
– 604: Karavella Hbf – Agios Neofytos (6 x tgl., Sa 4 x tgl.)
– 607: Karavella Hbf – Chloraka   Lemba – Kissonerga – Pegeia (4–6 x tgl.)
– 609: Karavella Hbf – Episkopi (7.50, 8.30, 11.50 und 14.50 Uhr, Sa nur 9 und 12.40 Uhr)
– 614: Karavella Hbf – Tsada (nur 2–4 x tgl.)
– 615: Pafos Hafen – Coral Bay (alle 10–15 Min.; 18–24 Uhr alle 30 Min.)
– 616: Coral Bay – Agios Georgios – Pegeia (8 x tgl.)
– 622: Polis – Latchi – Aphroditebäder
– 623: Neo Chorio – Latchi – Polis
– 624: Pelathousa – Polis
– 625: Kynousa – Makounta – Polis
– 626: Kathikas – Drouseia – Polis
– 631: Coral Bay – Kisonerga – Kato Paphos – Geroskipou – Petra tou Romiou
– 632: Paphos – Kouklia – Mousere
– 633: Paphos – Agios Georgios – Filousa – Agios Nikolaios
– 637: Paphos – Panagia
– 641: Drouseia – Ineia – Arodes – Kathikas – Stroumbi – Tsada – Paphos
– 642: Akoursos – Kissonerga – Lempa – Chloraka – Paphos
– 643: Pomos – Agia Marina – Argaka – Polis
– 644: Pomos – Agia Marina – Argaka – Polis – Prodromi – Latchi – Aphroditebäder
– 645: Polis – Goudi – Stroumbi – Tsada – Pafos (Mo bis Fr 5.30–17 Uhr 11 x tgl., Sa/So 6–7 x tgl.)
646: Polis – Akourdalaia – Miliou
647: Polis – Androlykou

Bild auf den
Seiten zuvor:
Adonis-Fall

Akamas-Halbinsel/Der Nordwesten

Küstenroute

St. George's Beach

Agios
Georgios

Folgt man ab Pafos der Küstenstraße E-701 etwa 7 km in nördliche Richtung, erreicht man eine Ampelkreuzung mit dem Hinweisschild „Agios Georgios" nach links. Die Georgs-Kirche ist äußerlich eine der typischen Neubauten aus poliertem Naturstein. Das Innere zeigt eine steinerne Ikonostase, links von der Eingangstür den *Hl. Neofytos* (siehe Neofytos-Kloster) sowie der Ikonostase gegenüber rechts *Barnabas* und *Paulus,* welche die Kirche als Schutzpatrone in Händen halten. Gegenüber sind Kaiser *Konstantin der Große* nebst Gattin zu sehen, unter der Kirchendecke wurden Stationen aus dem Leidensweg Christi aufgetragen.

zyp_296 Foto: wl

Strand

Hinter der Kirche liegen die Hotels *St. George's* und *St. George's Garden;* dazwischen führt ein Weg hinunter zum Strand (Kies). Hier steht ein kleines **Museum rund um ein Schiff** (Agios Georgios), welches am 25. Januar 1955 mit 13 Mann sank; die kleine Fotogalerie erläutet weitere Hintergründe. Es lag lange Jahre auf dem Riff (so wie das aufgelaufene Frachtschiff heute) und wurde 1987 für dieses Museum restauriert (geöffnet tgl. außer feiertags 10–17 Uhr, Eintritt frei). An der kleinen **Uferpromenade** steht etwas deplaziert wirkend ein **Kriegerdenkmal** für die E.O.K.A.-Kämpfer von 1955–1959 (siehe Geschichte).

Unterkunft

Viele Reiseveranstalter bringen ihre „Pafos-Reisenden" im einige Kilometer vom Zentrum entfernten **St. George's Bay** (nicht zu verwechseln mit Agios Georgios am Kap Drepanon 15 km nordwestlich) unter. Immerhin besteht reger Busverkehr zwischen Maa (Coral Bay) und Pafos.

● **Laura Beach,** Tel. 26944900, Fax 26944911, www.cyprotelshotels.com. Bietet nach der Übernahme durch Cyprotels 2011 zumindest im Moment noch All-inclusive-Kampfpreise an: 137 €/DZ. 50 m weiter liegt das **Abyss Dive-Center** (Tel. 26730078, www.abyss-diving.com) für Tauchausflüge.
● **St. George's Hotel,** Tel. 26951000, Fax 26948977, www.stgeorgehotel.com. DZ ab 140 €, pauschal ab 600 € pro Woche.

Lempa

Lempa Archaeological Sites

Beim Abyss-Tauchzentrum (Helios Hotel) weist ein braunes Schild landeinwärts (die Siedlung ist aber genauso über die Küstenstraße zu erreichen) zur **bronzezeitlichen Experimentalsiedlung** Lempa Archaeological Sites (kein Eintritt, Tor selbst öffnen). Es handelt sich um Ausgrabungen einer ca. 3000 v.Chr. erstmals erbauten kleinen Rundhaussiedlung. Schottische Archäologiestudenten experimentieren hier heute vor allem mit neolithischen Baustoffen und Dachabdeckungen. Dabei werden Balken über die Häuschen gelegt, dann grob behauene Steinplatten und anschließend Erdreich mit Gras, um so das Regenwasser am Durchsickern zu hindern. Bei Bestattungen beerdigte man die Toten unter dem Fußboden und ließ Löcher im Boden offen – man vermutet, um Kontakt mit den Toten zu halten.

Akamas-Halbinsel/Der Nordwesten

Maa (Coral Bay)

Kiesstrand

Weiter auf der Küstenstraße passiert man zwischen St. George's Bay und Maa einen lang gezogenen, wenig attraktiven Kiesstrand, dann folgen **Bananenplantagen** und **Hotelresorts.** Kurz vor Maa geht rechts ein Weg zum **Mavrokolympos-Damm** ab, einem beliebten **Angelrevier.**

Gute Infrastruktur

In Maa hat sich unmittelbar **oberhalb der beliebten Badebucht Coral Bay** ein überraschend breites Angebot an **Restaurants, Bars, Unterkünften, Amüsierbetrieben** usw. etabliert. Das eigentliche Strandgebiet liegt unterhalb der „Touristenmeile" gegenüber vom *Crown Resort Hotel.* **Busanbindung** (siehe am Kapitelanfang) am oberen Ende bei der Sandwichbude (nicht unten die Uferstraße entlang).

Rund um den Touristen- und Hotelbereich wird ständig gebaut, vor allem Ferienwohnungen. Man kann der Uferstraße zwischen Bananenplantagen und Ufer bis zu einem unbefestigten Parkplatz an einer hübschen **Felsbucht** ohne Bademöglichkeit (**Sea Cave Tavern,** Tel. 26683106) folgen. Die Straße führt dann ins Inland zurück zur Hauptstraße nach Agios Georgios.

Maa-Paläokastro

Am Coral Beach Hotel befindet sich die einzige Sehenswürdigkeit des Ortes, die **Ruinen der spätbronzezeitlichen Siedlung** Maa-Paläokastro. Sie fällt vor allem in die Zeit des Kupferabbaus auf Zypern, über welche das angeschlossene **Museum** informiert. Laien dürften das Experimentaldorf in Lempa interessanter finden. Geöffnet Mo bis Sa (außer feiertags) 10–16 Uhr, Eintritt 1,70 €.

Unterkunft

●**Coral Beach Hotel,** Tel. 26881000, www.coral.com.cy, DZ ab 146 €, bei Online-Buchung ab 102 €, 1 Woche pauschal ab 950 €. Absolutes Luxushotel mit allen Annehmlichkeiten direkt am Sand-/Kiesstrand.
●**Corallia Beach Apartment-Resort,** Tel. 26622121, Fax 26622120, www. coralliabeachhotel.com. Apartments kosten hier 95–130 € pro Einheit.
●**Camping Feggari**€, Tel. 266261534, ca. 2,60 €/Stellplatz plus 4,25 € pro Person, geöffnet April bis Oktober.

Essen und Trinken

●Der touristische Bereich besteht nur aus einer Straße, alle Einrichtungen sind sehr leicht zu finden. Preiswert wird man bei **Santa Marina** (Tel. 26621401) satt: Es gibt Sandwiches, Burger sowie Fish & Chips-Gerichte. Sehr gut isst man bei **Corallo** (Tel. 26621052) mit vielen heimischen Gerichten wie *Meze* (15 € pro Person) oder dem Holzkohlengericht *Sieftalia* (gebackenes Fleisch mit Kräuter-Zwiebelmischung) – eines der beliebtesten Restaurants bei nettem Ambiente. Das **Coral King Restaurant** (Tel. 26622850) nimmt für Omelettes ab 8 € aufwärts, Burger & Chips kosten 8,50 €, mixed Kebab 11 €, Piz-

za/Pasta ab 10 € – ist teuer, liegt aber im Trend von Maa. Wie eine kleine Burg aufgemacht wurde das **Faro Restaurant** mit Meze (16,50–22 € pro Person) und gemischter Grillplatte (14,50 €). Bei **Sereani** (Tel. 26621515) gibt es sogar Spanferkel (13 €/Portion), auch der Schwertfisch ist zu empfehlen.

Unter-
haltung

- Passend zu den vielen Reitställen der Umgebung bietet die **Blazing Saddles Cocktail Bar** (Tel. 26622466) im Stile eines Western Saloons Cocktails, Biere und Drinks an. Guter Pub mit Live-Übertragungen, kostenlosem Popcorn und auch kleinen Snacks.
- Zu fortgeschrittener Stunde locken die **Nachtklubs Cesar's Palace** (Tel. 26348829) und **Macumba Night Club** (Tel. 26621684), beide am oberen Ende der „Meile".

Sonstiges

- Neben **zwei Minimärkten** findet man in Maa hauptsächlich **Juweliere und Boutiquen.**
- **Atlas-Travel** (Coral Bay Road, Tel. 266222530, www.atlastravel-cy.com) arrangiert Unterkunft, Flugtickets, Exkursionen und Ausflüge, direkt nebenan werden **Mopeds und Pkw** vermietet (Tel. 26621845), ebenso in **Andy's Internet Café** (Tel. 99647216). Auch **Anthimos Tourist Aptm.** (Tel. 26622584) auf der „Touristenmeile" vermietet Mopeds, Pkw und Apartments.
- Nützlich für den Flughafentransfer ist **Chris' Minibus-Tours/Airport-Service** (Tel. 80000077, gebührenfrei).
- Die **Laiki-Bank** bietet bislang nur eine Wechselstube, aber keinen EC-Kartenservice.

Snake George

Schlangen-
farm

Der bekannte österreichische Reptilienfachmann *Hans-Jörg Wiedl* (Präsident der *Cyprus Reptile Society*), alias „Snake George", dürfte einer der wenigen Bewohner Zyperns sein, der nicht nach dem Motto „Nur eine tote Schlange ist eine gute Schlange" lebt. Er kam in den 1970er Jahren als UN-Soldat nach Zypern, wurde dort ansässig und versuchte in mühsamer Aufklärungsarbeit an Schulen und durch seine kleine Schlangenfarm den Zyprioten die Notwendigkeit der Schlangen für ein natürliches Gleichgewicht der regionalen Umwelt zu vermitteln. In möglichst naturnahen Terrarien hielt er nicht nur die auf Zypern vorkommenden **Schlangen,** sondern auch **Schildkröten, Skinks** (vom Aussterben bedrohte Echsenart) oder **Aale** aus Norwegen, die im Aphrodite-Bad bei Latsi (siehe dort) ausgesetzt wurden. Außerdem entdeckte er die heimische Grasschlange wieder und züchtete sie erfolgreich. Nachdem sein Pachtvertrag ausgelaufen war, musste *Wiedl* 2011 den Park schließen und auch seine Website (www.snakegeorge.com) vom Netz nehmen. Im August 2011 führte er mehrere Gespräche mit Landwirtschaftsminister *Demetris Eliades* und legte eine von

Akamas-Halbinsel/Der Nordwesten

Tausenden unterzeichnete Petition zum Erhalt der Anlage vor, welche er ausschließlich selbst finanzierte. Sollten die Gespräche in den kommenden Monaten nicht erfolgreich verlaufen, wird *Wiedl* ein Angebot in Tirol als Reptilienfachmann annehmen – wie es dann mit der Anlage auf Zypern weitergeht, war bei Drucklegung offen.

Zufahrt unmittelbar an einer BP-Tankstelle, (früher) geöffnet tgl. 10–17 Uhr bzw. nach Bedarf; Eintritt 3 €, Kinder 1,50 €, Tel. 99987685.

Agios Georgios

Reiterhof   Weiter auf der Straße Richtung Agios Georgios lohnt ein Blick auf den nett im Stile eines kleinen Western-Dorfes gestalteten Reiterhof **George's-Horse-Riding,** Tel. 99647790, Fax 26622422.

Bird   Knapp 1000 m weiter liegt an einer Straßengabel rechter Hand
Sanctuary   das **Sunset Restaurant** (preiswert, sehr gute Küche, sonntags Barbecue, Tel. 26621945) mit einem kleinen „Bird Sanctuary" (Vogelschutzzone, Eintritt frei) – hier geht es links nach Agios Georgios, einem winzigen Fischerhafen unterhalb der Kirche sowie zu einem nur eingeschränkt zum Baden geeigneten Sand-/Felsstrand.

Kapelle   Die Kapelle Agios Georgios, vermutlich schon im 11. Jh. zumindest in anderer Form hier präsent, wird vor allem von Zyprioten besucht, wenn sie etwas verloren haben. Der Legende nach half der *Hl. Georg* nämlich einem Dorfbewohner, seinen von Piraten entführten und verloren geglaubten Sohn wieder zu finden. Auch Liebende suchen Agios Georgios auf, um über die Beständigkeit ihrer Liebe zu orakeln: Sie zünden gemeinsam eine Kerze an und drehen diese dann um – wenn die Kerze weiter brennt, hält die Liebe!

Unmittelbar hinter der Kirche liegt die freigelegte **Ruine einer frühchristlichen Basilika** aus dem 6. Jh. Wegen der entdeckten **Felsgräber** oberhalb des Hafens geht man davon aus, dass es sich um eine Friedhofskapelle gehandelt haben muss.

Kapelle Agios Georgios

Akamas-Halbinsel/Der Nordwesten

In Agios Georgios liegt auch der **Pafos Birdpark,** ursprünglich eine Privatsammlung von Vögeln, heute ein mittelgroßer zoologischer Garten auch mit Großsäugern (Kamel, Giraffe usw.). Geöffnet tgl. 9–17 Uhr, im Sommer bis 19 Uhr, Eintritt 15,50 € (Kinder 8,50 €, Tel. 26813852, www.pafosbirdpark.com).

Infrastruktur

Unterkunft im **Hotel MacArthur** (Tel. 26622011, Fax 26621436, mchotel@spidernet.com.cy, DZ ab 90 €) sowie gegenüber im einfachen **Yeronisos Hotel** (Tel. 26621078, Fax 26812335, DZ ab 50 € mit Frühstück). Erfrischungen und vor allem ausgezeichnete und dabei sehr preiswerte Fischgerichte (oft wird der Gast zur Auswahl in die Küche gebeten!) bietet das **West-End Restaurant** neben dem Yeronisos, Tel. 26621555. Busanbindung s. Kapitelanfang.

Avakas Beach und Avakas-Schlucht

Strand

An der Straßengabel beim Sunset Restaurant rechts fahrend durchquert man zunächst intensiven Bananen- und Zitronenanbau; das Sträßchen wird bald zur Piste, ist aber recht gut befahrbar. In einer ersten Bucht liegt das beliebte Mittelklasserestaurant **White River Fish Tavern** (Tel. 99647523), ca. 300 m weiter er-

zyp_302 Foto: wf

reicht man einen schier endlos langen Strand (Feinkies) sowie einen unbefestigten Parkplatz mit dem Hinweis auf das teure, bei Einheimischen dennoch sehr beliebte **Restaurant Viklari – The last Castle** (Tel. 26991088) mit toller Aussicht.

Schlucht   Folgt man vom Parkplatz der Piste Richtung Restaurant zu Fuß knapp 30 Minuten entlang der Zitrusplantage, erreicht man den Zugang zur Schlucht (Avakas Gorge), wobei je nach Wasserstand gelegentlich kleine Wasserflächen übersprungen werden müssen (nur bei Flachwasser ab April/Mai möglich, im Winter kaum empfehlenswert). Der **Pfad** verengt sich weiter und verschwindet plötzlich ganz zwischen den nur wenige Meter breiten und bis zu 250 m hohen senkrechten Felswänden. Die Hauptschlucht ist zwar „nur" 500 m lang, doch schneller als 1–2 km pro Stunde kommt man nicht voran, denn der **Avakas- oder Avgas-Bach** wird x-fach überquert, Felsbrocken oder Bäume müssen überklettert werden, der Pfad führt stetig bergan und ist manchmal sehr schwierig zu verfolgen (man kann sich allerdings kaum verirren). Die Schlucht ist berühmt für ihre **Vielfalt an Pflanzen und Schmetterlingen,** einige davon sehr selten oder sogar endemisch (nur auf Zypern anzutreffen).

Nach rund 2 Stunden Gesamtgehzeit erreicht man einen trigonometrischen Punkt (hüfthohes „Bischofshütchen"), wo sich der Pfad gleich mehrfach gabelt: Der rechte Pfad führt zur Nachbarschlucht des **Aspros-Baches,** der halbrechte auf die Felder bei **Pano Arodes,** geradeaus sind es noch 3,5 km Richtung **Kato Arodes.** Es besteht keine öffentliche Verkehrsanbindung in den genannten Dörfern, man muss also die gesamte Strecke auch wieder zurückgehen.

Lara Bay

Lara-Turtle-Station   Der schier unendliche Strand mit diversen Badeplätzen wird am Kap Lara jäh unterbrochen. Noch im 19. Jh. wurde hier in den teilweise noch erkennbaren Salzpfannen Meersalz gewonnen, in der jüngeren Vergangenheit machte die Lara-Turtle-Station von sich reden: Naturschützer und Meeresbiologen errichteten eine Schutz-

Akamas-Halbinsel/Der Nordwesten

Unterwegs in der Avakas-Schlucht

und Aufzuchtstation für die vom Aussterben bedrohten **Meeres-schildkröten.** Die Tiere kehren normalerweise stets an denselben Ort zur Eiablage zurück, durch Bautätigkeiten und Tourismus sind die meisten natürlichen Gelegeareale jedoch längst gestört oder zerstört worden. Hier am Kap Lara werden die wenigen natürlichen Gelege geschützt, markiert und die geschlüpften Tiere mit einigem Erfolg in die freie Wildbahn entlassen. Sofern noch andernorts Schildkröteneier gefunden werden, werden sie nach Lara gebracht und künstlich bebrütet. Ähnliche Projekte werden auch in Nordzypern auf der Karpasia-Halbinsel (Karpaz Yarimadasi) unterhalten. Neugierige Touristen, möglichst mit Jeep im Naturschutzgebiet unterwegs, sind auf der Station nicht sonderlich gerne gesehen.

Nördlich der Lara Bay führt die zunehmend schwieriger werdende Piste an nunmehr felsiger Küste entlang nach 5 km landeinwärts abzweigend über den Smiggies-Rastplatz nach Neo Chorio und Polis oder geradeaus weiter Richtung Kap Anaoutis in eine Sackgasse.

zyp_306 Foto: wl

Akamas-Hinterland

Von Pafos aus gibt es neben der Küstenroute zwei weitere Strecken zur Chrysochos Bay/Polis auf der Nordseite des Akamas. Die schnellere und übliche Route führt über die **B-7 via Stroumpi,** die schönere erstreckt sich auf den Höhenkämmen des Akamas **über Pegeia und Kathikas bis Polis.**

Tsada

Folgt man der Beschilderung an der B-7 Richtung Tsada, so erreicht man in sehr schöner Höhenlage das neue **Tsada Golf Resort** und das Kloster Stavros tis Minthas. Wer nicht selbst den Schläger schwingt, kann dem internationalen Publikum vom **Golfiana View Restaurant** (Tel. 99643000) aus zusehen – sehr gute zypriotische und internationale Küche, aber nicht billig! Zum Kloster folgt man vor Restaurant und Golfclub dem Abzweig unmittelbar am Golfplatz geradeaus, fährt bis zum Ende und dort links.

Stavros tis Minthas

Stavros tis Minthas (Heiligkreuz der wilden Minze), eine einschiffige **franko-byzantinische Klosterkirche,** entstand um 1520, wurde 1745 (als es für kurze Zeit Sitz des Bischofs von Pafos war) in der heutigen Form fertiggestellt und 1971 restauriert. Der Klosterbesitz umfasste einst zahlreiche umliegende Ländereien – z.B. das gesamte Golfareal –, die aber sukzessive verkauft wurden. Touristen sind hier selten, Bruder *Barnabas* freut sich über Besuch.

Neofytos-Kloster

Kloster und Höhlenklause

An der Ostseite der B-7 liegt (bestens ausgeschildert) am Rande eines kleinen Waldgebietes das berühmte Kloster Agios Neofytos. Kloster und benachbarte Höhlenklause, wo das Kloster seinen Ausgang nahm, sollten bei einer Fahrt durch Westzypern unbedingt eingeplant werden.

Das spektakuläre Neofytos-Höhlenkloster

Akamas-Halbinsel/Der Nordwesten

Neofytos (ca. 1140–1215), Sohn armer Eltern aus Kato Drys (bei Lefkara), wuchs ohne Ausbildung auf und wurde als Novize in einem Kloster aufgenommen. 1159 wollte er ins Heilige Land, wurde aber im Hafen von Pafos überfallen und ausgeraubt, Tage später sogar als Vagabund kurzzeitig inhaftiert. Vollkommen mittellos zog er in die Wälder bei Pafos, entdeckte eine Quelle an einer natürlichen Höhlennische und beschloss, hier als Eremit zu leben. *Neofytos* soll klein, aber kräftig gewesen sein und die Höhlenklause nur mit einem einzigen Hammer ausgebaut haben. Er nannte sie „Heiligkreuzkapelle", da er um 1165 unter mysteriösen Umständen an einen (der zypernweit zahlreichen ...) Splitter des Original-Christuskreuzes gelangt sein soll. 1170 vom Bischof von Pafos bedrängt, Mönche auszubilden, schrieb *Neofytos* die ersten Ordensregularien. 1183 wurde die Höhlenklause – wie heute sichtbar – fertiggestellt und von einem unbekannten Künstler mit Szenen aus dem Leben Christi bemalt. Schon zu Lebzeiten eine Legende, beschloss *Neofytos* 1197 wegen des regen Andrangs erneut eine Zelle zu graben und dort allein zu leben, nur sonntags stieg er für Messen herab. *Neofytos* starb für damalige Verhältnisse hochbetagt und wurde in einem Sarkophag am rechten Ende der Klause bestattet. Die Grabstätte wurde erst 1750 wiederentdeckt, die sterblichen Überreste wurden in die Hauptkirche überführt.

Haupt-kloster

Das Hauptkloster entstand 1435–1503 unter der Patronage der *Lusignans*, vermutlich unter *Johannes II.*, der mit einer adeligen Griechin verheiratet war (siehe Geschichte; die Franken respektierten die lokale Kultur ansonsten kaum). Anders kann auch die innere Ausgestaltung durch ausgezeichnete griechisch-byzantinische Kirchenmaler nicht erklärt werden. Heutiges Prunkstück ist die **Original-Ikonostase aus dem 15. Jh.,** die von Abt *Gregor* Mitte des 19. Jh. vergoldet wurde. Die meisten Ikonen wurden von *Josefos Houris* bis 1544 gemalt, als besonders gelungen gilt die mit Silberteilen restaurierte Neofytos-Figur. Das Missionsthema kann man hinter der Ikonostase sehen, wo rechts drei Missionare mit Papierrollen in Händen abgebildet wurden, u.a. (mittig) *Kyrillios,* der Missionierer der Slawen und „Erfinder" der nach ihm benannten kyrillischen Buchstaben. Auf der linken Seite der Ikonostase steht der Original-Sarkophag des *Neofytos.* Das angeschlossene **Klostermuseum** (geöffnet tgl. 8.30–17 Uhr, im Sommer bis 18 Uhr, Eintritt 1,70 €) zeigt theologische Schriften, Bibeln, Sakralgefäße und Ikonen aus der Klostergeschichte. Die Höhlenklause kostet 1,70 € extra, die **Café-Snackbar Platanos** am Parkplatz bietet Erfrischungen und kleine Speisen. Bei den Souvenirhändlern kann man heimische Süßwaren vor dem Kauf probieren. Busanbindung siehe Pafos.

Empa

Panagia Chryseleousa

Die mit Pafos-Ktima beinahe zusammengewachsenen Dörfer werden meist bei einem Besuch des Neofytos-Klosters durchfahren. Vom Kloster kommend links nach Empa (Emba) hinein liegt in der Ortsmitte die Basilika Panagia Chryseleousa aus dem 12. Jh. Die **dreischiffige Basilika** wurde im Hauptschiff mit zwei Kuppeln überdacht und erst im 15. Jh. mit einem Narthex (Sondernische für Ungetaufte) versehen, was relativ untypisch für spätmittelalterliche Basiliken war. Von der **Ikonostase** sind die feinen Arbeiten des lokalen Ikonenmalers *Titos* (u.a. *Johannes der Täufer* und Christus-Ikonen, um 1536) sowie die 12 Apostel (im Glaskasten, Mitte 16. Jh.) hervorzuheben. Der Schlüssel wird gegenüber in **Tsiokkas Tavern,** Tel. 26249940, aufbewahrt (Snacks und Gegrilltes, einfache gute Dorfkneipe).

Chlorakas

Selbstversorger

Wichtig für Selbstversorger im Raum Pafos dürfte der große **Papantoniou-Supermarkt** am Ortsende von Chlorakas linker Hand sein. Nebenan brät das **Sayas-Snacklokal** (Tel. 26271924) zypriotische Snacks und Köstlichkeiten sowie halbe Hähnchen (alles auch zum Mitnehmen).

Kissonerga

Gute Infrastruktur

Viele Pafos-Besucher, die weder am Strand noch in der Stadt, aber dennoch zentrumsnah mit Busanbindung unterkommen wollen, arrangieren eine Ferienwohnung im Straßendorf Kissonerga. Logistisch wird alles Notwendige geboten: eine **CoOp-Bank** mit Wechselstube, ein einfaches **Kebab-Lokal** (Tel. 26945578), die einfache **Taverne Aphotniki** (Tel. 26248263) sowie die **Kastambemba-Apartments** (Tel. 26235236) in der Ortsmitte. **Ausritte und Reitstunden** werden bei **Kissonerga-Paddocks** angeboten (2 km außerhalb, im Ort beschildert, Tel. 26933358, loloarch@spidernet.net). Busanbindung siehe Pafos.

Akoursos und Adonisfälle

Hinter Kissonerga erreicht man wieder den Kiesstrand an der Küstenroute Richtung Agios Georgios/Lara. Unmittelbar vor Maa füh-

Akamas-Halbinsel/Der Nordwesten

ren zwei Routen nach Kathikas und zu den Adonisfällen: über Pegeia oder über Akoursos.

Akoursos und Adonisfälle

Auf der Nebenstraße nach Akoursos hat man zunächst einen großartigen Ausblick auf den **Mavrokolympos-Damm,** kurz darauf weist ein winziges handgeschriebenes Schild rechter Hand auf die „Adonis Falls" hin. Man folge diesem Weg (nur mit einem Auto mit viel Bodenfreiheit!) rund 30 Minuten, bis wieder ein Schild nach links weist. Nach 10 Minuten erreicht man das einsame **Adonis-Haus,** eine ehemalige Mühle, heute ein **Heimatmuseum.** Es gehört einer türkischen Familie (weshalb die CTO keinerlei Informationen darüber ausgibt!), die auch als Laienschauspieler auftritt. 9 € Eintritt für die Wasserfälle (inkl. Bar) sind allerdings happig, auch wenn an den Kaskaden Bademöglichkeiten bestehen. Der Name „Adonisfälle" rührt von der Legende her, der Gott der Schönheit habe hier mit seiner Geliebten *(Aphrodite)* gebadet und die Pafianer gezeugt.

Weiter die Straße hinauf bietet **Miazis Farm** (Tel. 26621766) **Ausritte** an, die zerklüftete Landschaft selbst wirkt karg, aber ausgesprochen reizvoll. Erst auf der Hochebene vor Kathikas ersetzt der Weinanbau allmählich die Schaf- und Ziegenwirtschaft.

Pegeia

Infrastruktur

Statt über Akoursos kann man auch über Pegeia (auch Peya) fahren; das kleine Dorf hat sich mit bescheidener Gastronomie auf Durchreisende eingestellt. Es gibt alles, was man braucht: rund um die Ortskirche Banken, den Filipos-Supermarkt, Telefonzellen, Fitos Take Away, die einfache Vresi Village Tavern, eine Drogerie sowie eine Polizeistation (kurz hinter der Abzweigung nach Agios Georgios). Mehrere Vermieter bieten **Ferienwohnungen** im Ort an, u.a. **Olympus Flats** (Tel. 26621070), **Steni Flats** (Tel. 26233932) und **Mariani Tourist-Apartments** (Tel. 26621355), die Preise liegen alle bei 40–50 € für Studios und bei mindestens 50 € für Wohnungen. Tolle Wohnungen mit Voraborganisation hat der britische Anbieter www.cyprus-apartments.org.

Kathikas und seine Dörfer

Agrotourismus

In und um das auf der Hochebene des Akamas gelegene Dorf Kathikas hat sich in den vergangenen Jahren der sogenannte Agrotourismus entwickelt. Ehemalige Landhäuser und Höfe wurden zu stilvollen, urigen Ferienwohnungen umgestaltet. Viele Reiseveranstalter bieten „Agrotourismus in Pafos/Polis" an – meist handelt es sich um eines dieser Dörfer (s. auch www.agrotourism.com.cy).

Von Pegeia kommend erreicht man die Hochebene von Kathikas mit abwechselnder Sicht zur Pafos Bay und Chrysochos Bay (Polis). Sobald man das empfehlenswerte, allein stehende **Kyparissos-Restaurant** (Tel. 26633600, haben auch FeWo) linker Hand passiert hat, liegt rechts ein kleiner, 2 km langer **Naturwanderpfad zur Kapelle Agia Marina** (Rundweg, knapp 1 Stunde). Wenige Meter neben dem Trailstart bietet die **Eselsfarm Trakko-Donkey-Tours** Eselsritte und Obst an. Im Ort selbst empfiehlt sich die einfache und rustikale **Taverna Spilia** (Tel. 99661705), Unterkunft bieten **Anougia Houses for Rent** (Tel. 99667888) sowie **Melinas Apartments** (Tel. 99603055 und 26603055) am Ortsausgang Richtung Akoursos.

Akourda-leia-Route

Wenn schon, denn schon: Wer wirklich ab vom Schuss wohnen möchte, sollte sich mit Akourdaleia befassen, einem Dörfchen, wo sich Fuchs und Hase sprichwörtlich in die Nacht verabschieden. In **Pano Akourdaleia** lohnt ein Blick in den **Kräutergarten** („Herb Garden", kostenlos) gegenüber der kleinen **Kapelle,** wo ein Querschnitt durch Sträucher und Kräuter des Akamas angepflanzt wurde. Unterkunft bietet beispielsweise **Adrianas Cottages** (Tel. 26632848), zwischen Pano und Kato Akourdaleia liegt ein kleines **Kafenion/Biergartensnacklokal.**

Weiter unten in **Kato Akourdaleia** schließlich zeigt das kleine **Folk Art Museum** eine Ausstellung von Alltagsgegenständen und landwirtschaftlichen Gerätschaften. Für das leibliche Wohl sorgt die **Dorftaverne Amarrakos Inn,** die auch sehr schöne Unterkünfte vermietet (Tel. 26633117, Fax 22315026, www.amarakos.com, ab 80 €. Wirklich toll wohnt man im stilvoll restaurierten **Apolonas Cottage** (Tel. 26632030) mit eigenem Pool. Rund 120 € pro Nacht für 4-Personen-Wohnungen nehmen **Olga** (Tel. in Lefkosia 22761438, Fax 224749888, www.olgascottage.com) und **Galina Holiday-Villas** (Tel. 26632010).

Folgt man dem Sträßchen durch die Orangenplantagen weiter hinunter, erreicht man unterhalb des Dorfes ein ehemaliges **Mineralbad,** das **Zalicon-Anargyri Spa Resort,** ein jüngst restauriertes kleines Wellness-Zentrum (Tel. 26945222, www.zandxvillas.com), mit integrierten Schwefelbädern, Saunen, Vulkangesteinmassagen u.v.m. Webangebote zur Region unter www.coralsunvillas.com und www.zandxvillas.com.

Drouseia-Route

Von Kathikas der E-706 nach Norden folgend, lohnt kaum der Abstecher über die zusammengewachsenen Dörfer **Pano Arodes** und **Kato Arodes,** allerdings gibt es hier ein sehr schönes Angebot für Großfamilien, das **Karydhia-Landhaus** (Tel. 24634680 und 99659928, Fax 24641838, ab 90 € für 3 Schlafräume/6 Personen komplett). Auch können Wanderer von Osten her in die Avakas-Schlucht steigen. Mehr als eine winzige Tankstelle und einen Minimarkt gibt es allerdings nicht!

Im benachbarten **Drouseia-Ineya** rührt sich dagegen was: Zwei kleine **Heimatmuseen für Korb- und Webereihandwerk,** ein **Minimarkt,** die **Dionysos-Tavern** (Hausmannskost, Tel. 26332519), das **Chrystos Kafenion Pub &**

Tavern (nett mit kleinem Biergarten, Tel. 26332043) und schließlich das **Cyprotel Drouseia-Heights** (Tel. 26332351, www.cyprotels.com) bringen geradezu Unruhe in die sonst eher stille Akamas-Region.

Der Verbindungsweg **Ineya – Neo Chorio** ist nur für Jeeps geeignet, die Hauptstraße E-706 fällt nördlich von Drouseia durch Flieder-, Raps- und Kamillefelder hinunter nach Polis-Prodromi.

Polis (Poli Chrysochou)

Chryso-chos Bay

Mit 3500 Einwohnern nicht mehr als ein großes Dorf, ist Polis der **zentrale Dreh- und Angelpunkt** an der Chrysochos Bay. Trotz zunehmender Beliebtheit der Region, besonders auch bei Reisenden aus dem deutschsprachigen Raum, ist Polis der **ruhigste und ursprünglichste aller Küstenferienorte** geblieben – ein idealer Ausgangspunkt für Wanderungen auf dem Akamas, während der Ortsstrand **Dasoudi Beach** Wasserratten und Sonnenanbeter anspricht.

Geschichte

Um 3000 v.Chr. (frühe Bronzezeit) gründeten Zuwanderer die Siedlung Marion, die ca. 1000 v.Chr. zum Stadtkönigtum ernannt wurde und sich später für *Antigonos* als Nachfolger *Alexanders des Großen* aussprach (siehe Geschichte). *Ptolemäus* bestrafte Marion, indem er die Stadt ausradierte; unter seinem Nachfolger *Ptolemäus II.* wurde sie um 290 v.Chr. wiedererrichtet und nach dessen Schwester (und Frau) *Arsinoe* benannt.

Grabungen nördlich des Zentrums sind noch im Gange und können jederzeit besucht werden. Nach dem Zerfall der alten Stätten bauten die Bewohner im Mittelalter unmittelbar auf den Ruinen eine neue Siedlung und nannten sie „Polis" (Stadt), die seither im Nordwesten Zyperns ein eher unberührtes Dasein führt.

Sehenswürdigkeiten

Marion-Arsinoe-Museum

Das aus zwei Sälen und einem Atrium bestehende **archäologische Museum** zeigt in Saal 1 Funde aus Polis von der Steinzeit bis ins Mittelalter, wobei älteste Gefäße bis ins 10. Jh. v.Chr. zurückreichen. In Saal 2 werden hauptsächlich Funde der Bestattungsstätten von Arsinoe ausgestellt. Geöffnet Mo bis Fr 8–14 Uhr, Sa 9–17 Uhr, Eintritt 1,70 €.

**Orts-
kirchen**

Agios Andronikos am westlichen Ortsrand entstand im 15. Jh. und wurde im 16. Jh. mit byzantinischen Freskenmalereien versehen. Unter den Osmanen wurde die Kirche zur Moschee umgewandelt und erst 1974 den Orthodoxen rücküberreignet.

Akamas-Halbinsel/Der Nordwesten

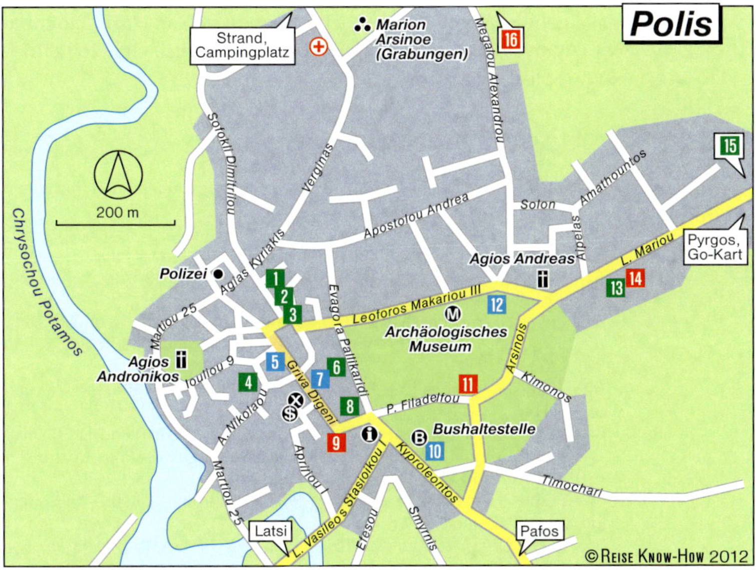

Polis

Strand, Campingplatz

Marion Arsinoe (Grabungen)

Megalou Alexandrou

Sotiri Dimitriou

Verginas

16

15

200 m

Chrysochou Potamos

Apostolou Andrea

Soton

Amathountos

Pyrgos, Go-Kart

Polizei ●

Agias Kyriakis

Mariou 25

Iouliou 9

A. Nikolaou

Agios Andronikos

Evagora Pallikaridi

Griva Digeni

Agios Andreas

L. Mariou

Leoforos Makariou III

Archäologisches Museum

Arsinois

Kimonos

Finikas

P. Filadelfou

Bushaltestelle

Apollou I

Mariou 25

Eresou

Vasileos Stasioikou

Kyproleontos

Smyrnis

Timochari

Latsi

Pafos

© REISE KNOW-HOW 2012

■ **Übernachtung**	■ **Geschäfte & Sonstiges**
9 Akamas Hotel	**1** Otyseas Travel
11 Stefanos Hotel	**2** Polis Car Hire
14 Elecon Apartments	**3** Ketrides (Räder und Kfz)
16 Natura Beach Hotel	**4** T.I. Rental
	6 Pegasus Rent a Car
■ **Essen und Trinken**	**8** FotoWorld (Fotozubehör)
5 Finikas und Moustakallis Rest.	**13** Supermarkt und Bäckerei
7 Aphrodite Roof Garden Rest.	**15** Orfanidis-Supermarkt
10 Kafenion	
12 Lemon Garden Rest.	Ⓢ Bankautomat
	❶ Touristeninformation
	❌ Taxistand
	Fußgängerzone

Agios Georgios am Ostrand wurde erst 1983 fertiggestellt und dient als prächtige Gemeindekirche; größtes Ereignis ist hier die jährliche Ostermesse.

Strand

Unmittelbar am **Campingplatz** (ca. 10 Gehminuten ab Zentrum) liegt der endlos lange, sehr schöne Sand-/Feinkiesstrand mit **Picknickplatz und Kiosk** (Snacks, Salate, Pizza, Seafood). Wer mag, kann am Strand entlang westwärts bis Latchi oder ostwärts bis Argaka gehen. Wer tauchen möchte, wende sich an **Haris Tauchbasis** (Agios Nikolaios 1, an der Brücke nach Latsi), Tel. 26321071, www.polisdiving.com.

Praktische Informationen

An- und Weiterreise

● Alle **Osypa-Busse** fahren vom kleinen Kafenion gegenüber der TI (nicht vom großen Busparkplatz!).

– 622: Polis – Latchi – Aphroditebäder (tgl. 6–18 Uhr 7–11 x tgl.)
– 623: Neo Chorio – Latchi – Polis (Mo bis Fr 6.30 und 12 Uhr, Sa 7.40 und 12.10 Uhr)
– 624: Pelathousa – Polis (Mo bis Fr 7.40 und 12.10 Uhr, Sa 8.30 und 12 Uhr)
– 625: Kynousa – Makounta – Polis (Mo bis Fr 7.50 und 14.30 Uhr, Sa 9.30 und 13.20 Uhr)
– 626: Kathikas – Drouseia – Polis (Mo bis Fr 7.30 und 14 Uhr, Sa 6.50 und 11.30 Uhr)
– 640: Polis – Lysos (Mo bis Fr 7.40, 9.10 und 12 Uhr, Sa 9.10 und 11.30 Uhr)
– 643: Pachyammos – Pomos – Agia Marina – Argaka – Polis (Mo bis Fr 10.30, 15.30 und 18 Uhr, Sa 8, 10, 12.30 und 14 Uhr)
– 644: Pomos – Agia Marina – Argaka – Polis – Prodromi – Latchi – Aphroditebäder (nur Sa 20 und 24 Uhr!)
– 645: Polis – Goudi – Stroumbi – Tsda – Pafos (Mo bis Fr 5.30–17 Uhr 11 x tgl., Sa/So 6–7 x tgl.)
– 646: Polis – Akourdalaia – Miliou (Mo bis Fr 6.10 und 12 Uhr, Sa 7 und 11.10 Uhr)

Touristeninfo

● **CTO-Büro** am Straßendreieck in der Kyproleontos Str., Tel. 26322468, geöffnet Mo bis Sa 9–13 und 14.30–17.45 Uhr, Mi und Sa nur vormittags.
● **Offizielle Website:** www.polis-municipality-cyprus.com, touristisch interessanter ist www.polischrysochous.net.

Unterkunft

● **Camping Polis,** direkt am Strand im Uferwäldchen, Tel. 26321526. 3,50 € pro Platz plus 2,50 € pro Person; guter Sanitärbereich, 200 Stellplätze.
● **Akamas Hotel (B&B),** 14 Digenis Str., Tel. 26321521, Fax 26321561. EZ 45 €, DZ 50–60 €, beliebter Traveller-Treff.
● **Elecon Apartments,** Mariou Str., Tel. 26321983, www.eleconcyprus.com. Einer der zahlreichen freien FeWo-Vermieter in Polis; 2-Personen-FeWo für 60 € im August. Sehr ordentlich mit Pool, Lounge und Billard.

Akamas-Halbinsel/Der Nordwesten

●**Stefanos Aparthotel** (Alltours), Arsinoe Str., Tel. 26322411, www.stephanos-hotel.com. Studios und Apartments 40–90 € in zentraler Lage; funktional, familiär.

●**Natura Beach** (Hotel und Tourist-Villas), Tel. 26323111, Fax 26322822, www.natura.com.cy. DZ 49–99 €, tolle Strandvillen mit eigenem Pool (4–6 Personen/2–3 Schlafzimmer) kosten bis zu 229 €. 20 Gehminuten vom Zentrum entfernt in toller Alleinlage am Strand.

Essen und Trinken

●In der Kyriakis Str. (Richtung Camping/Strand) liegen die preiswerte **Elena-Snackbar** sowie das **Karouzis** (Tel. 26321888), ein von Reisenden empfohlenes Meze- und Fischlokal (ab 12 € pro Person). Auch das **Lemon Garden Restaurant** (Tel. 26321443) in der Nähe des Museums gilt als ausgezeichnetes zypriotisches Mittelklasselokal.

●In und rund um die **Fußgängerzone** haben sich reihenweise Kneipen und Restaurants etabliert, sodass für jeden Geschmack und Geldbeutel etwas zu finden sein dürfte. **Aphrodite Roof-Garden Steak House & Pizzeria** (Fußgängerzone, Tel. 99655760) verteilt sich über mehrere Etagen – gute Pizzas, sehr ordentliche Steaks, auch Internetcafé.

Der Bischof von Polis liest die Ostermesse

●**Finikas,** ein Top-Restaurant in einem restaurierten Gehöft mit tollem Ambiente in der Fußgängerzone, bietet neben Hühnchen und Fisch vor allem zypriotische Gerichte wie Lamm mit Bohnen, Stifado *(beef cubes),* Yemista (gefülltes Gemüse) und Kleftiko (aus dem Lehmofen, Tel. 26323403). **Moustakallis Tavern** (Tel. 26321328) liegt etwas versteckt ebenfalls im Hof und ist etwas günstiger, aber sehr gut, empfehlenswert: Meze für 2 Pers. ab 25 €, und fangfrische Fischgerichte ab 15 €.

Einkaufen

●**Orfanidis-Supermarkt mit Bäckerei** in der Mariou Str. (bei Elecon-Aptm.), Obst und Gemüse vormittags am **Markt** (Fußgängerzone).
●Rein interessehalber lohnt ein Blick in das Geschäft des traditionellen **Büchsen- und Stiefelmachers Kynigetika** (Tel. 26321070) gegenüber von Otyseas-Travel.
●**Fotozubehör:** *FotoWorld* (Fußgängerzone), Tel. 26321882.

Nachtleben

●Auf einen Drink sitzt es sich angenehm im **Plaka Pub & Bar** (Fußgängerzone, Tel. 26632076), **Saddle's Bar** (Tel. 26829695) wenige Meter weiter bietet auch Gamehall und Internet-Anschluss.
●Nachtschwärmer besuchen den **Genesis Disco Club** (Tel. 26322763) in der Fußgängerzone oder den **Madness Happy Night Disco & Nightclub** (Tel. 99816642, 2011 wegen Umbaus geschlossen) am Busparkplatz nahe der TI.

Sonstiges

●**Post:** in der Fußgängerzone (Tel. 26321539), Mo bis Fr 7.30–13 Uhr, Do 15–18 Uhr. Telefonzellen am Taxistand.
●**Banken: National** und **Alpha** mit **EC-Automaten** am Taxistand eingangs der Fußgängerzone, **Hellenic** und **Bank 24** in der Makarios III.
●**Polizei:** Agias Kyriakis/Ecke Dimitriou Str., Tel. 26806280.
●**Hospital:** Verginas Str. (Richtung Camping/Strand), Tel. 26322253.
●**Apotheken** gegenüber *Stefanos-Hotel* und in der Makarios III.
●**Taxis:** vor der Fußgängerzone, z.B. 9 € zu den Aphrodite-Bädern.
●**Internetcafés:** *Roof-Garden, Saddle's Bar* (s. Essen & Trinken, Nachtleben) und **Polis Connect** (3 St. Nicholas Str., Tel. 26323123, www.polisconnect.com, neben der *Alpha-Bank).*
●Rasante Unterhaltung bietet **Polis-Go-Kart** (Tel. 26941516) 2 km außerhalb Richtung Pomos; 15 Min. auf den Spuren *Michael Schumachers* kosten 15 €.
●**Verleihstellen und Ausflugsagenturen: Pegasus** (Pallikardi Str.) vermietet Pkw; Mountainbikes und Exkursionen aller Art bietet **T.I. Rental** in der Agiou Nicolaiou Str. (Tel. 26322416). Fahrzeuge und Mopeds können bei **Otyseas Rent a Car** (Tel. 99576610 und 26975610) gemietet werden. **Ketrides** wenige Meter weiter um die Ecke hat sich auf Fahrradverleih spezialisiert, organisiert aber auch Pkw (Tel. 26423116). Am Ende der Fußgängerzone bietet **Savvas-Metaxa** Kleinwagen, Mopeds, Scooter und Mountainbikes. Voraborganisation ist bei **Polis Car Hire,** 3 Dimitraki Papamiltiadous St., Tel. 26815164, www.poliscarhire.com, möglich. Die Preise liegen in Polis bei 10 €/Rad, 15 €/ Moped und ab 25 €/Pkw.

Nordwestlicher Akamas

Der **Küstenabschnitt zwischen Polis und den Aphrodite-Bädern** erfreut sich zunehmender Beliebtheit bei Reisenden, die ein nicht überlaufenes Strandgebiet mit gleichzeitiger Nähe zu Natur- und Wandergebieten suchen. Die großen Reiseveranstalter bieten den nördlichen Akamas bislang nur sehr vereinzelt an. Nachteilig an der abgeschiedenen Lage sind der unterentwickelte Busverkehr (siehe Polis) und die aufwändigen Fahrten ins Troodos-Gebirge (sofern geplant).

Latsi

Kleines Zentrum Als einziges kleines Zentrum (Straßendorf rund um einen hübschen Yachthafen) mit begrenzten Einkaufsmöglichkeiten und einigen Restaurants hat sich der ehemalige Fischerort Latsi (auch Latchi, Lakki) entwickelt. Der **lange Sandstrand** am Ostrand setzt sich nahtlos fort bis Polis, am westlichen Ortsrand geht er in einen Sand-/Kiesstrand über (diverse Parkmöglichkeiten). Die An-/Abreise kann nur per Polis-Aphrodite-Bus erfolgen (siehe Polis).

Unterkunft Latsi selbst bietet nur wenige Unterkünfte, die meisten Resorts liegen entlang der Küste verstreut (siehe Karte „Akamas Wanderungen").

● **Anassa,** Tel. 26322800, Fax 26322900, www.thanoshotel.com. Ab bescheidenen 75 € – pro Abendessen, besser: Gelage! DZ schlagen mit 820 € zu Buche. Dies sei weniger Empfehlung, als vielmehr Aufruf zum Boykott: Als die Akamas-Halbinsel ab der Straßengabelung bei Neo Chorio unter strengsten Naturschutz (absolutes Bauverbot) gestellt wurde, warf Ex-Außenminister *Michaelides* sein ganzes politisches Gewicht in die Waagschale, um 1 km hinter der Abzweigung zu den Bädern im Schutzgebiet dieses Luxushotel zu bauen – mit eigenem schönen Sandstrand und allem erdenklichen Luxus. Die zypriotische Politprominenz schlemmt hier an den Wochenenden ... Wer's mag: Pauschalreisen werden ab 2000 Euro pro Woche angeboten.
● **Elia Latchi Aparthotel-Resort** (am östlichen Ortsrand), Tel. 26321011, Fax 26322024, www.eliavillage.com. Schöne Anlage, strandnah – sehr zu empfehlen (pauschal 750 €, sonst relativ teuer ab 70,40 € bis zu 153 € pro Wohneinheit).
● **Englezakis Plaka** (an der Gabel Neo Chorio – Aphrodite-Bäder), Tel. 26322501, Fax 26322535. Einfaches Mittelklassehotel in toller Lage (um poolseitige OG-Zimmer bitten!), sogar Gehnähe zu den Akamas-Wanderungen. Günstig pauschal z.B. bei *Alltours*.
● **Nicki's Holiday Resort,** Tel. 26322226, Fax 26322155, www.nickiresort.com, je nach Größe und Saison 45–195 € pro Einheit und Tag.
● **Latsi Hotel,** Tel. 26321411, Fax 26321468. Kleines Privathotel nahe Hafen auf B & B-Basis zu 50 €/DZ.

Akamas-Halbinsel/Der Nordwesten

●Unmittelbar hinter der Abzweigung am Plaka-Hotel liegen rechter Hand (Piste hinein) die unter gleichem Management stehenden **Cleopatra, Aphrodite & Chrysanteme Beach-Villas,** Tel./Fax 26948351, www.latchivillas.com; 164–210 € pro Einheit (wirklich toll, mit Pool, Kamin und Meerblick), bieten auch Fahrzeugverleih.

Essen und Trinken

●In **Elias Pub** (Tel. 26322281) sitzt man gemütlich, gutes Essen (mittelpreisig) bietet das **Ta Senora Restaurant** (Tel. 26428166).

●Als gutes Fischrestaurant sei das **Porto Latchi** (in der Kurve) empfohlen (Tel. 26529530).

●Am östlichen Ortsrand – ein paar Schritte außerhalb vom Ortskern – beginnt der lange Sandstrand mit einigen **weiteren Restaurants** und **Nicki's Holiday Resort** (s.o.).

Sonstiges

●Im kleinen Ortszentrum versorgen mehrere **Minimärkte** mit dem Nötigsten (auch Zeitungen).

●Wassersport (auch Tauchen) bietet **Latsi Watersports** am Fischerhafen (Tel. 26322095, www.latsiwatersportscentre.com).

●Am Fotoladen hinter der Disco vermietet **Avis** Kleinwagen (Tel. 26323920, Voraborganisation auch unter www.avis.de).

●Die Firma **Aphrodite Taxi** (Tel. 26323777, Fax 26323130) arrangiert **Ausflüge** und **Transfers** und vermietct Boote.

●Räder und Pkw gibt es bei **Fontana Holiday Car Rental** (Tel. 26321350).

●Für abendliche Unterhaltung sorgt die **Rumors Disco** in der Kurve.

Neo Chorio

Festivitäten an Ostern

Das verschlafene Dörfchen Neo Chorio inmitten der Akamas-Halbinsel erwacht nur einmal jährlich aus seinem Dornröschenschlaf: zu Ostern. Wer um diese Zeit in der Nähe sein sollte und sich auch nur am Rande für volkstümliche Festivitäten interessiert, muss Ostersonntag und -montag jeweils gegen 17 Uhr zur Dorfschule nach Neo Chorio kommen. Von traditionellen Tanzdarbietungen über „Hochlandspiele" wie Felsenstemmen und Eselsrennen bis zu Wettbewerben im Esel-Aufsatteln und Befüllen von Weinkrügen wird allerlei geboten. Musik und lokale Spezialitäten wie Karobenhonig, Loukoumades, Resi (Ziegenfleisch mit Weizenteig) und Souvlakia tragen ebenfalls zur vorzüglichen Stimmung bei (günstige Preise, Eintritt frei).

Große Sehenswürdigkeiten sind im Ort außer einer kleinen **Töpferei** (nur Mai bis Sept.), dem ehemaligen **öffentlichen Waschplatz** nahe der Kirche (heute Brunnen) sowie der **Ortskirche Agias Minas** nicht zu erwarten.

Infra-struktur

●Unterkunft bieten **Agnades Apartments** (am Ortseingang, Tel. 26322454, ab 65 €), das **Tavros Aparthotel** (Tel. 26322421, Fax 26322496, tavroshotel @cytanet.com.cy, buchbar unter www.alpharooms.com, 65–70 €) und **Raminas Apartments** (Tel. 26321277, Fax 26321581, ab 65 €). **Luxus-Steinhaus:** www.theosclubvillas.com, 100–190 € (Grill, Billard, Pool).

●Speisen und Getränke hat **Stone Castle Tavern & Grill** (Tel. 26322526) gegenüber der **CoOp-Wechselstube,** noch netter sitzt man in der **Stone Tavern** (an der Schule, Tel. 26322347). Im kleinen **Minimarkt** kann man sich mit dem Allernotwendigsten eindecken.

Bad der Aphrodite

Am Plaka-Hotel verzweigt sich die Uferstraße, links nach Neo Chorio, rechts noch ca. 3,5 km bis zum Parkplatz am Ende der Straße. Ein gut beschilderter Fußweg führt zum „Bad der Aphrodite", das eher enttäuscht, denn viel mehr als ein paar Feigenbäumchen und ein von einem Rinnsaal gespeister natürlicher Pool sind nicht zu sehen. Der Legende nach badete *Aphrodite* hier, wobei sie *Akamas* traf; die beiden verliebten sich ineinander, wurden verraten und *Aphrodite* mit der Heimholung in den Olymp bestraft. 5 km die Uferpiste weiter lagen die sogenannten **Liebesquellen (Fontana Amorosa),** denen aphroditische Kräfte nachgesagt wurden; sie sind leider verschüttet und daher nicht mehr zu sehen. Manche Historiker behaupten auch, es hätte sie nie gegeben, die Bäder seien damit gemeint gewesen.

Wanderer werden die „Bäder" nur am Rande interessieren, wirklich faszinierend sind die großartigen Wandermöglichkeiten.

Akamas-Wanderungen

Wanderungen auf dem Akamas sind unbedingt ein Erlebnis, auch wenn sie wegen starker Steigungen und Höhenunterschiede mindestens so anspruchsvoll sind wie die Troodos-Touren.

Tageswanderung

Wer eine anspruchsvolle, phantastische Tageswanderung unternehmen möchte, dem sei ab Smiggies-Picknickplatz die beschriebene längere Strecke mit „Aphrodite-Anschluss" ab Pyrgos tis Rainas nach links empfohlen, anschließend via Bäder-Parkplatz 250 m der Straße folgend den Adonis Trail umgekehrt bis zum Trail-Schnittpunkt gehen, dort dem Smiggies Trail bis zum Schild „Nature Trail" folgen und dort links zum Ausgangspunkt zurück (insgesamt 6 Stunden inkl. Rast).

Akamas-Halbinsel/Der Nordwesten

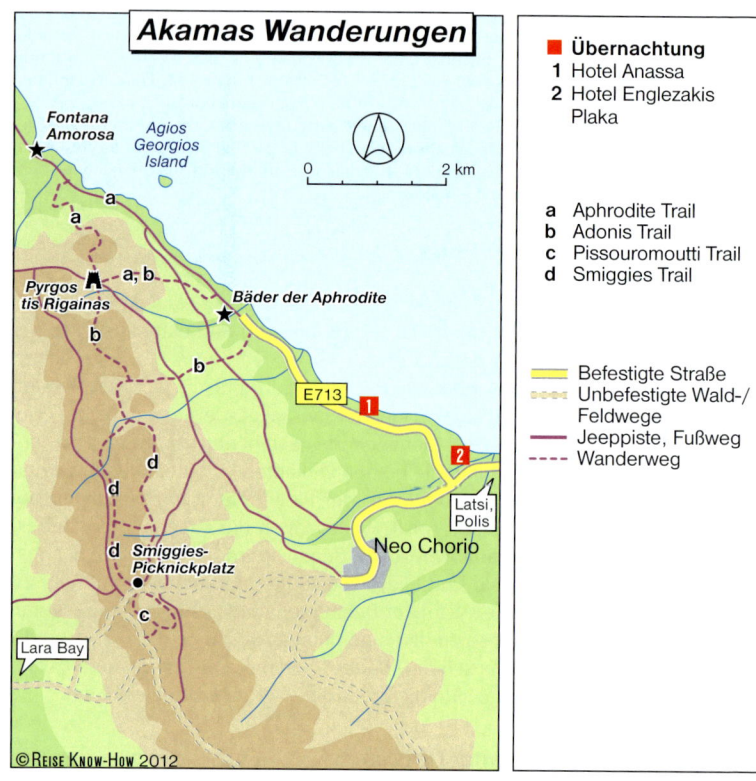

Akamas Wanderungen

■ Übernachtung
1 Hotel Anassa
2 Hotel Englezakis Plaka

Fontana Amorosa
Agios Georgios Island

0 _____ 2 km

a Aphrodite Trail
b Adonis Trail
c Pissouromoutti Trail
d Smiggies Trail

Pyrgos tis Rigainas
Bäder der Aphrodite

E713
Latsi, Polis
Neo Chorio
Smiggies-Picknickplatz
Lara Bay

═══ Befestigte Straße
∘∘∘∘ Unbefestigte Wald-/ Feldwege
——— Jeeppiste, Fußweg
- - - - Wanderweg

© REISE KNOW-HOW 2012

Aphrodite Trail   Folgt man dem **Fußweg ab den Bädern** wenige Meter weiter, erreicht man eine Uferpiste nahe einem privaten Campingplatz. Wenn man die Schranke passiert hat, zweigt nach 80 m ein unscheinbarer Pfad nach links hinauf ab (Wanderzeichen), dem man immer aufwärts bis zu einer endlos langen, aufwärts führenden Schneise/Rampe folgt. Dieser folgt man ca. 1,5 km immer geradeaus, ehe es ein kurzes Stück eben wird – hier (Schild) auf einem schmalen Pfad nach links gehen. Keine 5 Minuten später ist der **Wanderschnittpunkt Pyrgos tis Rigainas** (Burg der Königin) erreicht, ein Rastplatz mit Quelle und einer alten Ruine (bis hierher ca. 1 Stunde).

Akamas-Halbinsel/Der Nordwesten

Vor der Ruine folgt man rechts dem gut beschilderten Weg aufwärts, von dem nach 5 Minuten ein beschilderter Pfad nach rechts
sehr steil ansteigt um den Gipfel des deutlich sichtbaren kahlen
Felsens nördlich herum. 20 schweißtreibende Minuten später erreicht man einen **„viewpoint"** (Rastbank mit sagenhafter Aussicht)
– im glasklaren Wasser kann man bis auf den Grund sehen.

Traumhafte Ausblicke bietet der Aphrodite Trail

Ab hier folgt man dem schmalen, sehr steilen, aber phänomenalen Pfad serpentinenartig abwärts (vorsichtig gehen!), bis man auf die Küstenpiste trifft (Schilder weisen unten links zur *Fontana Amorosa*, rechts zu den Bädern). Von hier aus dauert es noch eine gute Stunde zurück zum Parkplatz (Wasserquelle am Weg).

Adonis Trail

Dieser Trail führt **ab Pyrgos tis Rigainas** (erster Teil wie Aphrodite Trail) rechts des Quellbrunnens nach 20 Minuten (erst stetig auf-, dann eben/leicht abwärts, im Zweifel stets links) zu einer Wegkreuzung mit einer kleinen Quelle (= Schnittpunkt mit dem Smiggies Trail). Hier hält man sich links und geht den schmalen, felsgesäumten Pfad hinunter, vorbei an Ziegenherden und mit schönen Ausblicken über Felder und das Meer bis zur Küstenstraße, der man noch ca. 250 m nach links zum Bäder-Parkplatz folgt.

Natürlich kann man leicht kombinieren und den beschriebenen Adonis-Teil in umgekehrter Richtung gehen, um an den Pyrgos tis Rigainas dann den schönsten Teil des Aphrodite Trail (Schlussabschnitt) zu integrieren.

Smiggies-Picknick-areal und Trails

Vom oberen Ortsausgang in Neo Chorio sind es knapp 30 Minuten zu Fuß auf unbefestigtem Weg bis zum Smiggies-Picknickplatz. Der sehr schöne **Rastplatz** lädt nicht nur zum Grillen ein, er ist auch **Ausgangspunkt für mehrere schöne Wanderungen** auf dem Akamas.

● **Pissouromoutti Trail**
Auf der dem Rastplatz gegenüberliegenden Seite des Weges folgt man dem einfachen, 3000 m langen Rundweg mit geringen Höhendifferenzen um den Hügel herum (schöne Ausblicke über die Buchten im Westen).

● **Smiggies Trail**
Unmittelbar am oberen Ende des weitläufigen Picknickplatzes (Wanderschild) windet sich ein Pfad den Hügel hinauf (ca. 15 Minuten) und gabelt sich dann: Rechts geht es zu einer Feuerwache mit Rastpavillon (= höchster Punkt) und tollen Rundumblicken über Lara Bay bis zum Inselchen bei Agios Georgios. Links der Gabel geht der Trail (nun als breiterer Weg) stetig leicht abwärts. Am Hinweisschild „Fire-Station" geradeaus weiter gehend folgt nach ca. 100 m das Schild „Short way" (nach rechts) – dieser Weg führt um den Hügel der Feuerwache herum zurück zum Ausgangspunkt (ca. 2 km). Geradeaus führt der Haupttrail weiter (ca. 5 km bis zum Ausgangspunkt), nach 20 Minuten wird wieder eine Gabel erreicht: Rechts („Nature Trail") geht es nun in weitem Bogen um die Feuerwache herum zum Smiggies-Rastplatz zurück.

●**Anschluss an Aphrodite und Adonis Trails**
Statt dem letztgenannten „Nature Trail"-Schild Richtung Smiggies zu folgen, hält man sich links, erreicht nach 10 Minuten wieder eine Gabel (links halten), um weitere 5 Minuten darauf an einer erneuten Wegegabelung rechts nach 150 m zum Kreuzungspunkt der Smiggies und Adonis Trails zu gelangen.

Adonis-Anschluss: Geradeaus dem Weg in die Felsschlucht folgt man dem Schlussteil des Adonis Trail.

Aphrodite-Anschluss: Wendet man sich vor der Rastbank auf dem Pfad scharf nach links hinauf, quert man nach 3 Minuten eine Piste (hier rechts halten), 600 m weiter steht rechter Hand ein kleines in die umgekehrte Richtung weisendes Schild – hier wird der Weg scharf rechts hinauf über den Pass ein kurzes Stück sehr felsig (kaum sichtbar), bessert sich aber gleich darauf, und der Pfad führt deutlich sichtbar abwärts zum Pyrgos tis Rigainas-Rastplatz mit Quelle und Bänken. Schlussabschnitte siehe Aphrodite Trail.

Küstenroute Polis – Kato Pyrgos

Ostseite der Chrysochos Bay

Die gesamte Ostseite der Chrysochos Bay führt fernab aller Großstädte ein bislang stiefmütterliches Dasein. Das liegt daran, dass landseitig die Berge dem Meer zunehmend näher rücken, je weiter man sich der TRNZ-Enklave Erenköy (griech. *Kokkina*, nicht zugänglich) nähert. Und dahinter, in Kato Pyrgos schließlich, endet die Welt endgültig im **Niemandsland der Grenze. Die touristisch noch wenig erschlossene Küstenzone** lohnt auf jeden Fall einen Besuch, vielleicht im Zusammenhang mit einer Fahrt ins Troodos-Gebirge nach Stavros über die neue Bergstraße bei Kokkina. Die Küstenstraße führt mit Ausnahme Kokkinas unmittelbar an den gemischten Sand-/Kiesstränden entlang.

Argaka

Hinter Polis setzt sich der kilometerlange Sandstrand bis Argaka fort. Infos über die Homepage www.argaka.org. Vor dem Ort liegt schön am Meer die **Marvalis-Picknick-Site,** im Ort sorgen das **Half Way Coffee & Kebab House** sowie das **Dmetrius-Restaurant** (Tel. 26321886) fürs leibliche Wohl, an der Hauptstraße werden **Apartments** vermietet (Tel. 26322035). Es gibt auch noch ein paar Villen (www.cyprusluxuryvillas.com), die allen erdenklichen Luxus bieten und zwischen 5000 und 10.200 € kosten (pro Woche) – Air condition wird extra berechnet! Erschwinglicheres findet sich auf www.trails.com/rentals.

Akamas-Halbinsel/Der Nordwesten

Gialia und Agia Marina

Zersiedelte Küstenzone In der zersiedelten Küstenzone der beiden Dörfer Agia Marina und Gialia wird in geringem Umfang Landwirtschaft betrieben (Gewächshäuser, Zitrusplantagen). Einige wenige **Apartmentvermieter** werben um Kunden, so **Astrofegia** (Tel. 26812706) bei der Forest Station oder **Kristofia** (Tel. 26655822).

Pomos

Bescheidene Infrastruktur In dem vor 1974 recht aktiven Fischerhafen dümpeln nur noch wenige Boote. An dem vom Dorf mit kleinem Sand-/ Kiesstrand etwas abgesetzten Hafen liegt eine nette **Fischtaverne,** im Ort selbst sorgen eine **CoOp-Bank** (nur Wechselstube), ein **Minimarkt,** die **Taverna Kanalli** sowie die **Sea Cave Fish Tavern** (Tel. 26342525) für eine bescheidene Infrastruktur. Günstige Unterkunft im Ort bieten die **Apartmentvermieter Toumorayou** (Tel. 26342105), **Pomos Sunset** (Tel. 26342395), **Mouragio** (Tel. 26812712) und **Kanalli** (Tel. 2634219-1 und -3, bei der gleichnamigen Taverne). Luxusvillen und Farmhäuser findet man unter www.zandxvillas.com – aber auch hier gilt: kaum unter 200 € am Tag. Busanbindung s. Polis.

Pachyammos

Agios Rafael In Pachyammos ist die erst 1989 errichtete **Kirche** Agios Rafael oberhalb der Küste sehenswert. Sie wirkt mit ihren frischen Farben außerordentlich prunkvoll und wurde hier in Grenznähe nicht zufällig mit martialischen Bildnissen ausgestaltet, welche die Türken als Berserker darstellen.

Straße in die Berge Eine gut befahrbare Straße führt von hier direkt die Berge hinauf, da die türkisch-nordzypriotische 250-Seelen-Enklave **Erenköy** (Kokkina) bislang nicht befahren/betreten werden darf; die Versorgung wird hauptsächlich auf dem Seeweg (Güzelyurt) gewährleistet. Am höchsten Punkt angekommen (mehrere Garnisonen, auch UN-Truppen), zweigt eine neue Straße Richtung Stavros/Kykko/ Lefkosia ab, eine interessante, allerdings sehr kurvenreiche und anstrengende Strecke mit mehreren Pistenabzweigungen Richtung Polis.

Kato Pyrgos

Letzter Ort vor der Grenze
Der Straße nach Kato Pyrgos hinunter folgend erreicht man den letzten Ort vor der Grenze. Einst bedeutendes landwirtschaftliches Zentrum, werden heute hauptsächlich Gemüse, Zitrusfrüchte und Feigen angebaut. Viele Geschäfte und Restaurants leben von den hier zahlreich verkehrenden **Militärs.** Durch die Grenzöffnung Anfang 2011 könnte auch die Region Pachyammos/Kato Pyrgos ihr stiefmütterliches Dasein mittelfristig beenden und die bislang sehr bescheidene touristische Infrastruktur besser werden.

Rund um den Ort gibt es **kleinere Sandbuchten,** an denen sich einige Hotels gehalten haben. Alle Einrichtungen liegen an der einzigen Durchgangsstraße.

Unterkunft

● **Tylo Beach Hotel,** Tel. 26522348, Fax 26522136, www.tylosbeachhotel.com.cy, DZ ab 110 €.
● **Pyrgiana Beach Hotel,** Tel. 26522322, Fax 26522306. DZ 60–80 €.
● **Pyrgos Bay Hotel,** Tel. 26522001. DZ 90–140 €.

Sonstiges
● Erfrischungen bieten das **Einheimischen-Kafenion Savvas** sowie die **Esperanza Café-Snackbar.**
● Rund um die Ortskirche am Ende der Durchgangsstraße liegt ein kleiner Ortskern mit **Minimarkt** und **zwei Banken** (Wechselstube); geradeaus weiter quert man eine kleine Brücke – 500 m weiter stehen die **Grenzposten.**

Mit der Öffnung des hinter Kato Pyrgos gelegenen **Grenzübergangs Limnitis** kann man nun Tagesausflüge in den Nordteil, etwa in das nahe gelegene Güzelyurt (Morfou), unternehmen (Details zum Grenzübertritt s. Kapitel „Tagesausflüge nach Nordzypern").

Akamas-Halbinsel/Der Nordwesten

zyp_326 Foto: wl

Das Bergland

Einleitung Eine Tour durch das Bergland bildet – oft im wahrsten Sinne des Worts – den **Höhepunkt einer Reise durch Zypern.** Man entflieht der sommerlichen Hitze von Küste und Flachland, bewegt sich sehr oft fernab der touristischen Massen, findet die bedeutendsten Scheunendachkirchen (siehe Kunstgeschichte und Architektur), sagenhafte Klöster (dezente Kleidung erforderlich!), und schließlich bieten zahllose feine Wandermöglichleiten dem Aktivurlauber Entspannung und Naturerlebnis.

Lemesos gilt als **bester Ausgangspunkt für Fahrten ins Bergland** – auch Busse und Lastwagen fahren von dort hauptsächlich die B-8 hinauf. Tatsächlich gibt es eine ganze Reihe schöner und einsamer Routen, wo die Anfahrt vom jeweiligen „Wohnort" zum Ziel auch nicht länger dauert, als würde man erst nach Lemesos fahren. Auf die „ideale" Route wird in den folgenden Kapiteln jeweils ebenso hingewiesen wie auf Ausweichrouten und derzeitigen Ausbaustand. Busse gibt es kaum (Ausnahmen siehe Lemesos und Lefkosia).

Wegen der **kurvenreichen Strecken** und **unzähligen Steinen auf der Fahrbahn** ist von einer Bergtour per Scooter dringend abzuraten. Die durchschnittliche Fahrleistung liegt im Bergland nicht über 30 Kilometern pro Stunde, was Fahrten durch die Berge einigermaßen langwierig und anspruchsvoll gestaltet. Die nachfolgenden Teilkapitel sind so aufgebaut, dass sie im Rahmen einer Besichtigungstour (ohne Wanderungen) als bequeme Tagestour möglich wären.

Achtung: Sofern von „befahrbarer Waldpiste" die Rede ist, ist diese mit Pkw nur bei trockener Oberfläche befahrbar!

Bild auf den
Seiten zuvor:
„Musterdorf"
Omodos

Tilliria und Pafos Forest

Drei Haupt- routen

Das Hochland der Tilliria steigt von der Küste bei Polis binnen 3–5 km landeinwärts auf 800–1000 m an. Die mit Pinien, Zedern, Föhren und Kiefern dicht bewaldete Region wird auch „Pafos Forest" genannt, was jedoch nur administrative Bedeutung hat. Logistisch gibt es für dieses **von Touristen kaum besuchte Gebiet** drei Hauptrouten: von Polis die Küste entlang via Pachyammos Richtung Stavros (langwierig, siehe Kato Pyrgos), von Polis über Peristerona und Lysos (gute Nebenstraße) oder ab Pafos über die B-7 und E-702 (oder Polis, B-7 und E-712) nach Pano Panagia.

Peristerona

Atichoullis- Schlucht

An der gut zu fahrenden und komplett asphaltierten Polis-Lysos-Stavros-Route durchfährt man auf knapp 400 Höhenmetern das Dörfchen Peristerona. Vor dem Ortseingang zweigt (Schild „Bird sanctuary") links ein Weg zur Atichoullis Gorge (1,5 km) ab. An einem Kriegerdenkmal oberhalb der Schlucht hat man schöne Rundumblicke bis zum Akamas, Ornithologen können die vielfältige heimische Vogelwelt studieren.

Byzan- tinisches Museum

Im Ort (an der Kirche, beschildert) lohnt ein Blick in das Byzantinische Museum. Bis ins 13. Jh. hinein bestand zusätzlich zu Pafos die **Diözese Arsinoe** (siehe Polis) mit Bischofssitz in Peristerona. Unter den Franken aufgelöst, wurde sie erst 1996 wieder eingerichtet und tituliert heute unter dem alten Namen Arsinoe. Neben einer **Ikonensammlung** (13.–19. Jh.) sind **Holzarbeiten** wie der kunstvolle Bischofsthron, **Silberarbeiten** und sehr seltene **Stickereien** mit Goldfäden zu sehen.

Geöffnet 10–13 und 14–18 Uhr, Sa nur vormittags, So geschlossen, Winter bis 16 Uhr; Eintritt 1,70 €, Tel. 26352515.

Erfrischungen bietet das **Kafenion** im Ort oder die **Lysos Snackbar** (Tel. 26352069) im Nachbardorf.

Stavros tis Psokas

Am Dreiecksschnittpunkt der Verbindungsstraßen zwischen Kykko, Pomos und Peristerona-Arsinoe bewegt sich der Reisende bereits auf rund 1200 Höhenmetern. Die genannten Straßen sind

Das Bergland

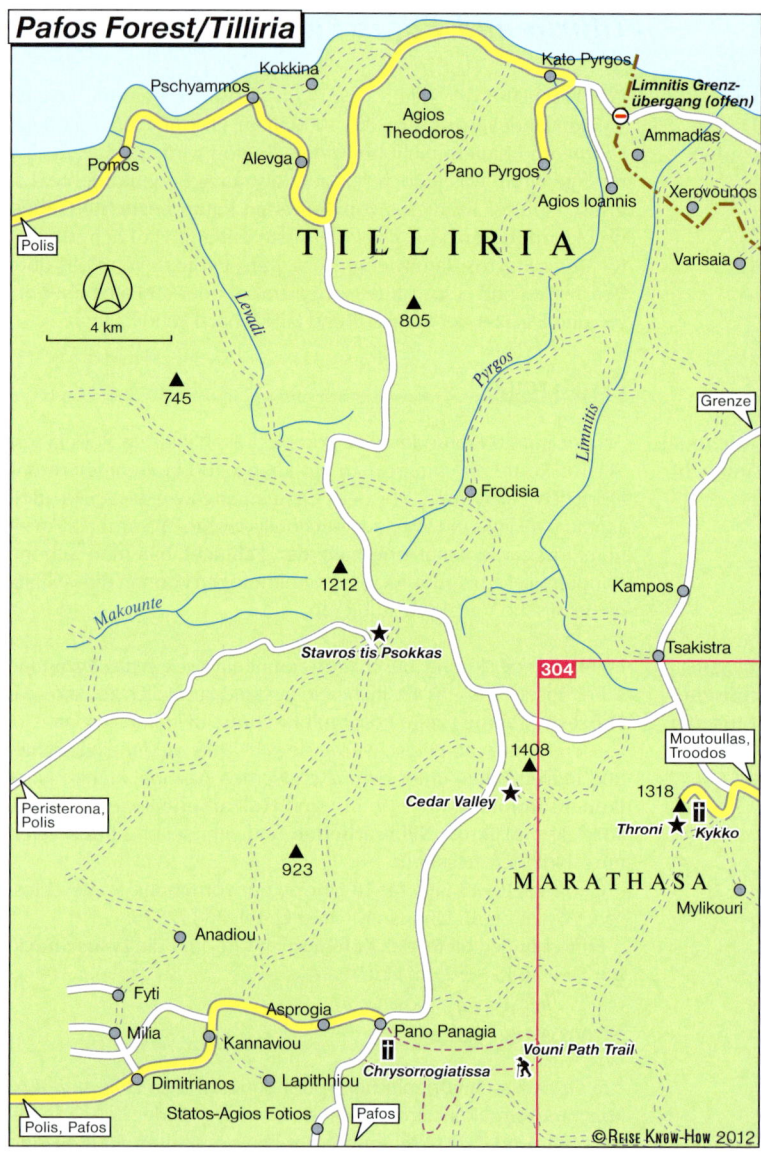

Pafos Forest/Tilliria

Kato Pyrgos

Kokkina

**Limnitis Grenz-
übergang (offen)**

Pschyammos

Agios
Theodoros

Ammadias

Pomos

Alevga

Pano Pyrgos

Xerovounos

Polis

Agios Ioannis

Agios Ioannis

TILLIRIA

Varisaia

▲
805

Levadi

Pyrgos

Grenze

▲
745

Limnitis

Frodisia

Kampos

▲
1212

Makounte

Tsakistra

★
Stavros tis Psokkas

304

▲ 1408

Moutoullas,
Troodos

1318 ▲

Peristerona,
Polis

★
Cedar Valley

Throni ★ ℹ️ **Kykko**

▲
923

MARATHASA

Anadiou

Mylikouri

Fyti

Asprogia

Milia

Kannaviou

Pano Panagia

Vouni Path Trail

Dimitrianos

Lapithhiou

ℹ️
Chrysorrogiatissa

Statos-Agios Fotios

Polis, Pafos

Pafos

©REISE KNOW-HOW 2012

befestigt (die CTO behauptet in ihren Broschüren kurioserweise das Gegenteil!) und führen durch den **dichtesten Kiefernwald auf Zypern.**

Moutti tou Stavrou Trail

Unmittelbar am Straßendreieck beginnt am Schutzdach der Moutti tou Stavrou Trail, ein einfacher, netter, **3 km langer Rundweg** um eine **1189 m** hohe Bergkuppe herum mit Aussicht bis zum Akamas. Die weinbergähnlichen Anpflanzungen belegen die Wiederaufforstungsbemühungen nach Jahrhunderten der Abholzung und den daraus resultierenden Erosionsschäden.

Horteri Nature Trail

Am Dreieck der Straße nach Stavros hinunter (3,5 km) folgend, liegt auf halbem Weg linker Hand der Horteri Nature Trail, ein **5 km langer Rundweg** mit 32 erklärenden **Hinweisschildern zur lokalen Botanik.** Der Horteri-Gipfel liegt auf **1290 m** – vom Startpunkt sind über 150 Höhenmeter aufwärts zu überwinden.

Forest Station

Unmittelbar vor der Stravros tis Psokas Forest Station liegt linker Hand die **Chapel of Holy Cross** (Heiligkreuzkapelle), nach welcher die Forststation ihren Namen erlangte (griech. *stavros* = Kreuz). In der Station kann man bei Voranmeldung (Tel. Zimmerreservierung 26991858, ab 18 € pro Person) nächtigen, in einer kleinen Snackbar gibt es Erfrischungen und warme Kleinigkeiten (vorbestellen unter Tel. 99425822).

Das Bergland

Mufflon-Gehege

Wenige Meter weiter erreicht man einen Picknickplatz, dahinter eine Straßengabel: links geht es nach Pafos (noch nicht durchgehend asphaltiert), rechts nach Polis (asphaltiert). Links passiert man ein **Rotwildgehege** mit ca. 80 Tieren, auf der Polis-Strecke lohnt ein Halt am Mufflon-Gehege: Das vom Aussterben bedrohte **Nationaltier Zyperns** wird hier auf 60.000 Hektar in einer Herde von 15 Tieren gehütet wie ein Augapfel. Die scheuen Tiere werden bis zu 35 kg schwer und haben bis zu 55 cm lange Hörner.

Cedar Valley (Zederntal)

Troodos-Zeder

Ein kleines, unter besonderem Naturschutz stehendes Gebiet an der Verbindungsstraße Stavros – Kykko ist die Heimat der Troodos-Zeder, die über 500 Jahre alt und bis zu 30 m hoch werden kann. Von der Straße selbst (bis Kykko zweigen zwei beschilderte Waldpisten ab) wird man allerdings kaum irgendetwas Besonderes sehen, es empfiehlt sich die etwas abenteuerliche **Route ab Pano Panagia:** Im Ort beschildert führt eine enge Nebenstraße zum 20 km entfernten Zederntal, vorbei an einem sehr schönen

zyp_332 Foto: wl

Waldpicknickplatz und der **Waldkapelle Agios Georgios** (Brunnen). Hier endet das Sträßchen, 300 m vorher zweigt nach links eine Waldpiste ab. An einer Gabel (beschildert) wird nach links ein Anschluss nach Stavros ausgebaut (= **erste Waldpiste** der Stavros-Kykko-Straße), rechts bleibt der nicht einfach zu fahrende Waldweg ins Zederntal erhalten. Das Zentrum erreicht man an einem kleinen Rastplatz mit einer Hinweistafel (auch deutsch!), wo auch der 2,5 km lange **Fußweg zum 1407 m hohen Tripylos** beginnt. Dem Waldweg weiter folgend erreicht man nach 15 Minuten die (aus Stavros-Sicht) **zweite** beschilderte **Waldpisten-Abzweigung** an der Stavros-Kykko-Straße.

Pano Panagia

Weinanbau   Der auf 862 Höhenmetern gelegene Ort Pano Panagia erlangte einige Bekanntheit durch das umliegende Weinanbaugebiet (500 m unterhalb vom Ort wird kostenlose Weinprobe angeboten) sowie die nahe gelegenen **Klöster Agia Chrysorrogiatissa** und **Agia Moni**. Kultstatus – zumindest im Süden Zyperns – erlangte Pano Panagia jedoch als **Geburtsstätte von Staatsgründer Makarios III.** Das Geburtshaus beherbergt einige persönliche Relikte und Fotografien *Makarios'* und hat tgl. 9–13 und 14–17 Uhr geöffnet (Eintritt 1 €). Man erreicht Pano Panagia am besten von Polis oder Pafos aus, in alle anderen Richtungen führen lediglich Waldwege (siehe Zederntal).

Infra-struktur

Am Ortseingang orientiert man sich am **Oniro Hotel** (Tel. 26722434, Fax 26722974, DZ 100 €, Mittag- und Abendessen je 15 €) rechter Hand. In der Ortsmitte ist der „Makarios-Birthplace" nach rechts beschildert – man fährt am besten das Gässchen ganz hinauf bis zur Feuerwehr (parken) mit toller Aussicht über das Tal bis zum Chrysorrogiatissa-Kloster. Zwischen Geburtshaus und Hauptstraße liegt ein größerer Dorfplatz mit großem Makarios-Denkmal, gegenüber an der Hauptstraße die **Restaurants Green Leaf** (Tel. 26522308) und **Cedar** (Tel. 722618). Wer **Privatunterkunft** in Panagia sucht, kann bei **Archontikou tou Meletiou** (Tel. 26935011, Fax 26947395) neben dem Geburtshaus von *Makarios* vorstellig werden, sich in **Mouskos** traditionellem Steinhaus (Tel. 99678013) einquartieren oder über www.agrotourism.com.cy buchen.

Das Bergland

Auf dem Moutti tou Stavrou Trail

Vouni Path Trail

Anspruchs-volle Wanderung
Der Ortsstraße geradeaus folgend erreicht man kurz vor dem Ortsende linker Hand einen kleinen hölzernen Unterstand mit Wanderplan. Hier beginnt linker Hand der Vouni Path Trail, ein insgesamt **9,8 km langer Wanderweg** via Panagia-Kapelle, Vouni-Lookout, Profitis-Elias-Kirche, BBQ-Platz (an der Straße zwischen den Klöstern) und über Chrysorrogiatissa zurück nach Panagias (Dauer ca. 3 Std. plus Rast/Klosterbesuch; Einkehr siehe Kloster). Die Wanderung ist durchaus anspruchsvoll, über 1100 Höhenmeter werden erreicht.

Agia Chrysorrogiatissa

Kloster
1152 entdeckte der Eremit *Ignatios* die Ikone der Heiligen Jungfrau und baute in den Bergen einen Schrein, der bald zu einem kleinen Kloster anwuchs. Im 16. Jh. wurden Ländereien und Besitztümer von den Türken beschlagnahmt, bald darauf die Verwaltung vom größten Kloster Kykko übernommen, sodass kein Mönch mehr verblieb. Erst 1770 setzte Bischof *Panaretos von Pafos* wieder einen Abt in Chrysorrogiatissa ein, was zu einer allmählichen Rückkehr zum eigenständigen Klosterleben führte. Zerstörungen und Brände – zuletzt 1967 – machten aufwendige Restaurationsarbeiten notwendig; die Klosteranlage wurde detailgetreu dem mittelalterlichen Original nachempfunden. Das zweigeschossige Innere mit Balustraden und offenen Gängen beherbergt heute **Werkstätten** (Ikonenrestauration), **Weinverkauf** (zwischen 5 und 10 €) und **Unterkünfte.** Am hinteren Ende liegt ein sagenhafter **Aussichtspunkt** an einer Terrasse mit wunderbarem Blick über das Tal.

Die **Ikonostase** der Klosterkirche stammt aus dem 18. Jh., die versilberte Ikone im Zentrum soll die Original-Titularikone sein. Sie wurde ganz mit Silber ummantelt und mit einem kleinen Fensterchen versehen – dahinter ist das ursprüngliche Holzmaterial verborgen.

An der Westseite des Klosters befindet sich ein **Brunnen** mit dem angeblich reinsten Quellwasser Zyperns. Die Mönche verkaufen neben Wein auch Ikonen, Nüsse und Süßwaren, ferner betreiben sie eine kleine **Klosterschenke** vor dem Eingang, die vor allem von Wanderern des Vouni Trail als wahre Himmelspforte empfunden wird ...

zyp_335 Foto: w

Besuchszeiten tgl. 10–12.30 und 13.30–16 Uhr (Winter) bzw. 9.30–12.30 und 13.30–18.30 Uhr (Sommer), Schänke durchgehend geöffnet (Bier 2,50 €, Kaffee 1,40 €; Omelette 3,80 €, Huhn mit Pommes 6 €, Souvlaki 7 €).

Agia Moni

Ältestes Kloster Zyperns

Das auf einer Hochebene außerhalb des Waldgebietes nur 2 km südlich von Chrysorrogiatissa gelegene Kloster Agia Moni wirkt deutlich moderner, wurde aber bereits im **3. Jh.** als das älteste Kloster Zyperns gegründet! Die Basilika entstand im 6. Jh., wurde aber in der heutigen Form 1638 ausgebaut und restauriert. Mehrere Renovierungsphasen wurden 1993 abgeschlossen.

Kloster Agia Chrysorrogiatissa

Das Bergland

Die **Basilika** wurde auf einem griechischen Tempel aus dem 4. vorchristlichen Jahrhundert errichtet, Bauteile dabei in die Basilika integriert. Der Innenhof wirkt sehr großzügig und geräumig, ebenso die Unterkunftsbereiche.

Der neue Abt kommt vom erzkonservativen Athos-Kloster in Griechenland, lässt aber immerhin Frauen (sofern „züchtig" gekleidet) als Besucher zu; geöffnet von 10–12.30 und 14–16 Uhr (Winter) bzw. bis 18 Uhr im Sommer.

Marathasa-Gebiet

Zwischen Zederntal und der das Bergland schneidenden Hauptstraße B-8/B-9 (Lemesos – Lefkosia) liegt ein x-förmiges Straßengeflecht, welches die Orte und nennenswerten Punkte des zentralen **Troodos-Gebirges** auf Höhen zwischen 1100 m und dem 1951 m hohen Olympos verbindet. Die jeweils kürzeste Anfahrt erfolgt von Lemesos über die B-8 nach Troodos, von Pafos nahe dem Flughafen (Abfahrt „Mandria") in das schöne Diarizos-Tal via Kidasi, Filousa und Mandria nach Platres hinauf sowie ab Polis über die weiter oben beschriebene Stavros-Strecke. Auf letztgenannter Route hat man mehrfach einen freien Blick auf die Morfou Bay (türk. Güzelyurt) nördlich der Grenze. Abgelegene Scheunendachkirchen, großartige Klöster, eine faszinierende Gebirgswelt sowie hervorragende Wandermöglichkeiten rund um den Olympos entlohnen für die eventuell mühevolle Anfahrt.

Kykko

Mächtigstes Kloster Zyperns

Das mächtigste und reichste – und **meistbesuchte** – **aller zypriotischen Klöster** hätte seine abgeschiedene Lage auf 1140 Höhenmetern kaum besser wählen können. Kykko (Eiche) als Kloster gehört zu den führenden und bekanntesten der orthodoxen Kirche überhaupt, der Abt steht kirchenrechtlich sogar einem Bischof gleich. Zu seinen mächtigsten Zeiten besaß das Kloster große Landgebiete in Kleinasien und Russland und bestimmte die Politik auf Zypern wie kaum ein zweites Kirchenorgan. Heute werden zahllose Felder und Anwesen von der Klosterleitung in Lefkosia verwaltet, legendär ist der Einsatz des Klosters für soziale Einrichtungen (Spitäler, Schulen) und den Erhalt nationaler Kunstschätze.

Das Bergland

Gründung und Zerstörungen

Angeblich geht die Gründung des Klosters auf das Jahr **1092** zurück, als ein zypriotischer Eremit in Konstantinopel die Tochter von Kaiser *Alexios Komnenos* heilte und als Gegenleistung eine wertvolle Ikone sowie das Recht zur Gründung eines Klosters erhielt. Die Urkunde wie auch der erste Klosterbau verbrannten 1365, ebenso zerstörten **Brände** in den Jahren 1541, 1751 und 1813 den Klosterbau, er wurde aber jeweils in kürzester Zeit wiedererrichtet.

Eine andere Theorie besagt, sowohl der offizielle Klostername („Kaiserliches Heiligkreuzkloster von Kykko, gegründet mit dem Kreuz"), die traditionelle Sozialfürsorge (wie beim Johanniter-Orden) als auch die achtzackigen Kreuze in der Kirche (Johanniterkreuz) deuteten auf einen möglichen Ursprung als Kreuzfahrerstiftung hin.

Kykko – das mächtigste Kloster Zyperns

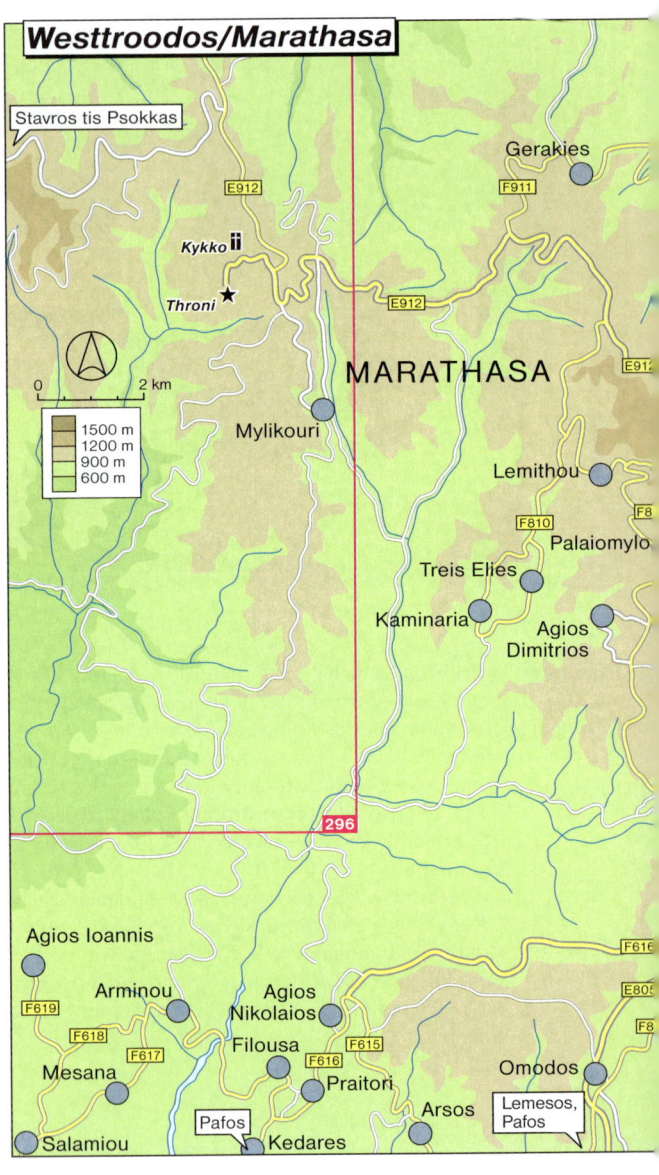

Westtroodos/Marathasa

Stavros tis Psokkas

E912

Gerakies

F911

Kykko

E912

Throni

MARATHASA

E912

0   2 km

1500 m
1200 m
900 m
600 m

Mylikouri

Lemithou

F8

F810

Palaiomylo

Treis Elies

Kaminaria

Agios
Dimitrios

296

Agios Ioannis

F616

Arminou

Agios
Nikolaios

E80

F8

F619

Filousa

F615

F618

F616

Mesana

F617

Praitori

Omodos

Pafos

Arsos

Lemesos,
Pafos

Salamiou

Kedares

Das Bergland

Temvria

Lefkosia

S O L E A

Lefkosia

Kaliana

Sina Oros

E908

Oikos

B9

Kalopanagiotis

Galata

Moutoullas

Kakopetria

Agios Nikolaios tis Stegis

330

Lagoudera

Pedoulas

Spilia

808

Troodos Forest

N. Shoulder
1709

F929

Prodomos

316

F952

B9

Olympos (Chionistra)
1951

B9

PITSYLIA

F909

Chandria

804

W. Shoulder
1710

Troodos Resort

Troodos

B8

Pano Amiantos

Kato Amiantos

F801

Foini

E804

Pelendri

F804

Pano Platres

B8

E806

Kato Platres

Mandria

E802

Moniatis

E802

Kouka

F812

B8

Agios Mamas

E803

Koilani

Trimiklini

Lemesos

F815

© REISE KNOW-HOW 2012

Kloster-kirche Schmuckkästchen des Klosterareals ist die an Prunk beinahe über-ladene Klosterkirche (18. Jh.) mit einer vergoldeten Ikonostase aus dem Jahre 1755. Die Hauptikone der Jungfrau von Kykko steht et-was vorgesetzt und wurde komplett versilbert. Auch **Kurioses** (in westlichen Kirchen undenkbar) wie ein Bronzearm oder ein Säge-fischblatt sind zu sehen – der Arm soll einem ungläubigen Afrika-ner beim Berühren der Ikone abgefallen sein, das Sägefischblatt war ein Geschenk eines Fischers, der von einem Sägefisch ange-griffen und durch Gebete zur Jungfrau von Kykko gerettet worden sein soll.

Gänge und Wohn-bereiche Auch die zweigeschossigen Gänge und Wohnbereiche können besucht werden, sie wurden ebenfalls farbenfroh mit Szenen von Kreuzzügen bis zum Leben Christi verziert; etwas oberhalb vom Kloster sieht man den abgesetzten Glockenturm mit fünf Glocken.

Kloster-museum Sehenswert ist ferner das Klostermuseum (Eintritt 5 €) mit un-schätzbar wertvollen Ikonen, Sakralreliquien und Exponaten aus byzantinischer und fränkischer Zeit.

Am Parkplatz (vom ersten Eingangstor 150 m weiter die Straße hinauf, zum Haupttor dann nochmals 400 m weiter, rechts abbie-gen) betreibt das Kloster ein Restaurant; dort werden auch Souve-nirs, Honig und klostereigene Produkte an mehreren Verkaufs-ständen vertrieben. Besuchszeit ist tgl. 10–16 Uhr (im Sommer bis 18 Uhr), Kleidungsetikette beachten!

Throni

Gedenk-stätte Folgt man vom oberen Eingang des Klosters der Straße am Glo-ckenturm vorbei rund 1,5 km aufwärts, erreicht man die relativ sel-ten besuchte Gedenkstätte Throni. Vom kleinen offenen Pavillon mit zentraler Marien-Ikone hat man einen feinen Ausblick auf das Bergland, am anderen Ende ist der **Sarkophag von Staatsgründer Makarios III.** an einer kleinen Ehrenwache aufgebahrt.

Gerakies

Ariadne Nature Trail An der Kykko-Pedoulas-Strecke zweigt etwa mittig („Lefkosia"-Schild) eine Nebenroute ab, die sich für Touren Richtung Asinou/Peristerona anbietet. Die 200-Seelen-Gemeinde Gerakies lebt von der Forstwirtschaft und bescheidenem Tourismus. 100 m oberhalb der Ortskirche beginnt (Treppe an einer Mauer) der 4 km lange Ariadne Nature Trail (Rundweg), der bis auf 1160 Höhenmeter durch unberührte, einsame Landschaft führt; unterhalb von einem kleinen Aussichtspavillon führt der Weg das letzte Stückchen an der Straße entlang. Im Ort bietet das **Tree Top Hotel** (Tel. 22952200, Fax 22952230) DZ inkl. Frühstück für 70–75 €, Erfrischungen hat die kleine **Taverne** gegenüber der Ortskirche.

Die Straße führt weiter steil hinunter zum **Kalopanagiotis-Damm** (Angeln möglich) unterhalb von Moutoullas und von dort durch leicht welliges Hügelland mit weiten Weizen- und Haferfeldern zur B-9 Richtung Asinou.

Pedoulas

Agios Archangelos Michail

Von Kykko der Hauptroute nach Pedoulas folgend erblickt man schon von weitem die weiße **Bergkapelle Agios Stavros,** einen guten Orientierungs- und Aussichtspunkt. Am Ortseingang (Gabel) steht linker Hand ein Ortsplan (Hotels, Kirchen), von wo aus man auch einen schönen Blick über den gesamten Ort auf 1067 Höhenmetern hat. Hauptkirche ist die markante, weiße **Agia Marina,** bedeutendste Sehenswürdigkeit im Ort ist jedoch die **Scheunendachkirche** Agios Archangelos Michail, eine der neun als UNESCO-Weltkulturerbe eingestuften zypriotischen Scheunendachkirchen (gut beschildert). Sie wurde 1474 errichtet und steht noch heute in unveränderter Form, lediglich das Dach wurde 1969 erneuert. Die **Wandmalereien** im Inneren sind rein spätbyzantinisch, ohne jegliche franko-italienischen Einflüsse, und gelten daher als besonders regional-stilgetreu. Das Titularbild links des Altars zeigt den Erzengel *Michael* mit Umhang und Kopfband, das so genannte Gründerbild oberhalb der Nordtür illustriert – textlich untermalt – den Auftraggeber *Vasilios* „im Jahre 1474, 6983 Jahre nach Adam", der dem Erzengel das Kirchlein im Modell übergibt. Die weiteren Bildnisse zeigen christliche Szenen aus dem Leben Christi von der Kreuzigung bis zur Auferstehung. Der Schlüssel zur Kirche wird zwei Häuser weiter (Schild) aufbewahrt. Ein kleines **byzantinisches Museum** gegenüber (geöffnet tgl. 10–18 Uhr, im Winter 13–16 Uhr, 1,70 €) beherbergt Ikonen und Sakralreliquien des Kirchleins.

Das Bergland

Infra-struktur

Busanbindung 1x tgl. nach Lefkosia, Unterkunft in den **Hotels Health Habitat** (Tel. 22952283, Fax 22314017, martini@spidernet.com.cy, DZ 80–120 €) und **Christy's Palace** (Tel. 22952655, Fax 22953337, anchristys@cytanet.com.cy, DZ 70 €) oder im **Guesthouse Eneukiarzontai** (Tel. 22952518, ab 35 €/DZ) im Ort an der beschilderten Abzweigung zur Archangelos-Kirche. Empfehlenswert ist weiterhin die **Taverna Platanas** (Tel. 99438820) mit einfacher, aber herzhafter zypriotischer Hausmannskost.

Moutoullas und Kalopanagiotis

Das Marathasa-Tal bei den zusammengewachsenen Straßendörfern Moutoullas und Kalopanagiotis wird hauptsächlich von **Mandelbäumen** geprägt, mit etwas Glück sieht man zur Erntezeit im Zentrum der berühmten Süßwarenproduktion die langen wurstähnlichen **Soudzouko-Schnüre** (siehe „Praktische Reisetipps A–Z/Essen und Trinken") an den Häusern.

Panagia tou Moutoulla

Von Pedoullas kommend, achte man linker Hand auf ein Schild (Weg 250 m entlang, links) zur **Scheunendachkirche** Panagia tou Moutoulla, die ebenfalls zu den neun Weltkulturerbe-Kirchen Zyperns gehört. Sie stammt aus dem Jahre 1280 und wurde im 15. Jh. etwas erweitert, auch die hölzerne Ikonostase stammt aus der Erweiterungsphase. Die Bemalungen sind größtenteils verblasst bzw. nur teilweise erhalten, zu sehen sind etwa der *Hl. Christopherus* oder die *Jungfrau Blachernitissa* mit Erzengeln. Mithin handelt es sich um Originalmalereien aus dem 13. Jh., der Hintergrund der Wandmalereien dieser Epoche war stets scharlachrot oder blaugrün (mit Ausnahme von Jesus und der Hl. Jungfrau mit blauem Hintergrund).

Weiter abwärts bietet die **Snackbar Gregoriou** (Tel. 22952341) günstige Kleinigkeiten und Erfrischungen, im Ortsteil Kalopanagiotis liegt nahe der Ortskirche eine **Bäckerei.** Kurz darauf achte man auf ein Schild nach rechts („Agios Ioannis") und folge der Gasse bis zur Brücke. Auf der anderen Bachseite sieht man **Schwefelquellen** (frei zugänglich) sowie das seit dem 18. Jh. verlassene **Kloster Agios Ioannis Lampadistis,** das ebenfalls zu den neun Kirchenmonumenten auf der Liste des UNESCO-Weltkulturerbes zählt.

Scheunendachkirche Panagia tou Moutoulla

Das Bergland

Triplex-Scheunen-dachkirche Das **Kloster** wurde an eine Triplex-Scheunendachkirche angebaut, d.h. drei ineinander verschachtelte Kirchen unter einem riesigen „Scheunendach" mit gemeinsamem Narthex (Kirchenraum für Ungetaufte). **Agios Herakleidos** wurde im 11. Jh. gebaut und bis ins 14. Jh. hinein ausgestaltet. Dabei reichen die frühesten Werke bis ins 11. Jh. (Apsis: ein Paar Predigermönche) und 12. Jh. (Kuppel: Christi Einzug in Jerusalem) zurück. Um 1400 kam ein umfangreicher neutestamentarischer Zyklus kleiner Szenen hinzu. Die Mittelkirche **Agios Ioannis Lampadistis** reicht ebenfalls ins 12. Jh. zurück, als ein Epileptiker zufällig das Grab des *Johannes Lampadistis* an dieser Stelle berührte und geheilt wurde. Der gegenwärtige Teilbau stammt wahrscheinlich aus dem Jahre 1731, der Schädel des Heiligen wurde in einer Nische an der Nordseite aufbewahrt. Darüber sind die Signaturen zahlloser Pilger zu sehen, darunter auch jene des zwielichtigen russischen Wandermönches *Barski,* der im 18. Jh. Zyperns Klöster bereiste und die klösterliche Gastfreundschaft rege nutzte, dem aber auch zahlreiche Klosterbeschreibungen zu verdanken sind. Die Ikone des *Lampadistis* an der Ikonostase stammt aus dem Jahre 1543. Über die Entstehung der **lateinischen Kapelle** schließlich ist nichts bekannt, die Malereien standen jedoch unter deutlich florentinischen Einflüssen, beispielsweise die geometrische Anordnung der 12 Apostel oder die 24 Stanzen (Heldenlieder) der Akathistos-Hymne, eine für jeden griechischen Buchstaben. Hintergrund ist die Danksagung des Patriarchen von Konstantinopel an die Heilige Jungfrau für die Errettung der Stadt vor den einfallenden Slawen und Awaren im Jahre 626.

Das Kloster ist tgl. 8–17 Uhr geöffnet, der kleine Souvenir-Buchladen wird nur auf Wunsch (an der Glocke ziehen) geöffnet.

Infra-struktur

Eine sehr schöne Unterkunft bietet **Olgas Katoi Agrotourism** (an der mittleren Abzweigung zum Kloster), Tel. 22350283, Fax 22952432, Studio mit Klima und TV für 70 € (2 Personen) – urig, gemütlich und sehr schön restauriert. Das **Theoxenia Kebab Restaurant** an der Hauptstraße bietet günstige Grillgerichte. Busanbindung siehe Pedoulas.

Am unteren Ortsende trifft man auf die Verbindungsstraße nach Gerakies und den kleinen **Kalopanagiotis-Staudamm.**

Prodromos

Von Pedoulas der Hauptstraße in nördliche Richtung folgend, passiert man 1,5 km vor Prodromos den wichtigen, mit dem Solea-Adelfi-Gebiet verbindenden Abzweig nach Kakopetria. An dieser Strecke liegen das **Churchill Pinewood Valley Hotel** (Tel. 22952211, Fax 22952439, pinewood@churchill.com.cy, DZ ab 60 €) sowie nach 3 km das **Marathos-Picknickareal.**

Das Bergdorf Prodromos auf 1382 m Höhe besteht hauptsächlich aus einem wichtigen **Kreisverkehr** (mit Thermometer, kleinem Minimarkt und dem **Overhill-Restaurant,** Tel. 25462095) am oberen Ortsrand, der nach „Troodos" sowie am Ort entlang über das Trooditissa-Kloster nach „Platres" führt.

Im heute noch 450 Menschen zählenden Prodromos war einst das große, schlossähnliche **Berengeria-Hotel** (man sieht es von der Platres-Strecke aus den Ort überthronen) ein wichtiger Wirtschaftsfaktor, heute wäre es ein prima Drehort für Gruselfilme. 3 km südlich, kurz vor dem Kloster, passiert man das weiträumige **Picknickareal Kampi tou Kallogyrou** (Zelten ausdrücklich erlaubt; ein Waldweg führt von hier bis zum Kloster) mit Feuerstellen und über 100 Sitzgruppen. 500 m weiter kann man linker Hand ehemalige Öfen für die Teerherstellung besichtigen.

Moni Panagias Trooditissa

Kloster

Ein unbekannter Mönch soll im 8. Jh. eine Marien-Ikone aus Kleinasien nach Zypern gebracht und im Katzenkloster bei Lemesos aufbewahrt haben. 25 Jahre später ging er in die Berge und gründete mit der Ikone eine Klause, die 990 entdeckt und zum Kloster ausgebaut wurde. Der Klosterbau stammt aus dem Jahre 1250, die Klosterkirche wurde 1731 völlig neu hinzugefügt. Neben der Ikone birgt sie einen geheimnisvollen Gürtel, der angeblich Unfruchtbarkeit bei Frauen heilen soll. Eine kleine **Neofytos-Kapelle** wurde erst 2000 am Eingangsbereich hinzugebaut.

Das sehr gepflegte, aktive Kloster wird derzeit von einem Abt geführt, der keinerlei Besucher zulässt – mit einer Ausnahme, dem **15. August,** dem Tag der jährlichen **jahrmarktähnlichen Messe rund um das Kloster.**

Foini

Töpferhandwerk

Das Dorf Foini (Phini, Fini, 905 m), einst ein Zentrum des Töpferhandwerks, gibt heute nur noch 650 Einwohnern eine berufliche Zukunft in Landwirtschaft und Weinbau. Bekannt wurde der Ort im deutschen Fernsehen durch Reportagen über riesige Tonkrüge, in die man sich mit einem Stuhl hineinsetzt und die dann beheizt werden – Sauna mal ganz anders! Ursprünglich diente dieses Verfahren als Reinigungsritual für Wöchnerinnen nach der Geburt. In der Grigoris Aszentiou Str. liegt noch eine **Töpferei** (Besucher sind jederzeit willkommen), sie liegt nahe der beliebten **Klimataria Tavern** (Tel. 25422768, hier parken). Weiter oben im Dorf (beschildert) wurde im **Piflakion-Museum** (geöffnet tgl. 9–12 und 13–18 Uhr, Eintritt 1,70 €) allerlei Wissenswertes zur Töpfereigeschichte zusammengetragen.

Omodos

Schönes Dorf

Omodos (851 m, ca. 400 Ew.) gehört wie Lefkara zu jenen viel besuchten Dörfern, bei denen das Hauptaugenmerk nicht auf einer antiken Stätte oder einer Kirche liegt, sondern das dörfliche Gesamtbild besticht. Omodos wurde mit starker Unterstützung der CTO und des Landwirtschaftsministeriums als traditionelles Weinbau- und Bergbauerndorf mit nostalgischem Touch gestaltet – etwas weniger romantisch könnte man auch „Musterdorf" sagen.

Das Bergland

Dem „P"-Schild folgend erreicht man gegenüber vom Friedhof den Parkplatz mit Ortsplan und CoOp-Wechselstube. Hier liegt auch der Anfang der **Fußgängerzone** des alten Ortskerns, die breite Plateia mit Souvenirgeschäften, Lederwaren, Weinhändlern und Tavernen.

Timeos Stavros

Sehenswert ist am unteren Ende der Plateia das **Kloster** Timeos Stavros, eines der wenigen zypriotischen Klöster, die mitten im Ort liegen. Gegründet 327 beruft es sich auf einen Splitter des Original-Christuskreuzes und wurde zur bedeutenden Pilgerstätte. Hinzu kam als Geschenk (nebst Beglaubigung seitens vier unterschiedlicher byzantinischer Kaiser) der mutmaßliche Original-Totenschädel des Apostels *Phillip.* Die abgeschiedene Lage gestattete eine ähnlich ungestörte Eigenentwicklung wie im Falle von Kykko; Timeos Stavros blieb jedoch von Bränden und Katastrophen verschont. Die heutige Anlage wurde im frühen 19. Jh. restauriert und fertiggestellt. Das Kloster wurde Mitte des 20. Jh. aufgegeben, die Klosterkirche dient heute als Ortskirche. Sie beherbergt u.a. Ikonen Christi und *Johannes des Täufers,* die stilistisch stark russischem Einfluss unterlagen.

In den benachbarten **Altortgassen** können mehrere traditionelle Häuser mit mittelalterlichen Weinpressen („lenos"), Webstühlen oder Schmiedewerkzeugen besichtigt werden (z.B. *Nicos, Socrates*). In den Gassen werden **Seifen, Gewürze und Duftkräuter** angeboten. Kleinigkeiten und Snacks sind im **Village Inn** am oberen Ende der Plateia erhältlich, am Ortsausgang (Richtung Platres, Tel. 25422273) bietet die **Chandria Olympus Winery** kostenlos eine Probe ihres Rebensaftes.

Platres

Kato Platres und Pano Platres

Während im „Unterdorf" Kato Platres die landwirtschaftliche Nutzung (Mandelbäume, Getreide) allmählich wieder einsetzt, lebt das „Oberdorf" Pano Platres (1128 m, 750 Ew.) vom Tourismus. Zwischen beiden Orten und Mandria bieten Straßenverkäufer Honig und saisonale Kleinigkeiten an. Wer im Bergland Urlaub macht, wohnt hier in Platres oder in Kakopetria, selten in Pedoulas oder gar Troodos. Der Ort wurde ursprünglich von der britischen Kolonialverwaltung als Sommerresort konzipiert, heute nimmt hier der zypriotische Staatspräsident an der alten Straße Richtung Troodos seinen Sommersitz. Bescheidene Busanbindung, reichhaltige Unterkunftsmöglichkeiten, die einzige CTO-Vertretung im Bergland und großartige Wandermöglichkeiten machen Platres zum interessanten, etwas anderen Urlaubsgebiet. Ohne eigene Sehenswürdigkeiten bildet Pano Platres mit Restaurants und Tankstelle das bedeutendste logistische Zentrum für Besucher. Gegenüber der Tankstelle (nahe der Kirche) führt der 1500 m lange **Myllomeris Trail** am gleichnamigen hübschen Wasserfall entlang.

Infos und Orientierung

● Von Kato Platres kommend passiert man Tankstelle, Myllomeris Trail und Post (mit CTO) an der Durchfahrtsstraße und trifft auf die B-8, ehe man am oberen Ortsrand einen größeren Parkplatz am Psilo Dendron Restaurant erreicht (siehe Troodos-Wanderungen). Die Abfahrt gegenüber („Platres") führt zu den Hotels und Restaurants im Ort, sie führt in weitem Bogen unterhalb von Pano Platres zurück zur Umgehungs-/Durchfahrtsstraße.

● An der Durchfahrtsstraße im Postgebäude liegt die Filiale der **CTO** (Tel. 25421316, Mo bis Fr 9–15 Uhr, Sa 9–14 Uhr); wie so oft kennen die Angestellten ihre eigenen Wandermöglichkeiten nur sehr eingeschränkt, hilfreich ist jedenfalls die Reservierung von Busplätzen oder das Abfragen von freien Unterkunftskapazitäten.

Das Bergland

Mandelbaumblüte in Platres

Busse

●Mo bis Fr 5 Uhr **nach Lefkosia** via Pedoulas (12 Uhr retour), 7 Uhr **nach Lemesos** (gegen Mittag retour, Lemesos auch Sa). Besser ist der **Troodos-Minibus** ab Lemesos um 9.15 Uhr (Germasogeia, CTO-Büro) bzw. 9.30 Uhr (Dissoudi Beach), Ankunft in Troodos um 11 Uhr, zurück um 15.30 Uhr; Tel. 99908197.

Unterkunft

Ein Dutzend Unterkünfte bieten Herberge für jeden Geldbeutel; wer nicht vorarrangiert, sollte über das CTO-Büro anfragen lassen.

●**Forest Park,** Tel. 25421751, Fax 25421875, www.forestparkhotel.com.cy. DZ 106–150 € – wer auf Luxus auch im Bergland nicht verzichten möchte, bettet sein Haupt hier richtig. Pauschalreisen ab 699 €/Woche.
●**Edelweiss,** Tel. 25421335, Fax 25422060, www.edelweisshotel.com.cy. DZ ab 50 €. Beliebtes Stammhotel für Wanderer aus dem deutschsprachigen Raum.
●**Spring Hotel,** Tel. 25421330, www.spring-hotel.net, DZ 50–65 €, sehr einfach, aber ausreichend funktional und günstige Lage am oberen Ortsausgang.
●**Lanterns Guesthouse,** Tel. 25422599. Mit 27 € für ein EZ und 45 € für das DZ (inkl. Frühstück) günstigste Unterkunft im Ort.

Essen und Trinken

●Das **Yiolandel,** Tel. 25421720, in der Archbishop Makariou III. gilt als ausgezeichnetes Fischlokal (Forelle), traditionell wird der Süßwasserfisch in **Paul & Elisabeths Forellenfarm Psilo Dendron** (Forelle 11,50 €, großes Bier 2,80 €, Tel. 25421350, siehe Orientierung) gezüchtet und in zahlreichen Variationen zubereitet. Das **Anoi,** Tel. 25422900, in der Olympou Str. bietet zypriotische, griechische und internationale Küche. Richtung Kirche liegen das neue und gute **Grillhouse Riverdale** (Tel. 25422113), einfache und günstige Snacks werden im **Woodstock Kebab- and Pizzahouse** (Tel. 2593378) serviert. **Mimmis Tavern** (Tel. 25421449) ist eines der älteren Lokale im Ort (mittleres Preissegment), für den gepflegten Longdrink am Abend empfiehlt sich der **Le Marquis Pub** (Tel. 25421500). Leser empfehlen das **Agios Dimitrios** (Tel. 254 23923, geöffnet nur mittags, Do, Fr, Sa auch abends) für 3-gängige Mittagsmenüs zu 12 €, sehr gut sollen auch die traditionellen Lammgerichte sein.

Sonstiges

●Nahe dem Calitea-Hotel (unterer Ortsrand) liegen eine **Bank** (mit Geldautomat), das kleine **International Casino Luna Park** und eine **Tankstelle.**

Troodos

Wandern und Wintersport

In **Zyperns höchstgelegener Siedlung** (1650 m) treffen sich die B-9 (nach Lefkosia), B-8 (Lemesos) sowie die gute Nebenstraße Kykko – Pedoulas – Troodos. Dauerhaft lebt hier praktisch niemand, es handelt sich um ein reines, bewaldetes Wander- und Wintersportresort (siehe Wintersport im Kapitel Praktische Reisetipps A–Z und unter www.skicyprus.com), welches als bester Ausgangspunkt für Wanderungen um den Olympos dient. An der Zufahrt von der Lefkosia-Lemesos-Straße liegt ein großer bewachter **Parkplatz** (1 €).

Das Bergland

Infra-
struktur

●Nur eine Straße (die Richtung Prodromos) führt durch den gerade einmal 100 m langen „Ort": Links liegen **Post** und **Jubilee-Hotel** (Tel. 25420107, Fax 22673991, www.jubileehotel.com.cy, DZ 80–110 €). Gegenüber wurde ein **Spielplatz** mit Souvenirständen (sehr sinnvoll hier oben: Ledergürtel!) und Buden (auch Kebab) aufgebaut. Geht man die Wege des Spielplatzes ca. 200 m hinunter, kann man etwas ab vom Rummel im **Dolphin Restaurant** (Tel. 25420215) gut und nicht übereuert (Huhn, Kebab, Souvlaki, Mousaka, Kleftika, Afelia, Stifadou) essen. Gegenüber lohnt ein kurzer Blick in das **Troodos Visitors Centre,** welches mit Kurzfilm zum Areal, einer Ausstellungsgalerie, botanischem Kurzlehrpfad und unvermeidlichem Souvenirshop gewissermaßen einen Crash-Kurs zum Troodos bietet (geöffnet tgl. 10–15 Uhr, 1 €, Tel. 25420144). 300 m nördlich am Waldrand liegt das **Troodos Youth Hostel,** Tel. 25420200, das nur von April bis Oktober geöffnet hat und meist mit Schulgruppen belegt ist; Unterkunft zu 12 €/Bett nur gegen Voranmeldung.
●**Busse** fahren Mo bis Sa **nach Lefkosia** (s. dort, kann auch über die CTO Platres reserviert werden), sonst siehe Platres.
●**Camping: Troodos Camping** (2 km die B-9 entlang Richtung Kakopetria), geöffnet von Mai bis Oktober, Tel. 25420124.

Olympos-Wanderungen

4 Rund-
wande-
rungen

Der Gipfel des **Chionistra** (= Olympos, 1951 m) reiht sich nicht in die romantischen Gipfelbeschreibungen und Panoramaansichten der höchsten Berge anderer Länder ein. Die Briten haben den höchsten Punkt (und etliche Hektar rundum) für eine ihrer **Abhörstationen** „gemietet", sodass Besucher vergeblich nach freier Sicht vom Gipfel suchen. Am Parkplatz der Zufahrtsstraße liegen ein Büro des Skiclubs sowie eine Cafeteria, etwas unterhalb beginnt der Artemis Trail (siehe unten). Viele Besucher trauen sich nicht recht, im zypriotischen Bergland eine Wanderung zu unternehmen – was schade ist, vielleicht aber auch an den äußerst schwachen, teilweise verwirrenden Broschüren der CTO („Die Wanderwege Zyperns") liegen mag. Die drei besten Rundwanderungen unterschiedlicher Länge und Schwierigkeit werden im Folgenden möglichst orientierungsgenau beschrieben. Feste Schuhe und ausreichend Getränke verstehen sich von selbst, auch wenn einige Quellen am Weg liegen.

Achtung: Der **Schnee** an den Nordhängen des Troodos taut erst im April vollständig auf, der Boden ist entsprechend **schlammig;** manchmal schneit es auch noch bis Ostern, während an der Küste die ersten ins Wasser gehen – entsprechend an warme Kleidung denken!

Wande-
rung 1

Troodos – Psilo Dendron – Kaledonian Falls – Troodos: Das Hotel links liegen lassend und 250 m der linken befestigten Straße hinauf zur Polizei folgend, steht dieser gegenüber ein zweites Wanderschild (vorher in der Kurve
steht auch eines). Hier beginnt der **Persephone-Abschnitt** unterhalb der britischen Abhörstation als Pfad. Nach 30 Minuten quert eine Piste (gerade gehen, „2 km-Schild"); immer dem schwach sichtbaren Pfad 300 m hinunter zu
einer Waldkreuzung folgen, wo ein nun breiter Weg rechts über etwas offe-
neres Gelände führt. Nach weiteren 25 Minuten folgt eine Gabel (rechts
„Troodos 1 km"), der man nach links Richtung Psilo Dendron/Kyros Potamos
(7 km) folgt. Nur 300 m weiter wieder links („Psilon Dendron 4 km, Poutziaris

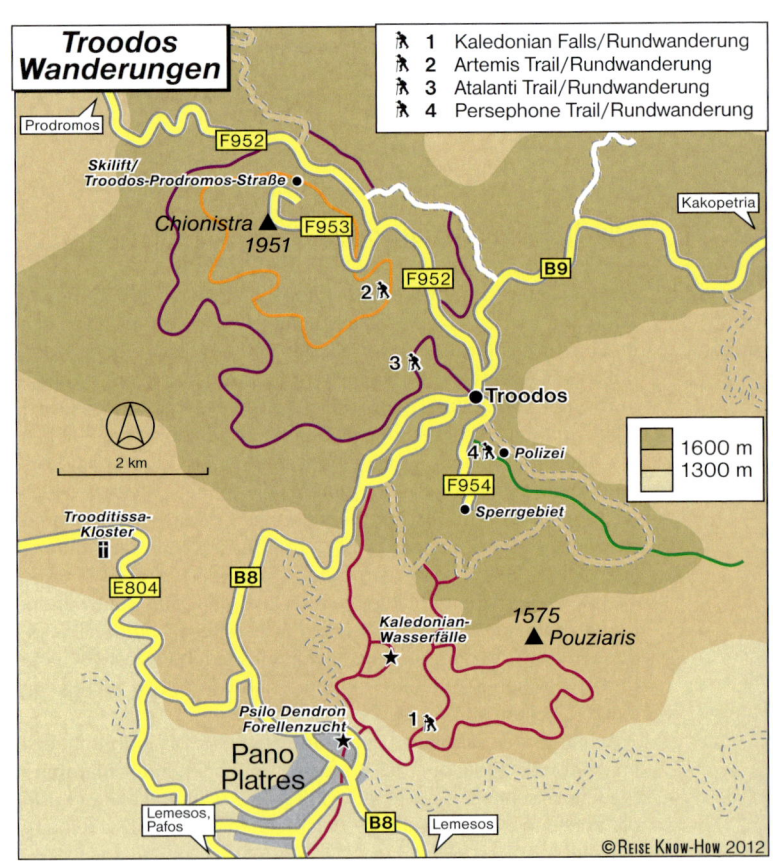

Troodos
Wanderungen

🚶 **1** Kaledonian Falls/Rundwanderung
🚶 **2** Artemis Trail/Rundwanderung
🚶 **3** Atalanti Trail/Rundwanderung
🚶 **4** Persephone Trail/Rundwanderung

Prodromos

F952

Skilift/
Troodos-Prodromos-Straße

Kakopetria

Chionistra ▲
1951

F953

F952

B9

2 🚶

3 🚶

● **Troodos**

4 🚶 ● *Polizei*

1600 m
1300 m

F954

2 km

● *Sperrgebiet*

Trooditissa-
Kloster
ⅱ

B8

1575
▲ *Pouziaris*

E804

Kaledonian-
Wasserfälle
★

Psilo Dendron
Forellenzucht
★

1 🚶

Pano
Platres

Lemesos,
Pafos

B8

Lemesos

© REISE KNOW-HOW 2012

1 km") sieht man den Gipfel des Poutziaris (riesige Werbetafel), auf den man zugeht. 30 m vor dem Gipfel (mit trigonometrischem Punkt und Rastbank, tolle Sicht auf Platres, hier sehr steile Abkürzung möglich) geht es links serpentinenartig hinunter (immer dem schmalen Pfad folgen und auf die Wanderzeichen achten) in zunehmend dichtere Vegetation bis kurz vor eine unbefestigte Forststraße (Schild „Kaminoutkia" = etwas zu weit gegangen), wo der Pfad oberhalb des Forststräßchens bis zum **Psilo-Dendron-Forellenlokal** (siehe Platres; bisher 3 Stunden) führt.

　　Das Restaurant rechter Hand liegen lassend folgt nun der härteste und vielleicht schönste Teil des Trails (dem die meisten nur vom Lokal aus 1 km hinein folgen), der 3,5 km lange, **Kaledonian Trail** genannte Abschnitt zu den gleichnamigen **Wasserfällen.** Der stetig ansteigende Pfad folgt dem Bachlauf, den man x-fach überquert, vorbei an Katarakten und einladenden natürlichen Pools. Gut 1000 m oberhalb der Forellenzucht erreicht man die auch im Sommer Wasser führenden Fälle mit kleinem Rastplatz, dahinter folgt man dem Holzgeländer hinauf weitere, sehr anstrengende 2 km bis zum oberen Aus-

Die alte Chrommine am Atalanti Trail

gang der Kaledonian-Schlucht an der alten Troodos-Platres-Straße. Hier biegt man scharf rechts in den Waldweg ein („Makria Kontarka") und sieht schon nach wenigen Minuten die Werbetafel des Poutziaris-Gipfels vor sich. Man erreicht bald die Abzweigung zum Gipfel (rechts, siehe Hinweg) und 300 m weiter die zweite Gabelung: Hier kann man geradeaus dem Persephone-Abschnitt wie oben beschrieben in umgekehrter Richtung zum Ausgangspunkt folgen oder aber (etwas kürzer) dem Schild „Troodos 1 km" nach links ins Kasernengebiet bis zu einer befestigten Straße folgen und dort rechts noch 10 Minuten bis zur Polizei gehen.

Diese sehr empfehlenswerte Ganztageswanderung (ca. **6 Stunden reine Gehzeit**) ist nicht ohne, es entsteht jedoch nur im Kaledonian-Abschnitt der Eindruck, man ginge wirklich bergauf. Und doch wandert man von 1650 m hinunter auf 1130 m – und wieder hinauf!

Wande-rung 2

Atalanti Trail: Einfacher und kürzer sind die Wanderungen **rund um den Olympos.** Der Atalanti Trail startet in Troodos am parkplatzseitigen Straßenende (am „Zufahrt verboten"-Schild), führt ohne größere Steigungen beinahe rund um den Olympos-Gipfel herum durch Wacholder- und Schwarzkiefern. Das erste Stück führt oberhalb von Platres am Wald entlang, ehe man nach dem 2 km-Schild an einer Gabel mit Rastbank rechts nach Norden schwenkt (Wanderzeichen); 1 km weiter erfrischt eine kleine Quelle, einen knappen Kilometer weiter erreicht man eine noch bis vor 20 Jahren ausgebeutete alte Chrommine. Es folgen kurz darauf ein paar Katarakte, ehe man auf dem schmalen Pfad das Zwischenziel an der Prodromos-Straße 100 m unterhalb des Skiclubs mit Lift erreicht (Trailschild). Erstaunlich ist, dass hier zunächst eine Fortsetzungsbeschilderung fehlt: Man gehe an der Straße rechts, nach 30 m links (Schild „Agios Nikolaos") die Waldpiste hinein; dort achte man nach 300 m rechts unten auf ein kleines Wanderzeichen – hier führt ein schmaler Weg unterhalb der Straße zurück bis Troodos (trifft vor Troodos auf die Prodromos-Straße).

Die relativ einfache, aber abwechslungsreiche Wanderung dauert rund **4 Stunden** und bewegt sich zwischen 1650 und 1750 Höhenmetern.

Wande-rung 3

Artemis Trail: Zyperns höchstgelegener Rundwanderweg beginnt etwa 400 m oberhalb der Straßenabzweigung zum Gipfel von der Prodromos-Troodos-Straße (wer nur zu Fuß gehen will, siehe unten). Linker Hand steht ein Wanderschild an einer Parkplatzfläche, wo der Trail auf 1850 Höhenmetern beginnt. Nach 5 Minuten kreuzt man eine Jeep-Piste, weitere 5 Minuten später erneut eine (nach dem Schild „Giant Pine Tree"). Auch am dritten breiten Weg (30 Minuten) bleibt man auf dem schmalen Wanderpfad (rechts hinauf). Nach insgesamt 45 Minuten erreicht man einen Skilift mit Mehrfachgabelung – dem Pfad ganz links folgen, worauf sich der Wald öffnet und schöne Blicke über das westliche Vorland freigibt. Sehr markant ist das „Ruinenhotel" von Prodromos (siehe dort), nach ca. 1 Stunde Gesamtgehzeit durchschreitet man einen „Zwillingsbaum", der beidseitig des Weges wächst. Nach insgesamt 1½ Stunden ist der Skilift an der Prodromos-Straße erreicht (30 m oberhalb), der schmale Pfad führt direkt weiter noch 30 Minuten durch den wieder dichter werdenden Schwarzkiefernwald zurück zum Startpunkt.

Der insgesamt **fast ebene Rundweg** um den Olympos-Gipfel herum bereitet keinerlei Mühen und dauert nur wenig länger als **2 Stunden**.

**Wande-
rung 4**

Große Nordtour (Artemis-Atalanti-Kombination): Die beiden letztgenannten Trails um den Olympos-Gipfel herum können auch zu einer prima **Tageswanderung von 6 bis 7 Stunden** Gehzeit ganz einfach kombiniert werden.
Hierzu geht man zunächst wie beim Atalanti beschrieben bis zur Straße am
Skilift; hier geht man nun rechts 100 m die Straße entlang bis zum Skiclub mit
Lift, stiefelt dort am Haus den Hang hinauf (ca. 30 m oberhalb) auf den
schmalen Pfad, dem man nun nach links folgt und den Artemis Trail komplett
(nur an anderer Stelle beginnend und endend, nämlich am Skiclub) bis hierher
zurückgeht. Dann geht man an der Straße 70 m wieder hinab zum „Agios Nikolaos"-Waldweg nach rechts und folgt dem Schlussabschnitt vom Atalanti
Trail.

Solea-Region

Die **Nordausläufer des Troodos-Gebirges,** an denen die zentrale
Verbindungsstraße B-9 nahezu gerade bis Lefkosia entlangführt,
sind eine Hochburg einheimischer Touristen mit Zentrum in Kakopetria. Diese Route bietet sich als **Halbtagestour über Lefkosia**
an, von wo aus man keine halbe Fahrstunde bis Peristerona und
Asinou benötigt. Bergtouren stehen hier nicht im Mittelpunkt – es
sind einige herausragende Monumente, die zum UNESCO-Weltkulturerbe gehören und einen Besuch lohnen.

Das Bergland

Kakopetria

**Beliebtes
Urlaubsziel
der Einhei-
mischen**

Das unter Denkmalschutz stehende Dorfzentrum der 3300-See-
len-Gemeinde entlang der **Schluchten des Karyotis-Baches** ist
das wohl beliebteste Ausflugs- und Urlaubsziel einheimischer Rei-
sender. Dies liegt am **milden Klima** zu fast jeder Jahreszeit, und
durch den ganzjährig Wasser führenden Karyotis erscheint das
Umland ausgesprochen **fruchtbar** (Obst, Mandeln, Nüsse). Wer
mit dem Bus unterwegs ist, findet hier (neben Platres) eine gute
Unterkunftsauswahl und passable Verbindungen.

**Dorf-
rundgang**

Sehenswert ist im Ort die mit polierten Steinen ausgelegte
„Fußgängerzone", ein langer Fußweg durch den Ort von der
Schlucht bis zu den darüber liegenden Höhen. Man orientiere sich
an der Standuhr an der Straße, wo das unmittelbare Zentrum mit
einem kleinen Jahrmarkt (mit Eisdiele, Scooter, Kinderkarussell
usw.) liegt. Rund um diesen Platz liegen Banken (EC-Automaten),
Minimarkt und Zeitschriftenhändler. Man beginnt den Gang durch

Kakopetria am besten beim markanten The Mill Hotel (ehemalige Mühle), das mit seinen Holzfassaden und den überhängenden Balkon-Galerien fast an ein tibetanisches Kloster erinnert. Von dort führt der Fußweg über den Bach an der alten Mühle vorbei bis ins Oberdorf mit vielen kleinen Souvenirshops (Besen, Körbe).

Busse ● Von 5 bis 14.30 Uhr 8x tgl. Sa 4x, So 2x tgl. **nach Lefkosia.**

Unterkunft ● **The Mylos Mill,** Tel. 229242536, www.cymillhotel.com. Könnte aus dem chinesischen Bergland importiert sein, nur 26 Betten, DZ 145 € (Pauschalreisen ab 690 €/Woche). Sehr gutes Restaurant mit frischen Forellen.
● **Krystal,** Tel. 22922433, Fax 22923678. DZ 78–105 €, nettes Mittelklassehotel an der Straße Richtung Agios Nikolaos.

Beinahe tibetanisch mutet das Hotel The Mylos Mill in Kakopetria an

● **Ekali,** Tel. 22922501, www.ekali-hotel.com. DZ 133–140 €, es gibt aber quasi dauerhaft Sonderpreise von 52–65 €/DZ. Modernisiertes und freundliches Mittelklassehotel an der Straße Richtung Agios Nikolaos.

● Im Zentrum werden Privatzimmer vermietet, etwa **Demos Rooms** (Tel. 22922343) oder im **Romios tas Kakopetrias Restaurant** (Tel. 22922456).

Sonstiges

● Sehr zu empfehlen ist das **Zoumos Restaurant** (Tel. 22923004) mit urigem Inventar und leckeren Grillgerichten (Spezialität: Taube).

● An der Straße nach Prodromos liegen **Post** und **Polizei.**

● Neben der Tankstelle sorgt der **Clarian Night Club** (Tel. 99645802) für abendliche Unterhaltung im Bergland.

Agios Nikolaos tis Stegis

Kloster-kirche

3 km der Straße Richtung Prodromos folgend liegt etwas versteckt (gut beschildert) eine der neun zypriotischen Kirchen, die zur UNESCO-Weltkulturerbe-Liste gehören, genannt „Hl. Nikolaus des Daches". Die ehemalige Klosterkirche wurde im 11. Jh. begründet, die Innengestaltung erfolgte in verschiedenen Etappen: Apsis und Westflügel entstammen der (höchst seltenen) mazedonischen Phase des frühen 11. Jh. mit u.a. **Malereien,** die *Lazarus* und die Muttergottes zeigen. Aus dem frühen 12. Jh. stammen die Malereien an Südwestwand und Narthex, insbesondere das Titularbild des *Hl. Nikolaus.* Die Kreuzigungsszenen der Nordwestseite wurden im 14. Jh. ergänzt, die *Hl. Peter* und *Paul* (Pfeiler der Ostseite) schließlich kamen im 16. Jh. hinzu. Besonders beachtenswert sind die Fresken der Narthex mit u.a. Darstellungen des jüngsten Gerichtes aus dem 12. Jh. Alle Malereien sind gut erhalten und ausgesprochen sehenswert; montags und feiertags geschlossen, So 11–16 Uhr, Di bis Sa 9–16 Uhr geöffnet, Eintritt frei.

Galata

Unmittelbar nördlich und mit Kakopetria zusammengewachsen bietet der kleine Ort Galata auf 730 Höhenmetern ein weiteres Kirchlein aus der Liste des UNESCO-Weltkulturerbes (Podithou). An der B-9 zweigt am nördlichen Ortsrand (beschildert „Archangelos") ein befestigter Weg ab, dem man sofort nach links ca. 150 m bis zu einer Parkbucht am Feld folgt.

Panagia tis Podithou

Diese **Bergkirche** zeichnet sich durch ein besonders steiles Holzdach aus, welches fast bis zum Boden reicht. Licht dringt lediglich durch die 1970 eingefügten Erker ins Innere, die jedoch zu Recht

Das Bergland

als Stilbruch kritisiert werden. Die Kirche wurde 1502 von *Dimitrios de Coron* in Auftrag gegeben, einem Heerführer König *Jakobs II.* Sie wurde nie vollständig bemalt und wirkt daher im Vergleich zu anderen Scheunendachkirchen etwas spärlicher. Der **Altarbereich** (Bema) gilt als **bedeutendstes Beispiel des italo-byzantinischen Einflusses auf die zypriotische Freskenmalerei,** der sich insbesondere bei den weichen und milden Gesichtszügen der Muttergottes mit Kind äußert. Die Erzengel halten Zeremonialkerzen in eleganten Haltern in Händen, die Apostel erhielten deutlich unterschiedliche Gesichtszüge. Auch das einzige Bildnis im Hauptschiff, die Kreuzigungsszene, weist mit ihren lebhaft-expressionistischen Wiedergaben der Stimmung deutlich italienische Einflüsse auf. Die Kirche diente im 18. Jh. zwei Mönchen als Klosterkirche, wurde aber nach deren Tod aufgegeben. Der Schlüssel ist über Herrn *Charalambides* (Tel. 22922245) oder im **Kafenion** (am Parkplatz) tgl. 9.30–13 und 14–17 Uhr erhältlich.

Panagia Archangelos Unmittelbar am Zugang zu Podhitou links liegt die kleine Kapelle Panagios Theotokos, die gemeinhin nur „Archangelos" genannt wird. Aus den sehr gut erhaltenen Inschriften wird deutlich, dass es sich um eine **Familienkapelle** der Familie *Zacharia* aus dem Jahre 1514, ausgestaltet von *Symeon Aksentios,* handelt. Vier Familienmitglieder werden als Auftraggeber namentlich genannt, die gut erhaltenen Honorarbildnisse gelten als hervorragender Einblick in die Kleidung des Landadels im frühen 16. Jh. auf Zypern.

Wassermühle und Kirche Folgt man dem Asphaltweg weiter zum Ort (Parkplatz), kann man die angeblich älteste zypriotische Wassermühle besichtigen („Water Mill"), der gegenüber ein kleines **Heimatmuseum** liegt. Sehenswert ist auch die Kirche **Agios Sozomenos,** die wie die Archangelos von *Aksentios* ausgestaltet wurde (frühes 16. Jh.).

Am **Parkplatz** bestehen mehrere Einkehrmöglichkeiten, einfache Unterkunft bietet das **Galata Bridge Guest-House,** Tel. 22923501.

Sehr beliebt auch bei Besuchern ist das **Septemberfest** in Galata, auf dem zahlreiche Brote, Süßwaren und andere lokale Erzeugnisse angeboten werden.

Scheunendachkirche Panagia Phorbiotissa

Panagia Phorbiotissa (Heilige der Weiden)

Bedeuten-de Sehens-würdigkeit
Die meist kurz **„Asinou"** genannte **Scheunendachkirche** gilt als besonders typisch für den byzantinischen Kirchenbaustil des 11. Jh. Griechische Siedler aus Asine (Peloponnes) haben die Gegend besiedelt und die nach ihrer Heimat benannte Kirche gebaut. Sie wurde bis ins 17. Jh. als Klosterkirche genutzt und geriet mit der Abwanderung der Bauern in die Städte in Vergessenheit. Heute steht Asinou einsam auf einer Lichtung und gilt als eine der bedeutendsten Sehenswürdigkeiten Zyperns.

Das Bergland

Fresken der Hauptkirche

Die Fresken der Hauptkirche zeigen einen **Zyklus biblischer Erzählungen** von der jungfräulichen Geburt über neutestamentarische Szenen bis zur Kreuzigung. Sie sind das Werk zweier unterschiedlicher Künstler, eines Meisters von 1105, auf den die Mehrheit der Bildnisse zurückzuführen ist, sowie eines unbekannten „Nachmalers" aus der Mitte des 14. Jh. Im Altarbereich ist die Kommunion der Apostel besonders interessant, da Christus zweifach abgebildet wird, was in der orthodoxen Freskenmalerei zulässig war. An der Westseite sind das letzte Abendmahl sowie der Einzug nach Jerusalem zu erkennen, dominant ist jedoch die symbolhafte Darstellung von Tod und Auferstehung Marias mit Christus im Hintergrund, ihre Seele in Form eins Kindes haltend. An der Nordwestseite sind gut die 40 Märtyrer zu erkennen, denen gegenüber Kaiser *Konstantin der Große* (nebst Gattin *Helena)* das seinerzeit angeblich entdeckte Christuskreuz betrachtet.

Die Narthex-Abbildungen der oberen Reihe haben fast ausschließlich das **Jüngste Gericht** zum Thema und wurden auf das Jahr 1332 datiert. Diverse Heilige sind zu sehen, etwa der *Hl. Georg* mit byzantinischem Kreuz auf dem Schild. Weitere auf Zypern bekannte abgebildete Heilige sind *Agias Mamas* auf einem Löwen oder *Anastasia,* Heilerin bei Vergiftungen, im Seidengewand.

Infos

● **Anfahrt:** Zur berühmtesten zypriotischen Scheunendachkirche (UNESCO-Weltkulturerbe) fährt man am schnellsten über die **B-9 Richtung Lefkosia** bis zur Beschilderung „Nikitari – Asinou", von wo es noch 7 km auf ausgebauter Nebenstraße durch weite Felder bis zur Kirche sind. Es gibt ab Galata eine (befahrbare) **herrliche Piste am Waldrand entlang** mit tollem Blick über die zum Greifen nahe gelegene Morphou Bay in Nordzypern: ca. 6 km nördlich Galata rechts Richtung Agios Theodoros und dann gleich wieder links („Asinou") der Schotterpiste folgen, die bald in Waldboden übergeht (11 km).
● **Essen und Trinken:** Nahe der Kirche (beschildert) bieten die **Restaurants Asineon** (Tel. 22852142), **Kentro Forviotissa** (Tel. 22852833) und **Kentro Stavros** (Tel. 22852500) Erfrischungen und warme Speisen.

Peristerona

Agios Varnavas tis Ilariis

Auf dem Weg vom nördlichen Bergland nach Lefkosia lohnt ein Stopp in Peristerona mit der neben Geroskipou einzigen **Fünfkuppelkirche** Zyperns, Agios Varnavas tis Ilariis (Barnabas-Hilarion-Kirche). Bei den Namenspatronen handelt es sich nicht um die bekannten Heiligen, sondern um relativ unbekannte römische Zenturios, die – zum Christentum bekehrt – zu einem Leben in Armut nach dem Vorbild Christi aufriefen. Die dreischiffige Basilika ent-

stand im frühen 10. Jh., die Kuppeln bedecken den Bau in kreuz-
förmiger Anordnung. Der Glockenturm kam erst später im 19. Jh.
hinzu. Die Fresken sind weitgehend verloren gegangen, nur Teile
wie König *David* (16. Jh.) und Maria mit Kind (12. Jh.) sind erhalten. Die Ikonostase, ein Beispiel herausragender Holzschnitzkunst,
datiert zurück in das Jahr 1549 und wurde mehrfach restauriert;
die Ikone „Christus im Tempel" ist sogar noch älter (um 1520).

Besichtigungszeit ist tgl. 9–18 Uhr, falls verschlossen, Schlüssel
im Kafenion nebenan auf dem Kirchplatz holen.

Empfehlenswerte Route

Hinter Peristerona kann man der B-9 bis zur Autobahn folgen oder
der Nebenstraße **via Orounta** (interessanter). Auf dieser Route
liegt das kleine, aktiv Landwirtschaft betreibende **Kloster Agios
Nikolaios** (braunes Schild mit gelber Schrift beachten), welches
tgl. von 8–19 Uhr besucht werden kann. 2 km hinter Mitsero, in
Agrokipia, kann man eine befestigte Sackgasse auf 600 Höhenmeter hinauffahren zum **Moni Panteleimona** in schöner Alleinlage oberhalb einer kleiner Seenplatte. Über die sehr empfehlenswerte Nebenroute Malounta – Arediou (großer Supermarkt) – Pera („Episkopeio") findet man Anschluss an die Macharias-Region.

Pitsylia-Region

Die am wenigsten touristisch erschlossene Bergregion Zyperns ist
schon allein aufgrund dieser Tatsache einen Streifzug wert. Kleine
ursprüngliche Dörfer und Siedlungen, zerklüftete Gebirgstäler,
entlegene Scheunendachkirchen und nicht zuletzt eine Tageswanderung, an die sich auch erfahrene Wanderer lange erinnern werden, sind nur einige der herausragenden Attribute dieser zentralen Bergregion. Eine Busanbindung und Unterkünfte sucht man jedoch vergebens (mit Ausnahme von Agros).

Louvaras

Agias
Mamas

Ab Lemesos von der Autobahnabfahrt 27 (Agros, Zoopigi) quert
man Richtung Norden die bekannte **Weinanbauregion der Commandaria,** so benannt nach den Johannitern (siehe Geschichte).

Das Bergland

Bei Kalo Chorio ändern sich Vegetation und Geografie, ab hier herrschen steile Erhebungen und Nadelwald vor. Unmittelbar vor der Polizei in Kalo Chorio (rechts) lohnt ein kurzer Abstecher nach Louvaras, eines jener typischen abgelegenen, beinahe idyllischen zypriotischen Bergdörfer (180 Ew., 720 m) mit der hübschen **Scheunendachkirche** Agias Mamas (kleine weiße Hinweistafel beachten). Sie entstand Mitte des 15. Jh., die gut erhaltenen Fresken zeigen typische Darstellungen aus dem Leben Christi von der Geburt bis zur Kreuzigung. In der Pitsylia-Region wurden neben Agias Mamas mehrere Kirchen des 15. Jh. von *Philip Goul* ausgestaltet, der als einer der bedeutendsten zypriotischen Freskenkünstler seiner Zeit gilt.

Agros

Agios Ioannis

Über Zoopigi und Kato Mylos führt die zunehmend kurvenreichere Strecke Richtung Agros (Achtung: Wer Richtung Chandria und Pellendri möchte, folgt besser in Kato Mylos der Beschilderung nach links über Potamitissa). In Agios Ioannis können im **Ostrich Wonderland** tgl. 9–18 Uhr (im Sommer bis 20 Uhr, Eintritt 3 €, Kinder 1,50 €, Tel. 22666178) **Strauße** beobachtet werden. Der kleine Erlebnispark bietet Streichelzoo, Eselsreiten und allerlei Wissenswertes zu den schmackhaften Riesenvögeln.

Agros

Der **Straßenknotenpunkt** Agros (1450 Ew., 1030 m) fällt in mehrerlei Hinsicht etwas aus dem Rahmen. Während allerorts in der Pitsylia-Region die Bevölkerung in die Städte drängt, konnte sich in Agros ein bescheidener Wohlstand einstellen. Dieser basiert auf den sehr fruchtbaren umliegenden Tälern mit **Apfel-, Kirsch- und Birnenplantagen** sowie den traditionellen **Rosengärten,** Grundlage für das bekannte Agroser Rosenwasser. Hinzu kommt ein – wenngleich bescheidener – **Bergtourismus** mit den einzigen Unterkunftsmöglichkeiten innerhalb des gesamten Pitsylia-Gebietes.

Wanderungen

● Beim **Rodon Hotel** (s.u.) wurde eine schöne **Rundwanderung durch die umliegenden Obstplantagen** angelegt (beim Hotel ausgeschildert, 6 km, Dauer knapp **2 Stunden).**
● Eine weitere Wandermöglichkeit besteht an der alten, mit wenigen Feigen- und Olivenhainen bewachsenen Nebenstraße (Richtung Palaichori, dann „Troodos, Kyperounta" beschildert). Unmittelbar dort, wo unterhalb des Hanges der kleine Agros-Damm liegt, beginnt auf der gegenüberliegenden Straßenseite (Holzschild) der **Agros-Lagoudera-Trail** (7 km, **2½ Stunden,** schwie-

rig) durch Obstplantagen und Weingärten bis Lagoudera, wo der dann recht schwierige Wanderweg direkt unterhalb der Rastbank noch 7 km weiter vorwiegend durch Ahorn- und Weißdornvegetation bis zur Stavros tis Agiasmati (siehe Platanistasa) führt.

Leider sind beides „Einweg-Wanderungen", die hauptsächlich für Wanderer in Betracht kommen, die in Agros Unterkunft nehmen.

Infra-struktur

Am östlichen Ortsrand von Agros (Potamitissa-Straße) liegt einsam das **Rodon Hotel** (Tel. 25521201, www.rodonhotel.com, DZ 70–100 €), dann folgen ein **Minimarkt,** eine **Erste-Hilfe-Station** und eine **Poststelle** an der Ortskirche. Im Zentrum (Agros-Chandria-Straße) liegen ferner das einfache **Vlachos-Hotel** (Tel. 25521330, Fax 25521890, DZ 45–55 €) sowie **Tsolakis Coffee-Bar & Apartments** (Tel. 25521719). Zudem sind entlang der Hauptstraße **Banken** (*Bank of Cyprus* und CoOp-Bank), ein weiterer Minimarkt, das **Pantéon Café** (Tel. 25521889) sowie die gutbürgerliche **Taverna Agros** (Tel. 255 21558) zu finden. Busanbindung von Mo bis Sa um 7 Uhr nach Lemesos.

Palaichori

Metamor-phosis-Kirche

Die Metamorphosis-Kirche aus dem 16. Jh. mit ihrem Holzdach und ausgezeichneten, vollständig erhaltenen **Freskenmalereien** gilt als **typischer Repräsentant für postbyzantinische Klerikalbauten im Bergland.** Insbesondere die bekannten Freskenmaler *Philip Goul* und *Symeon Aksentios* zeichnen für die Innengestaltung verantwortlich, wobei die obere Freskenreihe zentrale Themen des Neuen Testaments in 22 Szenen behandelt, die untere Reihe Heiligenbildnisse zeigt. In der Apsis ist die Heilige Kommunion sehenswert (mit allen Aposteln außer *Judas* doppelt) sowie im Hauptschiff rechts der Tür der *Hl. Mamas* mit dem Löwen. Interessierte können einen Blick in das örtliche **byzantinische Museum** werfen, welches Ikonen aus dem 16.–18. Jh. sowie Sakralreliquien zeigt. Erfrischungen bietet das kleine **Restaurant Serachis** (Tel. 22643251) an der Straße Richtung Alona.

Askas

Ioannis Phrodromos

Gleich im nächsten Dorf Askas steht die interessante **Kirche „Johannes der Täufer"** (*Ioannis Phrodromos*) von 1560. Bemerkenswert im Inneren ist die Ikonostase von 1887, deren Ikonen (u.a. *Johannes der Täufer, Petrus, Paulus, Jesus, Maria*) jedoch die Originale aus dem 16. Jh. sind. Die düsteren Fresken sind in byzantinischer Tradition vermutlich von wenig namhaften Künstlern gemalt worden, da dieser Stil um 1560 kaum mehr verbreitet war.

Das Bergland

Stavros tou Agiasmati

Über **Platanistasa,** Zyperns vermutlich größten Schrotthandel und Autofriedhof, erreicht man das einsam im Wald gelegene UNESCO-Weltkulturerbe Stavros tou Agiasmati (Heiligkreuzkirche; unterhalb einer Wandertafel).

Einschif- fige Stein- kirche

Die einschiffige Steinkirche wurde von *Philip Goul* ausgestaltet und rühmt sich des **feinsten und vollständigsten biblischen Zyklus'** auf Zypern. Wie üblich sind die Fresken in zwei Reihen angeordnet und zeigen oben 30 Szenen aus dem Leben Christi (Geburt, Himmelfahrt, Jüngstes Gericht) sowie unten bedeutende Heilige. An der Nordseite ist das Titularbildnis des Heiligen Kreuzes zu sehen. Die naturalistischen Darstellungen, etwa bei der Fußwaschung, weisen deutlich auf den lateinisch-westlichen Einfluss in der künstlerischen Ausgestaltung hin. Als besonders gelungen gelten u.a. *Johannes der Täufer* an der Südwand, der *Hl. Mamas* auf einem Löwen reitend sowie die Jungfrau Maria in der Apsis.

Stavros tou Agiasmati wurde vermutlich von Siedlern aus Agiasmati bei Konstantinopel im Jahre 1518 gegründet. Die Darstellung der Entdeckung des Heiligen Kreuzes ist die früheste jemals auf

Zypern entdeckte und muss importiert worden sein. Historiker gehen daher davon aus, dass diese Siedler ein bebildertes Manuskript mitführten, welches die Freskenmalerei in ganz Zypern prägen sollte.

Für die meist verschlossene Kirche und den Schlüssel ist Herr *Vasilis Hajigeorgios* in Platanistasa, Tel. 22652562, verantwortlich.

Gegenüber des Waldweges liegt der Endpunkt des Trails Heiligkreuzkirche – Lagoudera – Agros Trail (siehe Agros). Die Straße wird hier zur stetig ansteigenden Waldpiste (mäßig befahrbar) und führt nach knapp 3 km zur Straße nach Lagoudera; alternativ kann man auf der Straße zurück und über Livadia bis Lagoudera fahren.

Lagoudera

Panagia tou Arakas

Gegenüber der Rastbank (= Trailbeginn Lagoudera – Agros, siehe dort) am südlichen Ortsrand zweigt auf der anderen Straßenseite ein beschildertes Sträßchen („Saranti") ab. Diesem folgend liegt nach etwa 500 m die **Scheunendachkirche** Panagia tou Arakas (Unsere Dame der Wildwicke) rechter Hand. Die Geschichte der in die Liste des UNESCO-Weltkulturerbes aufgenommenen Kirche reicht bis in das 12. Jh. zurück und benennt einen Adeligen namens *Leontios,* der 1192 die Fresken malen ließ. Da dies das Jahr des Templeraufstandes und der Übernahme Zyperns durch die *Lusignans* war (alle Adeligen wurden vollkommen enteignet), geht man davon aus, dass *Leontios* rasch seine Ländereien in eine kirchliche Stiftung überführte. Die heute verlassene Kirche war lange Jahre eine Art Familienkapelle und wurde im späten Mittelalter zum Kloster. Dies belegt der russische Wandermönch *Barski* (seine Unterschrift ist auf dem Bildnis des *Hl. Stephan* zu erkennen) im Jahre 1735, der in seinen Beschreibungen drei Mönche erwähnt.

Fresken

Die Fresken gelten als **erstklassig im komnenisch-byzantinischen Stil** des 12. Jh. ausgeführt, von denen nicht einmal in Konstantinopel vergleichbare Fresken erhalten geblieben sind! Dominiert werden die Fresken von dem Pantokrator (thronender Christus) an der Decke, dem sich die sieben großen Wandszenen

Das Bergland

Lagoudera – Scheunendachkirche Panagia tou Arakas

künstlerisch unterordnen: Jungfrau, Geburt Christi, Christus, Taufe, Auferstehung, Himmelfahrt und Dormition, wobei die fehlende Kreuzigungsszene an der verloren gegangenen Westwand vermutet wird. Die Fresken wurden von *Theodorius Apseudes* Ende des 12. Jh. gemalt, der auch das Neofytos-Kloster bei Pafos ausgestaltete. Die Apsis (Altarbereich) wurde von anderer Hand gestaltet und zeigt zentral *Barnabas* und *Epiphanios*.

Im Ort bietet das **Madari Restaurant** (Tel. 22652877) Erfrischungen und warme Speisen, die Straße führt von der Kirche aus weiter durch den Ortsteil Saranti (mit Taverne und Cafeteria) links Richtung Spilia. Nach 1,5 km erreicht man auf einer Höhe den kleinen

Gabelpunkt **Serradi Karamanli** (Rastbank links oben). Geradeaus
führt nun eine 6 km lange, nur bei gutem Wetter befahrbare Waldpiste bis **Spilia,** wo man rechts über Kannavia nach Asinou fahren
kann oder links zur B-9 (Kakopetria, Troodos, Lemesos, Lefkosia)
kommt.

Pitsylia-Wanderung

**Adelfoi-
Gipfel**

Eine der schönsten Bergwanderungen Zyperns empfiehlt sich am 1612 m hohen Adelfoi bei Chandria. Der **Rundweg von knapp 17 km** ist nicht ohne und
setzt einige Kondition voraus. Im winzigen Bergdorf Chandria (100 Ew.,
1180 m) liegt das **Famous Grouse Café-Restaurant** (Tel. 25532863) an der
Hauptstraße. Genau gegenüber folgt man der beschilderten Abzweigung „Pa-

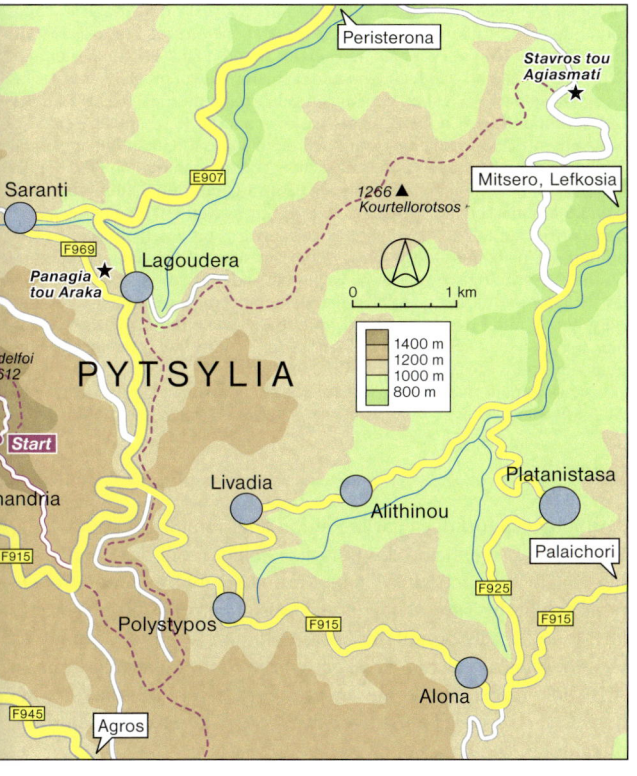

nagia Tou Araka/Lagoudera" ca. 2 km, ehe ein Sträßchen nach links (von La-goudera kommend: rechts) hinauf zum Adelfoi-Gipfel führt. Am Ende des As-phaltweges steht rechts an einem kleinen Gebäude eine Hinweistafel – hier parken.

Unmittelbar an dem Häuschen beginnt ein als **Nature Trail** ausgewiesener, **3,5 km langer Rundweg (Teisia tis Madris),** der auf ca. 1460 m beginnend teilweise spektakulär um die Ostseite des Gipfels herumführt. Dieser Ab-schnitt (2 km) ist nicht ganz einfach zu gehen, bietet aber sehr schöne Blicke über die Mesaoria, das Pentadaktylos-Gebirge sowie die Morphou Bay (alles Nordzypern). Nach 45 Minuten erreicht man ein weiteres Wanderschild an einer kleinen Höhenebene (ca. 1550 m) unterhalb einer Feuerwache auf dem Gipfel. Mehrere Wege treffen hier zusammen: Wer nur kurz wandern möchte, kann dem Schotterweg (20 Minuten) zurück zum Start folgen. Der **Haupt-pfad (Doxadi o Theos)** führt nun **3,8 km** auf dem Höhengrat entlang mit sen-sationellen Ausblicken auf Nord- und Südküste Zyperns (viewpoint)! Insge-samt führt dieser Abschnitt kaum merklich hinab auf 1335 m bis zu einer Wandertafel an einer Nebenstraße. Die Straße überquerend (Durchbruch an Leitplanke, Täfelchen „E-4") folgt man dem oberhalb der Straße entlang-führenden Weg **1,8 km** weiter hinunter zur Straßenkreuzung bei Spilia **(Mout-ti tis Choras,** 1160 m), wo man nun auf der anderen Straßenseite weiter dem Schild „E-4" folgend durch zunehmend dichteren Bewuchs leicht abwärts bis zu einem kleinen Bach geht. Von nun an geht's bergauf: zunächst bis zum **Sel-ladi Karamanli** (ab Choras **3,8 km),** wo man auf der Rastbank an der Weg-gabelung auf 1180 Höhenmetern noch einmal verschnaufen kann. Ab hier folgt man nun nicht mehr dem E-4-Zeichen, sondern nimmt den Pfad bei der Rastbank, der serpentinenartig sehr steil aufwärts (für den **Schlussabschnitt von 3,6 km** müssen 300 Höhenmeter überbrückt werden) an einer weiteren Bank vorbei kurz eben, dann wieder steil aufwärts bis zu einem kleinen stei-nernen Rastplatz mit Quelle führt, wobei der stetige Blick hinauf zur Feuer-wache – psychologisch sehr ungünstig – ein Ende des Weges nicht absehen lässt. Hinter der Quelle quält man sich daher nochmals serpentinenartig den Berg hinauf und erreicht wieder die Höhe unterhalb der Feuerwache. Von hier aus kann man links (Teisia tis Madris) den Nature Trail vom Hinweg oder geradeaus der Piste (schneller) zurück zum Startpunkt folgen.

Insgesamt dauert der sehr abwechslungsreiche und anstrengende Weg et-wa **5 Stunden.**

Pelendri

Timios Stavros

Am Südwestrand der Pitsylia-Region liegt inmitten bescheidener Wein- und Olivenhaine das Bergdorf Pelendri mit der ebenfalls in die UNESCO-Liste des Weltkulturerbes aufgenommenen **Scheu-nendachkirche** Timios Stavros. Sie entstand im 13. Jh., wurde aber im 14. und 16. Jh. bis auf die Apsis mehrfach verändert und erwei-tert, die ursprünglichen Fresken wurden dabei übermalt (nur im Apsisbereich blieben einige ursprüngliche Fresken erhalten). Se-henswert sind die Himmelfahrtsfresken der Bema (Altar) und der ungläubige *Thomas* in der Kapelle.

Timios Stavros gehörte zum Lehen der Familie des Prinzen von Antiochia, dessen Wappen am Eingangsportal zu erkennen ist, ehe es unter König *Johannes II.* Mitte des 15. Jh. in königlichen Besitz überging. Die Kirche geriet fast völlig in Vergessenheit, wurde erst vor wenigen Jahren als Kulturerbe „wiederentdeckt" und leidlich restauriert.

Der Schlüssel wird vom Popen aufbewahrt, der meist im Kafenion oder in der **Ortskirche Panagia Katholiki** zu finden ist. In der Ortskirche aus dem 16. Jh. beachte man bei dieser Gelegenheit die Weintrauben fressenden Vögel, ein klassischer Hinweis auf die Bedeutung des Weinbaus in dieser Region.

Macharias Forest

Während der Südteil des zwischen Lefkosia, Larnaka und Lemesos liegenden Macharias Forest gut zugänglich ist (siehe Inlandsroute), muss man für einen Besuch des zentralen oder nördlichen Teils einige Anfahrtszeit in Kauf nehmen. Es empfiehlt sich die Route wie beschrieben zu wählen oder alternativ via Agia Varvara und Lythrodontas den schnellsten Weg zum Macharias-Kloster zu nehmen – die Straßen von Süden her (Odou – Gourri) sind ausgesprochen langwierig zu fahren! Nicht umsonst wird die alljährliche **Zypern-Rallye** auf den entlegenen Straßen des Macharias Forest ausgetragen.

Die gesamte Region ist deutlich mehr **landwirtschaftlich geprägt** als die übrigen Bergregionen, insbesondere im Norden, wo das Bergland in die **Mesaoria-Ebene** übergeht. Den Besucher erwartet eine abwechslungsreiche Route mit historischen Stätten, Klöstern und traditionellen Dörfern.

Pera

Königsgräber von Tamassos

Nahe Pera (15 km südlich von Lefkosia) wurden seit 1970 im **Ortsteil Politiko** die sogenannten „Königsgräber von Tamassos" unter Leitung der Universität Gießen ausgegraben. Tamassos war einst ein recht wohlhabendes Stadtkönigtum, das vor allem vom Kupferabbau im Umland profitierte. Die Apostel *Barnabas* und *Paulus* setzten während ihrer Missionierung in Zypern *Herakleidos* zum Bischof von Tamassos ein. Diesem gelang es insbesondere aus Kleinasien zugewanderte jüdische Minenarbeiter zu bekehren.

Das Bergland

Verwaltungszentrum wurde der Ort Politiko, wo dem *Herakleidos* (griech. *Irakleidos)* auch die Kirche des nahe gelegenen Frauenklosters gewidmet wurde.

Die beiden zugänglichen **Grabkammern** wurden aufwendig unterirdisch angelegt und sind über eine kurze Treppe zu erreichen. Sie stammen aus dem 7. Jh. n.Chr. und lassen auf wohlhabende Aristokraten oder Regenten schließen.

Gegenüber den Gräbern liegt ein wenig strukturiertes **Ausgrabungsgelände,** das als Aphrodite-Heiligtum (siehe Kouklia) nebst Wohnhäusern und Werkstätten eingestuft wird. Außer ein paar Säulenresten ist bislang aber wenig zu erkennen.

Die Anlage kann sich nicht mit den Königsgräbern von Pafos messen, bietet aber immerhin einen interessanten Einblick (geöffnet Di–Fr 9–15 Uhr, Sa/So 10–15 Uhr, Mo geschl., Eintritt 1,70 €).

Lefkosia, Macharias Forest u. Osttroodos

Das Bergland

Im Ort bieten sich das **Sequoia Family Restaurant** (Hausmannskost und Snacks; Tel. 25470650) sowie das **Stathmos** (deftige Fleischgerichte; Tel. 25470060) zur Einkehr an.

Agios Irakleidos

Ein Stückchen weiter liegt das prachtvoll restaurierte und sehenswerte **Frauenkloster** Agios Irakleidos (absolutes Fotografierverbot!), vom 14.– 15. Jh. auf frühchristlichen Grundmauern aus dem 5. Jh. errichtet. In der hübschen Kapelle sind drei wertvolle Ikonen u.a. mit dem *Hl. Georg* (11. Jh.) zu sehen, die Sarkophage des Mausoleums werden *Herakleidos* und weiteren frühchristlichen Bischöfen zugesprochen. Zu einer römischen Grabkammer führen eine Falltür sowie eine Treppe auf der anderen Kirchenseite. Der Freigang wurde jüngst mit Mosaiken belegt und von Weinranken umgeben. Heute gehören rund 30 Nonnen zum Kloster, die zahlreiche Felder, Weingärten und Olivenhaine im Umland verwalten.

Moni Panagia Macharia

Am kleinen Abzweig vor dem Frauenkloster ist Macharias ausgeschildert, ein zugegeben fantastischer Weg, der aber im zweiten Abschnitt zur mühsam befahrbaren Piste wird. Alternativ fahre man über Pera und Kapedes, oder ganz anders über Agia Varvara und Lythrodontas.

Vom Frauenkloster führt das Sträßchen zunächst am Pediaios-Bach im gleichnamigen Tal entlang (bis zu einer restaurierten Scheunenkirche linker Hand, Agiou Nikolaiou), dann als Piste die Hänge entlang bis zum schon von weitem erkennbaren Kloster oberhalb der bewaldeten Hänge. Wo der Weg wieder asphaltiert ist, führt rechts eine Treppe zur **Afxentiou-Höhle.** 500 m weiter erreicht man die Pera-Fikardou-Straße und die Klosterzufahrt (geöffnet offiziell nur Mo, Di, Do 8.30–12 Uhr, Einzelbesucher auch sonst ganztägig).

Macharias-Kloster

Dass das auf 800 Höhenmetern gelegene Macharias-Kloster (*Macharias* = Messer) schon wegen des Namens eine blutige Vergangenheit vermuten lässt, bestätigt sich beim Betrachten der kleinen **Bilderausstellung** im Klosterinneren: Macharias war eine Hochburg der E.O.K.A.-Kämpfer (siehe Geschichte) der 1950er Jahre, ein Mönch namens *Afxentiou* starb 1957 heldenhaft in einer nach ihm benannten Höhle unterhalb des Klosters. Die bereits im 12. Jh. gegründete Anlage, die auf **Neofytos** (bei Pafos) und eine von ihm gefundene Ikone zurückgeht, brannte 1892 vollkommen nieder und wurde zehn Jahre darauf in der heutigen Form restauriert. Die Klosterkirche birgt an der Ikonostase jene heilige Ikone des *Neofytos,* die dieser in einer Höhle neben einem Schwert gefunden haben soll – daher auch der Name Macharias. Mosaiken innerhalb der Kirche erzählen die Geschichte des Fundes.

Taramidis Path

Etwa 1 km Richtung Lythrodontas zweigen rechts eine Piste sowie ein Fußweg (Taramidis Path, 3,5 km) zum Gipfel des 1423 m hohen **Kionia** (zu erkennen an den Kuppelbauten) ab. Rundwanderung siehe Lythrodontas.

Fikardou

Historisches Monument

Das **stillste aller zypriotischen Dörfer** liegt auf 886 Höhenmetern und wird praktisch nicht mehr bewohnt. Der gesamte, aus ca. 35 Häusern bestehende Ort steht als historisches Monument unter Denkmalschutz und erlaubt einen guten Einblick in traditionelle Bauweise. Die **in kombinierter Stein- und Holzbauweise errichteten Häuser** können besichtigt werden (nach der Schließerin in der Taverne fragen), zwei sind zu kleinen **Heimatmuseen** deklariert worden (geöffnet Di bis Fr 9–16.30 Uhr, Sa 9–15.30 Uhr, So 10.30–14 Uhr; Eintritt 1,70 €). Das Erdgeschoss diente als Lagerraum und Stall für die Maultiere, das Obergeschoss als großer Wohn-/Schlafraum. Jedes Haus verfügte auch über eine kleine Weinpresse, doch wurde in Fikardou damit selten Wein, sondern vielmehr Brandy oder Süßwaren hergestellt. Einzig belebter Punkt scheint in der Tat die **Yannikos-Snackbar** zu sein, deren Besitzer von den wenigen vorbeikommenden Touristen lebt.

Von Fikardou führt eine sehr schöne Strecke über Klirou und Arediou nach Pera bzw. nach Lefkosia.

Agia Varvara – Lythrodontas

Moni Archangelos

Von der Autobahnabfahrt Agia Varvara (15 km vor Lefkosia) durchfährt man die kakteengesäumten Straßen der Ausläufer der fruchtbaren Mesaoria-Ebene. Ein kleiner Abstecher nach **Analiontas** führt zum Moni Archangelos (am Ortseingang links beschildert), einem einsamen, dem Erzengel *Michael* gewidmeten Kloster auf einer kleinen begrünten Anhöhe (geöffnet tgl. 6.30–11.30 und 14–17 Uhr). Von hier aus hat man vor allem einen

Das Bergland

guten Blick auf die ominöse nordzypriotische Steinflagge am Fuß des Pentadaktylos.

**Lythro-
dontas**

Lythrodontas, ein **landwirtschaftliches Zentrum mit hübschem Ortskern** und angenehmen Tavernen rund um die Kirche, dient meist als Transitpunkt vom Macharias-Wald nach Lefkara (Schotterpiste, beschildert) oder zum Macharias-Kloster. Am Ortsende führt eine ordentlich befahrbare Waldpiste (Gabel rechts, 5 km) zum **Picknickareal Kambiou** an der Macharias-Pera-Straße, wo eine noch recht neue Wandermöglichkeit beginnt (s.u.).

Fikardou – ein Dorf steht unter Denkmalschutz

Im Ortszentrum bieten an der Archiepiskopou Makariou III Av. u.a. **Stop Gyros** (Tel. 22542352) einen Imbiss und **Erythrodontas** (Tel. 22542942) nebenan Speisen auch zum Mitnehmen an.

Wer im näheren Umland von Nicosia eine Unterkunft sucht, dem seien die **Avli Traditional Holiday Houses,** 3 Markos Drakos Str. in Lythrodontas empfohlen, ein sehr liebevoll restauriertes Anwesen mit Preisen von 43–59 €/DZ und 54–62 €/4er-Familienzimmer; Tel. 22543236, www.avli.com.cy.

Großer Macharias Trail

Eine Wandertafel erläutert die neue Wanderung vom Picknickplatz zum 7 km entfernten Waldweg **auf den Kionia** (siehe Macharias-Kloster), wo man sich rechts bis zu einem erneuten Picknickplatz hält. Hier folgt man dem sogenannten **Kionia-Profitis-Elias-Trail** zum gleichnamigen Kloster (Quelle) bei einem dritten Picknickareal, hält sich von dort an auf der Waldpiste stets links und trifft auf die Lythrodontas-Piste, wo man, wieder links, zurück zum Ausgangspunkt geht.

Das Bergland

Lefkosia und Lefkoşa

Lefkosia (Nicosia)

Einleitung

Alter Name: Nikosia

Lefkosia (alt Nikosia, engl. Nicosia, türk. Lefkoşa), **Zyperns größte Stadt** (mit Eingemeindungen über 310.000 Ew., Zentrum Süd ca. 55.000 Ew., Nordteil ca. 50.000) liegt inmitten der fruchtbaren **Mesaoria-Ebene** und ist nach dem Fall der Berliner Mauer die **letzte geteilte Hauptstadt Europas.** Nach der türkischen Invasion 1974 und den darauf folgenden UN-Friedensverhandlungen wurde die **„Green Line"** (Grenze) mitten durch die Stadt gezogen; der jeweilige Stadtteil ist heute Hauptstadt des entsprechenden Landesteiles. Vor wenigen Jahren wurde die „Grenze" in der Fußgängerstraße Ledra Street wieder geöffnet – und sofort wieder geschlossen und dann nach einigem Hin und Her wieder geöffnet. Diese Grenze, (fast) ebenso undurchlässig wie einst der „Eiserne Vorhang", ist mit ihren „checkpoints", stacheldrahtbewehrten Mauern, verbarrikadierten und zugemauerten Häuserfronten ein Mahnmal einer anachronistischen Politik im 21. Jahrhundert – und das Ganze auch noch in einem „vereinten" Europa!

Bild auf den Seiten zuvor: Blick über Lefkosia in den türkischen Norden

Metropole westlicher Prägung

Regierung, Verwaltung, Börse, Banken, ausländische Gesandtschaften – Lefkosia (Süd) zeigt sich heute als moderne Metropole westlicher Prägung, hatte dabei aber reichlich Glück: Nach der Teilung wurde der auf der Grenze gelegene internationale Flughafen (am Anfang der B-9 Richtung Peristerona) geschlossen, er dient heute als UN-Flughafen. Damit drohte ein Ausbluten der Binnenstadt, Hafenstädte wie Lemesos oder die Flughafenstadt Larnaka traten in den Vordergrund. Erst mit dem Bau der Autobahn konnte eine positive Entwicklung eingeleitet werden. Im Südteil entstanden große Vororte mit modernen Hochhausbauten, in denen heute das administrative Herz des Landes schlägt. Von internationalen Industriemessen abgesehen (Juni) interessiert den Tagesbesucher hauptsächlich die vollständig ummauerte, mittig geteilte **Altstadt.**

Stadtgeschichte

Der erst Ende der Bronzezeit (8. Jh. v.Chr.) nachweislich besiedelte Raum Lefkosia war als den Assyrern tributpflichtiges **Stadtkönigtum Ledra** bekannt. Im 6. Jh. dem größeren Salamis (Nordzypern) angegliedert und weitgehend verlassen, gründete der ptolemäisch-ägyptische Königssohn *Leukos* im 3. Jh. v.Chr. die Stadt **Leukosia** (so auch die korrekte Transskription aus dem Griechischen, Lefkosia ist eigentlich verkehrt!). Einige Bedeutung erlangte die Stadt erst unter den Byzantinern, als Leukosia im 4. Jh. n.Chr. Bischofssitz wurde. Nach den ersten Arabereinfällen des 10. Jh. zur Zeit der Templer und *Richard Löwenherz'* tauchte der **lateinische Name Nikosia** auf. Unter den *Lusignans* erlebte Nikosia seine größte Blütezeit, wurde Königs- und Bischofssitz, Paläste und über 200 Kirchen entstanden. Die Venezianer bauten Nikosia im 15. Jh. militärisch aus und errichteten die heutigen Altstadtmauern. Dies nützte jedoch wenig: 1571 eroberten die Türken nach siebenwöchiger Belagerung die Stadt und ließen ihren Gouverneur in der Hauptstadt residieren. 1878–1960 nahm der britische Gouverneur in (engl.) **Nicosia** seinen Sitz, und auch die unabhängige Republik beließ ihre Hauptstadt im Zentrum der Insel. Um sich je-

Lefkosia und Lefkosa

Blick auf die Sophienkathedrale (bzw. -moschee) im Norden der Stadt vom Ledra Observation Tower im Südteil der Stadt

doch von den imperialen Phasen der Fremdherren abzuheben, wurde der Name 1994 in das klassische „Lefkosia/Leukosia" abgeändert.

Sehenswürdigkeiten

Festungs-mauern
Die venezianischen Festungsmauern sind neben Palmanova (Italien) das besterhaltene Festungswerk aus dem 16. Jh. – beides Werke des genialen Festungsarchitekten *Giuliano Savorgnano*. Die durchschnittlich 12 m hohen und 6 m dicken Mauern erstrecken sich in einem Kreis von knapp 4 km Umfang. Die elf sogenannten **Bastionen** (Verteidigungsabschnitte, *Fortizzas)* wurden nach venezianischen und zypriotischen Adeligen benannt. Zugang zur Stadt gewährten **drei Stadttore** sowie die **heutige Hauptzufahrt Plateia Solomou.** Das bedeutendste Tor war das **Famagusta-Tor,** vormals Giuliano-Tor, welches als besterhaltenes venezianisches Festungselement auf Zypern gilt (Kyrenia-Tor siehe Nordteil); der Besucher betritt die Altstadt meist über das **Pafos-Tor.**

Motorrad-museum

Nur wenige Meter vom Pafos-Tor entfernt wurde in der Granikou/Ecke Arsinois eine interessante Sammlung an Oldtimer-Motorrädern zusammengetragen. Von *Norton* über *Münch* und *Ariel* bis zu *Triumph* findet man hier liebevoll restaurierte Exemplare aller namhaften Hersteller aus dem frühen 20. Jh. Geöffnet Mo bis Fr 9–13 und 15–18 Uhr, Sa 9–13 Uhr, Tel. 22680222, Eintritt 5 € (Kinder von 4 bis 12 Jahren 2 €).

Altstadt-kern
Der touristischste Teil Lefkosias **(Leiki Geitonia),** gleichzeitig **schönstes und größtes Altstadtviertel Zyperns,** wurde mit Pflastersteinen ausgekleidet und zur reinen **Fußgängerzone** erklärt. In den verwinkelten Altstadtgassen liegen die TI, zahlreiche teure Touristenlokale, Souvenirhändler (Korbwaren, Schmuck, Schnitzereien) und etliche Künstlerateliers (meist Aquarelle). Wer günstig übernachten möchte, findet hier Möglichkeiten.

Histo-risches Stadt-museum

Am Nordrand des Altstadtviertels liegt in der Ippokratou (Hippokrates Str.) das historische Stadtmuseum (geöffnet Di bis So 10–16.30 Uhr, Tel. 226 61475, www.leventismuseum.org.cy). Der Eintritt ist frei, da es sich um die Stiftung einer wohlhabenden Kaufmannsfamilie handelt. Münzen, Bilder, Trachten und Werkzeuge vermitteln einen Eindruck der **städtischen Entwicklung von den**

Lefkosia und Lefkosia

Anfängen bis in die britische Kolonialzeit hinein. Eine Wechselausstellung im Obergeschoss rundet das sehr empfehlenswerte Museum ab, dem viele Nicht-Fachleute den Vorzug vor dem Archäologischen-/Zypern-Museum geben.

Tripiotis-Kirche

150 m entfernt in der Solonos Str. wurde 1695 die schönste, dem Erzengel *Michael* gewidmete Altstadtkirche Tripiotis errichtet. Am Äußeren fallen die teils aus nicht-heimischen Marmorblöcken bestehende Westwand auf sowie die Südseite mit einem Löwenpaar, welches eine romanische Figur flankiert. Die Ikonostase aus dem 17. Jh. erscheint aufgrund des nahezu quadratischen Kirchengrundrisses überdimensioniert. Tripiotis („Lochmacher") bezieht sich auf die Legende des Erzengels, der einen reißenden Strom in einem Erdloch versickern ließ.

Lidras Street – ein Blick über die Mauern

Ledra Street

In **Lefkosias bedeutendster Einkaufsstraße** findet man Bouti-quen, Cafés, Apotheken, Buchhandlungen und ein Debenham-Kaufhaus. Genau dort um die Ecke lohnt vielleicht für diejenigen, die den Aufwand der Grenzformalitäten vermeiden wollen, ein Be-such im 11. Stock des **Ledra Observation Tower** (tgl. 9–21 Uhr, 1,50 €, Tel. 22679369) mit dem besten Blick auf den Norden, ins-besondere auf die zur Moschee umgewandelte Sophienkathedra-le und die aus farbigen Steinen gelegte, etwa 100.000 m² große nordzypriotische Flagge am Pentadaktylos-Gebirge, die der Süden täglich als Stein des Anstoßes empfindet. Am Nordende der Ledra Street kann man derzeit wieder zu Fuß die Grenze nach Norden überqueren.

Agios Fa-neromeni

Lefkosias größte Innenstadtkirche am Nordrand der Onasago-ras Str. wurde erst 1871 auf den Grundmauern eines Zisterziense-rinnenklosters (benediktinischer Reformorden) von 1222 erbaut. Die Ikonostase der Erscheinungskirche stammt aus dem 17. Jh. und birgt einen Teil des „wahren Kreuzes" (auf dessen Besitz mehr Kirchen und Klöster Anspruch erheben als ein Holzkreuz Mo-

leküle hat!). Historisch bedeutendstes Relikt ist das kleine **Garten-mausoleum,** in dem die Bischöfe und Würdenträger bestattet wurden, die bei dem Massaker von 1821 (siehe Geschichte) hingerichtet wurden.

Kyprianou Square

Setzt man den Rundgang nach Osten grenznah an der Markthalle vorbei fort, sieht man bald darauf rechter Hand ein neues archäologisches Ausgrabungsgelände. Gegenüber liegt das **Municipal Arts Centre** (städtisches Kunstzentrum, geöffnet Di bis Sa 10–15 und 17–23 Uhr, So 10–16 Uhr, Tel. 22432577, www.nimac.com.cy, Eintritt 2 €). 200 m weiter (durch die schmaler werdende Gasse) erreicht man das eigentliche, bombastisch wirkende **Museums-viertel** am Kyprianou Square. Hier ließ der erste Präsident der unabhängigen Republik, Erzbischof *Makarios III.,* 1961 seinen repräsentativen Regierungssitz im Kolonialstil errichten. Rund um das **Areal des erzbischöflichen Palastes** steht die **Johanneskathe-drale** (s.u.) und wurden mehrere Museen gegründet, eine 6 m hohe **Statue des Makarios III.** wurde 1987 als markantes Monument ergänzt.

Ethnografisches Museum

Zunächst lohnt der Besuch des ethnografischen Museums (in alten Prospekten auch „Volkskunde"- oder „Volkskunstmuseum" genannt). Die sehr umfassende **Sammlung zypriotischer Volkskunst** des 19. und 20. Jh. zeigt vor allem Schnitzereien, Gobelins, Stickarbeiten, Trachten und Keramiken.

Geöffnet Mo bis Fr 9.30–16 Uhr, Sa 9–13 Uhr, Eintritt 2 €, Kinder 1 €, Tel. 22432578.

Ikonen-museum

Das benachbarte **Byzantine Museum & Art Gallery** (auch Ikonenmuseum genannt) beherbergt mit 230 Ikonen vom 8.–18. Jh. **eine der weltweit bedeutendsten Ikonensammlungen.** Eine Besonderheit sind einige 1989 auf dem schwarzen Kunstmarkt entdeckte Mosaiken der nach 1974 geplünderten Kanakaria-Kirche (in Nordzypern), u.a. unersetzliche Stücke aus dem 6. Jh. (Evangelisten-Mosaike). Galerien zum griechischen Unabhängigkeitskrieg (1821–1829) und zur europäischen Malerei (französisch-flämische Malerei des 17./18. Jh.) ergänzen die Ausstellungen.

Kyprianou Square mit Makarios-Statue

Geöffnet Mo bis Fr 9–16.30 Uhr, Sa 9–13 Uhr, Eintritt 4 €, Kinder 2 €; Infos unter www.makariosfoundation.org.cy sowie unter Tel. 22430008.

Museum des nationalen Kampfes

Am Nordende der „Museumszeile" liegt das Museum des nationalen Kampfes (National Struggle). Thematisiert wird der Unabhängigkeitskampf für die **Enosis** (Anschluss an Griechenland) 1955–59 mit Kriegsgerät, einem Fahrzeug des Untergrundführers *Grivas* und den Original-Unterschriften der (von den Briten nicht akzeptierten) internen Volksabstimmung von 1950, bei der sich die Mehrheit für den Anschluss aussprach.

Geöffnet Mo bis Fr 8–14 Uhr, Do auch 15–17 Uhr, Eintritt 2 €.

Agios Ioannis

Die außen eher schlichte **Johanneskathedrale** gilt innen als prächtigstes Beispiel einer **orthodoxen Kirche in byzantinischer Tradition.** Sie wurde 1662 teilweise mit Materialien einer vorherigen Benediktinerkirche gebaut, 1720 von Bischof *Sylvestros* zur Kathedrale erhoben, bis 1736 in der gegenwärtigen Form ausgestaltet und 1858 um den Campanile (Glockenturm) ergänzt. Das Innere wirkt mit seinen Lüstern, Schnitzereien und vergoldetem Dekor beinahe wie eine Schatzkammer, wobei die mit Blattgold überzogene Holzikonostase aus dem 18. Jh. zum besonderen Augenfang wurde. Die Innenbemalung wurde von Bischof *Philotheos* 1736 in Auftrag gegeben und folgt der postbyzantinischen Tradition der Darstellung biblischer Szenen in vier Reihen von der Verkündung bis zur Kreuzigung. Besonders interessant sind die in dieser Form auf Zypern einmaligen vier Szenen der unmittelbaren **apostolischen Legitimierung durch Barnabas** (Südwand, hinter dem Bischofsthron), woraus die zypriotische Kirche ihre Sonderstellung ableitet (siehe Geschichte): 1. *Barnabas* erscheint *Anthemios* im Traum und deutet zu seinem Grab; 2. die Gebeine werden entdeckt; 3. zypriotische Christen zeigen diese dem Kaiser *Zeno* in Konstantinopel; 4. *Zeno* gewährt Zypern die Autokephalie (kirchliche Unabhängigkeit).

Der Name der Kathedrale geht auf die alte Benediktinerabtei aus dem 14. Jh. zurück, die *Johannes dem Evangelisten* geweiht war, wenngleich deren Hauptschrein ein Finger *Johannes des Täufers* gewesen sein soll.

Hadjigeorgakis-Haus aus der Türkenzeit

Geöffnet Mo bis Fr 8–12 und 14–16 Uhr, Sa nur 8–12 Uhr, Eintritt frei.

Liberty Monument

200 m östlich der Makarios-Statue wurde auf der Podocataro-Bastion der Stadtmauer 1960 anlässlich des Endes der britischen Kolonialherrschaft ein **emphatisches Freiheitsdenkmal** errichtet: Unter der personifizierten Freiheit *(Elefteria)* heben zwei E.O.K.A.-Kämpfer ein Gefängnisgitter an, aus dem das zypriotische Volk entkommt. Die kleine Grünanlage der Bastion ist eine der wenigen öffentlichen Sitzgelegenheiten in der Altstadt. Gegenüber erkennt man ein erhaltenes Teilstück des alten städtischen Aquäduktes, welches unter den Türken für die städtische Wasserversorgung ähnlich dem von Larnaka errichtet wurde.

Hadji-georgakis-Haus

Von der Makarios-Statue südlich gehend trifft man auf die Grigoriou (Gregory Str.) mit dem Eingang zum Anwesen des Groß-Dragomanen *Hadjigeorgakis Khornessios,* dem einzigen erhaltenen **Haus eines Beamten zur Türkenzeit.** Der Dragomane wurde vom Erzbischof (die Osmanen duldeten Fremdreligionen) ausgewählt und diente in Mittlerfunktion als oberster weltlicher Sprecher

Lefkosia und Lefkosa

der Zyprioten gegenüber dem türkischen Gouverneur. *Hadjigeor-gakis Khornessios* war über 30 Jahre lang im Amt (1779–1809) und baute 1793 das Anwesen als Dienst- und Privatsitz. Äußerlich wehrhaft und wenig schmuckvoll zeigt sich der eigentliche Glanz des gemischt griechisch-türkischen Stils erst im Inneren. Von einem geräumigen, gartenähnlichen Innenhof führt eine Holztreppe zu den Herrengemächern – unten wohnte das Personal. Der Empfangsraum mit drapierten Fenstern, reichhaltigen Ornamenten und flachen Sitzmöbeln diente Repräsentationszwecken. Heiligster Raum war das Heiligkreuzzimmer, in dem der Dragomane ein Stück des – der Leser errät es bereits – wahren heiligen Kreuzes aufbewahrte.

Das Anwesen ist sehr sehenswert, kostet 2 € Eintritt und ist Di, Mi, Fr 8.30–15.30 Uhr, Do 8.30–17 Uhr und Sa 9.30–15.30 Uhr geöffnet.

Omeriye Mosque

Der Grigoriou 150 m nach Westen folgend, erreicht man die **größte Moschee des Südteils**, die **Ömerye Camii**. Eigentlich handelt es sich dabei um die nach der Sophienkathedrale (siehe Nordteil) größte Kirche der *Lusignans* auf Zypern, gebaut im 14. Jh. Sie diente bis 1570 als Augustinerkirche Agia Maria (O-Merye), ehe sie erst zerstört und dann von den Türken 1571 repariert und in eine Moschee umgewandelt wurde. Sie wird heute von syrischen Siedlern instand gehalten und als Gebetsstätte genutzt. Gegenüber in der Seitengasse liegt das ehemalige Klosterdomizil, heute ein **türkisches Bad.**

Zypern-Museum

Die Fundstücke aller bedeutenden Ausgrabungsstätten werden in diesem **archäologischen Museum** ausgestellt und erlauben Fachleuten eine vertiefte Beschäftigung mit den großen zypriotischen antiken Stätten. Laien und Nicht-Experten werden sich von der Vielzahl der – kaum hinreichend beschrifteten oder erläuterten – Exponate erschlagen fühlen. Es bietet sich daher an, zunächst die eine oder andere antike Stätte zu besuchen, um dann mit einem gewissen Vorstellungsvermögen die dazugehörigen Fundstücke würdigen zu können. Die **14 Einzelräume** gliedern sich wie folgt:

●**Raum 1:** Steinfigurinen und Rotweiß-Keramiken der Jungsteinzeit, meist aus Choirikoitia (siehe dort)
●**Raum 2:** Terrakotta und Keramiken der frühen Bronzezeit
●**Raum 3:** Rotschwarz-Keramiken der späten Bronzezeit, Vasen aus dem hellenischen Bereich, klassische Epoche

- **Raum 4:** Figuren der Ausgrabungsstätte Agia Eirini/Nordzypern)
- **Raum 5:** archaische Büsten und Plastiken vom 5.–1. Jh. v.Chr., u.a. aus Tamassos (siehe dort) und Soloi/Nordzypern)
- **Raum 6:** Bronzestatue des römischen Kaisers *Septimus Severus*
- **Raum 7:** Figurinen, Münzen, Waffen und Schmuck vom 14.–1. Jh. v.Chr., diverse Fundorte, unter anderem auch das Mosaik „Ledra und der Schwan" aus Kouklia (siehe dort)
- **Raum 8:** neolithische und frühchristliche Gräber, hauptsächlich aus Salamis/Nordzypern (siehe dort)
- **Raum 9:** Bestattungsutensilien aus der Antike, u.a. eine Stele mit kyprischer Silbenschrift
- **Raum 10:** Tafeln mit Schriften der antiken Völker, u.a. die erst 1871 entzifferte kypro-minoische Silbenschrift (siehe Kouklia, Aphrodite-Heiligtum)
- **Raum 11:** Grabbeigaben von Salamis/Nordzypern (siehe dort), wie Kessel, Entarsen und Pferdegeschirre (ca. 7. Jh. v.Chr.)
- **Raum 12:** der beste Saal mit dem gut erläuterten Modell einer Kupfermine (Bronzeherstellung) aus antiken Zeiten
- **Raum 13:** römische Epoche, meist Figuren aus dem 2. Jh. n.C. aus Salamis/Nordzypern
- **Raum 14:** Tonfiguren mit Gottheiten und Alltagsszenen

Das Zypern-Museum hat Di, Mi, Fr 8–16 Uhr, Do 8–17 Uhr, Sa 9–16 Uhr und So 10–13 Uhr geöffnet, der Eintritt beträgt 3,40 €, Kinder zahlen 1,70 €.

Das Umland von Lefkosia

Athalassa-Naturpark

Von Lefkosia Richtung Geri fahrend (auch Stadtbus 59) erreicht man den Naturpark Athalassa. Das wichtigste Naherholungsgebiet für die Städter war ursprünglich eine Art Experimentalfarm für Land- und Forstwirtschaft. Von Tor 2 aus (langsam fahren, kleines Tor mit kleinem Schild) geht oder fährt man ca. 1,5 km bis zum Parkplatz. Dahinter liegt eine kleine Brücke mit Kiosk und Kinderspielplatz, wo ein schöner **Rundweg** (2,5 km) rund um den **See** führt. Insgesamt wurden im 840 Hektar großen Park 20 km Spazierwege angelegt.

Kato Deftera

Von Lefkosia aus (ca. 10 km) oder auf dem Weg zum Macharias Forest lohnt ein Abstecher nach Deftera. Gleich hinter dem Ortseingang achte man auf ein blaues Schild zur **Panagia Chrysospiliotissa** (Unsere Dame zur goldenen Höhle), der neben der Neofytos-Klause einzigen **Höhlenkirche** Zyperns. Die schön in einem Steilhang gelegene Felskirche geht vermutlich auf die frühchristliche Zeit zurück (5. Jh.). Alle Freskenmalereien sind verblichen, mit Ausnahme jener hinter der Ikonostase, die jedoch rußgeschwärzt

Lefkosia und Lefkosa

sind. Die Marien-Ikone wird von allen Bauern des Umlandes verehrt, da ihr nachgesagt wird, sie könne Dürreperioden verhindern.

Strovolos   Kurz vor der A-9 liegt im Ortsteil Strovolos (Stadtbusse 10, 57) die sehenswerte, gut ausgeschilderte („Archangelos") **Kirche Archangelos Michail.** Die franko-byzantinische Klosterkirche entstand Ende des 15. Jh. und ist mit ihrem doppelschiffigen Grundriss recht selten. Das Kloster galt seinerzeit als Zentrum der kirchlichen Bibliographie und bildete unter der Aufsicht Kykkos auch Sakralmaler aus. Im 17. Jh. Sitz des Erzbischofs, wurde Archangelos zur Kathedrale erhoben, ehe 1720 die Verlegung des Bischofssitzes in die Johanneskathedrale erfolgte. In der Nische südlich der Ikonostase ist das Titularbild des Erzengels *Michael* besonders bemerkenswert. Nicht nur wegen der Größe, sondern auch wegen des damit verbundenen historischen Irrtums: Es wurde im frühen 17. Jh. über ältere Fresken gemalt, vermutlich auch des Erzengels *Gabriel,* wie das Kloster lange Jahre im Volksmund hieß. Wahrscheinlich wurde *Michael* versehentlich gemalt und das Kloster dann nach ihm umbenannt.

Das Areal gehört zum berühmten Kykko-Kloster, welches von hier aus die umfassenden Ländereien und wirtschaftlichen Tätigkeiten des Klosters verwaltet.

Praktische Informationen

Orientie-
rung/
Selbst-
fahrer

●**Ab Autobahnende** (Börse rechter Hand) immer auf der Makarios III. Str. geradeaus bis zur Kreuzung zur Evagorou (drei Spuren nach links) – hier links, sofort rechts in die Diagorou Richtung Museum, dann immer geradeaus Richtung Krankenhaus über eine Kreuzung und einen Kreisel hinweg bis zu einem Uhrenkreisel (rechts *Esso*-Tankstelle). Jenseits der kleinen Brücke gute Parkmöglichkeiten – liegt zentral zum Grenzübergang wie auch zur Altstadt/Süd.

An- und
Weiterreise

Neben guten Intercity-Busverbindungen bestehen von Lefkosia aus die besten Anbindungen zum Bergland – was aber den Küstenurlaubern nur wenig nützt. Die meisten Busse fahren ab **Dionysos-Solomos-Brücke/Solomou Square („DSB"), Tripolis-Bastion („TB")** und **Constanza-Bastion („CB"),** alle an der Stadtmauer.
●**DSB: alle Stadtbusse** (Tel. 22473414, Vororte, 1–1,50 €); **Intercity Bus** (Tel. 22778841, www.intercity-bus.com), Mo bis Fr je 8 x, Sa 2 x, So 4 x nach Larnaka (5,50 €), Mo bis Fr 6–20.30 Uhr 12 x tgl. und Sa/So 7–17.30 Uhr 6 x tgl. nach Lemesos (4 €, Tagesticket 7 €); nach Pafos tgl. um 5, 8.30, 11, 14.30 und 18 Uhr, Sa/So 12 und 17 Uhr (5 €, Tagesticket 9 €); nach Agia Napa/Paralimni Mo bis Fr 8.30, 12, 14.15, 15, 17.30 und 18.30 Uhr, Sa/So 9, 15 und 18 Uhr (4 €, Tagesticket 7 €).

- **TB: Solis Minibus** (Tel. 99431363), Mo bis Sa (außer Di) um 11.30 Uhr via Lemesos und Pafos nach Polis (15 € einfach); **Kambos-Bus** (Tel. 99623604) Mo bis Sa 11.30 Uhr via Gerakies zum Kykkos-Kloster (8 €).
- **CB: Clarios Bus** (Tel. 22753234), Mo bis Fr um 10.20 Uhr, Sa um 11.30 Uhr nach Troodos (6,50 €) und Mo bis Fr 11 x tgl., Sa 4 x tgl. sowie So 2 x tgl. nach Kakopetria (5,50 €).
- Wichtig für Flugreisende ist der 200 m südlich der Constanza-Bastion am *Philoxenia-Hotel* startende **Direktbus** der Firma Kapnos **zum Flughafen** Larnaca (15 x tgl., Tel. 77771477).
- **Sammeltaxis** *(shared taxis)* nach Pafos, Lemesos, Larnaka **in der Stasinou Str.** unterhalb der D'Avila-Bastion.

Touristen-info

- Das **CTO in der Leiki Geitonia** (Tel. 22674264) hat Mo bis Sa 8.15–13.30 Uhr, Mo und Do auch 16–18.15 Uhr (Juni bis Sept.) geöffnet, außerhalb dieser Hauptsaison Mo 9–17 Uhr, Di, Mi, Fr 9–14.45 Uhr und Sa 9–13 Uhr. Offizielle Webseite: www.nicosia.org.cy.
- Mo, Di und Fr werden **geführte englischsprachige Rundgänge** (Do Innenstadt) **kostenlos** angeboten. Start 10 Uhr an der TI in der Leiki Geitonia.

Unterkunft

In der Innenstadt gibt es hinreichend Unterkünfte, insbesondere im einfachen Preissegment. Die meisten großen Hotelketten haben ihre Häuser in den Küstenorten angesiedelt, Pauschalreisen mit Zielort Lefkosia gibt es praktisch nicht – **fast alle Besucher sind Tagestouristen.**

- **Holiday Inn,** 70 Regaena Str., Tel. 22712712, Fax 22673337, www.holiday-inn-cyprus.com.cy. DZ mit Frühstück nominell 380 €, günstigere Online-Buchungs- und Wochentarife.
- **Classic,** 94 Regaena Str., Tel. 22664006, Fax 22670072, www.classic.com.cy. Schönes Mittelklassehotel in guter zentraler Lage mit DZ ab 80 €, Familienzimmer für 4 Personen 160 €.
- **Rimi Hotel,** 5 Solonnos Str., Tel. 22680101, Fax 226 60816, rimi@cylink.com.cy. Mitten in der Altstadt-Fußgängerzone Leiki Geitonia, DZ inkl. Frühstück knapp 100 €. Einfach, aber funktional und sauber, restauriertes altes Stadthaus.
- **Sans Rival Guesthouse,** 7 Solonnos Str., Leiki Geitonia, unmittelbar neben dem *Rimi-Hotel*, Tel. 22474383. Einfache Zimmer ab 30 €.

Essen und Trinken

- Einfache Snacks und Backwaren findet man in den **Cafés und Snackbars der Ledra Str.** (z.B. bei **Everest, Starbucks** und **McDonald's**).
- Untouristisch und rustikal kann man bei **Matheos Snackbar** essen (an der kleinen Kapelle 100 m von der Faneromeni Kirche entfernt, Tel. 22755846, Softdrink 2 €, großes Bier 3 €, zypriotische Gerichte 5–7,50 €.
- Die **Café-Snackbar Berlin II** lebt hauptsächlich von Namen und Grenzlage, ein Tipp der Mittelklasse ist die **St. George Taverna** gegenüber vom Markt (Old Municipality Str., Tel. 22765971) mit Lammspezialitäten, *Meze* (12 €), aber auch Snacks und kleinen Gerichten (3,50–6 €).
- Mittig zwischen Museen und Freiheitsdenkmal liegt in der Adamantiou Korai die gemütliche **Taverne Tziellari (Kellari)** – man achte auf ein kleines Bierschild, gehe dort den Seitengang (24 Korai Str., Tel. 22431099) hinein zum Eingang rechter Hand (gute Weine, zypriotische Kleinigkeiten und *Meze*).

Lefkosia und Lefkoşa

● In der Altstadt Leiki Geitonia selbst empfiehlt sich von den vielen hochpreisigen Tavernen das **Archontiko** in der 27 Aristokyprou, Tel. 22680080; täglich internationale Cuisine bis Mitternacht – die ihren Preis hat (*Meze* ab 18 € pro Person). Sehr beliebt ist auch das **Xefoto** (Leiki Geitonia, 6 Aischilou Str., Tel. 22666567) mit zypriotischen Spezialitäten und folkloristischer Live-Musik.

Von den zahlreichen auch in Nikosia vertretenen asiatischen Lokalen sei besonders das **Peninsula Sushi** (70 Rigainis Str., Tel. 22668601) hervorgehoben. Es liegt im *Holiday Inn,* klein und sehr gemütlich, typischer „Sushi-Fließbandbetrieb".

Unterhaltung und Nachtleben

● Auch am Abend lohnt ein Gang durch das **Altstadtviertel** (Leiki Geitonia), welches nach Einbruch der Dunkelheit lebhaft wird.

● In der Innenstadt kann man sich im **Playmore Amusement Centre** in der Omirou Str. (Tel. 22663894) Automatenspielen und Video-Games widmen.

● Das **Cineplex,** 115 Makedonitissis Str. (Richtung Troodos-Autobahn), Tel. 22355824, ist ein großer, moderner **Kinokomplex** mit mehreren Filmsälen, Snackbars usw.

● Am Südwestrand der Altstadt bietet gleich ein halbes Dutzend **Nachtclubs** Unterhaltung für allein reisende Herren – nach Einbruch der Dunkelheit wird die Rigainis Str. zur Rotlichtmeile.

Einkaufen

● Auf dem **Markt** kann man sich mit Fleisch, Fisch, Früchten, Honig, Gemüse und Gewürzen eindecken.

● In der Ledra Street liegen zahllose **Fachgeschäfte** und **Boutiquen** (z.B. Ledra Arcade), Filme können auch bei **Debenham** nachgekauft werden.

● Ein **Orfanidis-Supermarkt** sowie in unmittelbarer Nähe ein **Metro-Kaufhaus** liegen an der Ringstraße (ab Zypern-Museum der Beschilderung Richtung Larnaka folgend trifft man bei der Rückfahrt automatisch darauf).

Sonstiges

● **Post:** D'Avila-Bastion (Constantinos Palaelogos Str.), Mo bis Fr 9–13 und (außer Mi) 15–18 Uhr, Sa 8.30–13 Uhr.

● **Polizei:** *Pafos Gate Police Station,* Tel. 22802020, an der Innenseite der Mauern beim Pafos-Tor.

● **Hospital:** Leoforos Nechrou (nahe Zypern-Museum), Tel. 22801400.

● **Goody's Internetcafé,** beim *Trocadero Nightclub,* Tel. 22681888.

● **Agentur Mardem,** Tel. 22472324, mardemtravel@gmail.com, in der Rigainis Str. Flüge, Exkursionen usw.

Lefkoşa (Nicosia Nord)

Einreise nach Nordzypern

Die Einreise ist leichter geworden

Mit dem EU-Beitritt Südzyperns haben sich die zuvor komplexen Binnen-Reisemöglichkeiten für EU-Bürger (per Assoziierungsabkommen auch für Schweizer) verbessert: Man kann nun über sieben Grenzübergänge (s.u.) mit einem **6 Monate gültigen Reisepass** den Norden beliebig lange, sogar mit einem **Mietwagen** (sofern vom Vermieter gestattet), besuchen. Dabei wird an der Grenze auf nordzypriotischer Seite eine zusätzliche Kfz-Versicherungsgebühr für den Norden (gültig für 3 Tage) erhoben. Achtung: Dies ist eine reine Haftpflichtversicherung, Schäden am eigenen Fahrzeug sind nicht versicherbar. Mit einem im Norden angemieteten Kfz ist die Einreise nach Südzypern nicht gestattet. Bei einem zweiwöchigen Aufenthalt in Zypern empfiehlt es sich durchaus, mit einem Leihfahrzeug an drei aufeinanderfolgenden Tagen Ziele im Hinterland Nordzyperns zu besuchen, evtl. unabhängig von einem Tagesbesuch in Nord-Nicosia. Auch andere „Kombinationen" sind möglich, etwa die Buchung einer Pauschalreise nach Nordzypern mit Transfer vom/zum Flughafen Larnaca (Nordzypern-Anbieter sind u.a. www.fener-reisen.de, www.nordzypern-tours.de, www.öger.de), was wegen der umständlichen Flugverbindungen nach Nordzypern (Ercan via Türkei mit Stopp) sehr beliebt ist. Auch individuell kann man eine Woche in Nordzypern anhängen, mit oder ohne in Südzypern angemietetem Fahrzeug.

7 Grenzübergänge

Die aktuell geöffneten Grenzübergänge sind **Ledra Palace/Nicosia** und **Ledra Steet** (nur Fußgänger, s. Karte), **Agios Dometios/Nicosia** (Kfz), **Dekeleia** (britische Basis, zweimal: Pergamos und Agios Nikolaios, Kfz), **Limnitis** (Nordwestküste, Kfz) sowie **Zodhia/Astromeritis – Güzelyurt** (Kfz). Siehe auch die Übersichtskarte in der vorderen Umschlagklappe.

Interessant ist dabei insbesondere in Lefkosia, dass das **Goethe-Institut Nikosia** (Tel. 22674608) exakt mittig in der UN-Zone des Fußgängerüberganges Ledra-Palace (Lidras) liegt, ebenso eine Ausstellung bzw. ein Informationsbüro der EU zum Thema „Nikosia Masterplan" für eine wiedervereinigte Hauptstadt – derzeit immer noch eine politische Utopie!

Lefkosia und Lefkoşa

Für **Selbstfahrer** sind die Übergänge in Lefkosia (Beschilderung „Kyrenia"), Limnitis (Kato Pyrgos – Morfou/Güzelyurt im Nordwesten) und Agios Nikolaios am einfachsten zu finden (Agios Nikolaios: von Paralimni Hauptstraße Richtung Deryneia, Ort durchfahren, über die Abzweigung „Sotira" geradeaus hinweg Richtung Frenaros, dort Richtung Vrysoullas abbiegen, an der Grenze entlang bis zu einem T-Ende, dort rechts Richtung Ammochostos durch die britische Militärzone zum Grenzübergang).

Wer Nicosia/Nord zu Fuß besucht, kann mit **öffentlichen Verkehrsmitteln** neben Nord-Nicosia auch Kyrenia (Girne) im Rahmen eines Tagesausfluges besuchen (die Zeit reicht für beides). Ein solcher Ausflug empfiehlt sich auf jeden Fall und ist recht einfach durchzuführen: Man passiert zu Fuß unter Eintrag in ein Register die Grenzstation/Süd, marschiert durch das Niemandsland und erhält an der Grenzstation/Nord ein gesondertes **Einreiseformular,** welches bei der Ausreise wieder abgegeben wird.

Natürlich können auch andere Ziele besucht werden, etwa die antiken Stätten von Salamis bei Famagusta/Ammochostos oder die Stadt Famagusta selbst. Man kann sich leicht per **(Mini-)Bus** bewegen oder aber ein **Taxi** (etwa 100 €/Tag) mieten.

Geld
Die Währung des Nordens ist die **Neue Türkische Lira** (YTL, 1 €
entspricht ca. 2,52 YTL, 1 SFr ca. 1,44 YTL/Stand Dez. 2011), die
nicht im Südteil (Süd-Nicosia) erhältlich ist, sondern nur im Norden an EC-Automaten (maximal 600 YTL pro Transaktion, z.B. Tür-
kye Bankasi in der Girne Caddeşi). Alternativ gibt es einige Wechselstuben am *Saray Hotel*. Auch in Girne und Famagusta gibt es
reichlich Geldautomaten. Umgerechnet **30–40 € für Eintritte, Essen und Trinken** sind vollkommen ausreichend für eine Halbtags-
tour im Norden.

Als erstes fällt „drüben" die **Ruhe und Beschaulichkeit** ins Auge –
keine Spur mehr von der Hektik und Beflissenheit einer Hauptstadt. Man betritt optisch und faktisch einen weitläufigen, dünn
besiedelten, spürbar **rückständigen Teil des Orients** – kurz: eine
andere Welt. Kaum Verkehr, in Kopftücher gehüllte Frauen, Menschen auf Teppichen in zerfallenen Häusern, Moscheen – insbesondere die Altstadtgassen rufen bei manchem Besucher ungläu-
biges Erstaunen hervor. Und dabei ist Nordzyperns Metropole
noch am besten entwickelt, erscheint im Vergleich zu vielen anderen Orten geradezu prächtig.

Sehenswürdigkeiten

Girne-Tor
Als Porta del Proveditore von den Venezianern gebaut (siehe Südteil) wurde das Tor 1821 von Sultan *Mahmoud* restauriert und
durch Koranverse ergänzt. Es steht heute auf einer Verkehrsinsel
und beherbergt die **Touristeninformation.** Vom netten **Biergarten** daneben fahren die meisten **Minibusse** ab (Kyrenia, Güzelyurt). Beim Tor bieten zahlreiche **Taxis** ihre Dienste an.

**Mevlevi
Tekke**
Über die Prachtstraße und **Flaniermeile Girne Cad** nach Süden
gelangt man vom Girne-Tor zum Zentrum. Auf der linken Straßenseite liegt ein ehemaliges Derwisch-Kloster (Mevlevi Tekke), in
dem heute ein **Volkskunstmuseum** untergebracht ist (Mo bis Sa
9–14 Uhr, im Winter 9–13 und 14–17 Uhr, 10 YTL). Die Sekte der
tanzenden **Derwische** geht auf den türkisch-persischen Dichter
Mevlana aus dem 13. Jh. zurück und zeichnete sich durch trance-

Lefkosia und Lefkoşa

Girne-Tor (hier befindet sich die Touristeninformation)

artige Tänze zwecks Erreichen der Nähe Allahs aus. Musikinstrumente und Trachten der Derwische gehören ebenso zu den Exponaten wie Sarkophage der hier einst lebenden Klostervorsteher.

Atatürk-Meydani

Die enge wirtschaftliche und politische Abhängigkeit Nordzyperns vom Mutterland Türkei äußert sich – neben der hohen türkischen Militärpräsenz – auch in der Verehrung des türkischen Staatsgründers *Kemal Atatürk,* dem zu Ehren der **zentrale Altstadtplatz mit monumentalem Denkmal** benannt wurde. Rund um den Platz findet man **Hauptpost, Polizei** sowie das **Saray Hotel** mit Nachtclub und **Wechselstube.**

Arab Ahmed Camii

Im Westteil der Altstadt steht die Arab Ahmed Camii (Moschee), die einzige echte **osmanische Kuppelmoschee** in Lefkoşa. Im 17. Jh. entstanden, wurde sie in der heutigen Form erst 1845 umgestaltet und restauriert. Im angeschlossenen osmanischen Friedhof liegt die **Grabstätte von Kamil Paşa** (1833–1913), dem einzigen Türkisch-Zyprioten, der je zum Großwesir ernannt wurde.

Derwiş Paşa Konagi

Analog zum Hadjigeorgaki-Haus im Südteil wurde das Wohnhaus des *Derviş Paşa,* des Herausgebers der ersten zypriotischen Tageszeitung, in der Belig Paşa Sokagi Str. aufwendig als **Beispiel eines osmanischen Herrenhauses** restauriert. Das zweigeschossige Gebäude besteht unten aus Stein und barg die Wohnräume der Dienerschaft. Das Obergeschoss wurde aus (teureren) Ziegelsteinen errichtet und diente der Herrschaft als Empfangs- und Wohnraum. Haushaltsgeräte, Mobiliar und Trachten gestatten einen Einblick in das gehobene Leben des 19. Jh.

Geöffnet Mo bis Fr 9–13 und 14–19 Uhr, im Winter bis 16.30 Uhr, Eintritt 5 YTL.

Büyük Hamam

Hier stand einst eine Kirche Agios Georgios, deren Tor noch steht und als Eingang zu den traditionellen **türkischen Bädern** dient. Die türkische Sauna wird im Unterschied zur „finnischen" nur bis auf gut 40 Grad erhitzt, erreicht aber durch die hohe Luftfeuchtigkeit (Dampfbad) ähnliche Effekte (tgl. 7–22 Uhr, ab 30 YTL.)

Kumarcilar Han

Der „Khan der Glücksspieler" wurde im 17. Jh. als kleine **Karawanserei** gegründet – der Name konnte bis heute nicht geklärt werden. Derartige Stationen dienten vornehmlich als Unterkunft für Händler und Kaufleute während ihrer Handelsreisen. Das zweigeschossige Gebäude mit Innenhof und 52 Zimmern erinnert ein wenig an ein Kloster mit Galerien und Kreuzgängen.

Geöffnet Mo bis Fr 8.30–14 und 15.30–18 Uhr, Eintritt 8 YTL.

Büyük Han Nach der türkischen Eroberung Zyperns durch *Mustafa Paşa* (1572) wurde die **erste und größte Karawanserei Zyperns** gegründet. Wie üblich lagen im Erdgeschoss Stallungen und Lagerräume, während das Obergeschoss insgesamt 68 zum Teil sogar beheizbare Unterkünfte bereitstellte. Im Innenhof wurden Waren feilgeboten, selbst an eine kleine Moschee mit Reinigungsbrunnen wurde gedacht. Büyük Han (türk. „großer Khan") nimmt einen gesamten Straßenblock ein und wurde jüngst aufwendig restauriert. Nach Fertigstellung der Arbeiten wird hier ein nationales Kunstmuseum eingerichtet (tgl. außer So ab 8 Uhr, Eintritt 10 YTL).

Arasta Sok **(Basar-** **viertel)** Unmittelbar südlich des Büyük Han erstreckt sich zwischen Girne Cad und Selimye Camii die **Arasta Str.;** in ihr und den Seitengassen finden sich Gewürzstände, Teestuben, Textilienhändler (Leder, Taschen, Kleidung) und Krämer. Die Gassen verlaufen hier unmittelbar an der Grenze entlang, das eben noch lebhafte Treiben wird des öfteren um die Ecke zur bedrückenden Einöde. Am südöstlichen Ende dieser Fußgängerzone liegt der sehenswerte **Basar (Beledye Pazari)** mit allen Erzeugnissen, die das Land zu bieten hat.

Selimiye **Camii** Größte Touristenattraktion Nordnicosias ist die **Sophienkathedrale** der *Lusignans* von 1209, in der die fränkischen Könige ihre Krone erhielten. Die dreischiffige gotische Basilika wurde im 14. Jh. durch Erdbeben teilweise zerstört, nach der Eroberung Zyperns (1571) um zwei Minarette ergänzt und in eine **Moschee** umgewandelt. Bis ins 20. Jh. hieß sie Agia Sofia, 1945 wurde sie nach Sultan *Selim II.* in Selimye Camii umbenannt. Die Moschee kann (außer zur Freitagsmesse) jederzeit besucht werden. Teppiche bedecken die mittelalterlichen Grabplatten, Freskenmalereien wurden weiß übertüncht. Gebetsnischen wurden nach Mekka ausgerichtet und unterbrechen die ansonsten geradlinige Architektur.

Bedesten Unmittelbar neben der Kathedrale steht die stark in Mitleidenschaft gezogene **Kirche Agios Nikolaios** aus dem 12. Jh., die unter den Venezianern Bischofssitz war, unter den Osmanen dann als Getreidespeicher und alte Markthalle (türk. *bedesten* = überdachter Markt) genutzt wurde.

Lefkosia und Lefkoşa

Bibliothek, Lapidarium

Hinter der Moschee befindet sich die ehemalige Bibliothek, gestiftet 1829 von Sultan *Mahmut II.* Knapp 2000 Handschriften persischer, arabischer und türkischer Schriftgelehrter sowie Koran-Folianten wurden hier aufbewahrt. Etwas versetzt auf der gegenüberliegenden Seite lag der **ehemalige Gouverneurssitz** in einem Domizil aus dem 15. Jh., in dessen Innenhof Grabplatten und Steinsärge aufbewahrt werden. Beide Gebäude werden auf Wunsch vom Department of Antiquities neben der Haydarpaşa Camii (Mo bis Fr 8.30–13 und 15–17 Uhr, Tel. 2272916) gegen Bakschisch (5 YTL) geöffnet.

Haydar-paşa Camii

Agia Katarina (14. Jh.) war die Klosterkirche des hier ansässigen Katharinenordens und nach der Sophienkathedrale der bedeutendste fränkische Sakralbau. Das einschiffige Bauwerk wurde nach 1571 um ein Minarett erweitert und in eine nach dem osmanischen Militärführer *Haydar Paşa* benannte Moschee umgewandelt.

Lusignan-Museum

Von der Haydarpaşa Camii sind es 200 m zum Lusignan-Haus (Mo bis Sa 9–13 und 14.30–16.45 Uhr, im Winter 9–14 Uhr, Eintritt 15 YTL), einem **restaurierten Stadtpalast** der fränkischen Herrscher. Das zweigeschossige Gebäude nahe des Katharinenklosters wirkt sehr wehrhaft und dokumentiert architektonisch das Misstrauen der Regenten gegenüber den Untertanen. Alltagsgegenstände, Trachten, Urkunden, Stiche und Waffen wurden in dem kleinen Lusignan-Museum zusammengetragen.

Praktische Informationen

Busse

- **Nach Girne (Kyrenia):** Minibus am Girne-Tor rechts alle 15 Min., direkt am Bus gibt es Rückfahrkarten (2 Abrissteile) zu 10 YTL.
- **Nach Güzelyurt (Morphou):** am Girne-Tor links alle 25– 30 Min., 10 YTL.
- **Nach Gazimagusa (Famagusta, Ammochostos):** Fa. Itimat, Kaymakli Caddeşi, Tel. 3666666, 4–6 x tgl., 12 YTL einfach.
- **In andere Orte:** Bbhf. Atatürk Caddeşi/Ecke Kemal Asik Caddeşi; je nach Zielort nur 1–2 Busse tgl.; der Herr bei der TI hilft bei der Voraborganisation.

Touristen-info

- **Büro im Girne-Tor,** Tel. 2289629, geöffnet Mo bis Sa 9.30–16.30 Uhr.

Unterkunft

Wer im Nordteil der Stadt übernachten möchte hat folgende (nationale) Dreisterne-Hotelunterkünfte zur Auswahl:
- **Saray Hotel,** Atatürk Square, Tel. 2283115, www.lefkosasaraycasino.com, DZ ab 90 YTL.

●**Royal Hotel,** 19 Kemal Asik (am Bahnhof), Tel. (090392) 2287621, www.city-royal.com, DZ zu 70 YTL; beide nach mitteleuropäischem Standard einfach, aber gut mit Air Condition, Minibar und Sat-TV.

●Schlichte **Pensionen** liegen rund um die Hilmi Tabak Str. (s. Karte).

Essen und Trinken

Einfach und preiswert:

Wer nur etwas trinken möchte, sitzt sehr schön im **Biergarten am Girne-Tor.** Rund um den großen Atatürk-Platz findet man mehrere kleinere Snackbars & Cafés, u.a. das **Café Palace,** wo man zwei Hamburger und *Ayran* oder Hamburger, Pommes und *Ayran* jeweils zu 8 YTL bekommt. Zwischen der Fußgängerzone und der großen Moschee findet man mehrere ganz schlichte, aber gute **Dönerlokale,** wo *Kebab* mit Pommes und *Ayran* ab 6 YTL kosten.

Restaurants der Mittel- und Oberklasse:

Das Restaurant **Sedirhan** (Pençizade Caddesi, Tel. 2283643, tgl. 11–22 Uhr) ist ein Wein- und Bierlokal mit guten Gerichten von *Meze* über Kebabteller bis zu gegrilltem Lamm. Halb Souterrain, etwas abseits des unmittelbaren Zentrums, daher ruhig und nett. In der Nuri Effendi Sokkagi Nr. 23 findet man das urige, echt türkische Lokal **Kalem** (geöffnet tgl. 11–24 Uhr, Tel. 2282366) mit großartigem *Meze,* Salaten und Hühnchen-Kebab bei angenehmer Atmosphäre mit rustikalem, beinahe antik wirkendem Holzmobiliar. Unmittelbar neben der Selimiye Camii wurde ein altes Handelshaus stilvoll restauriert und als Restaurant **Konak** (Tel. 2291212) eröffnet. In stilvollem Ambiente werden leckere Salate ab 2 YTL und mehrgängige Menüs ab 30 YTL serviert. Ein echter Tipp der gehobenen Mittelklasse für ein ausgedehntes Abendessen wäre das **Boghjalyan** (geöffnet 12–15.30 und 19–23 Uhr, Tel. 2280700), ein restauriertes Haus des *Arab Ahmed,* in dem sehr gute türkisch-zypriotische Küche geboten wird (vom *Derwis-Pasa-Haus* die Dalahi Sevket hinein).

Nachtleben

●Nach Einbruch der Dunkelheit lohnt ein erneuter **Gang durch die Altstadtgassen** im Basarviertel mit fliegenden Händlern, Süßwaren und flanierenden Südzyprioten, die einen Abend auf der anderen Seite der Grenze verbringen.

●Im *Hotel Royal* (beim Bbhf.) kann man harte Währungen im angeschlossenen **Casino** für den leeren Staatskasse opfern, im *Saray Hotel* mit seiner **Disco-Bar** und angeschlossenem **Casino** (Tel. 2285350) können die sommerlichen Abendstunden tanzend verbracht werden.

Sonstiges

●Ein **kleiner Basar** liegt neben der Mevlevi Tekke im Untergeschoss (Textilien, Kleintechnik), etwa mittig der Girne Caddeşi findet sich das **Deep Net City,** ein CD-Geschäft und **Internetcafé** (Tel. 2279669).

●**Polizei** und **Post** befinden sich am Atatürk-Platz; nebenbei: **Briefmarken** der Türkischen Republik Nordzypern sind selten und bei Sammlern beliebt. Der Briefverkehr geht übrigens über die Türkei nach Europa, wie auch umgekehrt alle Post über Distrikt 10, Mersin/Türkei, adressiert sein muss.

●Ein kleiner **Buchladen** (*Kitabevi-Bookshop,* Rüstük) liegt gegenüber vom *Saray-Hotel* (auch deutschsprachige Zeitschriften).

●Außerhalb der Mauern am Sehitler Abidesi der Demire Cad folgend liegen gleich linker Hand (**Tankstelle**) ein **Moltex Shopping Centre** (mit Supermarkt) und **Bicen Car Rental** (http://bicenrentacar.com). Über den nächsten Kreisverkehr hinweg in die Yussuf Cad gehend erreicht man das kleine **Deniz-Plaza-Kaufhaus,** gegenüber einen **Minimarkt.**

Lefkosia und Lefkoşa

zyp_406 Foto: vd

Tagesausflüge nach Nordzypern

Die Nordküste

Zur Einreise nach Nordzypern siehe S. 355.

Girne (Kyrenia)

Flanieren, Shoppen

Vom Kastell und dem Ikonenmuseum abgesehen bietet Girne **nur wenige echte Sehenswürdigkeiten.** Attraktiv sind hauptsächlich die Lage am Kastell und schöne Flanier- und Einkaufsmöglichkeiten an der Uferpromenade und in den Innenstadtstraßen zwischen Ramadan Semil Meydani und Atatürk Caddesi.

Promenade und Altstadthafen

Es gibt nur wenige Plätze in Nordzypern, wo man so angenehm flanieren kann wie an der **Kordon Boyu** genannten breiten Uferpromenade von Girne. Am uferseitigen Ende der Atatürk Caddesi darf man eine der allgegenwärtigen Atatürk-Statuen des Landes bewundern, diese hier unterscheidet sich von vielen anderen allerdings dadurch, dass der Gründervater der modernen Türkei hier stehend und in Zivilkleidung und nicht als Reiter verewigt wurde. Am Sockel prangt sein Ausspruch „Frieden in der Heimat, Frieden in der Welt". Die Promenade erstreckt sich ostwärts an zwei kleinen Kinderspielplätzen und einer Snackbar vorbei bis zum **Altstadthafen.** Hier machen Dutzende hübscher Yachten fest, locken Ausflugsboote mit Tagesausflügen, Fischpicknick oder Tauchtouren, buhlen zahllose Lokale und Bars um die Gunst der Besucher und zwängen sich die alten Kolonialhäuschen in pittoreskem Charme unterhalb des Kastells dicht gedrängt aneinander. Hinter der Touristeninformation, wo früher der Zoll saß, zieht sich eine äußere Schutzmauer um den gesamten Hafen herum bis jenseits des Kastells. Die Hafenzufahrt konnte früher abgeriegelt werden, indem eine 80 m lange Kette dicht über der Wasseroberfläche zwischen dieser Landzunge und dem Kastell gespannt wurde.

Kastell

Vermutlich wurde das Kastell von Kyrenia (Girne) bereits im 6./7. Jh. unter *Konstantin V. von Byzanz* errichtet, historisch erste Erwähnung fand es 1191, als König *Richard Löwenherz* es gegen *Isaak Komnenos von Zypern* eroberte. Ab 1208 ordnete König *John d'Ibelin* Erweiterungsmaßnahmen mit höher gelegtem Zugang und Wachtürmen an. Im 14. Jh. wurde das Kastell während der genuesischen Kämpfe zerstört, 1489 (Übernahme durch die Venezianer) wiederaufgebaut und in der heutigen Form erweitert.

Bild auf den Seiten zuvor:
Der Hafen von Girne

Dabei wurde auch die **byzantinische Kapelle Agios Georgios** in die Mauern integriert. 1570 kapitulierte die Stadt vor dem osmanischen Admiral *Sadik Paşa,* dessen Grab hinter dem Festungstor zu sehen ist. Unter den Türken **Garnisonssitz,** wandelten die Briten das Kastell erst zum **Gefängnis,** später zur Polizeiakademie um. Bis 1974 war es wegen der hier ansässigen griechischen Truppen nur teilweise der Öffentlichkeit zugänglich, nach 1974 wurde die Anlage allmählich restauriert und als **Museum** vollständig zur Besichtigung freigegeben.

Im **Innern** findet der Besucher unter anderem die byzantinische Kapelle Agios Georgios, einen kleinen Einführungsraum zum Kastell, nachgebaute (etwas kitschige) Lusignan-Verliese, einen Ausstellungsraum zu einem neolithischen Fundort, einen nachgestellten venezianischen Wachturm und das berühmte **Schiffswrack-Museum.** Darin wird eine Barkasse aus dem 3. Jh. v.Chr. gezeigt, die nahe Girne zusammen mit zahlreichen gut erhaltenen Artefakten (400 Amphoren, 30 Mühlsteine u.a.) gefunden wurde. Eine kleine Snackbar im Innenhof sowie zahlreiche großartige Aussichtspunkte über den Hafenbereich und das Beşparmak-Gebirge runden einen absolut lohnenswerten Besuch ab.

Den besten **Zugang vom Hafen** hat man am Harbour Club Restaurant die Rampe/Treppe hinauf bis zur Brücke (Kartenhäuschen); geöffnet tgl. 9–16.45 Uhr (im Sommer bis 18.45 Uhr), stolze 12 YTL Eintritt (Kinder bis 12 Jahre frei), aber unbedingt empfehlenswert, nicht zuletzt wegen der tollen Aussicht über den Altstadthafen.

Agios Archangelos (Ikonenmuseum) Die modern anmutende **Kirche des Erzengels Michael** entstand erst 1860 mit finanzieller Unterstützung auch der ansässigen Moslems. Sie wurde 1974 verlassen und weitgehend geplündert. 1979 wurde seitens des *Department of Antiquities and Museums* beschlossen, zumindest an einem Ort auch den griechischen Teil der zypriotischen Geschichte zusammenzutragen und zu bewahren. So wurden alle auffindbaren Ikonen Nordzyperns hier gesammelt und in Form eines kleinen Ikonenmuseums präsentiert. Dass unzählige Stücke beim „Sammeln" unterschlagen und ins Ausland verkauft wurden, wird dem Norden immer wieder vorgeworfen.

Das Innere wurde sehr hübsch restauriert. An der gut erhaltenen **Ikonostase** sind rechts der Christus-Darstellung der *Heilige Michael* und links der *Heilige Georg* zu erkennen. Im **Kirchenschiff** sind zahlreiche Ikonen (auch englisch beschriftet) ausgestellt, wobei

Tagesausflüge nach Nordzypern

zyp_408 Foto: wf

ein peinlicher Fehler bei der Beschriftung „Abstieg Christi zur Hölle" unterlief. Ferner sind zwei Original-Bibeln aus dem 18. Jh. sowie ein vergoldeter Bischofsstab zu sehen.

Geöffnet tgl. 9–14 und 15.30–18 Uhr (im Winter 9–13 und 14–16.45 Uhr), Eintritt 8 YTL.

Altstadt

Unbedingt lohnenswert ist ein Spaziergang durch die echten Altstadtgassen zwischen Kastell und Ramadan Semil Meydani. Hier gibt es keinen Autoverkehr, die **verwinkelten Gassen** passieren Häuschen aus der ottomanischen Zeit, Barbiere scheren ihre Kunden wie in alten Zeiten, und die Bewohner hängen ihre Wäsche auf quer über die Gässchen gespannte Leinen. Im alten türkischen Viertel liegen die kleine **Cafer Paşa Camii** (Moschee) sowie das Nostalgia Hotel.

Praktische Infos

Wer die vierspurige Schnellstraße herunterfährt, erreicht einen ersten Kreisel, über den man geradeaus Richtung Zentrum fährt (beschildert) und zum kleineren Kreisel des Ramadan Semil Meydani am markanten Colony-Hotel kommt. Hier rechts abbiegen und sofort links über die Eisenspitzen (senken sich beim Hinüberfahren ab) auf den großen städtischen **Parkplatz** fahren, wo man für 2 YTL unbegrenzt parken kann.

Burg Hilarion

Märchen-burg

Neben Salamis und Bellapais darf man St. Hilarion ohne Übertreibung als „Muss" auf einer Reise nach Nordzypern bezeichnen. Schließlich handelt es sich nicht um irgendeine, sondern um die Märchenburg Nordzyperns schlechthin.

Praktische Infos

Für **Selbstfahrer** aus Girne sind es keine 15 Minuten vom Zentrum zur Burg: Man folgt der vierspurigen Lefkoşa-Schnellstraße ca. 6 km und biegt auf dem Höhenpass nach rechts (beschildert, einzige Abzweigung) auf ein befestigtes Sträßchen ein. Da diese Straße durch ein von Straßenposten bewachtes Truppenübungsgelände führt (striktes Fotografierverbot), ist sie sowohl für Fußgänger als auch Radfahrer tabu.

Die Burg kann im Sommer **tgl. 9–16 Uhr** und im Winter 9–13 und 14–16.45 Uhr besichtigt werden, der Eintritt beträgt 5 YTL.

Hintergrundinformationen zur Geschichte Hilarions findet man im kleinen **Burgmuseum** („introduction section"), einige Räumlichkeiten im mittleren Burgabschnitt wurden mit Pappmachéfiguren quasi als Freilichtmuseum hergerichtet und beleuchten das Leben auf Hilarion im Spätmittelalter.

Kapelle Agios Georgios im Kastell von Girne

Tagesausflüge nach Nordzypern

Geschichte Nach einer Darstellung des *Hl. Hieronymus* war **St. Hilarion** (288–371) der Namensgeber eines kleinen Klosters, welches über dem Grab des Heiligen errichtet worden sein soll. *Hilarion, ein syrischer Eremit,* lebte im 4. Jh. (nach anderen Darstellungen im 6. Jh.) und verbrachte seinen Lebensabend im Beşparmak-Gebirge. Historisch belegt ist eine Anweisung des byzantinischen Gouverneurs auf Zypern (ca. 1100), das Kloster aufzulösen und in eine **Festung** umzubauen. Nach den beiden Bergspitzen erhielt die Anlage den Namen „Didymoi" (Zwillinge). Im Jahr 1191 nahm *Richard Löwenherz* als Leitfigur des dritten Kreuzzuges *Hilarion* und die Schwesterburgen ein und läutete die fränkische Epoche ein. Unter den **Lusignans** wurde der Burgname zu „Dieu d'Amour" verballhornt, die Anlage aber weiter planmäßig befestigt und ausgebaut.

Von 1228–1232 stand St. Hilarion im Brennpunkt des **Bürgerkriegs** zwischen den kaisertreuen Befürwortern des Lehenkontraktes mit dem Stauferkaiser *Friedrich II. (Barbarossa)* und den nach Unabhängigkeit strebenden Adeligen um den minderjährigen König *Henri I. de Lusignan.* Die Kaisertreuen zogen sich auf die Burg zurück, mussten sie 1232 nach langer Belagerung jedoch wieder an die *Lusignans* abtreten. Hilarion wurde wegen des angenehmen Klimas zur **königlichen Sommerresidenz** ausgebaut und war fortan Schauplatz glanzvoller Jagdgesellschaften und spektakulärer Ritterturniere. Nach einer ruhigeren Phase wurde 1369 *Pièrre I. de Lusignan* als Folge zahlreicher Hofintrigen ermordet und sein Sohn *(Pièrre II.)* wegen seiner angeblich unklaren Herkunft vom Adel nicht als Nachfolger anerkannt. So folgte dessen Onkel **Jean de Antiochia** *(Prince John),* den allerdings die Witwe *Pièrres,* Königin *Eleonore,* als Drahtzieher der Verschwörung gegen ihren ermordeten Königsgatten betrachtete. Sie erwarb allmählich das Vertrauen des neuen Machthabers und suggerierte ihm nach einiger Zeit, seine bulgarischen Söldner planten eine Verschwörung gegen ihn. So warf er seine Leibwache Mann für Mann vom Turm, der heute **„Prince John's Tower"** genannt wird.

Hilarion wurde um 1390 in seiner heute sichtbaren Form letztmals erweitert, nach der Machtübernahme der Venezianer im 15. Jh. waren die Bergfesten überflüssig geworden und wurden zerstört, um keine Widerstandsnester entstehen zu lassen.

Wohn- und Militäranlage Hilarion unterscheidet sich hinsichtlich der Gesamtanlage gewaltig von den Schwesterburgen Kantara und Buffavento. Während letztgenannte als reine „Militärburgen" dienten, war Hilarion als

königlicher Sommersitz gleichzeitig ein Wohnschloss mit entsprechenden Wirtschaftsräumlichkeiten und einem nicht unerheblichen Komfort. Diese **Mischform** aus Repräsentations- und Verteidigungsbau habe, so die Tourismusbehörden Nordzyperns, letztlich auch die berühmten *Walt Disney Productions* inspiriert, Hilarion als Vorbild für die Burg im Märchen „Schneewittchen und die sieben Zwerge" zu wählen.

Hilarion gliedert sich recht klar in drei unterschiedliche Abschnitte, die mit drei verschiedenen Höhenebenen korrespondieren, die allesamt von ein und derselben lang gezogenen **Burgmauer aus byzantinischer Zeit** umgeben sind.

Die Vorburg

Der **unterste Abschnitt** hinter der mit Pechrinnen bewehrten Barbakane, dem Vorbau zur Verteidigung des Zugangstores, war dem Militär und den Handwerkern vorbehalten. Hier findet man Grundmauern von Stallungen, einem byzantinischen Badehaus, Zisternen und anderer Funktionsgebäude. Die Mauern der Vorburg wurden etwa alle 25 m durch kleine Türme mit einer oberen Plattform verstärkt, von der eventuelle Angreifer zusätzlich unter Beschuss genommen werden konnten. In der Vorburg liegt auch die kleine **„introduction section"** genannte Halle mit bebilderten Hintergrundinformationen zur Burg und den *Lusignans*.

Die Unterburg

Über einen stark ansteigenden Stufenweg erreicht man eine Art Tunnel. Vor diesem Tunnel schützte einst noch eine Zugbrücke nebst Graben die Unterburg, die gegenüber der Vorburg abgeschottet war und gesondert verteidigt werden konnte. Derart geschützt ließen die *Lusignans* auf dem engen Felsplateau oberhalb des Steilhangs einen engen **Komplex herrschaftlicher Gebäude** errichten.

Das **byzantinische Kirchlein** aus dem 10. Jh., welches man über ein paar Stufen erreicht, ist das einzige Relikt des einstigen Hilarion-Klosters. Es gilt als eines von zwei auf Zypern erhaltenen Exemplaren einer so genannten Achtpfeilerkirche (auch Achtstützenkirche genannt), deren typisch byzantinische Kuppel von acht Bögen getragen wird. Die ursprünglich griechisch-orthodoxe Kirche wurde von den katholischen *Lusignans* **zur katholischen Kirche umgewandelt.** Ein Quergang führt nach Osten zum Belvedere, einer Loggia mit herrlicher Aussicht über Girne, die Nordküste und das Beşparmak-Gebirge. Daran schlossen sich die königlichen Gemächer der Unterburg an, die aber später auf die Oberburg verlagert

Tagesausflüge nach Nordzypern

wurden. An der Nordseite des Ganges zum Belvedere lag eine große Halle, die vermutlich als klösterliches Refektorium (Speisesaal) diente. Im 14. Jh. tafelte hier der Adel, heute kann auch der Normalsterbliche in der **Cafeteria** der Unterburg eine Erfrischung zu sich nehmen. Während des großen Brandes 1995 im Beşparmak-Gebirge wurden Teile der Unterburg in Mitleidenschaft gezogen, inzwischen ist der alte Zustand annähernd wiederhergestellt. Ehe man zur Oberburg aufsteigt, sieht man rechter Hand weitere Quartiere („royal apartments") und Wohnbereiche sowie eine Zisterne.

Die Oberburg

Den dritten Abschnitt der Burganlage, die Oberburg, ersparen sich viele Besucher, da sich die Stufen in den kargen Felsen immer steiler aufwärts winden. Kurz vor dem Portal zur Oberburg auf 705 Höhenmetern weist ein Schild zu dem einsam stehenden Turm des Prinzen *Jean* (**Prince John's Tower,** s.o.). An den Längsseiten des den unteren Burgbereich dominierenden Verteidigungsgebäudes waren Standplätze für je drei Bogenschützen vorhanden.

nzyp_004 Foto: wl

Am Westrand der doppelt befestigten Oberburg erhebt sich die einstige **Sommerresidenz der Lusignans** (14. Jh.) auf einem kleinen Plateau. Um Eindringlinge aufzuhalten, die Vor- und Unterburg überwunden haben sollten, wurde hier oben eine zusätzliche bewehrte Mauer errichtet. Die Mühen der vielfachen Verteidigungsriegel waren, wenngleich nicht umsonst, so aber letztlich doch vergebens: Zwar wurde Hilarion nie militärisch erobert, wohl aber durch Intrige und Verrat an die Venezianer verloren. Am besten erhalten sind von der Residenz zahlreiche Sitzbänke sowie die gotischen Fenster, die auch „Fenster der Königin" genannt werden, da man von hier den schönsten Ausblick hat. Ein weiterer (letzter) Anstieg führt zum 732 m hoch gelegenen Südturm, als **„Hilarion Peak"** der höchste Punkt der gesamten Burganlage; die Aussicht von hier oben lohnt die Mühe, auch wenn das Schild „Congratulations, you are at the peak" als missglückter Versuch, britischen Humor zu kopieren, zu werten sein dürfte.

Abtei Beylerbey (Bellapais)

Praktische Infos

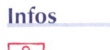

In Girne ist die **Anfahrt** zur 6 km entfernten Abtei Bellapais über Doğanköy mehrfach sehr gut beschildert (am „Autobahnkreisel" oder am Friedensdenkmal-Kreisel beim Hafen), zum Parkplatz fährt man durch das Dorf Bellapais und dann an der Abtei vorbei. Geöffnet **tgl. 9–19 Uhr,** Eintritt 10 YTL.

Die alte Abtei, **eine der bedeutendsten Sehenswürdigkeiten im Norden,** zieht nicht nur Touristen in Scharen an, sondern auch Kunststudenten und Fotografen verbringen Stunden und Tage, manchmal auch Wochen damit, die Gemäuer für die Nachwelt angemessen festzuhalten.

Geschichte Die Abtei wurde 1205 von **Norbertinermönchen** unter dem Namen **„Abbey de la pais"** (frz.: Abtei des Friedens) gegründet. 1187 nach der Eroberung Jerusalems durch *Sala Ed Din* nach Zypern geflohen, erhielten die Mönche vom Lusignan-König *Hugo I.* diverse Ländereien übereignet. Die Norbertiner (heutiges Zentrum: Kloster Tongerloo, Belgien) gehen auf den Erzbischof *Norbert von Magdeburg* zurück, spalteten sich von den Augustinern ab und leb(t)en nach extrem strengen Klosterregeln. Die Früchte der be-

Tagesausflüge nach Nordzypern

Ein imposanter Anblick – die Burg St. Hilarion

wirtschafteten Felder wurden fast ausschließlich im nahe gelegenen Ozanköy gegen Bedarfsgüter des täglichen Lebens einge-
tauscht. Nach den weißen Kutten, welche die Mönche trugen,
wurde Bellapais auch „Weiße Abtei" genannt. Mit Finanzhilfe von
König *Hugo III.* (1267–1284) entstand die heutige Klosterkirche,
die übrigen Gebäude kamen im 14. Jh. hinzu. Der König verlieh
dem Abt etliche Privilegien, so durfte er bei der Messe die Bi-
schofsmitra tragen, und außerhalb durfte er sich mit Schwert und
vergoldeten Sporen zeigen, „... come fanno gli altri cavallieri et
feudatorii" („wie es die anderen Ritter und Feudalherren machen"), so *Stefano Lusignano,* Hofchronist des Hauses *Lusignan.*

In der **venezianischen Epoche** auf Zypern wurde die Abtei wegen ihrer grandiosen Erscheinung in **„Bellapaix"** (frz.: Schönfried)
umbenannt, woraus sich später das heute bekannte „Bellapais"
entwickelte. In der frühen Neuzeit verlotterten in Bellapais die Sit-
ten, die Klosterregeln wurden zunehmend verletzt, das Keusch-
heitsgelübde nach dem Motto „Was schert mich mein Gelübde,
ich nehme mir eine Geliebte" mehr oder weniger offen unterlau-
fen. Die Venezianer versuchten noch ab 1568 einen Maßnahmen-
katalog zur Wiederherstellung der alten moralischen Ordnung zu
erstellen, wurden jedoch jäh durch die Machtübernahme seitens
der **Osmanen** (1572) an einer Umsetzung gehindert. Die Norbertiner verließen Zypern fluchtartig, in den folgenden Jahrhunderten
zerfiel die Abtei. Englische Okkupationstruppen sorgten 1878 für
ein unsanftes Erwachen aus dem Dornröschenschlaf, als sie sich
im Refektorium einquartierten. Nach diesem martialischen Inter-
mezzo gab die **englische Administration** grünes Licht für eine
sorgsame **Restaurierung** der Abteiruinen.

Die Kloster-
anlage

Die einzelnen Gebäudeteile der Anlage stehen auf rechteckigem
Grundriss rechtwinklig zueinander. Vom straßenseitigen Zugang
des Geländes quert man einen Hof, der zum Narthex der **Klos-**
terkirche führt. Die Nischen im Narthex waren ursprünglich als
Grabstätten vorgesehen. Das Mittelschiff der dreischiffigen Klosterkirche wurde ungewöhnlich breit gebaut und wird von einem
viereckigen Chorraum begrenzt. Die Treppe an der Nordseite
führte früher zum Schlafgemach der Mönche (lat.: *dormitorium*),
sodass die frommen Herren jederzeit auf dem kürzesten Wege ihre Gebete verrichten konnten.

Am Ostende liegt der **Kapitelsaal**, ein Versammlungsraum der
Mönche zur wechselseitigen Aussprache und Arbeitseinteilung.

Unmittelbar daneben befindet sich unterhalb des Schlafsaales ein weiterer Raum, der vermutlich als Schreibkontor diente.

Die Spitzbögen der **Kreuzgänge** rund um den Innenhof stammen aus dem 14. Jh. und sind ein beliebtes Fotomotiv, ebenso der auf zwei kleinen Bassins stehende **römische Sarkophag,** der als Brunnen genutzt wurde. Hier liegt auch der Eingang zum rund 330 m² großen **Speisesaal** (lat.: *refectorium*), dessen Kreuzrippengewölbe sehr gut erhalten ist und heute den stilvollen Hintergrund für klassische Konzerte abgibt. Durch sechs hohe Fenster hat(te) man einen schönen Blick auf die Nordküste und Girne, von der kleinen Kanzel im Refektorium wurden während der Mahlzeiten Vorlesungen gehalten. Eine Treppe verband den Speisesaal mit den darunter gelegenen Vorratsräumen und Weinkellern. Über dem Eingang prangt das königliche Wappen der *Lusignans,* die Küche und sonstige Funktionsräume befanden sich vermutlich im Westteil der Abtei.

Çatalköy Hazreti Ömer Türbessi

Otto-manisches Mausoleum
Das ottomanische Mausoleum **sieben moslemischer Heiliger** hat beinahe den Status einer Pilgerstätte und ist nach der Hala Sultan Tekke in Südzypern das bedeutendste moslemische Heiligtum auf Zypern. Das einsame Haus oberhalb der Felsküste ist nach dem Offizier *Ömer* benannt, der im 7. Jh. bei den Angriffen auf das damals byzantinische Zypern mit sechs seiner Kameraden den Heldentod starb. Die Leichname, von den Tätern in eine Felsnische geworfen, wurden nach der Eroberung Zyperns geborgen und ihnen zu Ehren an der Fundstelle ein kleines Mausoleum errichtet.

Die eigentliche **Felsnische** liegt wenige Meter hinter dem Mausoleum, das ummauerte Bodenloch ist durch ein Metallgitter gesichert – und wird des Öfteren als Latrine benutzt ...

Die Gedenkstätte kann **täglich außer Fr** 9–16 Uhr besichtigt werden, die beschilderte **Zufahrt** liegt etwa 300 m östlich des Supreme-Supermarktes an der Hauptstraße in Çatalköy.

Strände zwischen Çatalköy und Esentepe

Acapulco Beach
Der **schönste Strand der Nordküste,** der Acapulco Beach, liegt unmittelbar am gleichnamigen Ferienresort. Der weite Sandstrand führt flach ins Wasser und eignet sich sehr gut auch für Kleinkinder. Eine Snackbar bietet Erfrischungen und kleine Speisen, am

Tagesausflüge nach Nordzypern

Strand können Schirme und Liegen gemietet oder Wassersport (Banane, Scooter, Paragliding usw.) betrieben werden.

Lara Beach
2 km östlich weisen Schilder auf den Feldweg zum Fels-/Sandstrand Lara hin. Hier stehen ein Strandrestaurant mit Sonnenschirm- und Liegenverleih und ein Picknickareal zur Verfügung.

Strand bei Alagadi
Noch etwa 10 km weiter Richtung Esentepe erreicht man den größten und sicherlich neben Acapulco schönsten, von zahlreichen **Sanddünen** geprägten Sandstrand der Nordküste rund um den Weiler Alagadi. Noch herrscht relative Ruhe, aber Umweltschützer zeigen sich besorgt, dass Bauvorhaben – die neue Nordküstenstraße macht bereits den Anfang – das Ende der **Meeresschildkröten** bedeuten könnten, die Alagadi noch immer sehr zahlreich zur sommerlichen Eiablage aufsuchen. Mehrere Fahrpisten führen zum Strand, am einfachsten orientiert man sich in einer Talsenke an der kleinen Brücke mit weißen Pollern – gleich dahinter links einbiegen.

Burg Buffavento

Praktische Infos

Am **Beşparmak-Pass** der Girne-Değirmenlik-„Autobahn" weist schräg gegenüber von einem Kebabhaus ein verwittertes Schild zu einer vorsichtig befahrbaren **Piste** (war ursprünglich ein Fußweg!), die zwar vor kurzem neu befestigt wurde, jedoch ungesichert ca. 6 km die steilen Hänge hinauf zur Burg führt.

Am **Parkplatz** unterhalb der Burg überlegt man sich dann zunächst, ob man wirklich zur Burg hinauf möchte, jedenfalls wird sofort klar, warum hier keine Busladungen britischer Pensionäre auf ritterlichen Spuren wandeln und kein Kassenhäuschen den Besucher erwartet. Der **Aufstieg** über die steilen Treppen dauert bis ganz hinauf mindestens 30 Minuten und ist im Hochsommer auch im Schatten der Felsen recht anstrengend. Aber im Gegensatz zu *Cornelis de Bruyn* braucht man sich wegen der Sicherheit keine großen Sorgen mehr zu machen, denn das Denkmalsamt hat zahlreiche Geländer angebracht. Die fabelhafte Aussicht über die Nordküste, Girne und St. Hilarion, aber auch weit über Lefkoşa hinaus entschädigt reichlich für die Mühen. Die bedauernswerten Arbeiter, die die Festung in dieser exponierten Lage erbauen mussten, sind nur zu bewundern.

Die Burg
Die am schwierigsten zu erklimmende der drei großen Bergfesten in Nordzypern ist auch die am schwersten zerstörte. Daran mögen auch die **heftigen Windböen** hier oben beteiligt gewesen sein, der Name „Buffavento" (ital.: *buffa vento* = Stoß des Windes) deutet das unwirtliche Klima auf 740 Höhenmetern an.

Die **Geschichte** Buffaventos verlief parallel zu der von Kantara und Hilarion, die Burg wurde ebenfalls im 10. Jh. errichtet, von den *Lusignans* ausgebaut und im 15. Jh. dann – nach einer zwischenzeitlichen Nutzung als Verlies – von den Venezianern geschleift.

Architektonisch gliedert sich die Anlage, von deren Mauerwerk noch einige Reste erhalten sind, in eine **Unterburg** und eine ca. 25 m höher gelegene **Oberburg.** Die unteren Gebäude mit Blick über die gesamte Mesarya-Ebene und Nicosia dienten den hier stationierten Rittern als Wohn- und Wachbereich, ferner lagen dort auch Stallungen und Lager. Über einen steilen Treppenweg mit 140 schier nicht enden wollenden Stufen kommt man zur Oberburg, wo neben dem Beobachtungsposten noch die Reste einer Zisterne zu sehen sind. Auf dem engen Gipfelplateau mit seinen maroden hochmittelalterlichen Bauten erlebt der Besucher eine **Fernsicht,** wie sie die Insel der Aphrodite wohl kein zweites Mal zu bieten hat. Die märchenhafte Kulisse der Burgruine flankieren bizarre Felsgipfel, bei klarer Sicht erkennt man die schneebedeckten Gipfel des Taurus-Gebirges im türkischen Mutterland.

Bergregion Alevkayasi

Wandergebiet

Am **Beşparmak-Pass** zweigt ein befestigtes Sträßchen ab und führt über eine Distanz von 8 km nach Alevkayasi/Herbarium. Ein paar interessante Sehenswürdigkeiten, markierte Wanderwege (Rundwanderungen) und einige spektakuläre Aussichtspunkte machen das Gebiet zum schönsten Wanderzentrum im Beşparmak-Gebirge. Auch wer nicht wandern möchte – ein Besuch des Herbariums und des Klosters Sourp Magar lohnt auf jeden Fall.

Herbarium

Die kleine Straße passiert insgesamt drei Parkplätze mit Wandertafeln, kurz hinter dem dritten gabelt sich das Sträßchen links Richtung Esentepe und rechts zum Herbarium (ca. 500 m, Tel. 2285412), wo man den Wandertag beginnen sollte. Beim Herbarium handelt es sich um eine vom Engländer *Dr. Deryck Viney* angelegte **botanische Sammlung** mit rund 1000 getrockneten nordzypriotischen Pflanzen, systematisch katalogisiert nach ihren botanischen Namen.

Das Herbarium ist **tgl. 8–16 Uhr** geöffnet (Eintritt frei); neben einem Einblick in die lokale Flora erhält man hier auch die neuesten Informationen zu den ständig erweiterten Wandermöglichkeiten.

Tagesausflüge nach Nordzypern

Beginn der Wanderung und Kloster Sourp Magar

Eine größere Rundwanderung beginnt man am besten **am dritten Parkplatz** mit Rastplatz (vom Herbarium ca. 700 m, über die Gabelung hinaus Richtung Buffavento, dann gleich rechter Hand). Achtung: 30 m rechts der Sitzbänke findet man etwas versteckt ein ganz neues hölzernes Schild „Adalya Pinari", welches den Suchenden nicht zum Kloster führt, obgleich auf den Wanderkarten der vermeintlich richtige Weg über die Senke Adalya Pinari verläuft. Links der Rastbänke startet der Trail zunächst auf dem unscheinbaren Pfad rechts der Fahrpiste (brüchiger Holzbogen auf Höhe der Schranke), der stetig abwärts in einem hufeisenförmigen Bogen nach ca. 20 Minuten direkt auf das Kloster Sourp Magar trifft. Man kann vom Parkplatz aus auch die breite Piste hinuntergehen (10 Minuten), um etwas abzukürzen.

Das **Kloster** wurde von **koptischen Christen** um 1000 n.Chr. gegründet und dem *Hl. Makarios* (armenisch: *sourp magar*) gewidmet. Dieser lebte als Eremit (309–404) im ägyptischen Wadi Natrun und begründete die von der orthodoxen Ostkirche abgespaltete koptische Ausrichtung der ägyptischen Christen, die noch heute altägyptische Brauchtümer bewahren und von einem eigenen Patriarchen geleitet werden. Im 15. Jh. verließen die Kopten aus ungeklärten Gründen das Kloster und überließen es den **Armeniern,** die Sourp Magar zu einer bedeutenden Pilgerstation auf dem Weg nach Jerusalem ausbauten. Bis 1974 war das Kloster auch ein Wallfahrtsort für armenische Christen aus ganz Zypern, außerdem ein bedeutendes Waisenhaus für die Opfer des türkischen Pogroms gegen die armenischen Christen von 1895/96. Nach den politischen Änderungen von 1974 zerfiel das Kloster zunächst, ehe es vom armenischen Würdenträger *Derwiş Ulus Sonmezler* für 49 Jahre gepachtet und zu einem kleinen Touristenziel umgewandelt wurde. Die erhaltenen Bauten stammen weitgehend aus dem 19. Jh., der restaurierte Gartenbereich aus dem frühen 20. Jh. Eine provisorische **Cafeteria** bietet Erfrischungsgetränke und Kaffee, ein paar Zelte bieten sogar spartanische Unterkunft (Tel. 0542-8510834 in Deutschland).

Weiter Blick vom Aussichtspunkt Girne Kayasi

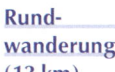

**Rund-
wanderung
(13 km)**

Am oberen Tor des Klosters sieht man – aufs Kloster blickend – den Pfad mit dem Hinweis **„Girne Kayasi",** der zunächst steil ansteigt und sich dann auf dem Höhenzug auf etwa 600 Höhenmetern zum knapp 2 km (30 Minuten) entfernten mittleren Parkplatz entlangzieht. Die Aussicht über die Nordküste ist fabelhaft, der großartige Aussichtspunkt des Girne Kayasi mit seinem tropisch anmutenden Unterstand ist allein schon die Wanderung wert.

Von hier aus fällt der Weg bis auf etwa 450 m ab, um nach 2,5 km wieder anzusteigen und an dem **Andizli Boğaz** genannten ersten Parkplatz (613 Höhenmeter) auf das Hauptsträßchen zu treffen (etwa 60 Minuten für diese knapp 4 km lange Etappe). Am Parkplatz überquert man die Straße und folgt dem nun nahezu

nzp_011 Foto: wl

Tagesausflüge nach Nordzypern

eben verlaufenden Wanderpfad zunächst parallel zur Straße. Nach knapp 1 km erreicht man eine kleine **Dreifachgabelung** mit zwei Möglichkeiten der Fortsetzung:

Die einfachere führt geradeaus (links trifft man sofort auf die Straße) und nach etwa 2 km (an der zweiten Dreifachgabelung wieder geradeaus) auf der gegenüberliegenden Straßenseite wieder zum Parkplatz am Aussichtspunkt Girne Kayasi (weiterer Verlauf siehe unten).

Ein kleiner Umweg (insgesamt ca. 1,5 km mehr) an der ersten Gabelung führt nach rechts und an einer zweiten Gabelung wieder rechts hinauf zu den Ruinen einer kleinen Kirche (**„Viran Kilise"**) auf 710 Höhenmetern. An der Kirche geht man nun links und an der Gabel 400 m weiter wieder links, um nach etwa 1000 m ebenfalls auf den mittleren Parkplatz am Girne Kayasi zu treffen.

Von hier aus bleibt man auf dem Pfad (gegenüberliegende Straßenseite des Aussichtspunktes), der sich noch gut 2,5 km fast parallel zur Straße bis zum Ausgangspunkt (dritter Parkplatz) erstreckt. Man trifft auf ein paar Forstwege und hält sich im Zweifel stets links Richtung Straße.

Insgesamt ist diese Rundwanderung etwa 13 km lang und dauert rund 4 Stunden, da einige Höhenunterschiede zu bewältigen sind und der Pfad recht schmal und manchmal etwas holprig ist. Die Vegetation prägen **Nadelhölzer** (Kiefern, Zedern, Zypressen), die von den eifrigen Wiederaufforstungsbemühungen der vergangenen Jahre zeugen, allerdings ist der Bewuchs nicht sehr dicht und nicht mit den Wäldern Mitteleuropas vergleichbar.

Der Weg kann trotz vielfacher Gabelungen nicht verfehlt werden, da die Etappen entweder namentlich **beschildert oder** mit farbigen **Markierungen** versehen wurden. Zudem verläuft er praktisch in einer „8" entlang der Buffavento-Alevkayasi-Straße, wobei der mittlere Parkplatz beim Aussichtspunkt Girne Kayasi den Mittel- bzw. Schnittpunkt bildet.

Burg Kantara

Kantara Forest Die Burganlage liegt inmitten des Kantara Forest (Pinien und Zypressen), der noch Anfang des 20. Jh. über 6000 ha zusammenhängendes Waldgebiet umfasste. Zwei Großbrände (1904 und 1912) führten zu einer weitgehenden Vernichtung des Baumbestandes, ehe die Briten Wiederaufforstungsmaßnahmen einleiteten. Wer Stille, Einsamkeit und geradezu märchenhafte Ausblicke auf die Karpaz-Halbinsel und die Mesarya-Ebene zu schätzen weiß, wird Kantara nicht auslassen wollen.

Praktische Infos

Von Westen her erreicht man Kantara **über die Küstenstraße** via Esentepe ab Girne, nach einer Karpaz-Tour oder einem Famagusta-Ausflug **über Boğaz bzw. Çayirova** an der Südküste (stets beschildert). Letztgenannte Route führt über Büyükkonuk, steigt dann über die Höhenzüge des Beşparmak-Gebirges an und fällt zur Nordküste hin wieder steil ab – eine sehr schöne und empfehlenswerte Strecke.

In **Kaplica** mit seiner auffälligen Rauf-Denktaş-Moschee führt ein schlechter werdendes Asphaltsträßchen (teils Piste) steil aufwärts. Vom Weiler **Kantara** mit Picknickplatz und einem kleinen Snacklokal verläuft dann ein teilweise unbefestigter schmaler Fahrweg 2½ km die spektakulären Steilhänge entlang zum Fuß der Burg (geöffnet **tgl. 9–17 Uhr,** Eintritt 10 YTL).

Geschichte

Die Burg gehört zur **Festungskette Hilarion – Girne – Buffavento – Kantara,** die zu byzantinischer Zeit begonnen und unter den *Lusignans* fertig gestellt wurde. Der Baubeginn wird in die Jahre nach 965 datiert, wobei ursprünglich nur ein Beobachtungsposten auf dem 630 m hohen Felsplateau errichtet wurde. Um 1100 wurde dieser in den Ausmaßen der heutigen Anlage erweitert und war im 13. Jh. mehrfach Spielball unterschiedlicher politischer Interessen auf Zypern.

Der **Name „Kantara"** dürfte arabischen Ursprungs (arab.: *al-qantara* = die Brücke) sein. Im romanischen Sprachraum, und somit auch dem fränkischen der *Lusignans,* wurde dieser Begriff häufig als Stadt- oder Landschaftsbezeichnung integriert. Bekannt sind rund ums Mittelmeer Orte wie Kantara an der Haifa-Kairo-Bahn oder Alcantara als Stadtteil Lissabons. Man geht daher auch von Kantara als „Brücke" auf dem (arabischen) Weg nach Westen aus. Unter den *Lusignans* hieß die Burg „Le Candaire".

Die endgültige Ausgestaltung Kantaras erfolgte im 14. Jh. unter **König Jacques I. de Lusignan** (1382–1398), dessen bauliche Maßnahmen dafür sorgten, dass es später den Venezianern nie gelang, die Festung einzunehmen, und von hier aus sogar Gegenoffensiven Richtung Famagusta gestartet werden konnten.

Nach der Machtübernahme durch die **Venezianer** 1489 wurde die Festung dann allerdings überflüssig, Kantara (1525) und ihre Schwesterburgen wurden geschleift.

Die Burganlage

Hinter der großen Zisterne rechter Hand erkennt man die hochwirksamen Verteidigungsanlage von Kantara. Die Innenmauer mit dem Eingang und die untere äußere Mauer schützen Richtung Os-

Tagesausflüge nach Nordzypern

ten den einzigen Burgzugang. **Äußere und innere Mauer** sind durch **Ecktürme** verbunden und bilden so eine Barbakane genannte vordere Abriegelung. Diese war praktisch unüberwindbar, da Angreifer von mehreren Seiten unter Beschuss genommen werden konnten.

Über ein paar Stufen kommt man zum inneren **Eingang** mit dem Südostturm linker Hand mit der Torwache. Die Räume darunter dienten als Vorratskammern, das Dach war als zusätzliches Verteidigungsplateau konstruiert worden. Es folgen Unterkünfte und Funktionsräume (Küche, Latrine) sowie eine weitere Zisterne.

Der höchste Punkt wird **„Königliches Kabinett"** genannt, vermutlich war es als Fluchtquartier der *Lusignans* vorgesehen. Bei Auftauchen eines Feindes oder sonstiger Gefahr wurden die westlich gelegenen Festungen Buffavento und Hilarion mittels Feuersignalen alarmiert. Bei klarem Wetter sieht man hier gen Norden bis zum türkischen Festland und südwärts die Sandstrände in der Bucht von Famagusta.

Der Westen Nordzyperns

Drei größere Bereiche

Der Westen des Landes gliedert sich in drei größere Bereiche. Da ist zum einen die **„Hotelküste"** westlich von Girne, wo die Straßendörfer im Prinzip aus nicht viel mehr als den Touristenresorts bestehen. Hier gibt es einige gute Strände, die allerdings meist in Hotelbesitz sind. Der mittlere Abschnitt umfasst das karge, landschaftlich aber sehr reizvolle und einsame Gebiet rund um das **Kap Koruçam bis Güzelyurt.** Noch weiter westlich schließlich folgt die **fruchtbare Ebene von Güzelyurt** mit üppigen Zitrusplantagen **bis zur Region Lefke** mit den antiken Stätten von Vouni und Soli. Mit Öffnung des Grenzüberganges Limnitis/Kato Pyrgos Richtung Polis ist ein Besuch auch von der Nordwestküste des südlichen Landesteiles aus kein großes Problem mehr.

Güzelyurt (Morfou)

Zentrum der Landwirtschaft

Das Gebiet zwischen Güzelyurt und Lefke liegt in einer fruchtbaren Schwemmlandebene, ist relativ wasserreich und galt schon früh als **„Fruchtkammer Zyperns".** Das Umland ist auch deutlich wahrnehmbar von Plantagen- und Feldwirtschaft geprägt, **Oran-**

gen und **Zitronen** spielen eine maßgebliche Rolle für den Broterwerb der meisten Bewohner der Region. Internationale Fachvorträge, Experimentalfelder und eine landwirtschaftlich ausgerichtete Fachhochschule belegen den wirtschaftlichen Interessenschwerpunkt rund um Güzelyurt. Ursprünglich eine Domäne der hier früher ortsansässigen Griechen, werden auch heute noch über drei Viertel der Fruchtprodukte Nordzyperns im Raum Güzelyurt angebaut und erzeugt. Noch unter den Briten gab es eine Eisenbahnlinie von Güzelyurt (griech.: Morphou) nach Famagusta zum Abtransport der Früchte, aber auch des Kupfers und Pyrits aus den längst geschlossenen umliegenden Minen. Wirtschaftlich stets von Bedeutung, stand Güzelyurt, dessen Name wörtlich übersetzt „schönes Land" bedeutet, politisch nie im Mittelpunkt. Diese Rolle übernahmen Soli im Westen und Girne im Osten. Reisende passieren Güzelyurt heute auf dem Weg zu den antiken Stätten von Soli und Vouni oder nach Lefke und erleben eine lebhafte kleine Provinzmetropole mit viel natürlichem Charme.

Praktische Infos

Einen Besuch beginnt man am besten am Mamas-Kloster/-Museum, wo auch ausreichend **Parkmöglichkeiten** bestehen (beschildert an der ersten Kreuzung rechts Richtung Lefke). Vom Bushalteplatz am Südende der Ecevit Caddesi sind es 10 Minuten zu Fuß bis ins Zentrum.

Kloster Agias Mamas

Auf ganz Zypern existieren 14 Kapellen und Kirchen, die dem **Heiligen Mamas** gewidmet sind, die meisten davon im Süden. Das Mamas-Kloster von Güzelyurt ist von allen sicherlich das sehenswerteste. Der Legende nach war *Mamas,* ein mittelloser Eremit im 12. Jh., die seinerzeit hohen Abgaben und Steuern leid und verweigerte jegliche Zahlung. Bewaffnete Söldner machten ihn dingfest. Als sie ihn zwecks Bestrafung nach Famagusta bringen wollten, wurde die Gruppe auf dem Weg durch die (damals noch teilweise bewaldete) Tiefebene von einem Löwen angegriffen, der es auf ein Lamm abgesehen hatte, das die Häscher als Proviant mit sich führten. *Mamas* soll sich unbewaffnet auf den Löwen geschwungen und diesen gebändigt haben. Auf des Löwen Rücken in die Stadt einreitend, wurden ihm alle Abgaben erlassen – *Mamas* gilt seither als Schutzpatron der Steuersünder!

Blau- und Goldtöne dominieren die geschnitzte Holzikonostase **im Inneren,** die Marmorverzierungen mit Wappen und Früchten stammen aus der venezianischen Epoche. Die in orthodoxen Kirchen üblichen farbigen Bildgeschichten berichten Einzelheiten aus dem Leben des Heiligen.

Tagesausflüge nach Nordzypern

An der **Ikonostase** sind besonders die Darstellungen auf der linken Seite mit *Dimitrios, Georgios* und *Mamas* (Mitte) beachtenswert. Darüber sind Darstellungen von Höllenqualen und Missionierungen als Wandbemalung zu sehen.

Das Kloster entstand im 18. Jh., die Kirche selbst auf den Grundmauern einer früheren byzantinischen Kapelle während der Lusignan-Zeit im **spätgotischen Stil** – angeblich auf der Grabstätte des *Hl. Mamas* (Marmorsarkophag an der Nordseite). Die lange Jahre geschlossene Anlage ist nach grundlegenden Renovierungsarbeiten wieder für die Öffentlichkeit zugänglich (Öffnungszeiten siehe Güzelyurt Museum, die Eintrittskarte gilt für beide).

Güzelyurt Museum

Der Museumsbau vor dem Mamas-Kloster fungierte als Amtssitz des orthodoxen Bischofs von Güzelyurt, der nach den Veränderungen von 1974 nach Südzypern übersiedelte.

Im unteren Stockwerk ist eine **naturwissenschaftliche Sammlung** mit präparierten Mittelmeerfischen, Schlangen, Reptilien und Vögeln (Eulen, Adler, Pelikane) sowie die Missbildung eines achtbeinigen Lammes zu sehen.

In der **archäologischen Abteilung** im Obergeschoss stehen hauptsächlich im Umland (Toumba tou Skourou, Soli, Vouni) gefundene Tongefäße ab ca. 6000 v.Chr. Neben bronzezeitlichen Keramiken sieht man Öllämpchen, Statuen und Goldschmuck aus dem 5. vorchristlichen Jahrhundert. Als interessantestes Stück gilt die vielbrüstige Statuette der ephesischen *Artemis* aus dem 2. Jh., die 1980 bei Salamis im Meer von Tauchern gefunden wurde.

Die bronzezeitliche Siedlung **Toumba tou Skourou** liegt übrigens nördlich des Flüsschens Ovroz im Norden von Güzelyurt an der Hauptstraße Richtung Girne (beschildert); die Anlage kann zwar besucht werden, es ist dort allerdings nichts zu sehen.

Geöffnet sind das Museum und das Mamas-Kloster im Winter 9–16.30 Uhr, im Sommer bis 18.30 Uhr, Eintritt mit Kombiticket für Museum und Kloster 10 YTL, Kinder 5 YTL.

Soli (griech.: Soloi)

Antike Stätte

Kommt man von Gemikonaği, erblickt man etwa 500 m nach dem Ortsende rechter Hand das weithin sichtbare alte Förderband zum Meer. Genau hier weist die Beschilderung nach links in einen Feldweg zum Parkplatz und Kassenhäuschen des antiken Soli (griech.: Soloi). Die Anlage kann im Sommer 9–19 Uhr sowie im Winterhalbjahr 9–13 und 14–16.45 Uhr besichtigt werden, der Eintritt beträgt 10 YTL.

Geschichte In der griechischen Sagenwelt ist **Akamas,** der auf Zypern verehrte **Liebhaber der Aphrodite,** der Gründer der Stadt „Soloi". Neuere archäologische Forschungen belegen allerdings für das 7. vorchristliche Jahrhundert die Stadt „Siilu" auf einer assyrischen Tributliste. Historische Quellen (*Strabon*, 63 v.Chr. bis 23 n.Chr.) berichten weiter, **Solon, einer der sieben Weisen des hellenistischen Altertums,** habe König *Philokypros* nahegelegt, seine Hauptstadt um 580 v.Chr. von Aepia nach Siilu zu verlegen. Die neue Residenz wurde nach *Solon* „Soloi" benannt und entwickelte sich neben Salamis, Marion (Polis, Südzypern) und Amathous (bei Lemesos, Südzypern) zu einem der bedeutendsten Stadtkönigtümer auf Zypern. Während sich alle anderen Städte mit den expandierenden **Persern** „arrangierten" (unterwarfen), galt Soloi als rebellisch und antipersisch. Um die Perser nicht zu verärgern, ließ Stadtkönig *Doxandros von Marion* (Polis) zur besseren Kontrolle der Rebellenstadt im nahe gelegenen Vouni im 5. Jh. v.Chr. einen Palast bauen.

Ausgrabung durch die Briten Nach dem Ende des Perserreiches wurde der aus der Bibelgeschichte bekannte römische Feldherr **Herodes** zum Lehnsherr von Soloi, die Ausbeutung der Kupferminen wurde forciert und erreichte einen Höhepunkt. Mit den Einfällen der **Araber** ab dem 7. Jh. begann der allmähliche Niedergang von Soloi, die Stadt an sich existierte jedoch noch bis in die frühe Neuzeit. Mit dem Bau des Suezkanals und dem damit verbundenen hohen Bedarf an Steinquadern begann unter den **Briten** ein drastischer Raubbau an vielen antiken Stätten auf Zypern, so auch in Soloi. Erst nach dem Ende des Ersten Weltkrieges besann man sich wieder eines Besseren, und britische Archäologen begannen um 1920 mit der genauen Erschließung der Stadt und entdeckten eine frühchristliche Basilika sowie das Amphitheater. Südlich des Zentrums kamen mehrere Nekropolen unterschiedlicher Epochen sowie die berühmte Marmorstatue „Aphrodite von Soloi" ans Tageslicht, die im Zypernmuseum von Südnicosia ausgestellt ist.

Besichtigung Das Areal von Soli gliedert sich in drei einzelne Abschnitte: die **Basilika,** das **Amphitheater** und den **städtischen Bereich der Agora** (Marktbezirk).

Tagesausflüge nach Nordzypern

Basilika

Die Basilika entstand im 4. Jh., es muss aber schon zuvor eine Kirche an dieser Stelle gegeben haben, in der *Auxibius* im 1. Jh. n.Chr. als erster Bischof von Soli amtierte. Die Basilika war etwa 200 m lang, dreischiffig und hatte ein dreiteiliges Eingangsportal. Dieses führte in ein Vestibül und dahinter in ein von Säulen umrahmtes Atrium mit Springbrunnen. Im eigentlichen Hauptschiff sind die Sockel der zwölf riesigen Säulen erkennbar, die das Haupt- von den Seitenschiffen trennten. Der Boden war vollständig mit **Mosaiken** ausgekleidet, von denen Teile sehr gut erhalten sind, zum Beispiel das Schwanenmotiv oder die geometrischen Figuren im linken Seitenschiff. Die Basilika wurde im 6. und 7. Jh. erweitert, jedoch schon kurz darauf während der Einfälle der Araber vollständig zerstört. Erst im 12. Jh. bauten die orthodoxen Christen eine kleinere Kirche auf den Grundmauern im Ostteil der alten Basilika.

Amphitheater

Die Originalsteine des Amphitheaters kann man vermutlich nur noch als Taucher im Hafen von Port Said in Ägypten sehen, die Anlage in Soli wurde mühsam rekonstruiert. Das Theater liegt ein Stückchen oberhalb der Basilika auf einer Anhöhe und überblickt

den antiken Hafen und das Meer, wo noch heute das markante Kupferförderband weit ins Wasser hineinragt. Es entstand Ende des 2. Jh., die **4000 Sitzplätze** waren in einem Halbkreis von 52 m Durchmesser angeordnet. Die Bühne (erst teilweise restauriert) war zweigeschossig angelegt, eine Ebene für das Orchester, die andere für die Schaubühne selbst. Es handelte sich also nicht etwa um ein „Kampfkolosseum", sondern um ein Forum für griechische und römische Theaterstücke.

Etwa 50 m südwestlich, in den Überresten eines Aphrodite-Tempels, wurde der Torso der „Aphrodite von Soli" gefunden.

Agora　　Der dritte und unspektakulärste Bereich, der zugänglich ist, liegt westlich vom Kassenhäuschen. Vom Areal der einstigen Agora **(Marktbereich)** sind nur noch die Grundmauern, Teile des Pflasters sowie einzelne Gebäudewände erhalten.

Soli war seinerzeit von einer Stadtmauer umgeben, in deren Schutz etwa 3000 Menschen lebten.

Vouni

Antike Stätte　　Viele Nordzyprioten meinen, ein Besuch des Palastes von Vouni sei unnötig, es gebe dort nur ein paar alte Steine zu sehen, auch sei die Anlage längst nicht so bedeutend wie etwa Salamis oder Soli. Dem kann man zwar nicht unbedingt widersprechen, dennoch ist Vouni eine der schönsten antiken Anlagen in Nordzypern – und zwar hauptsächlich wegen der geradezu phänomenalen **Lage an einem Steilhang weit oberhalb der Güzelyurt-Bucht** mit großartiger Aussicht.

Praktische Infos

Der Hauptstraße ab Soli weiter nach Westen folgend, passiert man die kleine **Badebucht Yedidalga.** Dahinter windet sich die schmale Straße auf einen kleinen Pass hinauf, wo rechts ein Sträßchen steil hinauf nach Vouni führt (beschildert). Der Palast kann im Sommer **tgl. von 10–17 Uhr** besichtigt werden, im Winter 9–13 und 14–16.45 Uhr, Eintritt 8 YTL.

Geschichte　　Die historische Bedeutung Vounis ist sicherlich derer von Soli untergeordnet. Im 5. vorchristlichen Jahrhundert stand Soli den persischen Hegemoniebestrebungen feindlich gegenüber, was den

Tagesausflüge nach Nordzypern

Restaurierte Tribüne des Theaters von Soli

perserfreundlichen König **Doxandros von Marion** (Polis) veranlasste, einen Palast in der Nähe von Soli zu bauen, um von dort aus den Aufsässigen auf die Finger zu gucken – und nötigenfalls auch zu klopfen. So entstand der 137 Räumlichkeiten umfassende Palast von Vouni, urkundlich erstmals erwähnt im Jahre 498 v.Chr. Zunächst Garnisonssitz, wurde nach der Niederlage der Perser (449) gegen die Griechen ein pro-griechischer Stadtkönig von Marion eingesetzt und die „militärische" Nutzung des Palastes aufgegeben. Zahlreiche Umbauten machten aus der Anlage einen **luxuriösen Wohnpalast** mit Bädern (Dampfbädern), Atrien, Wohn- und Empfangssälen, Küchen, Lagerräumen, Werkstätten sowie Stallungen. Ein besonderer Luxus waren die umfangreichen Baderäumlichkeiten und das in allen Wirtschaftsräumen vorhandene fließende Wasser, das aus einer riesigen unterirdischen Zisterne stammte. Dieses Wasserleitungssystem gilt als das älteste im hellenischen Raum; der gut erhaltene Brunnenrest am Nordrand der Anlage ist ein beliebtes Fotomotiv.

Waren es zunächst politische Umstände, welche die Bewohner Solis gegen den Palast von Vouni aufbrachten, so waren es später, im 4. Jh. v.Chr., offenbar wirtschaftliche Gründe. 380 v.Chr. legten wahrscheinlich **Brandstifter** aus Soli den Palast in Schutt und Asche, er wurde verlassen und nie wieder aufgebaut. Die Anlage wurde 1928 von schwedischen Archäologen freigelegt, die auch die Nutzung der einzelnen Räumlichkeiten bestimmten. Bei den weitergehenden Ausgrabungen wurden zahlreiche Schmuckketten und Münzen der Städte Pafos, Marion und Kition gefunden.

Gazimağusa (Famagusta, Ammochostos)

Zweitgrößte Stadt Nordzyperns

Die Griechen nennen sie Ammochostos, die Engländer Famagusta, die Türken wahlweise Gazimağusa, Magoşa, Mağusa oder Guza. Diese Namensvielfalt gilt der mit etwa **27.000 Einwohnern** zweitgrößten Stadt Nordzyperns in der gleichnamigen Bucht von Gazimağusa (Gazimağusa Körfesi) **direkt an der innerzypriotischen Grenze.** Bis 1974 war Gazimağusa mit schönen städtischen Bademöglichkeiten das bedeutendste Touristenzentrum ganz Zyperns, gleichzeitig mit seinen gut ausgebauten Hafenanlagen der wichtigste Exporthafen des Landes. Sofern nach 1974 überhaupt noch britische oder türkische **Touristen** kamen, gingen diese fortan bevorzugt in den Raum Girne, der grenznahe Teil Famagustas wurde zur Geisterstadt, da die griechischen Hoteliers in den Süden abgewandert waren. Nach den politischen Änderungen der letzten Jahre warten besonders die grenznahen Stadtteile darauf, aus diesem „Dornröschenschlaf" zu erwachen.

Während die neueren, großzügig angelegten Außenbezirke den Eindruck orientalischer Modernität erwecken, zeigt die von den wuchtigen venezianischen Stadtmauern aus dem 15./16. Jh. umgebene **Altstadt** ein anderes Gesicht. Trotz der vielfach mit EU-Fördermitteln finanzierten **Restaurierungsaktivitäten** finden sich zwischen kleineren Gemüsegärten etliche zum Teil **verfallene gotische Kirchenruinen,** von denen einige bereits von den Osmanen in Moscheen umgewandelt, andere als Getreidelager zweckentfremdet wurden. Kurz: Der Besucher kann sich des Eindrucks nicht erwehren, als seien die Spuren der Belagerung von 1571 nicht beseitigt worden. Tatsächlich hatten die Osmanen keine Verwendung für die christlichen Kirchen, vor allem aber während der britischen Phase auf Zypern wurde Famagusta als Steinbruch ausgeschlachtet, um die britischen Bauvorhaben in Ägypten (Alexandria, Suezkanal) zu forcieren.

Der **Stadtteil Varoşa** war bis 1974 das touristische Zentrum unmittelbar südlich der Altstadt mit großen Hotels, Banken, Restaurants und Geschäften. Nach 1974 und der Flucht zahlloser griechischer Eigentümer in den griechischen Südteil Zyperns verfielen etliche Hotels und liegen heute wegen ihrer **Grenznähe** zudem im militärischen Sperrgebiet. Doch selbst dieses **Abbild der Zerstörung** wurde zum Zuschauermagneten, fast jeder Besucher Gazimağusas kommt auch an den Strand des letzten verbliebenen Hotels Palm Beach, um einen unmittelbaren Eindruck von der Grenze am Stadtrand zu gewinnen.

Geschichte

Entwicklung bis ins Mittelalter

Vermutlich im 3. vorchristlichen Jahrhundert während der Regentschaft des ägyptischen Herrschers *Ptolemäus II.* gegründet, erfuhr die Siedlung „**Arsinoe**" im 7. nachchristlichen Jahrhundert erstmals größere Bedeutung, als die Einwohner des zerstörten Salamis nach Arsinoe übersiedelten. Sie erbauten die mehrfach von Sandverwehungen zerstörte Stadt neu und nannten sie „**Amochostos**" (griech.: im Sande versunken) bzw. türkisch „**Mağusa**". Nach der Eroberung Zyperns unter *Richard Löwenherz* (1191) in „**Famagusta**" (eine Verquickung der türkischen und griechischen Bezeich-

Tagesausflüge nach Nordzypern

nung durch die Franken) umbenannt, folgte im selben Jahr mit dem Fall Akkons und der Flucht der Kreuzfahrer aus der Levante ein neuerliche Ansiedlungswelle. Das formal auch über Jerusalem herrschende Königsgeschlecht der *Lusignans,* Kapital und Knowhow kamen nach Zypern, Famagusta wurde zum neuen **Schnittpunkt im Osthandel** und bis ins 14. Jh. zu einer der wohlhabendsten Städte im Mittelmeerraum.

Einnahme durch die Türken

Der Konflikt der italienischen Handelsmächte Genua und Venedig führte im 15. Jh. letztlich zur Einnahme durch die Genuesen, 1489 dann durch die Venezianer, die angesichts der Türkenkriege eine starke Befestigungsanlage bauten. **1570/1571** belagerten die Türken unter *Lala Mustafa Paşa* Famagusta fast ein Jahr lang, ehe der venezianische Kommandeur *Bragadino* Friedensverhandlungen aufnahm. Während Girne (Kyreneia) sich kampflos ergab und Lefkoşa binnen sieben Wochen fiel, hielten *Bragadino* und seine rund 5000 Soldaten den anstürmenden 150.000 Mann dank der bis zu 15 m hohen und 9 m dicken Stadtmauern deutlich länger stand. Chronisten berichten, nach Abschluss der Verhandlungen hätte der freie Abzug der besiegten Städter erfolgen sollen, doch *Mustafa Paşa* ließ *Bragadino* festsetzen, Nase und Ohren abschneiden und Wochen später öffentlich bei lebendigem Leib die Haut abziehen. Diese ließ er ausstopfen, die „Puppe" fuhr einige Zeit als seine Trophäe auf der Feldherrengaleere mit. Die übrigen Christen mussten die (heutige) ummauerte Altstadt verlassen, durften sich jedoch außerhalb ansiedeln. So blieb die Innenstadt Famagustas bis in die Gegenwart türkisch, die Außenbezirke zumindest bis 1974 vorwiegend armenisch und griechisch.

Geschichte nach 1974

In der Folgezeit versank Famagusta in der Bedeutungslosigkeit und erfuhr erst unter den **Briten** als Hafenstadt einen neuen Aufschwung, in dessen Blütezeit bis zu 70.000 Menschen ihr Auskommen fanden. Zu den Ereignissen der „Operation Attila" (1974) in Famagusta gibt es kurioserweise höchst unterschiedliche Berichte. Während die einen von „Eroberung nach schweren Kämpfen" sprechen, berichten die anderen, eine **Einnahme Famagustas** seitens der Türken sei gar nicht vorgesehen gewesen. Als sich dann aber während der großen Fluchtbewegungen die meisten Griechen Famagustas in den Süden abgesetzt hatten, sei zufällig eine kleine türkische Patrouille nach Famagusta hineingefahren. Sie wurde von den verbliebenen Türken freundlich begrüßt, woraufhin die Soldaten kurzerhand eine türkische Flagge in der Altstadt hissten und Mağusa „ohne jeglichen Widerstand" einnahmen. Aus diesem Grund wurde dem türkischen Namen der Stadt ein „Gazi" (= türk.: unbesiegt, nicht erobert) vorangestellt. Famagusta wurde in **Gazimağusa** umbenannt und entwickelte sich – wenngleich nie wieder wie früher – zur **wichtigsten Hafenstadt Nordzyperns.** Die meisten Einwohner leben vorwiegend vom Tourismus und vom Warenumschlag.

Sehenswertes

Gazimağusa gliedert sich in die **Altstadt** innerhalb und die **Neustadt** außerhalb der alten venezianischen Stadtmauern. Zentraler Orientierungspunkt für alle Reisenden ist der Kreisverkehr rund um das Atatürk-Siegesdenkmal unmittelbar vor den Altstadtmauern. Gute Parkmöglichkeiten befinden sich in der Altstadt, aber auch (zum Baden) beim Palm Beach Hotel. Wer mit dem Bus kommt, folgt ab dem Busbahnhof einfach dem Mustafa Kemal Boulevard etwa 300 m Richtung Osten zum Siegesdenkmal.

Sieges-denkmal Das martialische Monument preist den Gründer der modernen Türkei, **Kemal Atatürk,** die monumentalen Kampfdarstellungen darunter sollen an die zahlreichen Opfer des innerzypriotischen Bürgerkrieges erinnern.

Palm Beach Folgt man der Straßenführung (F. Çakmak Boulevard) vom Denkmal nach Osten an der Altstadtmauer vorbei etwa 2 km (zu Fuß 30 Minuten, mit dem Auto keine 5 Minuten), erreicht man Gazimağusas **schönsten Strand** Palm Beach am gleichnamigen Hotel. Dieser Strand darf nun wahrlich als etwas ganz besonderes bezeichnet werden: Bei der Anfahrt passiert man Zäune und Kasernen sowie die prunkvolle Villa des türkischen Militärgouverneurs meerseitig auf der **Landzunge Büyükada.** Wenn man dann am Palm Beach Hotel ankommt, bietet sich eine surreale Szenerie: Skelettierte **Hochhausruinen** reihen sich aneinander, **Grenzzäune** verhindern eine Annäherung neugieriger Touristen, Wachtposten beobachten aufmerksam das bunte Treiben der scheinbar unbeeindruckt badenden Touristen, an den Fenstern der Hochhausruinen sitzen mit Funk und Ferngläsern ausgerüstete Beobachter der türkischen Sicherheitsdienste. Vor wenigen Jahren gab es noch viele Fluchtversuche, seit der Grenzöffnung haben sie abgenommen.

Tagesausflüge nach Nordzypern

Der Sandstrand an sich ist wirklich in Ordnung – wenn man Richtung Meer blickt, doch das gelingt nicht immer so ganz, und eine echte Absurdität in unserem „geeinten Europa" prägt sich dem Besucher unauslöschlich ein.

Karakol Camii

Folgt man vom Siegesdenkmal dem Ismet İnönü Boulevard in nordwestlicher Richtung (Salamis, Lefkoşa) bis zur großen Kreuzung mit der Bitlis Caddesi, fällt unvermittelt die **größte und neueste Moschee Nordzyperns** ins Auge. Sie wurde in den 1980er Jahren gebaut, nachdem die meisten Christen in den Süden geflohen waren und eine hohe Anzahl Moslems, meist vom türkischen Festland, aber auch moslemische Flüchtlinge aus Südzypern, nach Gazimağusa übersiedelte. Das 56 m hohe Minarett überragt die gesamte Weststadt und ist auch vom Othello-Turm der Altstadt aus gut zu erkennen.

Silver Beach

Zwischen Gazimağusa und den antiken Stätten von **Salamis** finden sich einige **schöne Strandabschnitte,** am schönsten sicherlich der unbewirtschaftete Silver Beach kurz vor Salamis (ausgeschildert).

Zugang zur Altstadt

Nur wenige Durchgänge durchbrechen die Altstadtmauer, **zu Fuß** folgt man am besten ab dem Denkmal 100 m der Straße Richtung Palm Beach und geht dann links über die schmale (befahrbare) steinerne Brücke zum Akkule-Landtor der Weißen Bastion. Man kann zwar auch hier in die Altstadt **fahren,** es empfiehlt sich jedoch, dem F. Çakmak Boulevard Richtung Palm Beach bis zum T-Ende zu folgen, dort links Richtung Hafen und dann gleich wieder links durch die Mauer sowie anschließend gleich rechts zum Othello-Turm zu fahren. Das ist einfacher, zudem sind die Parkmöglichkeiten hier besser.

Die kleine Altstadt mit dem Zentrum rund um die Moschee Lala Mustafa Paşa kann man **gut zu Fuß erkunden,** alle Sehenswürdigkeiten liegen dicht beieinander.

Stadt-mauer

Die insgesamt noch gut erhaltene Stadtmauer in der Form eines unregelmäßigen Vierecks wurde unter der Leitung des venezianischen Festungsarchitekten *Giovanni Sanmichele* Ende des 15. Jh.

erbaut. Sie ist **3,5 km lang,** bis zu 18 m hoch und teilweise über 8 m stark. **Mehrere Bastionen** (kleine Festungen) verstärkten die Wehrhaftigkeit der Altstadtmauer, seeseitig der Diamantturm, die Zitadelle und die Canbulat-Bastion, landseitig die Ravelin- sowie die Martinengo-Bastion. Ursprünglich existierten nur zwei Tore: das Seetor am Hafen (heute Sperrzone) sowie das Landtor an der Ravelin-Bastion (Weiße Bastion). Um die Lastfahrzeuge nicht durch die ganze Altstadt leiten zu müssen, ließen erst die Engländer die heutigen zusätzlichen Ausfahrten an den Straßen beidseitig vor dem Hafen anlegen. Die Stadtmauer ist nicht rundum begehbar, einige Teile (Bastionen) können jedoch besichtigt werden.

Zitadelle   Von allen Stadtmauerteilen ist sicherlich das als Hafenzitadelle gebaute **Otelo Kalessi (Othello-Kastell)** am interessantesten. Zum einen handelt es sich um den größten zugänglichen Abschnitt der Altstadtmauern, zum anderen wird, wie der Name impliziert, eine literarische Verbindung zu *Shakespeares* berühmtem „Mohren von Venedig" (= *Othello*) vermutet. Das Kastell wurde 1492 von *Nicollo Foscarini* zum Schutz des Hafens auf den Resten einer kleineren

nzyp_031 Foto: wl

Beach Bar 6

Tagesausflüge nach Nordzypern

Lusignan-Zitadelle errichtet. Mit Hilfe eines landseitigen Wassergrabens schuf der Architekt einen zusätzlichen Schutz rund um das bereits an zwei Seiten vom Meer umgebene Kastell.

Hinter dem Hauptzugang mit dem Wappen des venezianischen Löwen liegt der **Innenhof** der Zitadelle, auf dem noch die rudimentären Überreste eines gotischen Vierecksturmes und einer Halle zu erkennen sind. Über Treppen gelangt man hinauf zum **Wehrgang,** der prächtige Blicke über den (sonst nicht zugänglichen und einsehbaren) Hafen sowie über die gesamte Altstadt bis hinüber zur Neustadt eröffnet.

Die Bezeichnung „Othello-Kastell" verrät eine literarische Verquickung mit **Shakespeares** Helden, dem venezianischen Mohren. Der große englische Dichter hat Zypern nie selbst besucht, sein Drama „Othello" basiert auf einer Geschichte des Venezianers *Giraldo Cinzio,* die an einem Seehafen auf Zypern spielt. Literaturexegeten gehen davon aus, dass sich hinter dem **„Mohren von Venedig"** ein venezianischer Vizegouverneur von Famagusta namens *Christofero Moro* (ital.: der Maure/Araber, Dunkelhäutiger) verbirgt. Vom Namen her ging *Shakespeare* (irrtümlich) davon aus, dass es sich bei *Moro* um einen Farbigen handele und baute sein Drama daher um die Figur eines Mohren auf. Schauplatz der Geschichte war ein zypriotisches Kastell am Hafen, wobei hinsichtlich der Nutzbarkeit und der damaligen Bedeutung nur das Hafenkastell von Famagusta in Frage kommt. Seither gilt diese Zitadelle als Schauplatz des Dramas und heißt Othello-Kastell (Otelo Kalessi).

Etliche – vorwiegend italienische – Literaturwissenschaftler weisen darauf hin, dass es jedoch tatsächlich einmal einen dunkelhäutigen Venezianer auf Zypern gab, einen gewissen *Francesco de Sessa,* der von Venedig nach Famagusta als Leiter der Stadtwache strafversetzt worden war und den Beinamen **„Il capitano moro"** (ital.: der dunkelhäutige Hauptmann) trug. Möglicherweise ist auch *Sessa* das Vorbild für *Shakespeares* literarischen Helden.

Geöffnet im Sommer tgl. außer So 10–17 Uhr, im Winter tgl. außer So 9–13 und 14–17 Uhr, Eintritt 10 YTL.

Canbulat Müzesi

Die **Canbulat-Bastion** gilt für die Nordzyprioten als **eine der bedeutendsten Pilgerstätten des Landes.** Die Bastion am Ostende des Hafens neben dem von den Engländern gebauten Straßendurchbruch war während der Belagerung von 1570 Schauplatz eines legendenumwobenen Dramas. Die Türken stürmten gegen die von den Venezianern verteidigten Mauern an, wobei sich die Verteidiger eines mit sensenartigen Klingen bestückten Rades bedienten, welches mechanisch gedreht wurde und jeden Angreifer in Stücke hieb. Sich selbst opfernd, stürzte sich der türkische Reiter *Hetman Beyi Canbulat* mitsamt Pferd in die Klingen und brachte das Rad so kurzzeitig zum Stillstand. So waren seine Mitkämpfer in der Lage die Bastion zu erstürmen und die Venezianer zu besiegen. Seine Tapferkeit gilt als beispielhaft und machte ihn zum Nationalhelden. Diese türkische Darstellung der damaligen Ereignisse ist nicht unumstritten, da italienische Militärhistoriker die Existenz einer solchen venezianischen Messerwalze verneinen.

Der Sarkophag wurde in der nach *Canbulat* benannten Bastion beigesetzt, außerdem ein kleines **Heimatmuseum** mit Kanonen, Spießen, frühneuzeitlichen Gebrauchsgegenständen von Geschirr bis zu Hochzeitsgewändern sowie einigen Funden aus der Bronzezeit eingerichtet.

Die Öffnungszeiten werden aus unerfindlichen Gründen regelmäßig geändert, im Kern ist im Winter 9–17 Uhr, im Sommer 9–13 und 14–17 Uhr geöffnet (So geschlossen), Eintritt 6 YTL.

Märtyrerschrein

Nur wenige Meter landseitig des Canbulat-Museums wurde eine modernistische kleine **Gedenkstätte** für die während des **Bürgerkrieges** umgekommenen türkischen Zyprioten angelegt. Eine Inschrift in mehreren Sprachen besagt: „Um Enosis zu realisieren, hätten die griechisch-zypriotischen Streitkräfte versucht, alles, was türkisch ist, zu vernichten. Hier ruhen die schutzlosen Märtyrer, die von den griechischen Zyprioten und Griechen umgebracht worden sind." Die Gedenkstätte ist durchgehend geöffnet und kostet keinen Eintritt.

Martinengo-Bastion

Die große landseitige Bastion **Çifte Mazgallar** am Westende der Altstadt entstand um 1550 und wurde nach einem venezianischen Stadtkommandanten des späten 16. Jh. benannt. Ihre Besonderheit liegt unsichtbar unterhalb der Erdoberfläche versteckt: Über einen Wendelgang geht es in **zwei unterirdische Etagen,** die jeweils aus einem rund 1000 m² großen Saal bestehen, ursprünglich als Fluchtburg für die Altstadtbewohner konzipiert waren und den Briten später als Munitionsdepot dienten. Nach der Übernahme durch die türkischen Streitkräfte 1974 wurden die beiden Hallen verstärkt und von der türkischen Küstenabwehr genutzt. Das Areal wurde zum **Sperrgebiet** erklärt, die Bastion kann daher – ebenso

Tagesausflüge nach Nordzypern

wie die auf dem Gelände stehenden Ruinen der Armenier- und der Karmeliterkirche – nicht besucht werden.

Akkule und Ravelin
Der ursprünglich einzige landseitige Altstadtzugang verbindet mit einer schmalen Brücke das **Landtor (Akkule)** mit der Neustadt. Unmittelbar neben dem Tor liegt ebenerdig das einstige Wachlokal, in dem heute die **Touristeninformation** Gazimağusas untergebracht ist. Nebenan führt eine steile Rampe, auf der früher die Kanonen auf die Bastion geschoben wurden, in die **Weiße Bastion (Ravelin),** die tgl. 9–17 Uhr (Eintritt 2 YTL) besichtigt werden kann.

Heimatmuseum
Gegenüber vom Landtor wurde etwas versteckt in einer Seitengasse ein altes Stadthaus zu dem kleinen Heimatmuseum **Hasder Kültür-Sanat Evi** umgebaut (2, Behram Paşa Sokak, gegenüber vom Akkule-Landtor, Tel. 8688589, geöffnet tgl. 9–13 und 14–18 Uhr, Eintritt 5 YTL). Die noch im Aufbau befindliche Sammlung zeigt Alltags- und Gebrauchsgegenstände des historischen Famagusta wie Keramiken, Fotografien, Korbwaren oder frühe Telefone. Darüber hinaus werden auf Anfrage Kurse in alten handwerklichen Fertigkeiten wie Holzschnitzerei, Seidenstickerei oder Korbflechterei veranstaltet.

Nikolaus-Kathedrale
Gazimağusas markantestes Bauwerk **am Namik-Kemal-Platz,** die römisch-katholische Nikolaus-Kathedrale, gilt als **einer der besterhaltenen gotischen Kirchenbauten der Insel.** Ihr Bau, wie die Stadtmauern in dunklem Kalksandstein, begann 1298 unter der Leitung des Architekten *Balduin Lambert,* 1326 wurde die Kirche inauguriert (zeitgleich mit der Sophien-Kathedrale von Lefkoşa). Das Gotteshaus diente nicht nur als erzbischöflicher Sitz, sondern zuvorderst als **Krönungskirche der Lusignans,** die in Personalunion Monarchen von Jerusalem, Zypern und Armenien waren. *Catharina Cornaro,* die letzte Regentin aus dem Hause *Lusignan,* unterzeichnete in der Kathedrale ihren Thronverzicht zugunsten der italienischen Dogenrepublik Venedig.

Der Bau der Kathedrale fällt in die Stilepoche der **Gotik** und weist zahlreiche Parallelen zu Vorbildern im Großraum Paris auf, wobei vor allem die Fassade mit zahlreichen entsprechenden Verzierungen versehen wurde. Sehr augenfällig sind die spitzen Giebel, die deutlich über das jeweilige Stockwerk nach oben hinausragen. Die Flächen innerhalb der Giebel weisen typisch gotische radähnliche Rosetten auf, die ansatzweise erhalten gebliebenen Turmgeschosse sind durch Spitzbogenfenster gegliedert, die mit Giebeln bekrönt sind. Unmittelbar vor den beiden Haupttürmen erkennt man jeweils ein kleines, rundes geschlossenes Türmchen, welches als äußerer Treppenaufgang zur Galerie im Obergeschoss diente, wo die Krönungsfeierlichkeiten stattfanden.

Das **Innere der dreischiffigen Basilika** misst etwa 130 m² Grundfläche und gliedert sich in mehrere Apsiden. In den Boden der Apsis des nördlichen Seitenschiffes wurde eine Grabplatte mit dem Abbild des Titularheiligen *(St. Nikolaus)* eingelassen. Diese Kapelle wird heute als Frauenbereich der **Moschee Lala Mustafa Paşa** genutzt, zu der die Nikolaus-Kathedrale nach der Einnahme Famagustas durch die Türken (1571) umfunktioniert wurde, indem auf den kleinen nördlichen Treppenturm ein Minarett aufgesetzt, die Innenwände glatt geschliffen und weiß gekalkt sowie der Boden mit Teppichen ausgelegt wurden. Alle ursprünglichen Verzierungen im Inneren sind daher verschwunden.

Vor dem Haupteingang der Kathedrale wurde unter den *Lusignans* ein nordafrikanischer Maulbeerfeigenbaum angepflanzt, der heute über 600 Jahre alt ist und einen Teil der Fassade verdeckt. Links neben diesem Baum steht das **Medresesi Osmanli Dönemi** (osmanisches Religionshaus) mit den Schreinen von *Mustafa Cühtü Effendi Türbesi* und *Mehmet Ömer Effendi Türbesi.*

Auf der anderen (südlichen) Seite der Kathedrale findet man die Reste einer zum moslemischen Reinigungsbrunnen umgewandelten venezianischen Loggia.

Königliche Residenz

Das gesamte **Areal westlich des Namik-Kemal-Platzes** wird von den Relikten der königlichen Residenz der **Lusignans** eingenommen. Der **Palast** entstand bereits im 13. Jh., als sich im Heiligen Land die Lage gegen die Kreuzfahrer wandte und die Könige von Jerusalem einen alternativen Standort suchten. Die gekrönten Monarchen residierten fortan hier, die **Venezianer** übernahmen den Palast nach ihrer Machtübernahme als **Amtssitz des Gouverneurs.** Sie waren es, die das Areal im Umfang der heute sichtbaren Palastmauerreste ausbauten und ein monumentales **Renaissanceportal** anfügten, welches wie die Mauerreste erhalten blieb. Drei Rundbögen sind gut erkennbar, über dem mittleren befindet sich das Wappen des Gouverneurs *Giovanni Renier* von 1552. Der Innenbereich dient vorerst als Parkplatz, mit Hilfe von EU-Fördermitteln ist eine langwierige Restaurierung geplant.

Tagesausflüge nach Nordzypern

Namik Kemal Museum

Richtung Nikolaus-Kathedrale erstreckt sich der **Vorgarten des Lusignan-Palastes,** in dem ein kleiner Biergarten für Erfrischung sorgt. Die kleine Häuserflucht (**Palazzo del Provedittore**) an der Südseite des Vorgartens wurde unter den Türken nach 1571 zum Staatsgefängnis umgebaut. Hier war von 1873–76 der **National-dichter Namik Kemal** inhaftiert. Ihm zu Ehren wurde der Kathe-dralenvorplatz 1953 nach ihm benannt und eine Büste des in der Türkei hochverehrten Dichters aufgestellt. Das Museum im ehe-maligen Gefängnis zeigt persönliche Gegenstände, Dokumente und Gedichte des Poeten und ist tgl. 7.30–14 Uhr, Mo auch 15.30–18 Uhr geöffnet; Eintritt 5 YTL.

Rund um den Namik-Kemal-Platz

Unmittelbar westlich des Namik Kemal Meydani sind die **Relikte des Franziskanerklosters** zu erkennen, welches im 13. Jh. unter dem Lusignan-König *Henri II.* errichtet wurde. An der Ecke ließ der osmanische Statthalter *Cafer Paşa* 1601 das nach ihm benannte öf-fentliche Bad **Cafer Paşa Hamam** bauen, heute tanzt hier die städtische Jugend zu heißen Rhythmen, denn das Bad ist zu einer Music Bar umgebaut worden. Auf *Cafer Paşa* gehen auch der ge-genüber am Kemal-Platz liegende **Brunnen** von 1601 sowie ein (nicht erhaltenes) Aquädukt zurück.

Wenige Meter vom Bad in die Kişla Sok hinein liegt rechts die **Doppelkirche der Templer und Johanniter.** Die Mönchsritter-orden bildeten die Speerspitze der christlichen Kreuzzüge ins Hei-lige Land vom 10. bis 13. Jh., waren aber nach dem Verlust von Ak-kon (1291) gezwungen, eine neue Daseinsberechtigung zu fin-den. Den Templern gelang das nicht, die Johanniter hingegen er-oberten Rhodos, das sie bis 1522 halten konnten, bekamen dann vom spanischen Kaiser *Karl V.* Malta übereignet (bis 1802), wo sie zum Malteserorden und karitativ tätig wurden. Die Doppelkirche von Famagusta (links Johanniter, rechts Templer) aus dem 13. Jh. gilt als einmaliges Zeugnis des gemeinsamen Wirkens beider Or-den außerhalb des Heiligen Landes. Im linken Teil wurde eine klei-ne **Kunstgalerie** untergebracht, ansonsten ist die Kirche nicht zu-gänglich.

St. Peter-und Pauls-kirche

Vom Kemal-Platz über die Abdullah Paşa Sokkagi erreicht man die gut erhaltene **frühgotische** St. Peter- und Paulskirche. 1360 von dem wohlhabenden Patrizier *S. Nostrano* als **Zunftkirche der Kaufleute** gestiftet, zeichnet sie sich durch gedrungene Spitzbö-gen und ein unmittelbar an der Apsis endendes Langhaus aus.

Namik Kemal (1840–1888)

Namik Kemal wurde am 2.12.1840 in Tekirdağ als Sohn einer gehobenen Beamtenfamilie geboren und war zeitlebens vom wachsenden **türkischen Nationalismus** geprägt. Nach seiner Ausbildung ging er 1857 nach Istanbul und diente als Beamter des Osmanischen Reiches. Im Laufe der Jahre betätigte er sich nebenbei zunächst als sozialkritischer **Journalist,** später gründete er eine eigene regimekritische Zeitung. 1867 entkam er einer Verhaftung nur durch die Flucht über Paris nach London, wo er als Übersetzer lebte und eine Exilzeitung mit sozialkritischem Inhalt **gegen die Despotie der Sultane** herausgab. Nachdem man ihm 1870 die Rückkehr gestattet hatte, wurde im April 1873 sein bekanntestes Werk „Vatan yahut Silistre" (türk.: Heimat oder Knebelung) im Theater Gedik Paşa in Istanbul aufgeführt; es rief im Kern zu mehr staatlichem Nationalismus bei gleichzeitigem gesellschaftlichen Liberalismus auf. Das Regime stufte *Kemals* Stück als staatsgefährdend ein und sandte ihn nur eine Woche nach der Uraufführung nach Zypern in die Einzelhaft im Staatsgefängnis von Famagusta. Im Juni 1876 von Sultan *Murat V.* begnadigt, reiste *Kemal* zunächst nach Frankreich, wo er die türkisch-nationalistische **„Partei der Jungtürken"** mitbegründete. Dennoch ließ er sich durch das Angebot eines hohen Amtes „kaufen": Ihm wurde das Gouverneursamt in Sakiz (heute griechisch Chios) angetragen, woraufhin er nach Istanbul zurückkehrte und das Gouverneursamt bis zu seinem Tod durch Tuberkulose am 2.12.1888 bekleidete.

Seine unter diversen Pseudonymen oder anonym verfassten Werke wurden vor allem für *Kemal Atatürk,* den Gründer der modernen Türkei, eine Quelle der Inspiration. Sehr markant für das damalige Osmanische Reich war ein Artikel *Namik Kemals* aus dem Jahr 1867, in dem er anführte, die Rückständigkeit der Türkei (im Vergleich zu Europa) liege hauptsächlich darin begründet, wie die Frau in der Türkei behandelt werde – man sehe ihre einzige Befähigung in der Produktion von Kindern, ansonsten sei sie zu nichts gut.

Tagesausflüge nach Nordzypern

Nach der osmanischen Eroberung 1571, die sie auf wundersame Weise nahezu unbeschadet überstand, wurde die Kirche zur **Moschee Sinan Paşa.** Unter den Briten als Kartoffel- und Getreidespeicher zweckentfremdet, wurde sie boshaft „Buday Camisi" (Kleine Weizenmoschee) genannt. Nach einer Generalrenovierung 1964 war sie **Sitz der Stadtbibliothek,** momentan steht das

Gotteshaus leer, es werden EU-Fördermittel für eine grundlegende Innenrenovierung erwartet. Neben der Kirche ist das **Grabmal des Mehmet Enin Effendi** zu sehen, der ein Statthalter des Osmanischen Reiches auf Zypern war.

Agios Georgios

Rund 200 m südöstlich der Nikolaus-Kathedrale erreicht man in der M. Ersün Sokkagi die **Ruine der Kirche „Heiliger Georg der Griechen"** (Agios Georgios) aus dem 14. Jh. Zunächst fällt direkt an der Südostseite (rechts vom Eingang) der byzantinische, mit seinen Schießscharten beinahe wehrhaft anmutende **Vorgängerbau Agios Simeonis** auf. Bei der Hauptkirche trifft der Begriff Ruine den Kern der Sache, da Gewölbe und Seitenwände während der Belagerung von 1571 fast völlig zerstört wurden und nur noch Eingangs- und Altarbereich einigermaßen vollständig erhalten sind. Die noch erkennbare Architektur weist mit spitzen Fensterbögen Elemente der Spätgotik auf, die diversen Kuppelgewölbe deuten byzantinische Einflüsse an. Agios Georgios war in der frühen Neuzeit das Kirchenpendant der **orthodoxen Griechen** zur katholischen Nikolaus-Kathedrale.

Agios Nikolaios und Agia Zoni

Einen Straßenzug weiter östlich sind zwei weitere Kirchenruinen erwähnenswert: in der Hisar Yolu Caddesi die **byzantinische Kreuzkuppelkirche** Agia Zoni (= griech.: heiliger Mariengurt) aus dem 15. Jh. sowie um die Ecke die zweischiffige **griechisch-orthodoxe Nikolaus-Kirche** (Agios Nikolaios, nicht zu verwechseln mit der gleichnamigen Kathedrale) aus dem 14. Jh.

Latinsin St. George Kilisesi

Schräg gegenüber vom Othello-Kastell stehen – zumindest noch auf zwei Seiten – die Fassaden der kleineren **römisch-katholischen Georgskirche** („Heiliger Georg der Lateiner") aus dem späten 13. Jh. Sie gilt als eines der frühesten gotischen Bauwerke auf Zypern und orientierte sich in ihrer schmuckreichen Ausgestaltung an fränkischen Vorbildern.

Agios Georgios Exorinos

Ein Wort zu den **Nestorianern,** bevor über ihre Kirche gesprochen wird: Die Essenz ihrer Lehre besteht in der Vorstellung, dass es **Jesus als zwei Personen** gegeben habe, einmal mit einer göttlichen Natur und dann als menschliches Wesen. Weder *Nestorius* selbst noch seine Anhänger haben dies tatsächlich so gelehrt, in Wahrheit negierte *Nestorius* hauptsächlich die göttliche Gebärfähigkeit *Marias,* das ewige katholische Mysterium der jungfräulichen Geburt. Bis 431 Patriarch von Konstantinopel, wurde die von ihm vertretene Lehre auf dem Konzil von Ephesos im selben Jahr verurteilt. Viele seiner Anhänger wanderten Richtung Syrien/Persien aus und bildeten dort die nestorianische bzw. ostsyrische Kirche mit Zentrum in Edessa (in der heutigen Türkei). Über die Handelskontakte der Seidenstraße erfuhr das nestorianische Christentum vom 7. bis ins 12. Jh. weite Verbreitung über China bis nach Japan und Indonesien. Unter dem Mongolenherrscher *Tamerlan* im 14. Jh. nahezu ausgerottet, trafen Missionare wie *Matteo Ricci* im 16. Jh. noch auf Reste des Nestorianismus in Asien.

Famagustas **Nestorianerkirche** wurde um 1360, als der Niedergang der Nestorianer auf dem asiatischen Festland schon eingesetzt hatte, errichtet. Aus Spendengeldern nestorianischer Händler finanziert, konnte der Bau später noch um die beiden Seitenschiffe erweitert werden. Reste einiger Inschriften im Inneren belegen den nestorianischen Ursprung dieser Kirche.

Nach 1571 zunächst als Stallung genutzt, übernahmen im frühen 20. Jh. die **griechisch-orthodoxen Christen** den Bau und weihten die Kirche dem „Heiligen Georg, dem Verbannten" (griech: *Agios Georgios Exorinos*). Nach 1974 und der Übersiedelung der meisten Christen nach Südzypern wurde die Kirche als **Kulturzentrum** der Universität genutzt.

Der Südosten Nordzyperns

Bucht von Famagusta

Gut 60 km östlich der Hauptstadt Nicosia erstreckt sich rund um die **Gazimağusa Körfesi,** die Bucht von Famagusta, das zweite große Tourismusgebiet Nordzyperns mit zahlreichen Resorthotels. Hier gibt es **gute Sandstrände in der Nähe zahlreicher historischer Sehenswürdigkeiten** (Salamis, Königsgräber, Barnabas-Kloster). Hinzu kommt die Nähe zum städtischen Zentrum Gazimağusa sowie zur landschaftlich faszinierenden Karpaz-Halbinsel.

Egkomi (griech.: Enkomi, Alasia)

Antike Stätte

Egkomi enttäuscht die meisten Besucher weit mehr als Vouni im Nordwesten, das nicht viel umfangreicher ist, aber eine spektakuläre Lage direkt an einer Klippe aufweist. In Egkomi dagegen ist wirklich nicht viel mehr als **ein paar Steinreste** zu sehen, als

Tagesausflüge nach Nordzypern

Einführung zur Gesamtregion ist ein Besuch aber durchaus nicht uninteressant.

Praktische Infos

Man erreicht Egkomi von der vierspurigen **Schnellstraße Lefkoşa – Gazimağusa** über den beschilderten Abzweig („Salamis") ca. 12 km westlich von Gazimağusa. Nach wenigen Kilometern liegt die Grabungsstätte rechter Hand (geöffnet **tgl. außer So 9–19 Uhr,** im Winter 9–13 und 14–16.45 Uhr, Eintritt 8 YTL).

Antike Stadt Alasia

Es handelt sich in Egkomi um die Ausgrabung der antiken Stadt „Alasia", die vor immerhin rund 4000 Jahren an dieser Stelle stand. Schriftlich belegt ist eine Stadt Alasia im 17. Jh. v.Chr., die hauptsächlich durch den **Kupferhandel** einen immensen Aufschwung nahm und bis ins 12. Jh. v.Chr. als Handelszentrum zwischen der griechischen, ägyptischen und der kleinasiatischen Mittelmeerseite prosperierte. Dies geht aus **Briefen an den Pharao,** gebrannten Tontafeln in Akkadisch, der damaligen semitisch-syrischen Handelssprache, hervor. Zu jener Zeit umgab eine große Stadtmauer die in ihrer Blütezeit bis zu 10.000 Bewohner zählende Stadt. Nicht nur der Handel mit Metallen, auch die direkte Verarbeitung muss den Funden zufolge eine bedeutende Rolle gespielt haben und wurde zur Meisterschaft weiterentwickelt. Es mag zunächst verwundern, weshalb eine so bedeutende Stadt im Hinterland lag, doch seinerzeit gab es hier einen schiffbaren (heute versandeten) Fluss, der Alasia mit dem Meer verband.

Im 12. vorchristlichen Jahrhundert wurde die Stadt „von einem Seefahrervolk" (eine Anspielung auf die Phönizier) zerstört und nur zu einem geringen Teil später wiederaufgebaut. Nach einem **Erdbeben** im Jahr 1075 v.Chr. war die Stadt endgültig am Boden, die Überlebenden zogen ab und gründeten Salamis.

Zu erkennen sind heute die **Fundamente von Gebäuden und der Stadtmauer** sowie eine größere Hauptachse der Stadt. Die Grabungen förderten zahlreiche Schmuckgegenstände und Keramiken sowie die bronzene Statue eines gehörnten Gottes zu Tage, die heute im Archäologischen Museum von Südnicosia steht.

Sv. Barnabas

Praktische Infos

Auf dem Weg von Egkomi zu den Königsgräbern (beschilderter Abzweig gegenüber der Egkomi-Anlage) lohnt nach 1 km unbedingt ein Stopp bei Nordzyperns schönster Klosteranlage St. Barnabas (geöffnet im Sommer **tgl. 9–19 Uhr,** im Winter 9–13 und 14–16.45 Uhr, Eintritt 8 YTL für Kirche inkl. Museum).

Kirchen-geschichte

Das Barnabas-Kloster und seine kirchengeschichtlichen Ursprünge sind für die orthodoxen Christen auf Zypern von herausragender Bedeutung. **Barnabas** wurde als Sohn einer jüdischen Familie in Salamis geboren, studierte in Jerusalem und schloss sich 45 n.Chr. dem *Paulus* an, um das Christentum nach Westen zu verbreiten. Mit der Missionsreise der Apostel *Paulus* und *Barnabas* nach Zypern (ab 49 n.Chr.) begann daher die **Christianisierung Zyperns** (Bekehrung des römischen Prokonsuls *Sergius*). Da *Barnabas* sich den Christen angeschlossen hatte, wurde er in seiner früheren Heimat als Verräter von Juden ermordet (61 n.Chr.), seine Leiche im Sumpf versteckt. Anhänger des *Barnabas* bargen den Leichnam, den sie dann am Westrand von Salamis zusammen mit seiner Matthäus-Bibel in einer Felsnische unter einem Johannisbrotbaum begruben. Erst viel später, im Jahre 432 n.Chr., erschien *Barnabas* dem Bischof *Anthemios* im Traum und wies ihm den Weg zu seinem Grab. Eine ausgesandte Expedition fand tatsächlich die Grabstätte des Heiligen, die zypriotischen Christen brachten die Gebeine nebst Matthäus-Bibel als Beweis für ein Wunder nach Konstantinopel und forderten eine autokephale (eigenkirchliche) Stellung. Kaiser *Zeno* gewährte diese, da der Beweis der direkten Missionierung durch einen der Heiligen Apostel erbracht war. Das Kloster und seine Kapelle entstanden an der Fundstätte des Leichnams 477 n.Chr. mit Geldern des Kaisers als Zeichen der Anerkennung der **kirchlichen Eigenständigkeit Zyperns.** Von den Arabern zerstört, wurde im 10. Jh. eine Mehrkuppelkirche an der historischen Stätte errichtet, die letzte umfassende Umgestaltung erfolgte 1756 unter Erzbischof *Philotheos*. 1974 fiel das Kloster in den türkischen Einflussbereich, die meisten Mönche siedelten nach Süden über. St. Barnabas wurde anschließend vom nordzypriotischen Antiquitäten- und Museumsamt übernommen und als **Archäologisches- und Ikonenmuseum** der Öffentlichkeit präsentiert.

Nicht unerwähnt bleiben darf, dass Kirchenkritiker die Authentizität des „Fundes" von 432 n.Chr. in Frage stellen; ein machtgieriger Bischof könnte dafür Sorge getragen haben, dass man an der ihm im Traum angewiesenen Stelle tatsächlich eine Bibel sowie Knochenreste findet.

Die Kloster-anlage

Die geschilderten geschichtlichen Ereignisse sind als kleine vierteilige Bildgeschichte gleich hinter dem Eingang zur **Klosterkapelle** rechts der Ikonostase zu sehen. Die Kapelle beherbergt zahlreiche Ikonen christlicher Heiliger, u.a. der Apostel *Thomas, Paulus* und

Nikolaus. Die Ikonen sind zweisprachig (auch englisch) untertitelt, sodass die Identifizierung der einzelnen Heiligenbildnisse auch ohne Griechischkenntnisse möglich ist. Besonders prächtig und farbenfroh wirkt die **Ikonostase** (18. Jh.) mit Christus-Darstellungen rechts vom Durchgang sowie (vom Durchgang nach links) mit solchen von *Maria, Barnabas* und den drei Heiligenfiguren von *Spuridon, Neofytos* und *Epiphanos.*

In den drei Seitentrakten des Klosters rund um den hübschen Innenhof befindet sich heute ein **Archäologisches Museum.** Die Ausstellungsstücke umfassen Funde aus der Bronzezeit (Schmuck und Keramiken ab 2500 v.Chr.) bis ins 4. nachchristliche Jahrhundert. Manche zum Teil seltsam anmutenden Figuren (vermutlich Giraffen mit Reitern) aus der archaischen Periode des 7. Jh. v.Chr. stammen nicht aus Zypern und belegen die weit reichenden Handelsbeziehungen bis nach Afrika hinein. Die meisten Stücke wurden im Umland von Salamis entdeckt.

Im Klosterbereich findet man auch eine Erfrischungskantine sowie einen Souvenirshop mit viel Kitsch, aber auch antiquarischen Büchern.

nzyp_037 Foto: wl

Kral Mezarlari (Königsgräber)

Praktische Infos

ℹ️

Gegenüber des Barnabas-Klosters erstreckt sich ein Gräberfeld über eine Fläche von 5 km²; es reicht von der antiken Stadt Salamis bis zu den Ruinen von Alasia (Egkomi). Vom Kloster aus wendet man sich ca. 500 m die Hauptstraße entlang Richtung Salamis und biegt rechts in den Feldweg zum Kassenhäuschen ein. Geöffnet tgl. außer So im Sommer **9–19 Uhr,** im Winter 9–13 und 14–16.45 Uhr, Eintritt 8 YTL.

Geschichte

Beim vorliegenden Gräberfeld handelt es sich nicht, wie der Name vermuten lässt, um königliche Gruften, sondern – vereinfacht dargestellt – um einen **gigantischen Friedhof der antiken Stadt Salamis** aus der Zeit von ca. 800–600 v.Chr. Bislang wurden bereits über 110 Gräber freigelegt, Archäologen sprechen jedoch von der berühmten „Spitze des Eisbergs". Aus den bisherigen Funden geht nämlich hervor, dass auf dem Gelände **Unterteilungen** bestanden. Der Abschnitt Cellarka (Cellarka Mezarlik Alani) etwa war quasi ein bürgerlicher Friedhof, die Gruften und Gräber weiter nördlich waren offenbar die letzte Ruhestätte vieler Adeliger aus Salamis. Deren deutlich größere Grabstätten wurden auch zuerst entdeckt, und wegen ihrer üppigen Ausstattung wurde das gesamte Areal „Königsgräber" genannt. Viele der Fundstücke sind heute im Zypern-Museum in Südnicosia zu sehen.

Grab-architektur

Die Bauart der **Adelsgräber,** von denen die meisten der zugänglichen rund um das Kassenhäuschen/Museum liegen, ähnelt sich in ihrer Grundform sehr stark. Stets führt ein sehr breiter, durch Steinmauern gestützter Zugangsweg leicht abfallend zum eigentlichen **Steingrab,** das unterhalb der Erdoberfläche angelegt wurde. Dieses besteht aus einem kleinen **Vorhof** und der **Gruft,** über der sich ein **gemauerter Grabhügel** erhebt. Da die Bewohner von Salamis an ein Leben nach dem Tode glaubten, wurden den Verstorbenen reichhaltige **Grabbeigaben** bei der Bestattung mitgegeben. Neben Schmuck, Münzen und anderen Wertgegenständen konnten auch Nahrungsmittel, Pferdekutschen, Pferde, Esel und menschliche Skelette in den jeweiligen Vorhöfen gefunden werden. Unklar ist bis heute, ob die Tiere und Menschen lebendig begraben wurden, als Vorhof und Zugangsweg bis zur Erdober-

Tagesausflüge nach Nordzypern

Grab Nr. 50 – „Gefängnis der Hl. Katharina"

fläche aufgeschüttet wurden (um dem Toten zu dienen), oder ob sie im Rahmen von Begräbnisritualen getötet wurden. Vor einigen Gräbern sind Skelette unter schützenden Glasvitrinen so zu sehen, wie sie aufgefunden wurden.

Die Gräber Schon von der Straße aus kann man das große **Grab Nr. 50 („Gefängnis der Hl. Katharina")** ein Stück rückwärtig des kleinen Museums erkennen, welches mit seinem gewölbten Bogendach einem kleinen Feldhangar ähnelt. Der Legende nach war *Katharina* eine Prinzessin aus Salamis zur Zeit der römischen Oberhoheit, die sich ganz dem christlichen Glauben widmete, nachdem kein ihr angemessener Ehemann gefunden werden konnte. Während der Christenverfolgungen durch die Römer wurde zunächst ihre Familie, später auch sie selbst nach Alexandria verbannt, wo sie unter der Folter auf dem Rad dem christlichen Glauben nicht abschwor und den Märtyrertod starb. Ihr Leichnam soll zurück nach Salamis und in Grab Nr. 50 beigesetzt worden sein. Über der Grabstätte soll der Hügel später von den Römern abgetragen und ein Gefängnis errichtet worden sein, nach der Christianisierung des Römischen Reiches durch Konstantin den Großen im 4. Jh. n.Chr. wurde dieses zu einer Katharinenkapelle umgestaltet. Das unterirdische Grab selbst wurde erst 1965 wiederentdeckt.

Bezüglich der **Fundstücke** gilt **Grab Nr. 79** als prächtigste Anlage, wo neben Pferdeskeletten und Wagenresten auch elfenbeinverzierte Thronsessel, ein großes Bett sowie Bronzekessel mit Verzierungen ägyptischen Ursprungs gefunden wurden.

Das **größte Grab** der Gesamtanlage, **Nr. 3** auf der anderen Wegseite schräg gegenüber vom Museum, ist mit seinem hohen Grabhügel weithin erkennbar. Hier wurden Skelette und Streitwagen gefunden, die Ausmaße und die teilweise zusätzliche Grabeinfassung mit getrockneten Ziegeln lassen auf einen höheren Würdenträger schließen. Im Vorhof der über einen 25 m langen Zugang erreichbaren unterirdischen Gruft fanden sich außerdem Aschereste, wobei nicht geklärt ist, ob dies auf einen Scheiterhaufen zur Feuerbestattung (Dienerschaft) oder lediglich auf rituelle Flammen während der Bestattung hindeutet.

Museum Die weiteren Königsgräber sind in sehr schlechtem Zustand oder aber überwuchert. Zu einigen der gefundenen Objekte informiert das kleine Museum am Kassenhäuschen (im Eintrittspreis inbegriffen). Auf **Bildern** und anhand einiger **Rekonstruktionen** wird die

archäologische Erschließung des Gebietes erläutert, durch die **Modelle** die Bedeutung der einzelnen Funde auch für Laien verständlicher. Deutlich erkennbar ist auch ohne große ägyptologische Kenntnisse die offensichtliche kulturelle Nähe des damaligen Zypern zu der Hochkultur am Nil, wie die typischen Profilzeichnungen, aber auch Figuren verdeutlichen.

Das Grabgelände selbst ist nicht mit erläuternden Hinweistafeln versehen, sodass man sich vor dem Besuch einzelner Gräber im Museum einen kurzen Über- und Einblick verschaffen sollte, insbesondere vor einem Besuch des (nicht direkt zugänglichen) Zenotaphs.

Cellarka

Etwa 400 m den Feldweg in südlicher Richtung entlang trifft man auf das Cellarka genannte Areal in der Größe eines kleinen Fußballplatzes. Hier wurden die **„Normalsterblichen"** der ewigen Ruhe übergeben, die Gräber liegen dicht an dicht unmittelbar unter der Erdoberfläche und sind nur mit einem kleinen, teilweise verzierten Zugang versehen. Die **schlichten Schachtgräber,** von denen bislang rund 100 untersucht worden sind, waren meist als Familiengruft angelegt. Die Zwischenmauern dienten vermutlich als Abtrennung der einzelnen Grabbereiche.

Zenotaph

Würde man dem (bald endenden) Feldweg noch 1 km weiter geradeaus südwärts bis zur Straße bei Egkomi folgen, träfe man auf **Grab Nr. 77,** auch **„Zenotaph des Nikokreon"** genannt. Die verschlossene und nur von außerhalb des Zaunes zu begutachtende Anlage erreicht man mit dem Auto am besten von Egkomi aus auf der Straße geradeaus (nicht links zum Barnabas-Kloster) fahrend hinter der Ortskirche.

Nicht nur die abgeschiedene Lage, auch die Tatsache, dass hier **keine Toten** bestattet wurden, hebt Nr. 77 von den anderen Grabstätten ab.

311 v.Chr. erhob sich **Nikokreon,** der Stadtkönig von Salamis, gegen die Oberhoheit des Ägypters *Ptolemäus I.,* der unverzüglich die Belagerung der aufständischen Stadt anordnete. Im Angesicht der haushohen Überlegenheit der ägyptischen Truppen und aus Angst vor Vergewaltigung und Sklaverei wählte *Nikokreon* den Freitod, seine Gattin *Axiothea* ließ ihre Kinder töten. Anschließend überredete sie die königlichen Geschwister ebenfalls zur präventiven Selbsttötung, steckte nach der Auslöschung der gesamten königlichen Linie den Palast in Brand und warf sich in die Flammen.

Tagesausflüge nach Nordzypern

Ptolemäus I. war besänftigt, ließ einen ihm gewogenen Statthalter einsetzen und die Bürger von Salamis ansonsten ungeschoren. Die Bewohner errichteten später ein pyramidenähnliches Monument mit Tonfiguren auf den Stufen, welche vermutlich die königliche Familie repräsentieren sollten. Nach einer symbolischen Bestattung mit Opfergaben wurde die Pyramide mit einer mehrere Meter starken Erdschicht bedeckt und geriet in Vergessenheit, ehe der Zenotaph (= griech.: Gedächtnisstätte) 1965 wiederentdeckt und freigelegt wurde.

Salamis

Bedeutendste historische Stätte in Nordzypern

Was Kourion für den Inselsüden bedeutet, ist Salamis für den Nordteil Zyperns – die bedeutendste und beeindruckendste historische Stätte überhaupt und sicherlich ein „Muss" für alle Reisende in die Türkische Republik Nordzypern. Die **wundervolle Lage am Meer,** aber auch der gute Erhaltungszustand der Ruinen machen aus Salamis einen Besuchermagneten.

Praktische Infos

Die antike Stadt liegt unmittelbar rechts der Küstenstraße **Gazimağusa – Dipkarpaz** und wird meist im Anschluss an einen Besuch der Königsgräber und des Barnabas-Klosters angesteuert. Nach dem Abzweig von der Hauptstraße (beschildert) passiert man einen ausgedehnten Picknickplatz linker Hand und erreicht das Meeresufer mit einem hübschen **Sandstrand** am Strandlokal Bedis. Hier hält man sich rechts und steht unmittelbar vor dem beschrankten Parkplatz und dem Kassenhäuschen, wo nach Bedarf kostenlose Führungen in türkischer, englischer und deutscher Sprache angeboten werden. Der **Eintritt** beträgt 10 YTL, die Anlage ist **tgl. 9–19 Uhr,** im Winterhalbjahr 9–13 und 14–16.45 Uhr geöffnet.

Stadtgründung

Salamis soll **im 12. Jh. v.Chr.** – so berichten es die griechischen Sagen – von dem weniger bekannten trojanischen Helden *Teukros* (Sohn des Königs *Telamon*) gegründet worden sein. Wissenschaftlich arbeitende Historiker gehen dagegen davon aus, dass die **Bewohner von Egkomi** ihre nach einem Erdbeben 1075 v.Chr. zerstörte Stadt verließen und eine neue Siedlung an dieser Stelle gründeten. Die **günstige Lage** in einer kleinen geschützten Bucht, die auch nach dem Untergang von Alasia weiter bestehenden Handelskontakte und das Geschick der Stadtkönige von Salamis führten rasch zu einer **Blütezeit** (11.–8. Jh. v.Chr.), in der **100.000 Menschen** innerhalb der Stadtmauern gelebt haben sollen. Zu dieser Zeit entstanden auch die Königsgräber zwischen Salamis und den Ruinen von Alasia (Egkomi).

Hegemonie auf der Insel   Zunächst den Assyrern und ab dem 6. Jh. v.Chr. den Ägyptern tributpflichtig, gelang es dem Stadtkönigtum von Salamis durch geschicktes Taktieren die anderen Stadtkönigreiche auf Zypern zu dominieren. Unter König *Euelthon I.* (560–525 v.Chr.) erhielt Salamis ein eigenes Münzprägerecht, der Kupferhandel erfuhr einen bis dahin ungeahnten Höhepunkt.

Perser und Ptolemäer   Im 5. vorchristlichen Jahrhundert folgte aufgrund von Konflikten mit den aufstrebenden Persern ein Entwicklungsrückschlag, 332 schlug sich Salamis auf die Seite *Alexanders des Großen* und erlangte die Unabhängigkeit von den Persern. Nach dem unerwarteten Tod *Alexanders* (323 v.Chr.) wurde das Reich aufgeteilt, Zypern fiel an *Ptolemäus I.,* der sein Reich in Ägypten etablierte. Unter den Ptolemäern wurden die zypriotischen Stadtkönigreiche aufgelöst und Statthalter eingesetzt (Vizekönige). Die **Vormacht von Salamis** auf Zypern war zugunsten von Pafos **beendet.** Während der Expansionsphase wurden die Ptolemäer von Rom unterstützt, das im Gegenzug Zypern erhielt (endgültig 58 v.Chr.).

Constantia   Nach der Christianisierung Zyperns im ersten Jahrhundert unserer Zeitrechnung folgte eine längere Phase der Erholung, im 4. Jh. warfen **Naturkatastrophen** (Erdbeben, Flutwellen) die Stadt erneut zurück und zerstörten weite Teile des Gebietes. Salamis wurde als „Constantia" (nach dem byzantinischen Kaiser *Konstantin II.,* der den Wiederaufbau finanzierte) **wiederaufgebaut** und im 5. Jh. sogar **noch einmal zur Inselhauptstadt** ernannt – aus dieser Phase stammen die meisten der heute erhaltenen Bauwerke. Streng genommen müsste man also von Constantia und nicht von Salamis sprechen, doch Salamis setzte sich durch, da Constantia schon 648 infolge arabischer Überfälle zerstört und aufgegeben wurde. Ein Wiederaufbau lohnte sich wegen der Versandung des Hafens nicht, die Bewohner zogen nach Süden und gründeten die Stadt Arsinoe (Ammochostos bzw. Gazimağusa).

Ende des 19. Jh. wurde das antike Salamis wiederentdeckt und mit **umfangreichen Ausgrabungen** begonnen, die noch heute andauern.

Rundgang in 3 Std.   Früher konnte man auf dem gesamten Areal mit dem Pkw die einzelnen Punkte anfahren, was aber nicht nur unnötig, sondern auch unsinnig war. Dem wurde ein Riegel vorgeschoben und ein neuer Eingang unmittelbar vor den wichtigsten Einzelpunkten angelegt

Tagesausflüge nach Nordzypern

(der frühere Zugang von der Küstenstraße her ist geschlossen). Für den ersten und bedeutendsten Abschnitt vom Gymnasium bis zum Römischen Bad sollte man 1½ bis 2 Stunden einplanen, ein anschließender vollständiger Rundgang ab dem Theater über Kampanopetra-Basilika – Zeustempel – Epiphanius-Basilika – Stadtmauer und Römische Villa dauert zusätzlich rund 1 Stunde (reine Gehzeit). In der Anlage von Salamis gibt es **keine Erfrischungsmöglichkeiten,** vor allem im Hochsommer empfiehlt sich daher unbedingt die Mitnahme von Sonnenschutz und reichlich Trinkwasser.

Gymnasium

Das Gymnasium (= griech.: **Sportplatz**) wurde im 2. Jh. v.Chr. erstmals errichtet und nach einem schweren Erdbeben im 4. Jh. mit etlichen Originalteilen wieder aufgebaut. Es diente in der Antike als ein Ort geistiger und körperlicher Ertüchtigung, vor allem auf dem 54 x 40 m großen Zentralplatz. Im Zentrum stand, zumindest für die Regentschaft des römischen Kaisers *Augustus* (31 v.Chr. bis 14 n.Chr.) nachweisbar, ein großes Standbild des römischen Imperators. Um den Platz herum gruppieren sich **vier Säulenhallen mit vorgebauten Räumen,** die als Latrinen für 44 Personen sowie als Umkleide-, Arbeits- und Aufenthaltsräume dienten.

In einem der Vorräume steht eine ganze **Reihe kopfloser Statuen** – sie wurden als Symbol des heidnischen römischen Glaubens von den frühen Christen nach der Christianisierung Zyperns „enthauptet", die Köpfe sind bis heute verschwunden.

Römische Bäder

Die etwas abgetrennten Räumlichkeiten im Ostteil des Gymnasiums waren jeweils mit einem oktogonalen **Frigidarium** (Kaltwasserschwimmbecken) versehen und dienten, nach Geschlechtern getrennt, der Erfrischung nach den sportlichen Aktivitäten. Dazwischen befanden sich mehrere **Dampfbäder** (Sudatorien), in denen Fresken- und Mosaikfragmente erhalten sind. An der Südwand zeigt ein Freskenrest aus dem 3. Jh. v.Chr. den *Hylas,* einen Intimus des *Herkules,* auf der Suche nach dem „Goldenen Vlies", die Mosaikböden haben *Apollon* und *Artemis* bei der Tötung der Kinder von *Niobe* mit Pfeilen zum Motiv. Auf dem zweiten Mosaik wurde *Leda,* die Mutter der *Helena,* neben *Zeus* dargestellt, der sich ihr als Schwan mit Hilfe des Flussgottes *Eurotas* nähert.

Enthauptete Statuen im Gymnasium von Salamis

Amphitheater und Stadion

Zwischen dem **Gymnasium und** dem **Theater** fanden die Archäologen die Reste eines Stadions (links) und eines Amphitheaters (rechts), welches auf den Übersichtskarten vor Ort eingezeichnet, aber nur im Ansatz anhand der Grundmauern erkennbar ist. Während im Stadion Wettrennen abgehalten wurden, war das Amphitheater (griech.: *amphi* = beide, doppelt) ein ovales Theater ohne Dach, welches von Außenmauern umgeben wurde. Es setzte sich aus zwei halbkreisförmigen Theatern mit ansteigenden Zuschauertribünen (lat.: *cavea*) zusammen, daher auch der Name. Hier fanden bis in die spätrömische Zeit hinein Gladiatorenkämpfe statt. Nach der Christianisierung Zyperns wurden diese nicht mehr durchgeführt, die bei dem Erdbeben im 4. Jh. zerstörte Anlage wurde nicht wieder aufgebaut.

Theater

Das halbkreisförmige Theater war eine Stätte der gepflegten Unterhaltung und verfügte ursprünglich über 50 stufenartig ansteigende Zuschauerreihen bis in 20 m Höhe. Sie boten ca. **16.000 Zuschauern** Platz, das Theater von Salamis gehörte damit zu den größten römischen Theatern des gesamten Mittelmeerraumes. Zum Vergleich: Das ebenso berühmte Theater von Kourion (Südzypern) hatte lediglich 3500 Sitzplätze, jenes von Pula (Istrien, UNESCO-Weltkulturerbe), 23.000 Plätze. Auf der halbkreisförmigen Spielfläche stand ein Altar, auf dem vor den Aufführungen Opferriten zelebriert wurden, eine mit Malereien verzierte Bühnenwand (lat.: *scena*) von ca. 40 m Breite stand dahinter. Das Theater wurde durch das Erdbeben im 4. Jh. stark beschädigt und als Steinbruch verwendet, erst in den 1960er Jahren konnte die Anlage – allerdings nur 18 Tribünenreihen – rekonstruiert werden und ist seitdem eines der beliebtesten Fotomotive Nordzyperns.

Es geht um die Wurst

Die **Salami** taucht erstmals in einem Kochbuch des Jahres 228 v.Chr. auf. Der Name der Wurst basiert auf Salamis, jener antiken Stadt in der Nähe von Famagusta auf Zypern. Erst gegen 1850 brachten italienische Bauarbeiter die „Salami" nach Ungarn. Die Magyaren waren derart begeistert, dass die Unternehmer *Pick* und *Herz* 1869 zwei Salamifabriken eröffneten, von denen eine noch heute existiert.

Roma Hamami und Sütunlu Cadde — Westlich des Theaters – man folgt dem Weg am rechten bzw. südwestlichen Halbkreisende des Theaters – werden derzeit **weitere römische Bäder** (türk. *Roma hamami*) ausgegraben; von diesen Bädern führte eine ca. 5 m breite prächtige **Hauptachse** (Sütunlu Cadde) zur Epiphanios-Basilika (s.u.), die gleichfalls erst zu einem kleinen Teil freigelegt wurde; die Arbeiten dauern an.

Römische Villa — Ein Stück südlich des Theaters Richtung Basilika lohnt ein Blick auf eine in den **Grundmauern** gut erhaltene römische Villa. Sie umfasst eine Empfangshalle mit Innenhof sowie Wohn- und Funktionsräumlichkeiten, die über das säulenbestandene Atrium zugänglich waren. Man geht davon aus, dass es sich um das private Wohnhaus eines wohlhabenderen Kaufmannes oder Funktionärs gehandelt haben könnte. Nachdem Salamis verlassen wurde, nutzten die Bauern des Umlandes diese nach dem erwähnten Erdbeben offenbar größtenteils noch unversehrte Villa als **Ölmühle,** Teile der im Atrium gefundenen Presse sind erhalten.

Kampanopetra-Basilika — Die freigelegten Relikte der Basilika werden auf das späte 4. Jh. und damit auf die Zeit nach dem Erdbeben datiert. Der Innenhof war von Säulen umrahmt und verfügte als Besonderheit über einen zentralen oktogonalen (achteckigen) **Brunnen.** Man geht davon aus, dass hier rituelle Waschungen, aber auch Taufen stattfanden. Das Kirchenschiff endete in drei Apsiden, im mittleren befand sich der bischöfliche Thron. Angegliedert an die Seitenschiffe der Basilika lagen mehrere **Katechumena** genannte Aufenthaltsräume für die noch ungetauften Teilnehmer der Messen. Unmittelbar an die Basilika waren weitere Räumlichkeiten angebaut worden, die aus einem Innenhof (Atrium) und Baderäumen mit zum Teil gut erhaltenen **Mosaiken** bestanden.

Den ufernahen Weg ein stück weiter nach Süden folgend und an der Wegkreuzung links gehend, erreicht man den alten **Hafen,** dessen Relikte unter der Wasseroberfläche liegen. Die Kampanopetra-Basilika wird daher auch als „Hafenbasilika" bezeichnet.

Basilika Agios Epiphanios — Die mit knapp 60 m Länge und über 40 m Breite **größte jemals auf Zypern gebaute Basilika** entstand ebenfalls Ende des 4. Jh. und wurde nach dem seinerzeitigen Bischof von Salamis, dem *Hl. Epiphanios* (386–403), benannt. Das Hauptschiff hob sich mittels zweier Reihen von jeweils 14 Säulen von den Seitenschiffen deutlich ab und endete in einer halbkreisförmigen Apsis. Die Räum-

Tagesausflüge nach Nordzypern

lichkeiten an den Kopfenden der Seitenschiffe dienten als Umkleide- und Aufbewahrungsräume.

Im 7. Jh. während der arabischen Überfälle zerstört, wurde die Epiphanios-Basilika nicht wieder aufgebaut, aus ihren Trümmern entstand eine **kleinere Basilika** unmittelbar hinter dem Kopfende des rechten Seitenschiffes. Hier fanden die Archäologen eine Grabstätte, die dem *Hl. Epiphanios* zugeschrieben wird.

Etwa zeitgleich zum Bau der jüngeren, kleineren Basilika wurde rund um den noch bewohnten Bereich von (nun) Constantia eine mehrere Meter starke **Stadtmauer** gezogen, von der größere Reste am äußeren Weg in westlicher Richtung gut erhalten blieben.

Vouta und Aquädukt Dem Weg weiter nach Süden folgend, gelangt man zum „Zisterne" oder „Reservoir" genannten größten Wasserspeicher Zyperns aus byzantinischer Zeit. Die Stadt Salamis verfügte über ein ausgefeiltes, bis ins 7. Jh. intaktes **Wasser- und Kanalisationssystem** (griech.: *vouta*). Vom Bergdorf Değirmenlik verlief ein 60 km langer Aquädukt zum Reservoir mit den drei einst überwölbten Säulenreihen, bestehend aus insgesamt 36 steinernen Säulen. Das Frischwasser floss von hier aus über halb unterirdisch verlegte Rohrleitungen zu den Bädern und teilweise auch in Wohnhäuser.

Agora (Forum) Unmittelbar hinter dem Wasserspeicher befand sich das Forum **(städtischer Marktplatz),** das während der hellenistischen Periode gebaut und bei dem großen Erdbeben im 4. Jh. vollkommen zerstört wurde. Auf etwa **10.000 m² Fläche** reihten sich Stände und kleine Geschäfte aneinander, verkauften Bauern ihre Produkte und boten Fischer ihren Fang feil. Aber auch Kunsthandwerk, Metallprodukte und Bekleidung wurden gehandelt. Die beiden im Grundriss kirchlichen Seitenschiffen ähnelnden Seiten bestanden aus Überdachungen, die mit Hilfe unzähliger Säulen gestützt wurden und die Händler und Waren vor Hitze und Regen schützten.

Zeustempel Südlich der Agora schloss sich ein römischer Zeustempel an. Eine große Freitreppe führte zum Tempel hinauf, der mit umlaufenden Kolonnaden geschmückt war. Er entstand auf den Grundmauern eines hellenistischen Vorgängerbaus und verfügte über das Sonderrecht, Flüchtigen **politisches Asyl** zu gewähren. Dieses Recht wurde vom römischen Kaiser *Augustus* 22 v.Chr. bestätigt. Während der Ausgrabungen wurden Inschriften zu Ehren des *Zeus* im Tempelbereich entdeckt.

Die Karpaz-Halbinsel

Ursprüngliche Flora und Fauna

Der **„Pfannengriff",** wie der lang gestreckte nordöstliche Zipfel der Insel oft genannt wird, gilt als zypriotisches Naturreservat mit einem Überfluss an Flora und Fauna, ohne dass menschliche Eingriffe oder Infrastrukturmaßnahmen den ursprünglichen Zustand bislang nachhaltig verändert hätten. Abgelegen und isoliert, **sehr dünn besiedelt** und mit einem **ganz eigenen Charme** versehen, hebt sich die Karpaz-Halbinsel deutlich vom Rest des Landes ab. Im Frühling wähnt man sich ob der üppigen Blumen- und Kräuterpracht geradezu in einem Paradies. Hier findet man sie noch, die wild grasenden Esel, von denen der ehemalige türkisch-zypriotische Präsident behauptete, sie seien auf der Insel die einzig echte (ganz-)zypriotische Spezies.

Dipkarpaz

Ehem. Hauptstadt der Halbinsel

Die ehemalige „Hauptstadt" der Karpaz-Halbinsel beherbergt die letzte verbliebene **griechisch-zypriotische Gemeinde,** gut 300 Menschen. Als die Grenze noch undurchlässig war (bis 2003), donnerten zweimal wöchentlich UN-Konvois mit Lebensmitteln und Gütern des tägliches Bedarfs nach Dipkarpaz, deren Bewohner „nichts bei denen", den Türken also, kaufen. Ungern wird von den Griechen die türkische Lira akzeptiert, das (süd-)zypriotische Pfund ist die eigentliche interne Hauptwährung, da die Zyperngriechen frei nach Südzypern reisen und dort einkaufen können. Aber: „Pecunia non olet" – Geld stinkt nicht, und ehe ein Kunde nicht bezahlen kann, wird auch die Lira akzeptiert.

Während **im Ortskern** die **Griechen** dominieren, leben **in den Außenbezirken** ausschließlich **Türkisch-Zyprioten** (rund 2500). Der Unterschied ist augenfällig: Während letztere auf den Feldern arbeiten, sieht man viele Griechen vor den Türen oder im Kafenion sitzen. Sie können es sich leisten, da sie als registrierte Griechisch-Zyprioten mit südzypriotischem Pass ihre vergleichsweise hohe Rente aus Südzypern beziehen. Weitere Vorteile sind die absolute Freizügigkeit auf ganz Zypern, weshalb viele jüngere Zyperngriechen nach der Grundschule eine höhere Ausbildung in Lefkosia-Süd anstreben können. Natürlich bleiben viele anschließend lieber im Süden als auf der Karpaz-Halbinsel, sodass die griechische Minorität allmählich ausstirbt.

Tagesausflüge nach Nordzypern

Sehens-wertes

Sehenswert sind im Ort die **neue Moschee** sowie nebenan die **Kirche Agios Sinesis** aus dem 18. Jh., wobei ein Vorgängerbau aus dem 14. Jh. integriert wurde und eine Stilvermischung gotisch-fränkischer und modernerer Elemente entstand. So weist die alte Zentralapsis eine Kuppel (byzantinisch, über den grob geschliffenen Kalksandsteinblöcken) auf, seitlich wurde dagegen ein Campanile (Glockenturm, typisch für venezianische Kirchen) mit Verzierungen wie Rosette und Balustrade angebaut.

Agios Filon (Karpasia) und Afendrika

Agios Filon

Die Anlage direkt am Ufer wird meist pauschal als Agios Filon bezeichnet, die Ruinen gehören jedoch zu einer antiken Stadt namens „**Karpasia**" (Namensgeberin der gesamten Halbinsel), die vermutlich um 200 v.Chr. gegründet wurde und ihre Blüte im 5. Jh. n.Chr. erlebte. Bischof *Filon* (367– 403 n.Chr.) ließ unter anderem eine **Basilika** (Agios Filon) unmittelbar am Meer errichten, die aber wie alle übrigen Gebäude der Stadt im 9. Jh. von eindringenden Arabern vollständig zerstört wurde. Die Grundmauern der alten Basilika reichen bis ans Ufer und sind gut erkennbar, die darauf errichtete und recht gut erhaltene **Kreuzkuppelkirche** stammt aus dem 11. Jh. Direkt neben der dem Restaurant abgewandten Seite der Kirche findet man **unterirdische Zisternen** (leicht erkennbar) und weitere Grundmauern der alten Stadt. Man nimmt an, dass das Gebäude vor der Zisterne die bischöfliche Residenz aus dem 4. Jh. war, die zum Teil sehr schönen **Mosaiken** in der Kirche werden auf das späte 4. Jh. datiert.

Afendrika

5 km von Agios Filon entfernt, ebenfalls an der Küste, liegen die Ruinen von Afendrika. Wie im Falle von Karpasia handelt es sich um eine **spätantike Siedlung,** die dem griechischen Historiker *Strabo* (um 200 v.Chr.) zufolge seinerzeit eine der größten Städte Zyperns gewesen sein soll. Das noch weitgehend unerforschte Stadtgebiet erstreckt sich über eine Fläche von mindestens 5 km², am „Ortseingang" sind **drei gut erhaltene Kirchen** dicht nebeneinander zu sehen: Panagia Chrysiotissa (6. Jh.), Agios Georgios (12. Jh.) sowie Agios Asomatos (14. Jh.). Weiter westlich liegt ein

Ruinenfragment in Afendrika

kleiner Tempel, vermutlich zu einer frühchristlichen Begräbnisstätte gehörend. Knapp 2000 m nordöstlich lag der Hafen, heute findet man hier einen kleinen Sandstrand und die Ruinen eines verlassenen Gehöftes, bekannt unter der Bezeichnung „Efendiler", wo auch die Fahrpiste endet.

Big Sands Beach

Zyperns schönster Strand

Auf dem Hinweg von Dipkarpaz zum Kap Zafer fällt er gar nicht so sehr auf, Zyperns schönster Strand. Die beste Sicht hat man oben an der Hügelkuppe vom Kap kommend auf der Rückfahrt. Mehrere kleinere Sandbuchten liegen zunächst am Weg, die **fein-**

nzvp_044 Foto: wl

Tagesausflüge nach Nordzypern

sandige Dünenlandschaft des Hauptstrandes erstreckt sich über eine Länge von beinahe 3 km, die Dünenlandschaft reicht teilweise über 200 m ins Landesinnere. Der Hauptstrand beginnt etwa bei den Turtle Beach Bungalows und endet am Anstieg zum Kap Zafer/Andreaskloster.

Zafer Burnu (Kap Zafer)

Andreas-
kloster

Hinter dem Big Sands Beach steigt die Straße an und passiert eine Schranke (tagsüber geöffnet), kurz darauf kommt das orthodoxe Andreaskloster (griech.: Moni Apostolou Andrea) in Sicht. Während einer Reise im östlichen Mittelmeer soll das Schiff mit dem biblischen **Apostel Andreas** an Bord in eine tagelange Flaute bei gleichzeitig extrem hohen Temperaturen geraten sein. Nachdem Mannschaft und Passagiere dem Verdursten nahe und der Kapitän mangels Wasser bereits erblindet war, erfuhr *Andreas* eine göttliche Inspiration und leitete das Schiff in die Bucht am Kap, wo man auf eine rettende Quelle stieß. Der Schiffskapitän soll aus Dankbarkeit eine Ikone gestiftet und so die Klostergründung an diesem

nzvp_045 Foto: wl

Ort initiiert haben. Das Klostergebäude mit seinen beinahe latein-amerikanisch anmutenden umlaufenden Balustraden entstand allerdings erst zur Zeit der *Lusignans* im frühen 15. Jh. Die kleine Kapelle mit quadratischem Grundriss wurde direkt über der Quelle aus der Legende gebaut. Das längst verlassene Kloster erwacht alljährlich am 15. August anlässlich Mariä Himmelfahrt noch einmal zum Leben, wenn eigens ein orthodoxer Priester aus Dipkarpaz hier die Messe liest.

Das Kloster ist meist verschlossen, doch ein eifriger Küster ist schnell zur Stelle, um gegen ein kleines Bakschisch eine Privatführung zu geben.

Auf dem Vorplatz wird täglich ein „Geistermarkt" abgehalten: Zahlreiche Händler verkaufen Textilien (Strickwaren, Stickereien), auf Alt gemachte Lämpchen, Eisenwaren (Messer, alte Rasierklingen) usw. Fehlen nur noch die Touristen ...

Das Sträßchen wird hinter dem Kloster zur (sehr vorsichtig befahrbaren) Piste. Gleich nach dem Kloster passiert man das **Sea Bird Restaurant,** das einzige Lokal hier oben am Kap und spezialisiert auf fangfrischen Fisch der Saison. Das nimmt nicht weiter wunder, liegt doch in der vorgelagerten Bucht die gesamte Hochsee-Fischereiflotte Nordzyperns vor Anker.

Nach 2 km endet die Piste vor einem Wachtposten, rechts kann man den beflaggten Hügel hinaufgehen und die tolle Aussicht über das **„Ende der Welt"** und die vorgelagerten **Klides-Inselchen** genießen (griech.: *klides* = Schlüssel).

Tagesausflüge nach Nordzypern

Das Andreaskloster liegt malerisch am Kap Zafer

zyp_416 Foto: wl

Anhang

Glossar

- **Abecedarium:** Alphabet (griechisch), welches der Bischof bei der Kirchweihe in den Boden gravierte
- **Agia/Agios:** Heilige(r)
- **Agora:** Markt-/Versammlungsplatz in der griechischen Antike (röm. Forum)
- **Akropolis:** Oberstadt; meist religiöser Mittelpunkt einer Stadt in der Antike
- **Amphitheater:** Theater mit ovaler Arena und ringsum geschlossenen Sitzreihen
- **Apsis:** Halbkreisförmiger Raum in Tempel oder Kirche
- **Aquädukt:** Römische Wasserleitung
- **Archidiaconus:** Geistlicher Titel (Erzdiakon); ursprünglich erster Diakon und Vertreter des Bischofs, oft in Personalunion Dompropst, beteiligt an Vermögensverwaltung und Kirchenrechtsprechung
- **Atrium:** Offener Hof im Zentrum des Hauses oder Vorhof der frühchristlichen Basilika
- **Autokephalie:** Kirchenautonomie mit besonderen, regentenähnlichen Privilegien für den Erzbischof

- **Basilika:** Kirchentyp mit drei oder mehr Schiffen, bei dem das mittlere Schiff erhöht ist und eigene Fenster besitzt
- **Bema:** Altarraum griech.-byzantinischer Kirchen
- **Byzanz:** Hauptstadt des byzantinischen Weltreichs (später Konstantinopel, heute Istanbul) und gleichzeitig Bezeichnung für das oströmische Reich nach der Spaltung von Westrom (Reichsteilung 395 n.Chr.). Während „Westrom" schon 476 n.Chr. von den germanischen Goten zerschlagen wurde (Odoaker), blieb Byzanz („Ostrom") bis zur Eroberung durch die Türken 1453 ein gewichtiger Machtfaktor und Bollwerk gegen den Islam im Osten des Mittelmeeres. Die byzantinisch-oströmische Kultur war für Zypern sehr bedeutsam, was vor allem an der nur allmählichen Trennung von Kirche und Staat lag: kirchlich unterstanden viele Städte (bis zur Autokephalie; siehe dort) weiterhin dem Patriarchen von Konstantinopel, während sie politisch an die Nachfolger Westroms fielen (etwa Venedig) und so erst spät unter den römisch-katholischen Einfluss gerieten.

- **Campanile:** Glockenturm, der abgesetzt neben der Kirche steht; sehr häufig bei Kirchen anzutreffen, die während der venezianischen Phase errichtet worden sind
- **Chalkolithikum:** Kupfersteinzeit, auf Zypern von 3000–2300 v.Chr.

- **Empore:** Galerie in Kirchen und Theatern

- **Forum:** Markt und Versammlungsplatz in römischer Zeit
- **Fresken:** Wandmalereien auf frischem, noch feuchtem Putz

- **Hamam:** Türkisches Dampfbad
- **Han:** Türkische Herberge, ursprünglich für Händler
- **Hellenistische Kunststile:** Kunstrichtung von 330–30 v.Chr. in Griechenland

Bild auf den Seiten zuvor: Adelfoi-Gipfel

- **Ikone:** Kultbild einer heiligen Person der orthodoxen Kirche
- **Ikonostase:** Meist dreiteilige, mit Ikonenbildern versehene Trennwand zwischen Altar und Kirchenhauptschiff in griechisch-orthodoxen Kirchen
- **Impluvium:** Wasserbecken zum Sammeln von Regenwasser im römischen Atriumhaus

- **Kapitelsaal:** Raum eines Klosters, in dem die Mönche ihre Weisungen erhalten
- **Kolonnade:** Säulenreihe
- **Kommende:** Verwaltungsbezirk des Johanniterordens
- **Kreuzkuppelkirche:** Byzantinischer Kirchentyp mit mehreren Kuppeln, die aus der Vogelperspektive gesehen ein Kreuz bilden
- **Krypta:** Unterirdische Reliquienkapelle

- **Lapidarium:** In Anbetracht der römischen Geschichte wird für kleine Museen und Ausstellungen vergleichsweise oft der Begriff „Lapidarium" verwendet. Es handelt dabei ausschließlich um Sammlungen steinerner Relikte (lat. *lapidarius* = steinern) wie Steinfußböden, Wandplatten oder andere Fragmente bzw. Bauteile (etwa Säulen).

- **Minarett:** Schlanker Turm einer Moschee, von dem der Muezzin zum Gebet ruft

- **Narthex:** Vorhalle einer Kirche und Platz für Ungetaufte während des Gottesdienstes
- **Nymphäum:** Römische Wasseranlage mit tempelartiger Fassade

- **Panagia:** Muttergottes
- **Peristyl:** Säulenhalle oder Säulengang, meist ein Atrium umgebend
- **Portikus:** Von Säulen getragenes Vordach einer Kirche/Kathedrale/Basilika; recht selten bei christlichen, vorwiegend bei Sakralbauten byzantinischen Ursprungs zu sehen
- **Polyptichon:** Meist holzgeschnitzte, baldachinähnliche Kirchenaltäre oder Seitenschreine mit vielen Bildnissen christlicher Heiliger; das äußere Erscheinungsbild eines Polyptichons ist dem einer Ikonostase nicht unähnlich, sein Ursprung wird daher byzantinischen Vorbildern zugesprochen

- **Scheunendachkirche:** Typische Bergkirchen auf Zypern (Troodos-Gebirge) mit lang heruntergezogenem Satteldach
- **Stadion:** 1. antikes Längenmaß (ca. 185 m, ursprünglich 600 Fuß); 2. Laufbahn von 185 m Länge; 3. Wettkampfstätte mit Laufbahn und Wällen bzw. Sitzreihen für die Zuschauer

- **Teke:** Islamische geistliche Anlage

- **Zisterne:** Meist unterirdische Sammelanlage für Trinkwasser

Anhang

Literaturverzeichnis

Deutschsprachige Literatur zu Zypern muss man beinahe mit der Lupe suchen, auch wenn das Interesse an der kleinen Insel nach dem EU-Beitritt sicherlich zugenommen hat. Hier eine kleine Auswahl empfehlenswerter Titel zu unterschiedlichen Themen:

- *Daszewski, W. & Michaelides, D.*
Führer der Pafos-Mosaiken. Nicosia, 1989. Spezialmonografie zum Archäologischen Park von Pafos und dessen einzelnen Monumenten.
- *de Parthog, Gwynneth*
Byzantine and Medieval Cyprus. New Barnet (Engl.), 1995. Umfangreiche Darstellung in englischer Sprache zu den frühchristlichen, byzantinischen und fränkischen Monumenten auf Zypern. Mit umfangreichem Anhang zu Töpferei, Münzkunde und zypriotischen Heiligen.
- *Haak, Nicole*
Zypern – ein Konflikt zwischen Stagnation und europäischer Lösungsperspektive. Grin-Verlag, 2011. Neueste und brandaktuelle wissenschaftliche Auseinandersetzung mit der Zypernfrage.
- *Hillenbrand, Klaus*
Cypern, 1997. Handlicher und knapper Band der Beckschen Reihe (Aktuelle Länderkunde) mit gutem Einblick in Geschichte, Politik und Wirtschaft.
- *Kanelakis, Nico*
Die Wiedervereinigung Zyperns – Eine Illusion der internationalen Politikdiskussion? Grin-Verlag, 2008. Umfassende und aktuelle Diskussion zum Hauptthema auf Zypern. Leider mit 60 Euro sehr teuer.
- *Mayer, Hans Eberhard*
Geschichte der Kreuzzüge. Stuttgart, 1986. Standardwerk zu den Kreuzzügen ins Heilige Land und allen damit beteiligten Staaten/Regionen.
- *Poew, René*
Der Beitritt Zyperns zur EU. Lit-Verlag, Mai 2007. In diesem aktuellen Werk werden Probleme des Völkerrechts, des Europarechts und des zypriotischen Rechts sowie Leitideen für die Entwicklung eines zukünftigen reorganisierten gesamtzypriotischen Staates vorgestellt.
- *Taylor, Jennifer*
Zärtliche Nächte auf Zypern. Cora-Verlag, 2011. Leichte Lektüre als E-Book-Roman zum Download und Mitnehmen.
- *Zeilinger, Johannes* (Hrsg.)
Cypern – Orient und Okzident. 1989 (Matthes & Seitz). Historische Reiseberichte zum Land aus unterschiedlichsten Epochen.
- *Zeilinger, Johannes*
Zypern. Berlin (Matthes & Seitz), Dezember 2006. Ägypter, Araber, Kreuzritter, Venetianer, Türken, Engländer – sie alle waren länger oder kürzer in Besitz Zyperns, der Insel der Aphrodite. Dieses topaktuelle Buch berichtet über Landschaft und Geschichte, über Politik und Literatur des Mittelmeereilands.

Anhang

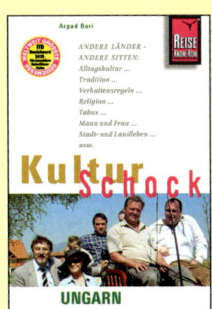
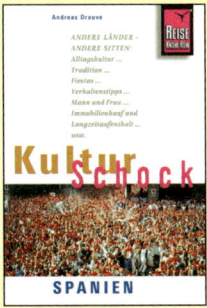
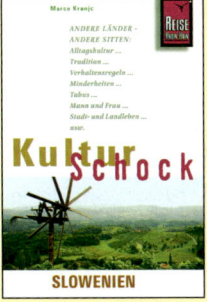

Register

Anhang

schoflenseges

Der Autor *Jofelaninchen*

Nach abgeschlossenem Studium (Slawistik, Sinologie, Geschichte) arbeitete **Werner Lips** u.a. als Offizier im Balkaneinsatz, Manager bei Markenunternehmen und Betriebsleiter in der Baunebenbranche. Heute unterrichtet er an Gymnasium und Hochschule die Fächer Chinesisch, Russisch, Geschichte und Sport. Nebenbei berät der gefragte Osteuropa- und Asien-Experte wiederholt Fernsehen (WDR, VOX) und Behörden, darüber hinaus engagiert sich der lizenzierte Handball-Trainer ehrenamtlich im Vereinssport.

Als Taucher, Motorradfahrer und Trekker ist er seit etlichen Jahren intensiv über und unter Wasser in Südeuropa und Südchina unterwegs auf der Suche nach interessanten Reisezielen.

Die noch immer geteilte Insel Zypern fasziniert ihn landschaftlich, kulturell und historisch, nicht zuletzt auch wegen ihrer Lage im Schnittpunkt alter Hochkulturen.

Von Werner Lips sind im REISE KNOW-HOW Verlag u.a. Reiseführer zu Malta, Kroatien und zur Algarve erschienen.